Zu diesem Buch

Kay Cordell Whitaker lebte ein völlig normales Leben mit ihrem Mann und zwei Kindern, bis sie in einer Sturmnacht einen merkwürdigen alten Mann trifft. «Wir haben auf dich gewartet. Es wird Zeit, daß du das Gleichgewicht lernst.» Sie hält ihn für verrückt und rennt davon. Aber so leicht entkommt man seinem Schicksal nicht.

Zwei Wochen später trifft sie den alten Mann in einem Café. Von nun an verändert sich ihr Leben in dramatischer Weise. Der alte Mann und seine Frau, zwei Schamanen aus dem Amazonas-Gebiet, führen sie in das alte Wissen und die geheime Tradition ihres Volkes ein. In ihrem Training muß Kay eine Menge schwieriger Aufgaben bestehen und gerät in Situationen, die sie mit ihrem normalen Weltbild nicht vereinbaren kann: Sie lernt, ihr eigenes Lied zu finden, Kontakt zu einem Windgeist aufzunehmen, die Energie der Erde und der Sonne zu verbinden und Geistreisen zu machen. Sie schwankt zwischen Neugier und Angst vor dem Unbekannten hin und her. Doch die liebevolle Fürsorge der beiden Schamanen, ihr Humor und ihre vielen tiefsinnigen Geschichten verleihen ihr die Kraft, selbst bei den ungewöhnlichsten Abenteuern durchzuhalten. Sie begreift, daß unsere Welt und unser Erfahrungsbereich viel größer sind, als wir in den kühnsten Träumen vermuten.

KAY CORDELL WHITAKER lehrte an der Universität von Oregon Kunstgeschichte und hält inzwischen Seminare über Schamanismus, in denen sie weitergibt, was sie gelernt hat.

Kay Cordell Whitaker

Das Netz der Harmonie

Eine Frau erfährt die Welt der Schamanen

Deutsch von Erika Ifang

transformation

rororo transformation
Herausgegeben von Bernd Jost
und Jutta Schwarz

Umschlaggestaltung Peter Keller / Susanne Müller
Umschlagillustration Astrid Kiefer

Deutsche Erstausgabe
Veröffentlicht im Rowohlt Taschenbuch Verlag GmbH
Reinbek bei Hamburg, Oktober 1993
Die Originalausgabe erschien unter dem Titel
«The Reluctant Shaman» bei Harper San Francisco
Copyright © 1991 by Kay Cordell Whitaker
Copyright der deutschen Ausgabe © 1993 bei
Rowohlt Taschenbuch Verlag GmbH, Reinbek bei Hamburg
Gesetzt aus der Trump Monotype bei LibroSatz, Kriftel
Gesamtherstellung Clausen & Bosse, Leck
Printed in Germany
1690 ISBN 3 499 19345 0

Inhalt

Dieses Buch ist mit Achtung und Dankbarkeit unserer Mutter gewidmet, der Erde, für alles, was sie uns unablässig gegeben hat, mit dem Gebet, sie möge schnell und sanft geheilt werden, so daß wir gemeinsam einer guten Zukunft entgegengehen können.

Einleitung

Im Winter 1974 hatte ich das große Glück, in die Freundschaft und Mentorschaft eines älteren Indianerpaares hineinzustolpern, Domano und Chea Hetaka aus dem westlichen Amazonasbecken in Brasilien. Wir lernten uns in Santa Cruz, Kalifornien, kennen, kurz nachdem ich dorthin gezogen war. Sie adoptierten mich als Enkelin und gaben mir in den darauffolgenden Jahren Einblick in ihre religiöse Tradition, die sie als Schamanismus bezeichneten.

Es gibt viele Arten von Schamanen verschiedener Rangstufen überall auf der Welt, von Kräuterkundigen und Heilern bis hin zu Zeremonienmeistern wie auch Narren. Jede Kultur hat eigene Überlieferungen, Normen und Namen für jene, die eine solche Rolle übernehmen.

Meine beiden Stammesältesten bekannten sich zur *kala keh nah seh*, der Tradition der Medizingeschichtenerzähler. Sie helfen der Gruppe dadurch, daß sie die Entwicklung einzelner in deren Beziehung zu sich selbst und zu ihrer Umwelt weitertreiben; das tun sie, indem sie mit Hilfe ihrer Geschichten und Späße andere zur unmittelbaren Erfahrung führen.

Die Entwicklung eines Schamanen ist nie abgeschlossen. Man verbringt sein ganzes Leben damit, Techniken zu vervollkommnen und etwas über sich selbst und seine Umwelt zu lernen.

Eins will ich gleich klarstellen: Ich behaupte nicht, eine «Medizinfrau» im Sinne der nordamerikanischen Indianer zu sein. Ich bin speziell als *kala keh nah seh* und Dienerin der Erde ausgebildet worden.

Am Anfang haben die Hetakas von mir verlangt, ihre Lehren nicht an andere weiterzuerzählen und, als Wichtigstes, nichts von dem, was ich gelernt habe, niederzuschreiben oder auf andere Weise aufzuzeichnen. Durch derartige Tätigkeiten, so betonten sie, würden meine Lektionen und meine Aufmerksamkeit nur an mein Denken gebunden, so daß ich das Wissen nie mit meinem ganzen Sein und Wesen erfassen und nutzbar machen könnte. Eines Tages, sagten sie, würden sie mich, wenn alles gutginge, bitten, andere das zu lehren, was ich selbst gelernt hatte, vielleicht sogar viele andere. Bis dahin jedoch müßte ich mein Versprechen halten.

1987, bei unserem letzten Treffen, sagten sie, die Zeit sei reif, und ich hätte das Nötige gelernt, und sie baten mich, die Erfahrungen, die ich bei ihnen gemacht hatte, aufzuschreiben und zu veröffentlichen. Das mußte ich natürlich auch für sie tun, da sie mich darum baten. Aber im Grunde sollte ich ihnen nur deshalb helfen, diese Lehren an die Öffentlichkeit zu bringen, damit die Menschheit und unsere Mutter Erde jetzt und in Zukunft geheilt werden und wachsen kann. Die Hetakas erinnerten mich an die vielen Prophezeiungen überall in der Welt, in denen es heißt, daß es der gemeinsamen Anstrengung aller bedarf, um die Erde wieder ins Gleichgewicht zu bringen.

In den drei Jahren der Arbeit an diesem Buch sind mir meine Familie und viele andere, die mir ihre Unterstützung gewährt haben, eine große Hilfe gewesen, wofür ich allen meine tiefste Dankbarkeit ausdrücken möchte.

Die Hetakas haben mich gebeten, zu ihrem eigenen und zum Schutz ihres Volkes sowie ihrer Privatsphäre Personennamen, einige Daten und Ortsnamen zu ändern. Obwohl sie schon einige Jahre, bevor wir uns kennenlernten, in den Vereinigten Staaten gelebt hatten, sprachen sie ein gebrochenes Englisch mit einem starken, kehligen Akzent. Trotzdem schien ihr Vokabular mehr als angemessen zu sein, und je mehr Zeit ich mit ihnen verbrachte, um so besser konnte ich sie verstehen. Und so habe ich, um dieses Buch gut verständlich zu machen, die Gespräche in normaler Sprache wiedergegeben.

Zum Abschied bei unserer letzten Begegnung haben mir die Hetakas als letzten Rat mit auf den Weg gegeben, dem Leser vorzuschlagen, das Buch nicht bloß mit dem Kopf zu lesen, sondern die Seiten langsam auf sich wirken und sie dabei zu einer Erfahrung werden zu lassen, die das ganze Wesen umfaßt.

Die Einladung

Ich beugte mich vor, um gegen die Gewalt des Windes anzukämpfen, und ging zum Rand der Felsen. Durchnäßt und kalt stand ich dort und schaute aufs Meer hinaus. Das hatte ich gesucht. Ich wollte den Sturmwind bis in die Knochen spüren.

Aus dem Augenwinkel nahm ich eine Bewegung wahr. Ich drehte mich um, und vor mir stand ein Mann, der aus dem Nirgendwo gekommen zu sein schien. Der Sturm blies sein weißes Haar straff zurück. Ein Donnerschlag betäubte meine Ohren, als der Mann auf mich zutrat, wobei er den Wellen auswich, die über den Weg schäumten. Er nickte mit dem Kopf und sagte mit einem kurzen Blick: «Ich habe auf dich gewartet. Du hast dich beeilt herzukommen. Das ist gut.»

Der Sturm peitschte mir den Regen ins Gesicht. Ich hörte einen zweiten Donnerschlag und spürte das Kribbeln von Elektrizität in meinen Fußsohlen. Ich dachte, der Mann müsse einer jener heruntergekommenen Menschen sein, die unter den Brücken hausen. Ich trat ein paar Schritte zurück, aus Angst, er könnte mich angreifen. Aber er rührte sich nicht. Er stand einfach reglos da und schaute zum Meer. Das war die Gelegenheit, schnell zu fliehen und den Sturm hinter mir zu lassen.

Da hörte ich, nur wenig lauter als das Heulen des Windes: «Wir haben ziemlich lange gewartet, um dir endlich zu begegnen.»

Jetzt war mir klar, daß er verrückt sein mußte. Mein Magen verkrampfte sich, und in meinen Schläfen hämmerte es. Ich wollte wieder losrennen. Zum dritten Mal zuckten Blitze über den Himmel. Ich kam nicht schnell genug weg.

«Willst du so viele Jahre der Vorbereitung wegwerfen?» fragte er ruhig.

Ich blieb wie angewurzelt stehen, und als machten der alte Mann und das Gewitter gemeinsame Sache, polterten Blitz und Donner wieder los. Es mußte ganz in der Nähe eingeschlagen haben. Jetzt fiel mir zum ersten Mal auf, daß der Mann mit einem Akzent sprach, den ich allerdings nicht einordnen konnte. Ich drehe mich zu ihm um. Er hatte sich noch immer nicht gerührt. Er sah aus, als sei er Ende Siebzig oder Anfang Achtzig, war ungefähr 1,70 groß und hatte eine ziemlich dunkle Hautfarbe. Er trug Sandalen, bäuerliche Hosen und einen alten, verschlissenen Poncho. Trotz seines Alters fühlte ich mich körperlich durch ihn bedroht.

«Lassen Sie mich in Ruhe», schrie ich und trat zurück, wobei mich der Sturm fast umgeweht hätte. Es blitzte und donnerte zweimal, einmal zu meiner Rechten und einmal zu meiner Linken. Das Getöse lähmte mich.

Seine Worte schienen aus dem Himmel ringsum zu kommen: «Es wird Zeit, daß du das Gleichgewicht lernst. *Ka ta see.* Du hast viel zu tun.»

Ich war so kalt und naß, daß es schmerzte und ich fast die Besinnung verlor. In der Ferne konnte ich eine Möwe auf einer Klippe kreischen hören, als der Donner zum siebten und letzten Mal losbrach. Ich wollte den Mann anschreien. Irgend etwas schreien. Einen Fluch. Es spielte keine Rolle, was. Ich wünschte sogar, der Sturm würde ihn von den Felsen fegen. Dann hob er den Kopf und machte zum ersten Mal die Augen weit auf.

Das waren nicht die Augen eines betrunkenen Obdachlosen. Sie waren ruhig, wissend und liebevoll. Es waren starke Augen, in denen sich etwas Geheimnisvolles spiegelte. Sein Blick war auf sanfte Weise bezwingend, was mich noch mehr verängstigte. Einen Augenblick lang wußte ich nicht, ob ich bleiben oder wegrennen sollte. Der Sturm toste um uns herum. Ich entschied mich endlich, zu meinem Wagen zurückzukehren. Diesmal sollte mich nichts aufhalten.

Ich raste zum Auto und schaute mich um, ob er mir wohl folgte. Er hatte sich immer noch nicht gerührt, streckte jedoch die Hand aus und rief: «Wir sehen uns wieder. *Ka ta see.* Bald.»

Ich öffnete, so schnell ich konnte, die Wagentür, stieg ein und ließ den Motor an, ohne noch einmal zurückzublicken.

Zwei Wochen später saß ich, wie ich es gerne tat, in der Cafeteria des Stevenson Colleges auf dem Campus der Universität von Kalifornien in Santa Cruz und schrieb. Meine Kinder waren in der Schule, und da ich nicht berufstätig war, fuhr ich häufig mit meinem Mann in die Stadt, wenn er Vorlesungen besuchte. Plötzlich fegte ein heftiger Windstoß über einen der Tische draußen. Ich blickte auf, und da sah ich zu meinem Erstaunen denselben alten Mann an einem Tisch vor dem Fenster sitzen. Mir wurde auf einmal flau im Magen. Ich spürte, wie die gleiche Angst wieder in mir aufwallte. Er nickte und hielt die sanften Augen fest auf mich gerichtet. Heute sah er weniger wie ein Penner und mehr wie ein normaler alter Mann aus.

Erst wollte ich gehen, fand es dann jedoch in der Cafeteria sicherer. Ich konnte einfach sitzenbleiben und ihn ignorieren, bis er ging. Ich war sicher, daß es ihm langweilig werden und er nach fünfzehn oder zwanzig Minuten gehen würde.

Nach zwei Stunden war er immer noch da und nickte weiter freundlich mit dem Kopf. Er wirkte längst nicht mehr so bedrohlich, auch älter, zu alt, um unter einer Brücke zu hausen. Ich überlegte, ob ich einfach zu ihm gehen und ihm sagen sollte, er solle verschwinden und mich in Ruhe lassen, aber dazu war ich zu schüchtern. Als echtes Kind der fünfziger Jahre hatte ich nie gelernt, einem Mann Paroli zu bieten, schon gar nicht, wenn er viel älter war als ich. Also blieb ich sitzen, nippte an meinem Mokka und ärgerte mich von Minute zu Minute mehr über mich selbst. Ich hatte zuviel Angst zu gehen, und zuviel Angst, ihn zur Rede zu stellen.

Während ich so wie festgenagelt sitzen blieb, kam er an meinen Tisch gewackelt und fragte mich, ob er sich zu mir setzen dürfe. Sein Auftreten war zurückhaltend und bescheiden. Ich kam mir plötzlich albern vor und schämte mich meiner abscheulichen Gedanken über diesen kleinen alten Mann. Er wirkte jetzt so klein, fast schwächlich. In seinem gebrochenen Englisch war er immer höflich.

Ich sagte nichts und erlaubte ihm damit unabsichtlich, sich zu mir an den Tisch zu setzen. Ich wollte gehen, stand aber nicht auf.

«Ist es in Ordnung, wenn ich mich hierhin setze? Ja? Es wäre gut, wenn wir jetzt miteinander redeten. Du und ich. Ein guter Zeitpunkt. Wir müssen über vieles reden.»

Ich sagte nichts. Ich dachte nichts. Allerdings hatte ich das Gefühl, als würde ich in einem Strudel aus Mitleid, Angst und Ärger ertrinken. Ich fragte mich, ob mir wohl auf der Stirn geschrieben stand: «Naive Frau – leicht zu belästigen.»

«Wie wär's mit ein wenig Suppe? Dann wirst du dich wohler fühlen. Du mußt etwas essen. Bitte. Ich werde dir Suppe bestellen, die du dann ißt.» Seine Stimme klang besorgt. Er winkte einen Angestellten der Cafeteria herbei und überredete ihn tatsächlich dazu, trotz Selbstbedienung einen Teller Suppe zum Tisch zu bringen.

Ich sagte noch immer nichts. Der Angestellte brachte meine Suppe. Der alte Mann sagte leise: «Bitte iß. Dann fühlst du dich wohler. Wenn dein Magen voll ist, mache ich dir vielleicht nicht mehr angst.»

Die ganze Zeit über, während ich ihm in die Augen schaute, hatte ich gedacht, sie wären hell, aber als er sprach, merkte ich, daß sie in Wirklichkeit dunkel waren, fast schwarz. Hatte ich mich gerade etwas entspannt, war ich nun wieder alarmiert. Ich drückte mich an meine Stuhllehne, steif und verkrampft.

«Nett hier», beteuerte er. «Ich habe die Suppe hier schon mal gegessen. Gutes Essen. In Ordnung. Bitte iß. Einem alten Mann zuliebe, ja?»

Ich nahm den Löffel. «Was wollen Sie von mir?» fragte ich, ohne zu essen, aber mit dem Löffel in der Hand.

«Die Zeit ist reif dafür, daß wir mit dir reden», sagte er. «Wir müssen über vieles reden. Diesem alten Mann wäre es eine große Freude, dir zu geben, wofür die Zeit reif ist.»

«Was?» sagte ich. «Sie kennen mich nicht einmal. Wovon reden Sie eigentlich?»

«Ich bin alt», erwiderte er ruhig. «Es gibt Dinge, die ich an dich weitergeben muß, ehe ich gehe.»

«Nun, das ist nett von Ihnen, aber nichts für mich, fürchte ich.»

Die Unterhaltung erschien mir grotesk. Ich nahm meine Tasche und war entschlossen, mich zu erheben.

«Du hast keine Zeit, mich abzuweisen. Diese Dinge gehören dir. Wir haben die Pflicht, sie dir zu geben. Bald. So bald schon! Es tut mir sehr leid, daß ich dich damals am Meer so erschreckt habe. Meine Aufgabe besteht nicht darin, dich zu erschrecken, sondern dir das zu geben, was dir von den Alten zugedacht ist.»

Ich nickte mit dem Kopf. «Sicher», sagte ich sarkastisch. «Ich will gerne glauben, daß Sie es gut mit mir meinen. Aber nichts für mich. Auf Wiedersehen.» Ich stand auf, um endlich zu gehen. Er wirkte aufrichtig, wenn auch ein bißchen senil. Ich hoffte, ich war nicht zu barsch gewesen, ich wollte seine Gefühle nicht verletzen.

«Wenn du wieder gehst, werde ich dich bald wieder treffen. Du hast nicht allzuviel Zeit, also wirst du das nächste Mal vielleicht zuhören.» Er sprach in ruhigem Ton, sachlich und freundlich.

Ich blieb stehen und sah ihn wieder an. Er lächelte gütig. Jetzt gab es keine Angst mehr in meinem Innern, nur Verwirrung. Ich konnte nicht glauben, daß er es immer wieder bei mir versuchte. Es war gespenstisch. Ich fragte mich, warum er ausgerechnet mich ausersehen hatte, und dann sagte ich ihm aus einer Anwandlung von Selbstbewußtsein heraus, ich gäbe ihm fünf Minuten und keine Sekunde mehr. «Was wollen Sie *wirklich*? Und warum ich?»

«*Ka ta see*, wie mein Volk sagt. Es bedeutet Gleichgewicht. Ich habe einen Schatz an Geschichten und die Überlieferung des Ausgleichs. Für dich. Sie sind dein. Dieses Gespräch, diese Arbeit des *ka ta see* ist für dich. Du hast so viel zu tun und so wenig Zeit. Es wäre gut, wenn du ißt.»

Ohne es zu merken, hatte ich den Löffel wieder in die Hand genommen und ganz in Gedanken angefangen, die Suppe zu essen. Ich unterbrach ihn. «Wer *sind* Sie? Woher kommen Sie? Woher soll ich wissen, daß Sie kein verrückter Drogenfreak sind?»

«Du weißt bereits, daß ich weder eine Gefahr für dich bin noch ein verrückter Drogenfreak. Das siehst du mir an. Mein Name ist Domano Hetaka. Ich bin von meinem Volk gekommen, Urwaldleuten, weit aus dem Süden.»

Ich fiel ihm ins Wort: «Was meinen Sie mit ‹weit aus dem Süden›? Aus welchem Land sind Sie? Sind Sie Indianer? Was machen Sie?»

Er brachte mich zum Schweigen, indem er den Finger an die Lippen legte. «Ich bin aus Südamerika, aus Brasilien, und mein Volk sind Amazonasindianer. Ich bin ihr *kala keh nah seh.* Du würdest ‹Geschichtenerzähler› sagen. Ich gebe meinen Leuten durch ihre Geschichten Medizin. Jetzt ist die Zeit für mich gekommen, meine Medizin an die Jugend weiterzugeben, an die nächste Generation. Mir ist aufgetragen worden, sie dir zu geben. Ich habe den Wunsch, meine Unterweisung – *ka ta see,* das Gleichgewicht des Geistes – an dich weiterzugeben.»

Ich rang nach Luft und sagte. «Sie wollen Ihre Tradition an mich weitergeben?» Und dann heftiger und lauter: «Warum an mich? Wo sind Ihre Indianer denn? Warum geben Sie sie nicht an Ihr eigenes Volk weiter? Ihr Wissen und Ihre Traditionen gehören ihm, nicht mir!» Ich war schockiert. Er war so aufrichtig, so sicher. «Wie sind Sie hierher gekommen?» setzte ich meinen Redeschwall fort, diesmal etwas leiser. Die Leute fingen an, sich nach uns umzudrehen. «Wie lange sind Sie schon hier? Warum haben Sie Ihr Volk verlassen, um hierherzukommen?»

«Um dich zu finden», sagte er im Brustton der Überzeugung.

Ich nickte wieder, als ich aufstand. «Sicher. Ich glaube, Sie haben einen völlig ausgeflippten Science-fiction-Roman gelesen oder so was. Sie sind wirklich ein netter Mann. Mir gefällt der Gedanke, wirklich. Ich will auch nicht undankbar sein. Aber Sie verwechseln mich bestimmt mit jemandem. Vielen Dank für die Suppe, sie hat mir sehr gut getan. Ich lasse Sie jetzt lieber allein, damit Sie weitersuchen können. Ich muß nach Hause. Ich habe viel zu tun.» Ich ergriff meine Tasche. «Mich um meinen Mann kümmern.» Ich ging einen Schritt. «Meine Kinder.» Ich drehte mich wieder um. «Das Haus.» Ich setzte meine Tasche ab. «Die Wäsche.»

Er nickte eifrig, mit einem gütigen Lächeln. «Sicher», sagte er und ahmte dabei meinen Tonfall nach.

Ich mußte lachen.

«Willst du dich nicht noch ein Weilchen setzen», sagte er sanft, «und das Lied im Herzen eines alten Mannes hören?»

Mir wurde bewußt, daß mir der Mund offenstand, und ich mußte daran denken, daß meine Mutter zu sagen pflegte: bereit zum Fliegenfangen.

«Bereit zum Fliegenfangen?» fragte er mit leisem Kichern.

Meine Knie gaben nach, sie knickten regelrecht ein, und schon saß ich wieder.

«Noch etwas Suppe?» fragte er. «Willst du Brot? Oder Süßes?»

Ich konnte keinen Ton herausbringen. An meinen Fußsohlen spürte ich das gleiche elektrische Kribbeln, das ich auf den Felsen am Meer gespürt hatte, und in meinen Schläfen hämmerte es wieder.

«Sie sind jedenfalls nicht so wie alle anderen, Domano», sagte ich.

«Ja», nickte er. «Das ist *ka ta see*.»

Ich fragte ihn, was das bedeutete und was es mit seinem Geschichtenerzählen zu tun hätte.

«Du willst Süßes. Das dort. Ich hole es dir.» Er wies auf eine Portion Mousse au Chocolat. Er hatte recht. Ich hatte schon den ganzen Tag ein Auge darauf, aber nicht genug Geld bei mir, um es zu erstehen.

«O nein. Bitte nicht. Das brauchen Sie nicht.» Aber er war bereits aufgestanden und an der Theke, ehe ich ihn davon abbringen konnte. Das war mir peinlich. Obwohl ich ja schon Übung darin hatte und es jetzt der richtige Zeitpunkt gewesen wäre, aufzustehen und wegzulaufen, blieb ich. Ich wurde allmählich in seine Geschichte hineingezogen, und dabei lag mir zum gegenwärtigen Zeitpunkt nichts ferner, als mich in irgend etwas hineinzustürzen – das sollte viel später kommen.

Die Mousse war sehr gut, und während ich in dem seltenen Genuß schwelgte, redete er.

«*Ka ta see* ist das Gleichgewicht. Die Ausgewogenheit des vollkommen Ganzen. Es kommt vom Geist. Hier», sagte er und klopfte sich aufs Herz. «Es beginnt im Geist. Wir können alles ins Gleichgewicht bringen. Unsere Stimme. Unsere Arbeit. Unseren Körper. Du kannst sogar deine Traurigkeit ins Gleichgewicht bringen.»

«Sie helfen also Ihrem Volk, indem Sie es ins Gleichgewicht bringen?» Ich hatte Mühe, ihn zu verstehen, aber er fing an, mich zu interessieren.

«Nein. Niemand kann einen anderen ins Gleichgewicht bringen. Ich zeige ihnen das Gleichgewicht. Ich bringe ihnen *ka ta see* mit meinen Geschichten an die Haustür. Sie müssen tun, was immer sie tun. Jetzt ist es Zeit für dich, *ka ta see* zu lernen und zu lernen, wie du es anderen nahebringen kannst, vielen anderen.»

Ich dachte, du meine Güte, der vertut sich aber gründlich! Vielen Leuten, he? Nein, nichts für mich. Ich bin eine Einsiedlerin. Ich bin gern allein, mit meiner Familie, mit den wenigen guten Freunden zusammen. Massen sind nichts für mich.

«Die Zeit ist reif», sagte er. «Meine Lehrer haben mich gelehrt, damit ich jetzt, da die Zeit gekommen ist, dich finde und lehre.»

«Das ist sehr schmeichelhaft, Domano. Wenn ich nicht so eine Einsiedlerin wäre, könnte mein Ego darauf abfahren!»

«Ja», nickte er grinsend. «Aber es ist trotzdem so, weil du du bist und du diejenige für *ka ta see* bist. Siehst du?»

Ich schüttelte ausdauernd den Kopf und gab ein leises Ächzen von mir. Er beugte sich vor und sagte neckend: «Liegt das Süße dir im Magen?»

Ich schüttelte wieder den Kopf und sagte möglichst gebieterisch und selbstbewußt: «Nun erzählen Sie mal, Domano, was machen Sie *wirklich*?»

Er hielt inne, senkte den Kopf, holte tief Luft und sagte in ergebenem Ton: «Ich will es dir sagen. Meine Gefährtin und ich haben für diese Reise gearbeitet. Wir haben für Geld gearbeitet und gespart. Lange. Wir haben an *ka ta see* gearbeitet, um es zu vervollkommnen. Wir helfen unseren Leuten, wenn wir darum gebeten werden. Wir haben etwas Spanisch und etwas Englisch gelernt. Unsere Lehrer haben uns gesagt, wie wir dich finden könnten. Und wann es Zeit sei, auf die Reise hierher zu gehen. Die Reise war sehr aufregend, und alles war ganz anders als bei uns zu Hause. Es hat uns wirklich Freude gemacht. Jetzt haben wir dich gefunden und müssen an die Arbeit, harte Arbeit. Es bleibt nicht viel Zeit dafür.»

«Was für eine Arbeit meinen Sie denn?» fragte ich. «An was denken Sie da?»

Domanos Gesten waren sehr anschaulich, und er hatte eine kindliche Freude am Spiel. Er hatte sich über meinen Ernst lustig gemacht, doch jetzt setzte er ein ganz ernstes Gesicht auf, sah mir direkt in die Augen und sagte klar und deutlich: «Wir haben vor, dich zu lehren, was unsere Lehrer uns gelehrt haben.»

Sein Englisch ließ sehr zu wünschen übrig und war manchmal schwer zu verstehen. Er schien zwar einen ganz ordentlichen Wortschatz zu haben, kümmerte sich aber wenig um den Satzbau und hatte deshalb oft die falsche Wortfolge oder ließ ganze Satzteile einfach weg. Ich kam zu dem Schluß, daß seine Muttersprache völlig anders aufgebaut sein mußte als Englisch.

«Aber meinen Sie nicht, daß das Ihren Leuten gehört? Es sollte ihnen nicht genommen werden. Sie würden es verlieren.» Es war mir ganz ernst damit. Ich machte mir Sorgen um seine Leute, unter denen ich mir mit Armut geschlagene Amazonasindianer vorstellte, die unter allen möglichen Krankheiten litten und ihres Grund und Bodens beraubt wurden.

Er stoppte meine Gedanken, indem er sagte: «Es geht ihnen gut, meinen Leuten. Mene Gefährtin und ich haben viele der Jungen unseres Stammes gelehrt. Meine Lehrer gehorten nicht zu unserem Volk. Sie kamen von weit her, nur um uns zu lehren. Manche dieser Dinge sind auch noch nicht lange bei meinem Volk.»

«Ach», sagte ich und fragte mich, was das alles zu bedeuten hatte. Ich wollte fragen, woher genau er kam. Und dann wollte ich wissen, woher seine Lehrer gekommen waren. Es schien mir seltsam, daß seine Lehrer nicht aus seinem Volk stammten. Vielleicht gehörte das nur zur Überlieferung der Eingeborenen in jener Weltgegend. Vor lauter Fragen und Ungereimtheiten schwirrte mir förmlich der Kopf. Wie um alles in der Welt war ich nur in diese merkwürdige Situation geraten? Ich wünschte, ich wäre nicht so unentschlossen und schüchtern. Während mir das alles im Kopf herumging, merkte ich, wie mich ein Gefühl der Unzulänglichkeit und Machtlosigkeit wie eine riesige Woge überschwemmte. Alle möglichen alten Erinnerungsbruchstücke sprudelten aus der Tiefe empor. Ich sehnte mich an einen anderen Ort, danach, etwas Angenehmeres zu tun, aber ich konnte mich nicht von der Stelle rühren.

Domano schlug eine Art längerer Beziehung vor, in der wir beide unser Schicksal erfüllen konnten. «Für die Arbeit können wir uns einmal, vielleicht auch zweimal die Woche treffen. Einen halben

Tag, manchmal auch einen ganzen Tag. An manchen Tagen werden wir draußen sein, aber ganz unter uns, und an anderen in meiner Wohnung. Du mußt lernen, in der Stadt zu sein. Wir leben in einer neuen Zeit, vieles spielt sich in der Stadt ab. Die Leute müssen lernen, mit Städten ins Gleichgewicht zu kommen. Willst du am Dienstag um halb eins in meine Wohnung kommen?»

«Kann ich jemanden mitbringen?» Mein Hals war wie ausgedörrt.

«Nein», antwortete Domano mit aller Entschiedenheit, und seine Augen schienen aufzublitzen.

Ich weiß nicht, warum, aber ich wollte hingehen. Aus übermäßiger Neugier vielleicht. Ich hatte Angst. Mein ganzer Körper war angespannt. Frauen gingen einfach nicht allein in die Wohnung absonderlicher Fremder, wenn sie überhaupt gingen. Ich fragte mich, was wohl mit mir geschehen könnte. Ich fühlte mich manipuliert und war völlig verwirrt. Aber ich sah einen Funken in ihm, der hell brannte und weit entfernt war von Windeln und Wäsche. Die Worte kamen mir über die Lippen, als würde jemand anders sie sprechen. «Ja. Dienstag, halb eins.»

Der Blick in den Abgrund

Ich ging zu meiner Verabredung am Dienstag, obwohl es mir albern vorkam. Ich hatte den verrückten Alten meinem Mann gegenüber kurz erwähnt, jedoch nichts von der Cafeteria erzählt und schon gar nicht, daß ich mich mit diesem seltsamen alten Kauz, den ich überhaupt nicht kannte, allein in seiner Wohnung treffen wollte. Himmel, ich war schließlich Hausfrau und Mutter. Ich war sicher, daß er das nicht verstehen würde. Tat ich ja selbst nicht. Warum dann er? Ich zog also los, ohne ihm von meinem Plan zu erzählen. Ich fühlte mich wie ein Kind, das an Halloween in den Hof eines berüchtigten Nachbarn schlüpft, den zu besuchen allen Kindern verboten ist, nur um zu sehen, was eigentlich dort los ist.

Zwar glaubte ich nicht, Domano würde mir etwas antun, doch ich hatte Angst vor ihm und noch mehr Angst davor, mich in seiner Wohnung aufzuhalten. Als ich dort ankam, fragte ich mich, ob ich nicht einen Fehler gemacht hatte, und wollte gleich wieder gehen. Aber wie schon so oft in der Vergangenheit überließ ich mich auch diesmal dem Lauf der Ereignisse. Damals fiel mir das nicht auf, doch ich war nie sehr entscheidungsstark und habe mich immer leicht von den jeweiligen Umständen beeinflussen lassen. Ich hatte nie gelernt, mich entschlossen für etwas einzusetzen, was ich dachte oder wünschte. Ich nehme an, ich bin wie viele Frauen meiner Ära als gehorsame Tochter und Ehefrau erzogen worden, die nett anzusehen und nützlich war, aber keine eigene Stimme besaß.

Auf Domanos Einladung hin trat ich zögernd und neugierig ein.

Seine kleine Wohnung war sonnig und hell. Die Einrichtung war einfach und sparsam, es gab nur wenige Gerätschaften, und sie dienten nicht der Dekoration, sondern dem Gebrauch. Der Holzdielenboden war kahl, es gab keine Vorhänge oder Gardinen, nur weiße Rollos vor den zwei Fenstern. Statt eines Sofas waren zwei sehr niedrige rustikale Korbbänke ohne Auflagen oder Kissen da. Eine hölzerne Apfelsinenkiste mit einer Sperrholzplatte obenauf stand an der Wand. An einer Wand baumelte ein handgemachter Lederbeutel, an einer anderen hingen vier Handtrommeln. Es gab eine Deckenlampe, und auf dem Fußboden standen große Kerzen und eine Perlmuttmuschel voller Asche.

Er bat mich noch einmal herein und bedeutete mir, mich auf eine der Bänke zu setzen. Als er in die Küche ging, drehte ich mich zu den Fenstern, um aufs Meer zu schauen; Sonnenlicht flutete in langen Strahlen herein. Dieser Ort war friedvoll. Ungewöhnlich, aber alles in allem angenehm. Vielleicht zum ersten Mal kam mir der Gedanke, Domano könnte die Wahrheit sagen.

«Es freut mich, daß du hier bist», sagte er, als er aus der Küche zurückkam. Er ging ein wenig unsicher. «Möchtest du heißes Wasser für Tee haben? Ich habe aber auch Kaffee.»

«Das ist sehr freundlich, danke. Aber ich will Ihnen keine Mühe machen.» Ich wollte nicht, daß er sich überanstrengte.

«Es macht gar keine Mühe, denn ich will ja nur den Frieden meines Zuhauses mit dir teilen.» Er wirkte so großherzig und höflich, ein echter ausländischer Gentleman.

«Kaffee», sagte ich schnell und hoffte, daß ich ihn nicht unabsichtlich beleidigt hatte. «Kann ich Ihnen helfen?»

«Nein», sagte er lächelnd, «der Kaffee ist schnell gemacht. Ruh dich aus. Genieß die Sonne.» Kurz darauf kam er mit einem Tablett wieder und schlug mir vor, da ich das Licht so gern hätte, mich auf die Bank am Fenster zu setzen, während er redete.

Für einen alten Mann war er sehr aufmerksam. «Ich bin ein *kala keh nah seh*. Das ist ein Geschichtenerzähler oder einer, der Zauberworte spricht. Der das Garn der Erdspinne zu spinnen versteht, der alte Sänger von Klängen, die die Dinge auseinanderreißen. Ein *kala keh nah seh* ist ein Tänzer, einer, der Gleichgewichtsnetze webt. Durch diese Netze schaffe ich den Ausgleich.

Die Welt ist so empfindlich. Wie ein hauchdünnes Spinnennetz. Wir sind den Spinnen sehr ähnlich. Ja, den Spinnen der Erde. Ich bin Spiderman, der Spinnenmann, nicht wahr?» lachte er und breitete die Arme aus.

Ich sah förmlich, wie er im Turnanzug an einem Wolkenkratzer hochkletterte. Ich mußte lachen.

«Wie die kleine Spinne lebt, so arbeitet und baut sie, sogar im Laufen. Ebenso bauen wir, so wie wir leben, unsere Welten. Wir können unsere Welt erlaufen oder unsere Welt knoten. Oder sie uns denken. Manche schaffen sie aus dem Herzen heraus. Und manche durch das Gebären. Manche bauen wie der Wind. All das will ich dir erzählen. Ich will dir erzählen, wie meine Lehrer mich gelehrt haben, an dem Netz zu ziehen. Es dauert lange. Zuerst finden wir die Geduld. Vielleicht begegnest du hier im Sonnenlicht der Geduld und freundest dich mit ihr an. Ihr seid von ähnlicher Wesensart. Ich glaube, ihr werdet euch mögen.»

Ich muß ein komisches Gesicht gemacht haben. Er hielt inne, neigte den Kopf und sah mich an wie ein Hund, wenn er nicht weiß, was los ist.

«Mach dir keine unnützen Sorgen», sagte er lächelnd und hielt seinen Kopf wieder gerade. «Ich erzähle es immer wieder. Ich werde es wieder und wieder erzählen, bis dein Inneres es weiß. Das Lernen braucht seine Zeit. Du wirst eine neue Welt schaffen. Wir werden dich lehren, eine Spinnenfrau zu sein», und dabei breitete er wieder die Arme aus und kicherte. Ich lachte auch.

Ich verstand ihn zwar nicht, aber er schien genau zu wissen, was er sagte. Er war selbstsicher, klar und aufmerksam. Ich war nicht länger mißtrauisch und ängstlich. Allerdings fragte ich mich immer noch, ob er nicht aus Versehen auf mich verfallen war. Er schien eine so klare Absicht zu verfolgen. Meine Gedanken schweiften ab, und ich fragte mich, was es wohl mit sich brachte, wenn man die ganze Tradition eines anderen übernahm. Mir erschien das überwältigend. Woher sollte ich für eine solche Aufgabe die Zeit nehmen? Ich mußte für meine Familie sorgen und wollte mich darüber hinaus auf ein Studium vorbereiten. Ich lerne gern und mit Leidenschaft, und was Domano da vorschlug, reizte mich sehr, aber das konnte ich einfach nicht schaffen. Er mußte mit mir die falsche Wahl getroffen haben; er hatte mich bestimmt mit jemand anders verwechselt.

Ich dachte, wie aufregend und schön, ja fremdartig es sein mußte, bei ihm zu lernen, aber es ging nicht. Ich lebte schließlich ein Leben mit äußerst zeitaufwendigen Verpflichtungen und Verantwortlichkeiten. Und er würde ganz sicher bald seinen Mysterienschüler finden. Meine Gedanken kreisten darum, was er lehren könnte, seine Kultur, seine mündlichen Überlieferungen, Kunst, Geschichte, Religion. Ich wurde richtig neidisch auf den glücklichen Schüler.

«Die Geduld sagt mir jetzt, daß du viel zu tun hast. Du hast schon aufgegeben. Du schiebst die Arbeit weg, die dir bestimmt ist. Du sagst: ‹Ach, das ist nicht *mein* Job.› Nicht wahr? Aber du bist es, die ich lehren werde. Ich will dir sagen, warum.

Meine Lehrer haben mir einen Traum geschickt. Sie haben mir gezeigt, wo du jetzt lebst und wie du aussiehst. Ich habe vieles gesehen, was mir gezeigt hat, wo du sein würdest. Tiere sind gekommen und haben sich bereit erklärt, zur gegebenen Zeit auf dich zu zeigen.

Ich habe dich in dieser Stadt hier gesehen und gedacht, das ist sie. Also habe ich die Augen offengehalten. Ich habe die Tiere beobachtet. Zuerst ist dir eine kleine weiße Katze gefolgt, ist stehengeblieben und hat mit dir geredet. Ich bin sicher, sie hat dir erzählt, daß wir in der Nähe sind. Du hast die Katze genauso gestreichelt wie in meinem Traum. Also habe ich weiter die Augen offengehalten, wie meine Lehrer es mir geboten haben. Ich habe viele Zeichen gesehen, die mir die Welt gegeben hat, genau so, wie sie es gesagt hatten. Ich bin im Sturm zu den Felsen am Strand gegangen und habe dich gerufen. Du bist sehr gut gewesen. Du hast keine Zeit vergeudet. Du warst den ganzen Tag über die einzige Person außer mir an den Felsen. Ja. Du bist es.

Als du mich am Strand gesehen hast, hast du dein Schicksal gesehen. Es ist ein erschütterndes Erlebnis, wenn man zum ersten Mal sein Schicksal sieht, nicht wahr? Es kann große Angst auslösen. Das Schicksal hat eine Schwester, die ihm im Leib steckt. Für immer. Das ist der Tod. Sie wachsen zusammen, diese Schwestern. Du hast gewußt, daß sie da waren. Das ist gut. Du hast ihren

Schrei gehört. Du hast gedacht, es wäre eine Möwe. Auch die Blitze haben auf dich gezeigt. Sie sind zu beiden Seiten von dir gleichzeitig eingeschlagen!» Er kicherte. «Du bist die Richtige! Blitz und Donner lügen nicht!» Er lehnte sich auf der Bank zurück und lachte weiter in sich hinein. Er wirkte ganz unschuldig und unbekümmert. Ich wußte nicht, ob er mich auf den Arm nahm oder ob er einfach verrückt war. Eins stand jedenfalls fest, er faszinierte mich.

«Ich habe das gleiche gemacht wie du», fuhr er fort. «Eines Tages werde ich dir die Geschichte erzählen, wie ich meinen Lehrern begegnet bin.» Seine Augen funkelten, und wieder kicherte er. «Aber jetzt will ich dir die Geschichte der ersten Lektion erzählen, die sie mir erteilt haben.»

Er ließ mich weder zu Wort noch zu einem klaren Gedanken kommen. Er fing einfach mit seiner Geschichte an und zog mich in seine Dschungelwelt hinein. Ich fühlte mich dorthin versetzt. Ich wollte seine Gründe dafür analysieren, daß er mich gewählt hatte, konnte mich jedoch auf nichts anderes konzentrieren als auf das Bild, das er jetzt von seiner tropischen Heimat malte.

«Wir sind in meinem Dorf. Ein kleines Dorf. Nur 65 Einwohner. Na ja, vielleicht auch noch ein, zwei Hunde. Wir bereiten uns auf einen Glückstag vor. Eine besondere Freude für all meine Leute. Eine unserer Frauen hat sich einen stattlichen Mann vom Zictato-Volk flußabwärts erwählt. Sie sollen Gefährten werden. Sie wollen in unserem Dorf wohnen und viele Kinder haben. Sie machen unserem Dorf viel Freude, wenn sie uns allen das Kinderlachen bringen. Jeder ist dann glücklich. Jeder ist ganz aufgeregt. Es gibt nicht allzu viele Leute bei uns, deshalb haben wir nicht viele – ‹Hochzeiten› –, wie ihr sagt. Wir haben kein solches Wort. Sich einen Lebensgefährten zu wählen ist bei meinem Volk etwas anderes als bei euch.

Bei meinem Volk besteht der Glaube, daß alle Tiere und Pflanzen beseelt sind. Sie können einem Freunde sein, wenn man gut ist. Manche Leute glauben, daß auch Steine und Erde, Berge und Flüsse beseelt sind und sehr gute Freunde sein können. Als ich jung war, hatte ich Tiere als Freunde und auch ein paar Pflanzen. Ich war ein ziemlich guter Bursche. Ich war mir allerdings nicht so sicher, ob Steine beseelt wären. Die Leute, die das sagten, hatten wahrscheinlich einmal einen Stein an den Kopf bekommen.

Meine Lehrer sagten nichts. Sie haben mich nur beobachtet und den richtigen Augenblick abgewartet, um es mir zu zeigen. Mich an den Rand meines Netzes zu führen.

Die Leute sind mit diesem und jenem beschäftigt. Sie machen feine Röcke und Umhänge aus Grasfasern. Und malen Bilder auf ihre Hütten, schnitzen besondere magische Gegenstände, richten eine Menge Speisen her und bereiten sich auf die Zeremonien vor. Alle rennen herum. Sie üben sich im Singen und Tanzen. Einige Männer gehen in den Dschungel und schneiden große Stämme, Äste und Halme. Die bringen sie den Frauen, die daraus eine neue Hütte für unser junges Paar bauen. Der Großvater der jungen Frau fängt ein Schwein als Geschenk für den jungen Mann. Alles läuft sehr gut für das Dorf. Jeder hat seinen Spaß.

Meine Lehrer haben mich gefragt, was ich davon hielte, daß Steine und Gegenstände lebendig seien. Klug», sagte er und klopfte sich auf die Brust. «Ich antwortete, sie schienen es nicht zu sein. Sie würden nie so zu mir sprechen wie die Tiere. Meine Lehrer sagten: ‹Hmmmmmmm. Hmmmmmm.›»

«Wie haben Ihre Lehrer Sie denn nun an den Rand Ihres Netzes geführt, Domano?» fragte ich.

«Oh! Das war nicht schwer. Mein Netz war sehr klein, als ich jung war. Ich brauchte nicht weit zu gehen. Dein Netz ist viel größer als meins damals.»

«Und was heißt das?» fragte ich.

«Daß die Welt, die du dir aus deinem Netz gebaut hast, weiter reicht, mehr einschließt. Mit viel mehr anderen Netzen verwoben ist. Deine Welt ist sehr komplex. Meine war einfach. Ich konnte leicht vom Rand fallen», und damit machte er mit dem Körper eine plötzliche Bewegung, daß es aussah, als falle er, als taumele er von der Bank herab, wobei er wild mit Armen und Beinen fuchtelte und den Anschein erweckte, als falle er viel tiefer als nur ein paar Zentimeter. Dann kicherte er. Mir wurde schwindelig, und ich geriet in Verwirrung. Mein Magen fühlte sich an, als sei er aus einem Flugzeug gestürzt, und mir wurde übel.

Sein «Fallen» kam so überraschend und war so perfekt gespielt, daß ich völlig überrumpelt wurde. Ich hatte ihn für altersschwach und tatterig gehalten, und dieses Bild, diese Überzeugung zerstörte er innerhalb einer Sekunde. In jenem Augenblick waren seine Bewegungen die eines durchtrainierten zwanzigjährigen Akrobaten. Und dann war er genauso schnell wieder hoch auf der Bank und ganz der schwächliche Alte. Ich lachte. Es fiel mir schwer, einen klaren Gedanken zu fassen und zu verstehen, wie ein solcher Tattergreis zugleich unheimlich, furchteinflößend, jugendlich frisch und witzig sein konnte.

«Die anderen Männer des Stammes haben aus Anlaß des Festes Wildschweine gejagt», setzte er gerade mit funkelnden Augen seine Geschichte fort. «Sie wollten mehrere davon in einer großen Erdgrube mit vielerlei süßen Blättern und Früchten im Feuer braten. Zu Schwein paßt dieser Geschmack sehr gut.» Ich hatte große Mühe, zuzuhören und mich zu konzentrieren. Ich hatte ein Gefühl, als wären mein Hirn und mein Magen nach Domanos Fall auf dem Fußboden liegengeblieben.

«Was haben Sie gesagt, womit wurden die Schweine gebraten?» unterbrach ich ihn.

«Die Schweine sind mit vielen süßen Blättern ins Feuer gekommen.» Er grinste. «Und Früchten. Es ist etwas sehr Spezielles. Sehr heilig. Nur für die höchsten Zeremonien», sagte er kichernd. «Sieh mir nur auf die Lippen. Dann geht's dir gut.

Unsere Zeremonie sollte eine große Sache werden. Es war der Tag vor der Zeremonie, und meine Lehrer kamen mit dem Vater der jungen Frau zu mir. Sie wollten mich als Sänger des heiligen Vereinigungsgesangs haben. Das war eine große Ehre. Ich war zutiefst überrascht, daß sie mich haben wollten.»

Jetzt war ich vollkommen gefangengenommen von seiner Geschichte und stellte mir das Dschungeldorf bildlich vor, alles, was es zu sehen gab, all die Klänge, die Spannung.

«Normalerweise wird jemand darum gebeten, der viel älter ist. Dieses Lied wird für jede Zeremonie ganz neu gemacht. Es blieb nicht mehr viel Zeit. Ich hatte meine Zweifel, aber meine Lehrer sagten zu dem Vater: ‹O ja. Er kann das. Er ist gut. Es bleibt ihm reichlich Zeit. Nur keine Sorge. Domano wird für deine Familie einen ganz besonderen Gesang anstimmen.›

Das bedrückte mich sehr. Ich hatte noch nie ein solches Lied gemacht. Ich war nicht einmal ein guter Sänger. Meine Lehrer schickten ihn fort, um Kräuter zum Räuchern zu sammeln, während ich das Lied machte.

Ich sage zu meinen Lehrern: ‹Augenblick mal. Ich habe Angst. Ich habe Angst, dieser besonderen Aufgabe nicht gewachsen zu sein. Sucht lieber jemand, der älter ist als ich.› Sie tätscheln mir den Rücken und schauen mich verständnis- und teilnahmsvoll an. Einer gibt mir Essen und Früchte. Sie sagen, ich soll losziehen und das Lied finden. Ich weiß nicht, wie das geht. Wie kann man ein Lied ‹finden›? Sie sagen mir leise, so daß niemand sonst es hören kann, ich soll zu dem riesigen Felsen unweit des kleinen Wasserfalls am Eingang der Schlangenhöhle gehen. Mit dem Kopf dicht am Felsen um den heiligen Gesang bitten, der zur Familie der Frau gehört. Der Felsen würde mir das Lied vorsingen. Ich müßte es gut auswendig lernen und zurückbringen. Dies wäre das Geheimnis der heiligen Gesänge. Ich muß ihnen versprechen, das Geheimnis nicht zu verraten.

Ich gehe also zu dem Felsen. Ich halte das nicht für eine gute Idee. Ich verbringe eine Menge Zeit damit, mich zu fragen, ob wohl eine Schlange aus der Öffnung kommt. Ich schaue immer wieder hin und beobachte die Öffnung. Ich halte meinen Kopf nicht an den Felsen. Das ist zu nahe an der Schlangenhöhle. Ich habe ziemliche Angst. Nach einer Weile merke ich, daß es immer später wird, und ich habe noch immer kein Lied. Ich habe nicht einmal etwas gehört! Also mache ich mir auch deshalb noch Sorgen. Ich denke, wenn ich kein Lied zurückbringe, gehe ich am besten gar nicht zurück. Es wäre eine zu große Schande. Ich schäme mich sehr. Aber ich schäme mich nicht genug, um etwas so Närrisches zu tun wie einem Felsen zuzuhören und meinen Kopf an eine Schlangenbehausung zu halten. Je später es wird, um so verlorener und närrischer komme ich mir vor. Kein guter Zustand für das Selbstgefühl.

Die Sonne sinkt allmählich tiefer. Jetzt denke ich bei mir, ich sollte meinen Kopf doch lieber an den Stein legen und es versuchen. Ich beuge mich vor, nehme eine sehr wackelige Haltung ein, nur um mich so weit wie möglich von der Höhle der Schlange fernzuhalten. Und lege meinen Kopf ziemlich weit oben an den Felsen, so daß ich die Höhle im Auge behalten kann.

Ich bin auf diese merkwürdige Weise vornübergebeugt, als aus der Höhle eine riesengroße Schlange kommt. So schnell wie möglich versuche ich, mich zurückzuziehen. Ich bin von Angst erfüllt. Ich kann nicht denken. Ich zucke zurück, vergesse, daß ich mich bei meiner Körperhaltung kaum im Gleichgewicht halten kann. Oh! Ich gerate ins Rutschen. Und werde zwischen dem großen Felsen und ein paar kleinen Felssteinen daneben eingeklemmt. Ich kann mich kaum bewegen. Und schnell wie der Wind gleitet die große Schlange über die Spitze des Felsens und zischt mich an. Wir sind uns sehr nahe, nur etwa eine Armeslänge voneinander entfernt. Diese Schlange weiß garantiert, wieviel Angst ich habe. Ich beschließe, kein Härchen zu regen. Wir starren einander also eine ganze Zeitlang an. Dann merke ich, daß mein Kopf an dem großen Felsen liegt. Ich denke, der Zeitpunkt ist vielleicht gerade richtig, dem Felsen zuzuhören und gleichzeitig Abstand von der Schlange zu halten. Und da sitze ich nun zitternd fest, starre die Schlange an und versuche, dem Felsen zuzuhören.

Oh! Ich hoffe inständig, daß niemand vorbeikommt und mich sieht! Ich denke, ich sehe völlig närrisch aus, und ich bin halb tot vor Angst! Das passiert, sage ich zu mir selbst, wenn ein junger Mann losgesandt wird, um die Arbeit eines alten Mannes zu tun. Tränen rollen mir über die Augen. Ich tue mir so leid.

Dann glaube ich Klänge im Innern des Felsens zu hören. Ich halte den Atem an. Die Schlange zischt und schiebt den Kopf ein bißchen näher zu mir. Ich höre mehr Klänge und noch mehr. Ich bemühe mich, das Zittern zu unterdrücken, um den Felsen hören zu können. Das funktioniert nicht so recht, aber die Klänge werden immer lauter, und ich kann sie besser hören. Es ist nicht zu glauben! Der Felsen singt mir etwas vor! Ich lausche also angestrengt und präge mir das Lied gut ein. Sehr gut. Ich singe es dem Felsen laut vor, vergesse die Schlange völlig, die sich noch immer vor mir aufrichtet. Der Felsen mag mein Singen sehr. Ich singe mehrmals und bemerke, daß die Schlange das Lied ebenfalls mag. Sie lächelt mich an und gleitet wieder in ihre Höhle zurück.

Das ist ein so aufregendes Erlebnis für mich! Ich habe Erfolg! Ich bin sehr glücklich über mich. Sehr stolz. Ich finde, daß ich ein toller Kerl bin. Als die Schlange außer Sicht ist, mache ich mich los und danke dem Felsen. Ich lasse ihm eine Halskette als Geschenk da. Kein großes Geschenk im Vergleich zu dem, was mir der Felsen gegeben hat, aber das einzige Besondere, was ich habe. Der Felsen ist glücklich. Ich bin glücklich. Die Schlange ist glücklich. Ich renne den ganzen Weg nach Hause zurück und singe dabei das Lied. Ich präsentiere es großartig bei der Zeremonie. Alle sind glücklich.» Er schwieg und sah mich sanft an.

Ich wünschte, ich könnte mit jemandem reden, der diese Geschichte auch gehört hatte, jemand, mit dem ich meine und seine Eindrücke vergleichen könnte. Domano war tatsächlich ein Meistererzähler. Er zog mich vollkommen in seinen Bann. Ich konnte die Dschungelpflanzen förmlich sehen, konnte den feuchten Erdboden und die Blumen riechen. Ich hätte sogar schwören können, die Vögel und die Menschen zu hören. Als die Geschichte zu Ende war, kam es mir so vor, als kehrte ich ins Wohnzimmer seiner Wohnung zurück. Ich war verwirrt und ein wenig erstaunt, in Santa Cruz zu sein. Ich glaube, ich war enttäuscht, daß ich nicht wirklich in den Urwald gehen und dort so lange bleiben konnte, wie ich wollte.

Domano tätschelte sich den Bauch und sagte: «Laß uns einen kleinen Spaziergang am Strand machen.»

In der Nähe seines Hauses gab es einen gut gangbaren Pfad über die Felsen hinab zum Sandstrand. Der Strand war leer. Wir gingen barfuß am Rand des Wassers entlang, ohne ein Wort zu reden. Plötzlich fühlte ich mich beobachtet. Ich sah auf, und da stand, die Hände fest in die Seiten gestemmt, eine alte Indianerin in einem roten Kleid. Sie schaute mich aufmerksam an. Ich schnappte nach Luft. Eine Frau wie sie hatte ich noch nie gesehen. Sie wirkte noch machtvoller und dynamischer als Domano, als ich ihn auf den Felsen zum ersten Mal sah. Meine Fußsohlen fingen an zu kribbeln. Mein Magen begann ganz von selbst zu revoltieren. In meinen Ohren war ein Klingeln, und eine mir bereits vertraute Angst wallte in mir auf. Es war fast so, als würde der ganze Strand sich auf sie konzentrieren. Sie hatte etwas entwaffnend Gebieterisches an sich. Ich hatte keinerlei vernünftigen Grund, mich vor ihr zu fürchten, aber ihr Anblick traf mich ins Mark. Wie es schien, war hier eine Frau, die mit jeder Situation, jedem Problem, jeder Widrigkeit fertig werden konnte, wie ein Panzer. Sie war alt, aber offensichtlich sehr stark, schnell und intelligent. Die Frauen meiner Welt waren einfach nicht so. Sie waren Donna Reed oder irgend jemandes unbekannte kleine grauhaarige alte Mutter, die den ganzen Tag über im Schaukelstuhl saß, strickte, Tee trank und Backpflaumen aß.

Sie stellte meine Wirklichkeit in Frage, mein Wertgefühl, meine Leistungen, meine Ziele. Allein schon die Tatsache ihrer Existenz machte mich neugierig, und doch wollte ich nichts mit ihr zu tun haben. Bloß das nicht.

«Ah! Chea!» Domano lächelte. «Wieder ein Stück von deinem Schicksal.» Sie kam auf uns zu.

«Nein!» stieß ich mit erstickter Stimme hervor, und meine Angst wuchs.

«Komm.» Er sagte es bestimmt, aber verständnisvoll. «Es ist Zeit für dich, eine neue Tür zu öffnen. Wir werden nur kurz miteinander sprechen. Komm. Ich möchte dich mit der Frau bekannt machen, die meine Lebensgefährtin ist. Komm.»

Die Begegnung mit Tod und Schicksal

Wir trafen uns erneut, wir drei, zwei Wochen später in der Wohnung der Hetakas. Ich weiß wirklich nicht, warum ich hingegangen bin. Sie haben mich hereingebeten. Ich setzte mich wieder dahin, wo ich vorher gesessen hatte, auf die Bank in der Sonne. Ich war sehr nervös. Ich hatte ein Gefühl, als müßte ich gleich versinken. Chea stand in der Küchentür. Sie war knapp 1,65 Meter groß, stämmig und ungefähr genauso alt wie Domano. Ihr Haar war voll, schneeweiß und hinten zu einem Knoten geschlungen. Sie war nicht so fröhlich und ausgelassen wie Domano und machte mich nervös. Sie war vollkommen ausdruckslos; ich wurde aus ihr nicht schlau. Was dachte sie wohl von mir. Sie stand einfach reglos da und sah mich an.

Sie trug eine schwarze Kordsamthose, ein schwarzes T-Shirt mit Kapuze und Sandalen. Ich dachte, wie ungewöhnlich sie doch gekleidet war für eine Frau ihres Alters und ihrer Herkunft. Aber wir waren ja in Santa Cruz, es war 1974, und damals konnte man in Santa Cruz buchstäblich alles erleben.

Sie lächelte mich sanft an und kam dann herüber, um sich neben mich zu setzen. Ich verkrampfte mich unwillkürlich. Sie war freundlich, und ihre Augen waren tief und ruhig. Sie war hellwach, voller Wärme und Fürsorglichkeit. Obwohl sie eine Menge Kraft besaß, wirkte sie nicht männlich. So etwas hatte ich nie zuvor bei einer Frau erlebt. Ich verstand es nicht. Obwohl ich spürte, daß ich ihr vertrauen konnte, war ich unerklärlicherweise in ihrer Gegenwart weiterhin voll Angst. Ich wünschte, sie wäre nicht da. Domano hatte sich entschuldigt und war in die Küche gegangen, um mir Kaffee zu machen. «Extra dunkle Bohnen für dich, und Zucker habe ich auch.»

«Wir haben viel zu tun.» Chea versuchte, meinen Blick festzuhalten. Ich wollte sie nicht anschauen. «Wir werden dich soviel lehren, wie uns möglich ist, alles, was uns unsere Lehrer gelehrt haben. Sie waren nicht aus unserem Dorf. Zu Anfang glaubten wir, sie wären Weiße vom Rand des Urwalds. Aber später erfuhren wir, daß sie von weit her kamen. Sie waren zu sechst. Drei haben Domano in seinem Heimatdorf unterrichtet, und drei wohnten in meinem Dorf und haben mich unterrichtet. Und so sind Domano und ich Gefährten geworden. Das war vor langer Zeit, als wir noch sehr jung waren. Darüber werden wir später noch reden. Zuerst will ich dir etwas von unserer Erde erzählen. Sie verändert sich. Es ist jetzt die Zeit, wo alles anders wird. Der Mittelpunkt der Erde und unserer selbst verlagert sich. Das bringt neue Erkenntnisse und Seinsweisen mit sich. Wir werden dich diese Dinge lehren, wie sie uns gelehrt worden sind.» Sie sprach sehr sachlich, fast geschäftsmäßig. Sie beherrschte die englische Sprache erheblich besser als Domano, aber auch sie hatte noch einen starken Akzent und kam ab und zu mit dem Satzbau durcheinander. Ich hatte Schwierigkeiten, sie zu verstehen. Ich wollte ihr nicht zuhören. Ich fürchtete, sie würde das ganze Reden und Lehren übernehmen, dabei wollte ich es lieber von Domano hören. Er war unbekümmert und lustig. Also versuchte ich wie ein Kind, sie zu ignorieren, ohne daß es mir klar bewußt gewesen wäre. Ich hoffte, daß sie, wenn ich es richtig anstellte, weggehen oder verschwinden würde. Dann brauchte ich mich nicht mehr mit ihr abzugeben.

«Es wird in der Stadt geschehen. Hier.» Chea deutete auf den Boden. «In der Stadt, nicht in den unberührten Landschaften, wo wir unterrichtet wurden. Das liegt daran, daß die meisten von euch jetzt in Städten leben, und dort ist auch die Hauptachse für die Gewichtsverlagerung der großen Gruppen. Es ist schwerer, diese Dinge in der Stadt zu lernen, aber wenn du und deine Leute sie nicht hier lernen und die Kontrolle über die Veränderungen erlangen könnt, werdet ihr es überhaupt nicht lernen.»

Ich wollte nicht mit ihr reden, aber sie hatte meine Neugier angestachelt. «Was passiert denn, wenn wir es nicht lernen?»

Chea sah mich nur mit ihrem linken Auge an, wie ein Vogel, und sagte: «Es bedeutet, daß ihr euch entweder eine neue Existenzform aneignen müßt oder zu sein aufhört. Daß ihr lernen müßt, mit eurem Planeten- und Sonnensystem mitzugehen, oder daß ihr untergehen werdet.

Die Traditionen, die wir an euch weitergeben sollen, werden durch das Tun erlernt. Durch Handeln. Wir werden davon erzählen, aber das Erzählen allein genügt nicht, es bereitet nur vor. Um eine Sache wirklich zu wissen, muß man sie voll und ganz erleben. Mit dem Körper. Wenn der Körper sie erfaßt hat, dann auch das Herz, die inneren Teile deines Wesens. Erst zuallerletzt geht das Wissen in deine Gedanken über. In eurer Welt wird gelehrt, daß es eure Gedanken sind, die euch gelehrt werden müssen. Nach eurer vorherrschenden Überzeugung ist alles erreicht, wenn dieser Teil eures Geistes denkt, er hätte etwas verstanden. Deshalb versucht ihr lediglich, eure Gedanken zu übermitteln, während ihr allem übrigen, was euch ausmacht, keine Aufmerksamkeit schenkt.» Ich konnte aus dem Augenwinkel sehen, daß sie beobachtete, wie ich auf das Gesagte reagierte. Dabei wurde mir bewußt, daß sie tatsächlich ein ganzes Stück kleiner war als ich.

Ihre Stimme wurde lebhafter. «Deine Gedanken sind nur das – eben deine Gedanken. Sie wissen nichts aus sich heraus. Sie sind nur Bewegungen und Muster. Sie sind das Werkzeug größerer, schwerer zu erfassender Teile deiner selbst. Und ohne Training und Disziplin sind sie schlechte Werkzeuge. Sie täuschen uns und erzählen uns, sie wären unser Meister und Mittelpunkt. Und dann verbringen wir unser Leben gefangen in ihren Bewegungen und Mustern. Am Angelhaken wie ein großer Fisch.»

Domano kam mit Kaffee und Plätzchen herein und stellte alles vor uns auf den Fußboden. Ich war erleichtert, daß er wieder im Zimmer war. Als er sich mit seiner Tasse auf die andere Bank gesetzt hatte, redete er. «In früherer Zeit haben wir von hier heraus gelebt», sagte er und klopfte sich auf den Bauch. «Jetzt verändert sich die Zeit, und wir müssen lernen, von hier zu leben.» Er schlug sich auf die Brust. «Vom Bauch her bewegt sich das Leben eines Menschen in Mustern, die nur zwei Richtungen kennen. Sie verlaufen entweder so oder so. Mein oder dein. Schwarz oder weiß. Oben oder unten. Gut oder böse. Unsere Gedanken und die ihnen entsprechenden Gefühle sorgen gewohnheitsmäßig dafür, daß wir nur auf diese Weise sehen können. Und die Grundlage dieser Muster ist Angst. Die Angst erfüllt unsere Kulturen mit Leben. Sie ist der Auslöser für alles, was die Leute tun, könnte man sagen.»

Chea hob die Beine, kreuzte sie zum Schneidersitz und zeigte auf ihren Bauch. «Eine Welt, die all ihre Aufmerksamkeit auf diesen Teil ihrer selbst konzentriert und die anderen Teile ignoriert, wird eindimensional und gerät allmählich aus dem Gleichgewicht, wie wir es in unserer Welt bereits erleben. Wir sehen eine Welt, die in Widerstreit und Gegensatz gespalten ist, in der undisziplinierte Gedanken die Herren sind, während Kontrolle schwer zu erreichen und das Streben nach solcher Kontrolle aufreibend ist. Nur wissen die Leute nicht mehr, was sie unter Kontrolle bringen müssen. Sie gehen einfach davon aus, daß es den größten Nutzen bringt, mehr und mehr unter Kontrolle zu bringen. Sie schauen so angestrengt mit den Augen ihrer widerstreitenden Gedanken nach draußen, daß sie ihr eigenes Selbst nie ganz wahrnehmen.» Ich wollte nicht hören, was sie sagte. Ich wußte, daß sie recht hatte. Unsere Kultur war in einer schlechten Verfassung. Ich hörte echtes Mitgefühl und Sorge in ihrer Stimme, obgleich auf ihrem Gesicht nichts davon zu sehen war. Aber ich wußte nicht, warum sie von Weltproblemen sprachen, auf die wir meines Erachtens keinen Einfluß nehmen konnten.

Dann wurden Cheas Züge etwas weicher, und sie sagte: «Das macht den Menschen angst. Sie haben vor allem Angst, was unbekannt ist. Angst vor dem Verlust von irgend etwas. Angst vor Machtlosigkeit. Angst vor Schmerzen. Versagensangst. Und mehr als das, sie haben eine Angst, in der alle anderen Ängste enthalten sind: Sie alle fürchten den Tod. Sie tun jeden Atemzug in der Annahme, vernichtet zu werden. Ihr Körper kennt nur diese Angst und die wechselnden Zerstreuungen, die ihn davon ablenken. Die Menschen dieses Planeten vergessen allmählich, wie sie Erfahrungen machen können, die sich der gewohnten Tyrannei ihres Geistes entziehen.

Unsere Tradition, die wir an dich weitergeben werden, wird dich dazu anleiten, aus deinen geistigen Gewohnheiten auszubrechen.»

«Ich kenne aber eine Menge Leute, die glücklich und zufrieden sind.» Ich schaute zu Domano hinüber.

Er sagte sanft: «Das ist nur das Bild ihrer Masken. Ich versichere dir, daß das, was wie Glück aussieht, nur ein Bild ist, das sie für sich und andere hinhalten und das zeigt, wie weit sie von dem wahren Zustand der Liebe abgekommen sind, der durch Schmerz und Angst verdunkelt wird. Und dann ist da noch ein Flüstern von etwas anderem, das außer Reichweite liegt. Etwas, das mehr ist, als was wir wissen, etwas Großes und Wunderbares. Du weißt davon.

Die meisten von ihnen machen sich nicht auf die Suche nach diesem geheimnisvollen Etwas. Sie sind zu faul dazu und haben zuviel Angst. Sie versuchen, darüber hinwegzusehen. Aber genau das stiftet viel Verwirrung und bereitet ihnen Schmerzen. Du bist eine, die danach sucht.»

Das kam mir alles viel exotischer und mysteriöser vor als das Studium von Stammeskultur und -gesellschaftsleben, von technischen Fortschritten und Veränderungen im Lauf der Geschichte oder, Gott behüte, von Verwandtschaftsverhältnissen bei Eingeborenen.

«Ist es das, was mich eure Tradition lehren soll? Dieses . . . dieses Unbekannte zu verfolgen?»

«Man kann bis in alle Ewigkeit hinterherrennen, ohne es je zu fangen», sagte Chea und ließ zwei Finger vor sich im Kreis herum laufen wie Beine. «Wir lehren dich, wie du es fängst.»

«Ja, fangen», fügte Domano hinzu und ahmte nach, wie ein Fischer einen großen Fisch fängt, der sich als so riesig erweist, daß er ihn ins Wasser zieht. Er war, wie vorher schon, sehr komisch anzusehen, und seine Vorführung war perfekt. Er gluckste und gurgelte in dem imaginären Wasser, als es über seinem Kopf zusammenschlug, ließ jedoch seine «Angel» nicht fahren, sondern holte emsig die Angelschnur ein. Ich lachte, bis ich völlig außer Atem war und mir Tränen übers Gesicht liefen. Jetzt sah ich zum ersten Mal Chea lachen. Ich hatte nicht erwartet, sie so ungehemmt zu erleben. Auf einmal zeigte sie die gleiche Unschuld wie

Domano. Auf dem Höhepunkt dieses Possenspiels hielt sie sich mit einer Hand die Nase zu, sprang ebenfalls in Domanos imaginäre Meeresfluten und begann, mit ihm zusammen im «Wasser» herumzualbern. Ich traute meinen Augen kaum, denn ich hatte gedacht, sie sei viel zu reserviert, um sich so aufzuführen. Ich wußte überhaupt nicht, was ich von den beiden halten sollte. Sie unterschieden sich völlig von allen Menschen, die ich je kennengelernt hatte. Domano paddelte wie wild und würgte, als hätte ihn Chea überrascht, und wir lachten und scherzten eine ganze Weile, ehe sie den Unterricht wieder aufnahmen. Ich muß gestehen, daß ich inzwischen sehr gespannt war.

Chea kicherte noch, als sie sich wieder auf die Bank setzte und mit dem Arm herumfuchtelte. Sie sagte: «Dies ist eine Tradition des Handelns. Unsere Art und Weise wird dich zum Tun anleiten. Du wirst sehen, wir werden nur wenig darüber reden müssen. Wir werden dir stets umfassende Anweisungen und Erklärungen geben. Aber wahres Lernen besteht im Erfahren, nicht im Darüberreden. Du kannst uns jederzeit alles fragen, was du willst, und wir werden alles tun, was uns möglich ist, um dich zum Verstehen zu führen.

Von dir wollen wir nur die Zusage, daß du nach außen Stillschweigen bewahrst.»

«Was meinen Sie mit ‹Stillschweigen nach außen›?» fragte ich.

«Das ist die einzige Bedingung, die wir dir stellen.» Chea sprach so, als wolle sie sichergehen, daß ich verstand. «Es ist von ausschlaggebender Bedeutung, sonst würden wir es nicht von dir verlangen. Du darfst niemandem von uns oder unserer Lehre erzählen. Du darfst nichts von diesen Sitzungen aufschreiben oder sonstwie aufzeichnen. Keine Notizen. Keine Briefe.»

«Aber wie soll ich mich dann gut daran erinnern? Wie kann ich etwas lernen, ohne Notizen, Aufzeichnungen oder sonstwas zu machen?» Das, was sie sagten, verblüffte mich so, daß ich irgendwie beleidigt war. Ich war stolz auf meine intellektuellen Fähigkeiten. Schließlich hatte ich mich gerade an der Universität von Kalifornien in Santa Cruz eingeschrieben. Für mich war Studieren und Lernen gleichbedeutend mit Beobachten, Analysieren, Diskutieren, Aufzeichnungen machen, praktisch Arbeiten und Auswerten. Es erschien mir geradezu unmöglich, unter ihren Bedingungen etwas zu erreichen. Ich fühlte mich in die Ecke getrieben und war frustriert, als wäre ich vor Beginn bereits gescheitert. Ich hatte kaum eine Vorstellung davon, was sie mich lehren wollten, aber ich wollte es lernen. Ich fing an, sie zu mögen, sogar Chea. Sie hatten etwas Besonderes an sich. Sie waren erstaunlich vital und agil. Und das fand ich sehr erstrebenswert.

Ich saß eine Zeitlang still da und dachte über die Folgen dieses Schweigegebots nach. Keine Notizen! Nicht darüber reden! Was sollte ich denn meinem Mann sagen? Wie konnte ich ganze Nachmittage mit diesen beiden Leuten verbringen, ohne ihm ein Wort davon zu erzählen? Er war mein bester Freund. Wir sprachen über fast alles miteinander. Mußte ich ihn anlügen? Oder meine Kinder? «Und was mache ich mit meinem Mann?» fragte ich.

«Unsere Bedingung ist nur zu deinem Nutzen», sagte Chea und nahm ihre Tasse in die Hand. «Zum gegenwärtigen Zeitpunkt sind die Lehren nur für dich bestimmt. Diese Regelung soll dich nicht einschränken, sondern dir helfen. Für dich, unsere neue junge Freundin, bedeutet Reden über das, was du lernst, daß all deine Aufmerksamkeit an deine geistigen Gewohnheiten gebunden wird. Es ist für dich wie ein Gefängnisgitter. Notizen ebenso. Was wir dich lehren können, liegt außerhalb dieser Gitterstäbe. Es ist das, was jenseits des Linearen liegt.» Chea nahm meine beiden Hände. Auf ihrem Gesicht zeichnete sich tatsächlich tiefe Anteilnahme ab, und es war, als spräche sie direkt in meine Augen. «Du bist nicht dein Ehemann. Du hast deinen eigenen Tod. Dein eigenes Schicksal. Du kannst dich nicht an den Schatten eines anderen Daseins fesseln, an die geistigen Gewohnheiten von jemand anders. Um unsere Lebensart zu erlernen, mußt du nur für dich allein lernen. Nicht für irgend jemand anders. Du muß in deinem tiefsten Innern wissen, daß du diese Sache nur für dich allein vollbringst.»

Nur für mich allein. Diesen Gedanken fand ich seltsam. Er kam mir angsterregend, selbstsüchtig, ja fast wie ein Sakrileg vor. Wie konnten sie so etwas von mir verlangen? Wenn ich allein im Leben stehen würde, wäre es leichter, dann würde es keine Rolle spielen. Aber die ausschließen, die ich liebte, wie konnte ich das?

Cheas Tonfall wurde strenger. «Wie kannst du deiner Familie und deinen Mitbürgern am besten dienen? Wie kannst du ihnen am besten Gutes tun? Dadurch, daß du erst aus dir selbst einen besseren Menschen machst. Oder nicht?»

«Ja», antwortete ich unsicher.

«Du mußt dir zuerst schwören, daß du dies für dich selbst tust. Und dann mußt du uns versprechen, daß du dich an unsere Bedingung hältst zu schweigen, denn sonst wirst du nicht lernen können. Du meinst, du würdest deinen Mann betrügen, wenn du Geheimnisse vor ihm hast. Dabei betrügst du nur dich selbst, indem du dich an seinen Schatten fesselst.»

Ich zitterte. Sie hatte recht. Zum ersten Mal ging mir auf, daß ich meine eigenen Träume, mein Schicksal aufgegeben hatte, um geisterhaft an dem anderer mitzuwirken. Ich führte nicht das Leben, das ich mir in meiner Jugend ausgemalt hatte, sondern ein Leben, das die kulturellen Erwartungen mir vorschrieben. Ich murmelte laut: «Ekelhaft. Mein Leben ist eine Lüge! Und ich habe es nicht einmal gemerkt!» Ich fand mich abscheulich. Mir war höchst unbehaglich zumute. Ich hatte mich wahrhaftig selbst betrogen, hatte all meine Ideen und Hoffnungen über Bord geworfen, als seien sie nichts wert, kindliche Phantasien, ohne einen Nutzen. «O Gott.»

«Ja», sagte Domano, «das sind sie dir gewesen, diese Schatten deiner Kultur, dein Mann. Wir werden dir noch mehr Kaffee machen. Bleib in der Sonne sitzen und denke über deine Vereinbarung mit uns nach, solange es nötig ist.»

Ich blickte zu ihnen auf. Beide sahen sie mich fest und liebevoll an. Dann standen sie auf und gingen mit dem Tablett in die Küche. Ich saß auf der Bank, hatte die Füße hochgestellt, die Schenkel an die Brust gepreßt, die Hände auf die Knie gelegt und die Arme seitlich an die Beine gedrückt. Ich wußte nicht einmal mehr, wann ich diese Haltung eingenommen hatte. Mir fiel auf, wie unbewußt ich doch war. Meine Gedanken wanderten zu alten Erinnerungen an meine ehrgeizigen Hoffnungen, an Visionen, an mein sich wandelndes Selbstbild zurück. Ich wollte ursprünglich Malerin oder Wissenschaftlerin werden. Vielleicht Musikerin oder Komponistin. Oder schreiben, mit Schauspielern, Dichtern und Malern verkehren und in gemütlichen Cafés Espresso schlürfen. Ich wollte auf Reisen gehen, die alten Ruinenstädte erforschen, philosophische und wissenschaftliche Themen diskutieren.

Ich glaube, ich befand mich in einem Schock. Ich saß zusammengekauert da und zitterte und schaukelte. Ich merkte gar nicht, daß Domano und Chea mit frischem Kaffee und Plätzchen wieder ins Zimmer kamen.

Domano trat zu mir und reichte mir meinen Kaffee. «Wie kann man sich selbst am besten treu bleiben? Wie wird dieses Geheimnis mit jedem unserer Leben in Einklang gebracht? Können die Menschen von all den Wünschen, die ihre Kultur weckt, ablassen und ihr eigenes Schicksal finden? Du hast gewußt, daß dich dein Schicksal einholte, als du mich auf den Felsen gesehen hast. Als junges Mädchen hast du dein Schicksal gekannt. Siehst du es jetzt vor dir?»

Ich empfand nur Qual, weinte, trauerte um all meine aufgegebenen Träume und die verlorene Zeit. Ich wiegte mich hin und her und trank meinen Kaffee. Ich liebte meine Kinder und meinen Mann doch so sehr. Ich würde sie nicht um alles in der Welt aufgeben, aber trotzdem waren sie nicht das, was ich mir ersehnt hatte. Wie kam das? Ich erfüllte mir nichts, aber auch gar nichts von meinen alten Träumen. Sie hatten recht. Da, wo eigentlich mein Schicksal hätte sein sollen, war ein Müllplatz in meinem Leben.

Domano und Chea waren anders als alle Leute, die ich kannte. Sie waren klar, leidenschaftlich und selbstsicher. Sie besaßen ein Wissen, das ich nur erahnen konnte. Und die ganze Zeit über wirkten sie ungewöhnlich ausgeglichen. Das wünschte ich mir auch. Ich wünschte mir, daß das mein Schicksal wäre.

Ich trank meinen Kaffee aus und stellte die Tasse auf das Tablett zurück. Es kam mir so vor, als würde es im Zimmer drückend heiß. Ich fing tatsächlich an zu schwitzen, was bei mir so gut wie nie vorkam.

Domano, der mich freundlich betrachtete, sagte: «Ich will dir eine kleine Geschichte davon erzählen, wie alle Dinge entstanden sind.

Am Anfang von allem gab es noch keine Zeit, um die Dinge zu

machen und um alle Dinge in Gang zu setzen. Dort, an dem Ort, wo unsere Welt ihren Anfang nahm, saßen zwei uralte Frauen und bereiteten Dinge vor, die einmal kommen sollten. Diese beiden waren sehr, sehr alt und wußten viel. Das war zu einer Zeit, ehe die Sonne lebte. Es war immerfort dunkel. Es ist so lange her, daß auch der Tod noch nicht lebte. Alles war ziemlich anders. Eines Tages sprachen die alten Frauen über Licht und Tod für unsere Welt. Die eine alte Frau sagte, sie käme gut ohne Licht aus, wenn es dann auch keinen Tod gäbe. Die andere alte Frau sagte, daß es besser wäre, beides zu haben, wenn man das eine nicht ohne das andere haben könnte. Denn ein Leben ohne Licht wäre unerträglich.»

Chea hatte auf einer kleinen Tonflöte gespielt, während Domano mir seine Geschichte erzählte. Sie hörte auf zu spielen, als er damit fertig war, und legte die Flöte hin, die die Form einer Schildkröte hatte und etwa zehn Zentimeter lang war. Ihr Gesicht wurde wieder ausdruckslos. «Der Tod», sagte sie, «ist der Punkt der Veränderung. Alles in unserer Welt unterliegt den unterschiedlichsten Veränderungen. Das Zusammensein mit uns bedeutet eine drastische Veränderung. Willst du das? Stimmst du unserer Bedingung zu?»

«Ja, ich will das, was ihr habt. Ich bin zwar fast von Sinnen vor Angst, aber ich will es trotzdem. Ist es mein Schicksal, so wie ihr zu werden? Ihr kommt mir fast . . . unwirklich vor.»

Chea sah mir wieder prüfend in die Augen. «Du wirst noch früh genug deinem eigenen Schicksal begegnen. Es gibt nur eins, was wir dir garantieren können.»

«Und das wäre?» fragte ich.

«Nun, natürlich Veränderung», sagte sie mit einem Kichern. «Wandel ist der gemeinsame Nenner in dieser Welt. Du könntest sagen, die Veränderung ist ein Tod, ist die Bewegung, die dich von einer Sache abzieht und dich in eine andere hineinstößt. Bewegung. Wir sind Wesen, deren Dasein mitten im Auf und Ab von Bewegungen seinen Ausdruck findet. Wenn wir nicht lernen, geschickt mit diesen Strömungen umzugehen, werden wir unablässig hin und her geworfen werden wie Seetang bei Sturm. Man kann lernen, die Punkte der Veränderung wahrzunehmen und sich zunutze zu machen. Das ist *ka ta see. Tla ikt la ka ta see.* Das Erlernen der Wege des Gleichgewichts. Es heißt, es sei der Tanz der Sterne, wenn man lernt, sich nicht von den Gezeiten mitreißen zu lassen, sondern das Gleichgewicht zu halten. Zu tanzen. Seine Bewegungen selbst zu bestimmen.»

Mir wurde wieder übel. Ich schwitzte stark, und in meinem Kopf drehte sich alles. «Chea», sagte ich, «ich gehe jetzt besser nach Hause. Ich fühle mich nicht ganz wohl. Ich habe irgend etwas in den Knochen, und ich will euch nicht anstecken.»

«Warum legst du dich nicht einen Augenblick hin?» sagte sie. «Ruh dich aus. Du mußt ein wenig ruhen, ehe du Auto fährst. Ich fände es nicht gut, wenn du in diesem Zustand fahren würdest.»

Domano pflichtete ihr bei. Sie versicherten mir, es sei in Ordnung, wenn ich mich ausruhte, und ich würde mich bald wohler fühlen. Ich hätte mir vielleicht einen Virus eingefangen. Sie würden mir inzwischen von dem Tanz erzählen.

«Der Tanz!» Cheas Augen glitzerten, als sie sich auf der Bank zurücklehnte, alle Muskeln völlig locker, nur die Mundwinkel kaum sichtbar hochgezogen. «Der Tanz ist die Freude selbst.» Sie schien auf eine Reaktion von mir zu warten. «Er ist unsere Verbindungsstelle. Unser Punkt des Gleichgewichts. Das ist unser einziger Besitz. Er ist unsere gesammelte konzentrierte Aufmerksamkeit, in der der Strom des Lebens gebündelt wird. Das Zentrum des Universums. Und auch unser Punkt der Veränderung. Sieh mich an. Der Punkt bedeutet, in diesem Augenblick der Existenz dazusein, in ebendiesem Moment zu atmen, bis zum nächsten Augenblick und Atemzug, und dann zum nächsten. Er kennt weder Zeit noch Ort. Der Punkt liegt nämlich im Gegenwärtigen.

Wieviel Aufmerksamkeit kannst du diesem gegenwärtigen Augenblick widmen? Und dem nächsten? Wohin hat sich deine ganze Aufmerksamkeit zerstreut? Kannst du sie von all dem abziehen, worauf sie sich verteilt, und hierher bringen? Das ist der Schlüssel. Deine Kraft liegt in deiner Aufmerksamkeit. Eine Veränderung kann entweder eine Bewegung sein, die an deiner Kraft zehrt, oder eine Bewegung, aus der du Kraft schöpfst. Sie kann sich zufällig ergeben oder von dir gelenkt werden.»

Sie machte eine Pause und sah einen Moment lang aus dem

Fenster, als suche sie nach den richtigen Worten. «Dieser Tanz hat, von weitem betrachtet, nichts zu tun mit Kampf oder Schmerz, Chauvinismus oder Boshaftigkeit. Er hat vielmehr etwas mit Mitleid, Spontaneität, Schönheit, reiner Leidenschaftlichkeit, Verkörperung und Auflösung zu tun. Er bedeutet die Gleichwertigkeit und Einheit von allem, was da ist. Der Tanz kommt von hier.» Sie sprach leidenschaftlich und klopfte sich auf die Brust. «Aus dem Herzen. In dieser Welt ist nur eins erstrebenswert: der Tanz. Das Gleichgewicht. *Ka ta see.*

Eines Tages wird dich der Tod holen. Wirst du dich dann hinlegen und sagen: ‹O komm. Nimm mich. Ich habe so lange auf dich gewartet›? Oder wirst du mit Heulen und Zähneklappern reagieren wegen all der Dinge, die du nicht gewesen bist oder die du unterlassen hast? Oder wird dich angesichts der Vernichtung das Entsetzen packen? Ich sage dir, Kay, für einen, der seinem Tod begegnet und der danach wieder lebt, ändert sich die Welt. Er weiß, was es heißt, alles loszulassen. Er hat das Wesen des Todes erfaßt und erkannt, daß er kein Auslöschen ist, sondern eine Bewegung. Er ahnt den Wert und die Einzigartigkeit unserer Welt und schätzt sie und seine Zeit darin über alles. Das Leben selbst wird sein Liebstes. Er erwirbt die Fähigkeit, Entscheidungen in Macht umzusetzen. Wie sonst könnte man ein Schamane werden, wenn nicht durch eine schnelle, außergewöhnliche Bewegung von solcher Kraft, daß man dadurch von allem, was vorher war, getrennt wird!»

Ich war vollkommen benommen. In mir drehte sich alles. Obwohl ich verstand, was Chea sagte, konnte ich nicht ein Wort davon im Kopf behalten. Mir war so übel, daß ich mich wohl bald übergeben mußte. «Chea», sagte ich unter mühsamem Schlucken, «ist es das, was ich werden soll? Eine Tote? Eine Schamanin?» Sie hatte anscheinend mit meinem Zustand gerechnet und einen Eimer mitgebracht.

«Du hast nach deinem Schicksal gefragt. Laß deinen Körper rein werden. Kämpfe nicht gegen die Übelkeit an. Im Augenblick ist er klüger als du. Dein Schicksal ist nahe. Du mußt dich darauf vorbereiten, ihm zu begegnen. Aber laß es erst zu, daß sich dein Magen leert. Und laß auch deinen Geist leer werden. Kämpfe nicht gegen deine Gedanken an. Laß sie einfach gehen. Dein Geist wird sich mit zunehmender Leere entspannen, und dann bist du für ein Weilchen von der Tyrannei deiner Gedanken frei. Schau nach innen und sieh, wie weit sich dieses Ding ausdehnt, das wir Geist nennen.»

Nachdem ich mich erbrochen hatte, ließ die Übelkeit etwas nach, aber dafür nahmen meine Schwäche und Hilflosigkeit zu. Ich konnte kaum die Arme bewegen. Domano bettete meinen Kopf auf die Bank, und Chea legte meine Beine hoch. Ich hatte ein Gefühl, als löste ich mich in Luft auf. Ich befolgte Cheas Anweisungen und erlaubte meinem Geist zum ersten Mal in meinem Leben, leer zu werden. Und genau wie sie gesagt hatte, merkte ich, daß dort ein unermeßlicher Raum der geistigen Wachheit und Klarheit war, der nichts mit einzelnen Gedanken und Sätzen zu tun hatte. Vielmehr traf ich auf weite Bereiche voll tiefen Erkennens und Verstehens, auf Formen des Wissens und Möglichkeiten der Selbstverwirklichung über alle früheren Grenzen hinaus.

Ich war so schwach, daß ich nur mit Mühe sprechen konnte. «Irgend etwas stimmt nicht mit mir. Ich bin krank. Ich habe Angst. Und ich sehe etwas . . . anderes.»

«Sprich jetzt möglichst nicht», sagte Chea. «Spar deine Kräfte. Laß die Worte ihren eigenen Weg gehen. Angst ist dein einziges Hindernis. Laß die Angst nicht weiterwachsen. Du kannst jetzt nicht mehr zurück. Genieße die Stille in deinem Geist. Beobachte. Werde das, was beobachtet.»

Ich versuchte aufzustehen, konnte mich jedoch nicht rühren. Meine Arme und Beine fühlten sich an, als wären sie weit weg, und sie waren von einem dumpfen, pochenden Schmerz erfüllt.

Chea strich mir das Haar aus der Stirn. «Die Welt ist manchmal schreckenerregend. Lebendigsein kann Entsetzen hervorrufen. Um tanzen zu können, mußt du die Angst durch Ekstase ausgleichen – durch die Erfahrung der absoluten Großartigkeit all der unendlichen Seinsformen, die dir so nahe sind.» Sie erhob sich und ging in die Küche.

Einige Zeit später beugte sie sich über mich. «Kay, wir müssen gehen. Du hast eine Verabredung. Wir wissen, daß es dir schwerfällt, dich zu bewegen, aber du mußt es probieren. Wir helfen dir.»

Sie hievten mich hoch und nahmen mich zwischen sich, meine Arme um ihre Schultern gelegt. Ich war schwach und elend und konnte mich nicht rühren. Schließlich zogen sie mich durch die Küchentür und weiter zum Hinterausgang. Alles war dunkel, und es wurde immer dunkler. Ich kann mich nicht erinnern, durch die Hintertür gegangen zu sein, aber irgendwie waren wir auf einmal draußen und gingen einen Pfad mit viel Laub zu beiden Seiten hinunter. Es war dunkel, Abend. Der Mond stand am Himmel und verbreitete so viel Helligkeit, daß wir etwas sehen konnten. Vor uns lag eine kleine Lichtung, und ich konnte zwei Schattengestalten am gegenüberliegenden Lichtungsrand sehen. In meinem Kopf war nicht ein einziger Gedanke. Die unendliche Weite unseres Daseins, die Art und Weise, in der sich unsere Welt, wie ich sie kannte, in immer neue Welten entfaltete, sie überlagerte, wie sie auf- und abebbte, nahm mich vollkommen gefangen und erfüllte mich mit ehrfürchtiger Scheu.

Wir waren stehengeblieben. Sie hatten mich hochgestützt, und Chea schlug mir ins Gesicht und rief: «Kay! Konzentriere deine Aufmerksamkeit hierauf! Kay! Kay! Du mußt diese beiden kennenlernen.» Sie deutete auf den Pfad zur Lichtung und die zwei Gestalten dort. «Tod und Schicksal.»

Als ich meine Aufmerksamkeit wieder meinem Körper und den Gestalten vor uns zuwandte, packte mich das reine Entsetzen. «Nein! Nein! Nein! Nein!» schrie ich und versuchte, meinen Körper so weit in Gang zu bringen, daß ich mich losreißen und fortlaufen konnte. Ich wußte plötzlich, wer sie waren und worum es sich bei meiner «Verabredung» handelte. Ich erbrach mich erneut. Ich zitterte unwillkürlich am ganzen Leibe. Ich war völlig kraftlos. Da wußte ich, daß es ans Sterben ging. Sie zogen mich an den Armen ein Stück näher heran.

Chea flüsterte mir ins linke Ohr: «Es sind dein Tod und dein Schicksal. Du mußt ihnen als deinen getreuen Ahnen Ehre erweisen. Schließe sie in dein Herz, und du wirst immer in lauterster Absicht tanzen. Mach dich mit ihnen bekannt» – bei diesen Worten schlug sie mir auf die Stirn – «und du wirst deinen Tanz mit den Sternen kennen.

Der Tod ist alles. Und nichts. Er beendet das Alte und beginnt das Neue, und er ist es, der dieses Leben webt. Alles, was wir tun, wird auch wieder aufgehoben. Der Tod ist der gleiche, der dir in diese Welt hineingeholfen hat. Tod und Schicksal kommen mit dir hierher und folgen dir den ganzen Weg zurück.»

Wir gingen noch ein paar Schritte näher heran. Ich war von einer so überwältigenden Angst erfüllt, daß ich mich anstrengen mußte, nicht das Bewußtsein zu verlieren. Ich wußte, daß ich nur noch ein paar Augenblicke zu leben hatte. Je näher ich den beiden Gestalten kam, um so eher würde ich sterben. Ich hatte meinen Körper nicht mehr in der Gewalt. Innerlich war ich hysterisch, in panischer Angst, völlig aufgelöst. Aber äußerlich zeigte mein Körper keinerlei Reaktionen mehr, und so wurde ich willenlos zu der Lichtung hingezerrt.

Während wir uns näherten, konnte ich die Stimme von einer der Gestalten hören. Der Klang war betörend und leidenschaftlich, eine Art Singen, aber urtümlich. Mein Entsetzen schwand bei diesen Klängen merklich. Ich spürte, wie die Töne in mir anschwollen, bis ich nicht mehr sagen konnte, ob sie von den Gestalten ausgingen oder von mir. Ich hatte ein Gefühl, als würden die Klänge in meinem Innern brennen.

Wir erreichten die andere Seite der Lichtung und standen vor den Gestalten. Jetzt konnte ich sie deutlich sehen, und der Gesang schwoll immer mehr an. Die Sängerin war bei näherem Hinsehen die Gestalt rechts. Sie war jung und schön. Sie zog sich die Kapuze ihres langen Mantels ab. Ihr Haar wallte herab, und ihre Augen wirkten hypnotisierend und waren tief wie das Meer. Sie sang weiter, als die Gestalt links den Arm hob, um die Kapuze ihres Mantels abzustreifen. Sie war das Grauen in Person. Der Atem stockte mir. Das Singen wurde lauter, während die grausige Gestalt die Augen auf mich richtete und lächelte.

Sie sah aus wie eine lebende Leiche. Ein Knochengestell, an dem locker verweste Hautfetzen hingen. Ihre Augen waren licht und ihre Bewegungen flink. Sie hielt mir die Hand hin und sprach: «Ich bin dein Tod.»

Ich hatte das zwingende Bedürfnis, die Hand zu ergreifen. Domano packte meinen Arm und zog ihn zurück. «Laß dich nicht von ihr berühren. Du bist jetzt deinem Tod nahe. Je näher er kommt, um so näher bist du dem Punkt, diesen Körper und diese Welt ganz zu verlassen. Eines Tages wird er die Hand ausstrecken, und dann wirst du nicht mehr entschlüpfen können. An dem Tag wird er dich mitnehmen. Doch heute mußt du nur gut zuhören.»

Wieder sprach der Tod: «Hier ist dein Schicksal, das dir mit sehnsüchtiger Stimme von Taten singt, die sich ankündigen, und vom Wagemut, den du in deinem Leben brauchen wirst.»

Ich wand mich, rang nach Luft und schrie auf: «O mein Gott! Was zum Teufel mache ich hier bloß!»

«Beruhige dich. Hör zu. Hör ihm zu», flüsterte Domano, während er mich festhielt und mir die Hand auf den Mund legte.

Noch einmal sprach der Tod, und das Krächzen blieb hallend in der Luft um uns herum stehen. «Ich bin der Offenbarer, der Verkünder und Schilderer von Zyklen, denn das Geheimnis der Aufmerksamkeit ist mein. Erkenne durch mich deine Gleichwertigkeit mit allen Dingen. Singe deine Kraft, Stellifa, und schöpfe dein Leben voll aus. Bemühe dich um das Gleichgewicht, um Wohlklang und Harmonie mit allen Dingen, verschwende und verletze nichts.» Dann senkte er den Kopf und zog die Kapuze hoch, bis seine Augen verborgen waren. Wolken verhüllten den Mond, und auf der Lichtung wurde es dunkel.

Domano und Chea halfen mir auf dem Rückweg den Pfad entlang. Meine Hysterie verging, aber ich war immer noch schwach und schweißgebadet. Als wir wieder in der Wohnung waren, ging Domano ins Wohnzimmer und begann zu trommeln und zu singen. Chea führte mich ins Badezimmer und half mir beim Ausziehen und Baden. Sie verhielt sich mütterlich, aber ihr Gesicht war ausdruckslos. Das Wasser war kalt, es verlieh mir Kraft und ernüchterte mich. Wir sagten nichts.

Der Nachmittag war fast vorüber, als ich mich anzog. So unglaublich es schien, war es doch immer noch derselbe Tag, der, an dem ich hergekommen war. Ich stellte mich ans Fenster, schaute nach Westen und hörte Domano kurze Zeit zu. Chea reichte mir Tasche und Mantel und gebot mir mit an die Lippen gelegtem Finger, still zu sein.

Ich ging wortlos und hatte bis zu meiner Wiederkehr zwei Wochen später keinerlei Verbindung zu ihnen.

Die Macht des Gesangs

Ich war pünktlich. Warum, wußte ich nicht. Es war eigentlich verrückt. Ich hatte schreckliche Angst. Ich traute ihnen nicht, und doch mußte ich hin, ob ich wollte oder nicht. Ich hatte in den vergangenen Wochen oft über meine Erlebnisse bei unserem letzten Treffen nachgedacht. Ich hatte dauernd von den Gestalten Tod und Schicksal und von dem eindringlichen Gesang des Schicksals geträumt. Ich hatte keine Ahnung, was mit mir geschehen war. Je mehr ich mich zurückbesann, um so unsicherer wurde ich. Ich fragte mich, ob ich vielleicht etwas gegessen hatte, von dem mir so schlecht geworden war. Ich konnte nicht sagen, ob die Gestalten, die ich gesehen hatte, mir in einem Fiebertraum erschienen, ob sie durch Hypnose entstanden oder ob sie doch irgendwie wirklich gewesen waren. Vielleicht kehrte ich zurück, um herauszufinden, was an den Hetakas überhaupt *wirklich* war oder ob ich nur zu wilden Phantasien neigte.

Ich war von dem mir Vertrauten abgetrennt worden. Die Echtheit dieser Welt war fraglich für mich geworden. Tief in meinem Innern wuchs eine grenzenlose Offenheit für das Universum. Es war kein Gefühl. Es war auch kein Gedanke. Es war ein *Stück* von mir. Ich konnte nicht länger auf die Welt bauen, die mir bekannt gewesen war.

Als ich die Wohnung betrat und wir die üblichen Höflichkeiten austauschten, wirkten die Hetakas so fröhlich und nonchalant, als sei nie etwas Ungewöhnliches passiert. Sie boten mir Kaffee und kleine Sandwiches an. Ich nahm verwirrt und still Platz.

Schließlich begann Domano zu sprechen. «Dich zu lehren wird

leicht zu einer wortreichen Angelegenheit. Ideen sind keine Worte. Und Erfahrungen sind auch keine Worte. Unsere Aufgabe besteht also darin, dir Erfahrungen zu vermitteln, aus denen du lernst. Dazu brauchen wir ab und zu Worte. Sie sind allerdings so schlüpfrig wie eine Wasserschlange. Worte können für verschiedene Leute einen ganz unterschiedlichen Sinn haben. Wenn wir etwas beschreiben, stimmt die Beschreibung nur von einem bestimmten Blickwinkel aus. Verändere den Beobachtungsstandort, und die Beschreibung stimmt nicht mehr ganz. Worte sind wirklich ein Wunder, aber wie ein Kojote. Sie sind gerissene Schwindler. Sie können dich auf den Weg des Vergessens locken.»

Seine Worte verwirrten mich. Ich fragte mich, was er wohl damit meinte, und verlor dadurch den Faden.

«Deshalb sage ich, daß wir dich durch Worte nicht klüger machen können. Nur durch persönliche Erfahrung wirst du wirklich etwas verstehen. Du mußt mit deinem ganzen Sein und Wesen bei der Sache sein, um tiefgreifendes, echtes Wissen zu erlangen. Unsere Worte tragen vielleicht dazu bei, daß du eine Erfahrung besser verdauen kannst, und lenken deine Aufmerksamkeit zur nächsten. Aber wenn du aus deinen Erfahrungen lernst, wirst du das alles irgendwann ohne unser Zutun wissen. Die Zeit wird kommen, wo du uns nicht mehr brauchst.

Doch im Augenblick möchtest du gerne wissen, was du letztes Mal gemacht hast. Was geschehen ist. Du hast ein kleines Loch in dein Netz gerissen und bist hindurchgefallen.» Er kicherte und ahmte mit den Fingern nach, wie ein imaginäres Netz zerreißt und etwas unversehens hindurchfällt. «Ein kleines Stück von dir weiß jetzt, daß es eine größere Welt gibt als die, in der dich deine Gewohnheiten leben lassen.»

Ich dachte im stillen: Und um welchen Preis das alles? Wollen sie mich verletzen? Ermorden? Werden alle Unterrichtsstunden so sein wie die letzten? Wie umfassend ist ihr Wissen? Sind sie wirklich Menschen mit außergewöhnlichen Fähigkeiten? Was um Himmels willen sollte ich in meinem Leben mit so etwas anfangen? Wo würde es hinpassen?

Aber einem Teil von mir war es egal, wo es hinpaßte. Dieser Teil war frei und wild und neugierig. Er wollte das Außergewöhnliche.

Domano beugte sich vor und sagte: «Du bist gestorben.»

Ich wußte, daß ich es so empfunden hatte, als sei ich gestorben, aber jetzt war ich lebendig, wie konnte ich also gestorben sein? Wahrscheinlich, dachte ich, war es Hypnose. Daß ich ein Drogenerlebnis gehabt haben könnte, kam mir gar nicht in den Sinn. Das war für mich eine vollkommen fremde Welt.

«Dein Leben hat sich verändert seit deinem letzten Besuch», fuhr er fort. «Du findest die Welt nicht mehr wieder, die du verlassen hast. Das liegt daran, daß du einen Riesensprung gemacht hast. Du hast dich verändert. Du hast deine Mitte weit von deinem Netz wegbewegt.» Und er beteuerte nochmals: «Du bist gestorben.

Alles, was du warst, alles, was du gewußt hast, und alles, was du entdeckt hast, hat dir zu der Erfahrung dieser Urkräfte verholfen. Der Tod ist die Kraft in unserem Universum, die alles auseinanderreißt. Die alles zu einem Ende bringt. Er löst auf. Er ist die Kraft der Veränderung. Er ist eine Kraft, eine Macht, eine Bewegung. Die Welt ist wie die Strömung eines Flusses oder der Meere. Sie strömt ‹hier› herein, hindurch und wieder heraus, unablässig. Die Kraft, die dahintersteckt, ist die Kraft, die Leben und Tod eines Dings verursacht. Wenn sie für uns stirbt, wird sie in etwas anderem wieder geboren. Diese Kraft fließt durch die Netze, die Dimensionen. Es ist Weisheit in dieser Kraft. Und wie überall ist da Bewußtsein. Wenn etwas in eine Welt gedrängt wird, hat es eine gewisse Triebkraft und ein Beharrungsvermögen. Man könnte sagen, es hat einen Plan. Das ist seine andere Hälfte – das Schicksal. Diese zweischneidige Kraft bildet das Gerüst für unsere Welt. Sie schaltet aber nicht den freien Willen aus. Richtiger gesagt, diese Kraft ist ein Rahmen, in dem sich der freie Willen ausdehnt. Sie ist eine etwas andere Art von Intelligenz, von Bewußtsein, als die Leute gewöhnt sind. Jedes Volk erkennt im Wirken dieser Kraft eine ‹Gottheit›. Die Gestalten, die du gesehen hast, sind Verkörperungen dieser Kraft, dieses Wirkens in unserem Universum.

Wenn du die Welt auf eine bestimmte Weise betrachtest, siehst du nur Leben und dessen Bewegungen – Veränderung. Sammeln und Zerstreuen. Fortschreiten. Wenn man dieses Innenleben *kennt*, empfindet man große Freude und Begeisterung. Weißt du, der Tod lehrt dich das Leben. Das Leben ist das, was allen Dingen gemeinsam ist. Der Tod ist die Bewegung im Lebensablauf. Der Tod sorgt für eine kontinuierliche Dynamik. Für eine maßvolle, aber willkürliche Entwicklung. Das Chaos.»

Er sah mich an und lachte. Ich muß ein ziemlich dummes Gesicht gemacht haben. Es war nicht nur schwer, den sachlichen Ausführungen dieses alten Indianers zu folgen, auch seine Wortwahl war überraschend. Für mich war Chaos fast gleichbedeutend mit völliger Vernichtung. Ich hatte vor ein paar Jahren den Hinduismus studiert und dadurch ein anschauliches Bild von dieser Idee. Da war von den Atemzügen Brahmas die Rede und wie das Universum beim Ausatmen Brahmas aus dem Chaos entsteht, um sich beim Einatmen wieder im Chaos aufzulösen und in nichts zu verwandeln.

Domano lachte leise. «Die Wasserschlange ist dir bereits aus den Fingern geschlüpft. Atme. Schließe Frieden mit dir selbst. Wir werden uns ständig wiederholen, bis du lernst. Atme tiefer.»

Nach einer Weile schüttelte er den Kopf und sagte: «Da schlagen Flammen aus der Mitte heraus, dem Herzen jedes einzelnen und aller Dinge – Leben. Von den Galaxien bis zu den Photonen. Das Leben ist bewußte, intelligente Energie, die sich in jeder Funktion und Form sammeln kann. Eure Wissenschaftler spalten das Atom, und was finden sie? Energie, die außen und innen kreist und von der es gebildet wird. Wenn sie diese Energie von einem bestimmten Blickwinkel aus betrachten würden, könnten sie erkennen, daß es sich um zwei Hälften handelt, die sich zusammen wie im Tanz bewegen. Und wenn sie einen anderen Blickwinkel wählen würden, könnten sie sehen, daß sie aus fünf Teilen besteht, die auf komplizierte Weise eng miteinander verwoben sind. Aus einem wieder anderen Winkel würden sie nur einen einzigen Teil sehen. Und doch hat es jeweils seine Richtigkeit damit. Ziemlich verrückt das alles von der Energie, die lebt, ja? Sie sammelt sich um einen trägen Kern herum und bildet dann Energiemuster und Materie. Ein Mensch kann lernen, sie zu sammeln, zu bewahren, in Umlauf zu bringen. Ballt sie sich zu etwas zusammen, entsteht ein Individuum. Dessen Matrix ist ein einzigartiges Pulsieren, ein Rhythmus, der nur ihm eigen ist. Es singt zum Universum, und

Leben durchströmt es und trägt sein kleines Lied mit sich fort. So erfährt jeder im Umkreis von seiner Existenz. Die Lebensenergie selbst wird so als von Herzen kommendes Geschenk verteilt. Das Lied eines Menschen ist seine Freude. Und die teilen wir unablässig miteinander. Das ist unser Netz.»

Er gestikulierte heftig mit den Armen, um zu verdeutlichen, was er meinte. Ich wußte, daß ihn tief bewegte, was er mir erzählte. Ich hoffte nur, mich an das alles erinnern zu können.

«Der Tod ist nur das, wodurch das Leben in seinem Lauf angetrieben wird. Er ist eine Tür zu etwas Neuem. Nichts wird vernichtet, nichts geht verloren oder gerät in Vergessenheit. Alles wird weiterbefördert an seinen nächsten Platz, und alle Erfahrungen sind Gemeingut und bleiben in der Erinnerung erhalten. Es ist ein wahres Kunststück, zu lernen, sich dieser Tür zu bedienen. Du mußt dich stellen, deinem Tod gegenübertreten, aufs Sterben gefaßt sein. Das verändert deinen Platz im Netz, gibt dir Mut und zeigt dir, daß Leben eine Sache der Aufmerksamkeit ist.»

Domano stand auf und ging zum Fenster, wobei er auf seine nette, spitzbübische Art lächelte. «Ich will dir eine kleine Geschichte erzählen. Du wirst sie mögen. Es ist eine hübsche Geschichte.

Es war ein schöner, sonniger Tag. Hell. Und es roch gut. Da war ein Platz an der Quelle. Gräser, Bäume und überall Vogelgezwitscher. Süßer Kräuterduft lag in der Luft. Hier lebte eine hübsche Schlange. Eines Tages kam ein Mann durch das Gras geschritten. Er schaute sich alles an, schnupperte an allem und berührte alles. Er setzte sich an den Bach, um sich auszuruhen und zu trinken. Die Schlange sah den Mann und ging zu ihm, um ihn zu begrüßen.

‹Hallo, Mensch›, sagte sie.

‹Hallo, hübsche Schlange.›

‹Willkommen in meiner schönen Heimat›, sagte die Schlange.

‹Ist ja wunderbar›, sagte der Mensch. ‹Wohnst du hier schon lange?›

‹Meine Mütter sind hierhergekommen, ehe die Bäume kamen.›

‹Oh›, sagte der Mensch, ‹das ist eine schöne Vergangenheit. Und heute ist ein schöner Tag!›

‹Warum›, fragte die Schlange, ‹siehst du dann so traurig aus?›

‹O Schlange, ich bin nur ein dummer alter Mann. Meine Jahre gehen bald zur Neige. Ich will nicht gehen. Meine gastliche Freundin, der Tod ist für Menschen nicht so leicht wie für Tiere und Pflanzen. Ich vermisse die Blumen jetzt schon. Schlange, welches Geheimnis kennst du, daß du so lange lebst? Warum stirbst du nicht?›

Die Schlange lachte. ‹Weil ich meine Haut abstreife.›

‹Lehre mich, Schlange. Bitte lehre mich, meine Haut abzustreifen, damit ich länger lebe.›

‹Wie du willst, Mensch.›

Und die Schlange nahm sich des alten Mannes an. In den folgenden Wochen lehrte sie ihn, wie eine Schlange zu schlafen und sich zu häuten. Von da an konnte der alte Mann, wann immer er spürte, daß seine Zeit zu Ende ging, einfach einschlafen und seine Haut abstreifen. Er war glücklich und hatte keine Angst mehr.»

Chea, die bis jetzt geschwiegen hatte und still gewesen war, begann ein beunruhigendes Lied zu summen. Ich brauchte ein Weilchen, bis ich es einordnen konnte. Es war der Gesang der Schicksalsgestalt. Ich fuhr unwillkürlich zusammen. Während Domano sprach, hatte ich allmählich meine Angst vergessen. Jetzt war ich wieder verunsichert und besorgt und fühlte mich verletzlich. Ich fragte mich, was sie wohl vorhatten. Chea hörte auf zu summen und sagte: «Wie sonst könnten Menschen auf ihre eigene Macht stoßen, wenn nicht dadurch, daß sie als das, was sie waren, sterben und ein neues Leben beginnen? Nur das Sterben kann die Menschen so verändern, daß sie ihre Aufmerksamkeit und Energie mobilisieren.

Du magst mir vor lauter Angst nicht zuhören. Laß uns einen Spaziergang machen unten auf der Strandpromenade.»

Ich willigte ein. Es erschien mir sicherer dort im Menschengewühl. Chea wirkte streng und schroff. Ich wollte die Hetakas wirklich verstehen und ihnen vertrauen, aber ich war so eingeschüchtert, daß ich mich sogar scheute, sie anzusprechen. Ich hatte keine Ahnung, welche Fragen ich stellen sollte, um die Antworten zu bekommen, an denen mir gelegen war. Und es fiel mir ohnehin im allgemeinen ungemein schwer, an andere Leute heranzutreten. Während wir gingen und sie redeten, konzentrierte ich mich darauf, den Mut zu finden, sie das zu fragen, was mich wirklich bewegte. Schließlich unterbrach ich sie und platzte heraus: «Sagt mir ohne Umschweife eins. Kein kosmisches Zeug, nur schlichtes Englisch. Was habt ihr bei meinem letzten Besuch mit mir gemacht?» Ich war so aufgeregt, daß ich zitterte, und meine Stimme bebte auch.

Sie schauten sich an und sagten wie aus einem Munde: «Wir haben dir einen Stoß versetzt.»

Ich war den Tränen nahe vor Enttäuschung. Ich schrie fassungslos: «Nein! Nein! Das ist keine Antwort! Ich weiß nicht, wovon zum Teufel ihr redet! Ich will klipp und klar wissen, was ihr zwei getan habt, daß ich eine so unheimliche Erfahrung gemacht habe! Ich weiß, daß ihr sie ausgelöst habt. Ich will nur wissen, womit!»

Domano sagte in besonders freundlichem, sanftem Ton: «Da wären wir ja wieder im Land der Worte.»

Chea fügte hinzu: «Was wir dich lehren möchten, wirkt nur deshalb außergewöhnlich, weil die Leute auf diesem Planeten diesen Teil ihrer Welt nicht beachten. Wenn jemand von ihnen etwas lernen soll, muß erst seine Aufmerksamkeit losgerüttelt werden, damit er das sehen kann, was er bisher nicht beachtet hat. Unsere Lehrer sprachen in diesem Fall davon, ihn von seinem Netz zu stoßen. Seine Mitte weit über die Grenzen dessen hinauszuschieben, was er kennt. Deshalb sagen wir, wir hätten dir einen Stoß versetzt.»

«Ihr habt gesagt, ich sei gestorben!» entgegnete ich.

«Ja», nickte Chea. «Wenn sich das Netz von jemandem verändert hat oder er einen solchen Sprung tut, kann man durchaus von einem Tod sprechen. Die Welt, in der du bisher gelebt hast, ist jetzt nicht mehr lebendig für dich, ebenso wie du nicht mehr darin lebendig bist.»

Sie machte mir angst. Ich schrie sie empört an: «Chea, das ist schauerlich! Ich will das nicht, solches – Totenzeug! Es ist alles auf – auf Tod gegründet! Das ist krank! Ich will nichts damit zu tun haben!»

Sie unterbrach mich. «Wenn wir ‹Tod› sagen, sprechen wir von einer Naturkraft, die alles in seinem Gang hält. Nicht etwa von Gespenstern, Blut und verwesenden Dingen. Wenn das Leben voranschreitet, verändert es sich. Jede Bewegung kann ein Tod genannt werden.»

Domano trat vor mich. «Oder eine Geburt. Vielleicht möchtest du dir lieber vorstellen, daß du beim letzten Mal geboren worden bist und nicht gestorben.» Er lächelte mich mit seinen sanften Augen an. Beide sahen mich freundlich und mitfühlend an. Nichts paßte zusammen. Nichts ergab einen Sinn.

Domano schaute sich um und lachte. «Würdest du eine Fahrt auf der Wilden Maus mit mir machen? Schade, daß sie geschlossen ist. Diese Art von Achterbahn mag ich am liebsten. Machst du mit, wenn sie wieder geöffnet ist, ja?»

Ich wollte meinen Ohren nicht trauen. «Bist du wirklich damit gefahren?» Ich hatte ein Gefühl, als würde ich mitten in einem schlechten Mel-Brooks-Film stecken.

«Oft. Sie ist meine Lieblingsbahn. Welche magst du denn gern?»

Ich wußte keine Antwort. Wie kamen wir vom Tod zur Achterbahn? Genau in diesem Augenblick kam ein Paar auf Rollerskates an uns vorbei. Sie waren wie Raggedy Ann und Andy gekleidet, und Andy hielt das Lenkrad eines Autos in der Hand.

«Wie wär's mit Toffee?» fragte Domano mit einem breiten Grinsen. «Schokoladengeschmack.»

Ich konnte keinen klaren Gedanken fassen. Mir war, als würden mich meine Gedanken und Gefühle von allen Seiten bombardieren, und sie waren noch dazu widersprüchlich. Ich wollte zugleich Angst haben und froh sein, weinen und lachen, durcheinander sein und verstehen. Mein Geist konnte sich nicht einig werden. Es war, wie kurz bevor eine Sicherung durchbrennt. Ich schaute erst Domano, dann Chea an und ließ den Blick über Strand und Uferpromenade schweifen. Und dann begann ich hysterisch zu lachen. Ich konnte nicht mehr aufhören. Die ganze Welt kam mir absolut lächerlich vor. Ich war völlig außer mir.

Die Hetakas geleiteten mich zu einer Bank, auf der wir für die Dauer meines Lachanfalls sitzenblieben. Domano scherzte weiterhin und neckte mich. Ich kann mich nicht erinnern, seit meiner Pubertät je so unkontrolliert gelacht zu haben. Nachdem ich meine Fassung wiedergewonnen hatte, setzten wir unseren Strandspaziergang fort.

Domano sagte während des Scherzens zum ersten Mal etwas von unserem Platz in der Welt. «Hast du je über die Galaxie nachgedacht, in der wir leben? Das ist ein feiner Ort! Wir sind Bürger dieser feinen Galaxie. Hast du je daran gedacht?»

«Nein», kicherte ich. Ich wartete auf einen Witz.

«Oder an unser Sonnensystem?»

Ich antwortete: «Ich habe Vorlesungen gehört darüber –»

Er fiel mir ins Wort: «Hast du je von der Großen Schildkröte gehört? Von Turtle Island? Ich will dir davon erzählen.

Meine Leute nennen diese Welt Turtle Island, die Schildkröteninsel. Ich habe gelesen, daß manche Leute hier glauben, daß mit Turtle Island dieses Land gemeint ist – Amerika. Nur der amerikanische Kontinent. Das war nicht immer so. Vor langer Zeit wußten die amerikanischen Ureinwohner, daß wir auf einer Insel im Raum sind. Irgendwo hat jemand mal etwas Falsches gesagt, und da ist es zu dem Mißverständnis gekommen. Der ganze Planet ist die Schildkröte, die durch die Fluten des Raums schwimmt. Und wir reiten auf ihrem Rücken. So lautet die alte Geschichte von unseren Ahnen. Möchtest du ein Abenteuer der Schildkröte hören?»

Ich nickte.

«Natürlich möchtest du», fuhr er fort.

«Es war einmal . . . Siehst du? Ich habe gelernt, eine europäische Geschichte daraus zu machen.»

Das brachte uns wieder zum Lachen. Er wurde ein richtiger Schauspieler, wenn er ein dankbares Publikum hatte. Dann war er nicht mehr zu bremsen. Ich rechnete schon damit, daß er weiterscherzen und den ganzen Nachmittag Witze machen würde.

«Es war einmal eine wirklich große Schildkröte», fuhr er fort. «Sie lebte im Meer und schwamm gern sehr weit hinaus. Eines Tages kam für sie die Zeit, Junge zur Welt zu bringen. Sie schwamm zu einem warmen Sandstrand an der Mündung eines hübschen kleinen Flusses. Dort war eine Lagune. Die Schildkröte schwamm, kroch auf den Sand und suchte angestrengt nach einer sicheren, sonnigen Düne, in die sie ein Loch für ihre Eier graben konnte. Schließlich fand sie einen Platz, der ihr gefiel. Er war den ganzen Tag von der Sonne beschienen und vor den Gezeiten geschützt. Sie war eine gute Mama. Sie bekam das Loch gerade rechtzeitig fertig und legte ihre Eier ab. Viele Eier. Und deckte sie sorgfältig ab. Dann machte sie etwas Merkwürdiges. Sie kehrte nicht zum Meer zurück, sondern blieb in der Nähe ihrer Eiermulde und beobachtete alles, was ringsum vorging. Tag für Tag.

Endlich kam der Tag, an dem die Eier ausgebrütet waren. Aus allen Eiern außer einem schlüpften Junge. All die kleinen Schildkröten krochen über den Sand zum Meer. Aber Mama Schildkröte blieb bei ihrem Nest mit dem letzten Ei. Dieses Ei, das wußte Mama Schildkröte, war anders. Sie wischte den Sand davon ab und gab leise Schildkrötenlockrufe von sich. Und tatsächlich brach auch das letzte Ei auf. Aus dem Ei schlüpfte ein kleines Menschenmädchen. Oh, das war nun wirklich absurd! Mama Schildkröte nahm es hoch, sorgte für es und zog es auf, und sie gab ihm den Namen Laletton. Das heißt ‹Singendes Sternenmädchen›.

Laletton wurde stark und wißbegierig. Sie schwamm immer mit ihrer Mutter im Meer herum. Sie waren stets zusammen, und Laletton ritt auf dem Rücken ihrer Mutter, glücklich singend. Ihre Mutter unterrichtete sie gut. Laletton tauchte so tief wie die Delphine und konnte so gut wie die Besten Fische fangen. Und sie erbeutete auch Nahrung für ihre Mama.

Als Laletton älter wurde, merkte Mama Schildkröte, daß ihre Tochter Geschöpfe der eigenen Art brauchte. Alle Dinge brauchen ihresgleichen. Nur hatte Mama Schildkröte nie Menschen in ihrer Welt gesehen. Sie war schon an fast allen Orten zu Land und zu Wasser gewesen, hatte jedoch nie einen gesehen. Sie wußte, daß sie den ersten Menschen zur Welt gebracht hatte. Also hielt Mama Schildkröte es für eine gute Idee, ihre Tochter den Erdzauber zu lehren, wie man Dinge zur Welt bringt, damit sie, wenn sie selbst in das Alter kam, eine Mama zu werden, wußte, was sie tun mußte.

Sie schwammen durch die Meere, liefen über Land und sammelten genau die richtigen Pflanzen und Erden, Knochen, Zweige und Wasser. Laletton lernte sehr gut, einen feinen Menschen zu machen. Sie machte viele verschiedene Sorten überall auf dem Land. Und sie sang jedem einzelnen aus ihrem Herzen einen Zauber auf den Mund, der ihn zum Leben erweckte. Als Laletton fertig war, rief Mama Schildkröte ihre ganze Schildkrötenfamilie zusammen, um die neuen Menschen im Leben zu unterrichten. Sie wurden stark und außerordentlich wißbegierig. Und alle waren glücklich. Sie hatten ihre Freude miteinander.

Als diese Arbeit abgeschlossen war, brachte Mama Schildkröte ihren Menschen noch einen Liedzauber bei. Einen Gesang mit vielerlei Harmonien, der die Leute vom Himmel auf die Erde herabrufen sollte, damit sie ihre Enkelkinder mit ihren Sternenverwandten bekannt machen konnte, wie es sich gehört.»

Wir gingen am Ende der Promenade auf dem Sand weiter. Domano zog seine Sandalen aus und watete am Meeressaum entlang.

«Es ist gut, daß du lachst», sagte Chea und tätschelte mir den Arm. «Das Herz braucht Lachen. Lachen wirkt auf die Spinnweben im Netz wie der Wind auf die Bäume – es kräftigt und reinigt sie. Es entsteht eine Schwingung, die selbst in anderen Welten noch zu spüren ist. Das Gefüge wird heller. Wir haben eine Wirkung. Jeder von uns. Deshalb dürfen wir bei allem, was wir tun, das Lachen nicht vergessen. Beim Leben hilft es dir, ausdauernd zu sein, ohne fanatisch zu werden.»

«Schnell! Zieh die Schuhe aus!» drängte Domano. Er schnallte rasch seine Sandalen zusammen und hängte sie sich um den Hals. Als ich Schuhe und Strümpfe auszog, bat er mich, sie aneinanderzubinden und es ihm gleichzutun, wie Chea auch. Dann nahm er mich bei der Hand und zog mich in die kalten Wellen hinein unter den Landungssteg. Ich kreischte, als das Wasser meine Kleider durchnäßte. Er lachte so fröhlich, daß es direkt ansteckend war. Wir rannten den ganzen Strand entlang, ohne uns loszulassen, und schrien gegen die Wellen an.

Wieder in der Wohnung angekommen, schalteten die Hetakas einen elektrischen Heizofen ein, damit wir trocknen konnten. Wir drängten uns vor dem sonnigen Fenster um das Öfchen.

«Jeder jagt nach Macht», sagte Domano. «Manche suchen sie in der Kontrolle über andere. Manche in der Rechtschaffenheit. Andere in der Magie. So gut wie keiner findet ihr Versteck. Wo, meinst du, ist es?»

Ich zögerte. Ich wollte nichts Falsches sagen. Meine Stimme war so leise, daß sie mich kaum hören konnten. «Im Wissen?»

«Das ist zum Teil wahr», erwiderte er. «Ohne Wissen setzt man unter Umständen seine Aufmerksamkeit und Energie nicht richtig ein. Womöglich kommt man überhaupt nie darauf.»

«Du hast gesagt, jeder jage nach Macht. Jeder? Selbst ein Mönch?» Ich verstand nicht ganz, wovon er sprach.

«Jeder. Jeder sucht nach dem, was ihn in Gang hält. Wodurch er sich verwirklicht. Es erfordert Macht, Erfüllung zu finden. Für einen Trinker die Macht, die nächste Flasche zu finden. Ein gutes Geschäft zu machen. Gott zu finden. Der Beste zu sein. Dazuzugehören. Traurig oder glücklich zu sein. Zu fliehen. Es spielt keine Rolle. Alle brauchen Macht. Und sie alle werfen sie weg.

Als du gestorben bist, mußten wir sie losrütteln, damit du sie auf einer Stelle sammeln konntest. Wie wir alle hast du, während du aufgewachsen bist, gelernt, sie überall zu verstreuen. Oh. Jetzt siehst du klar. Du findest sie.»

«Sie liegt in der Aufmerksamkeit. Nicht wahr?» Es ging mir blitzartig auf. Ich wußte, daß ich recht hatte.

Domano lächelte. «Macht ist Aufmerksamkeit. Sie ist überall. Sie geht von uns aus. Und von überall sonst. Sie ist einfach da.» Er beschrieb einen Bogen um uns. «Und ohne eine einschneidende Veränderung in seinem Bezug zur Welt ist man nicht in der Lage, sie zu bündeln und zu beherrschen. Darum treten Schamanen dem Tod gegenüber, disziplinieren Mönche ihren Geist, ging Jesus in die Wüste.

Die Menschen müssen endlich ihre Aufmerksamkeit finden.»

Er streckte den Kopf vor und senkte die Stimme, als würde er uns ein Geheimnis verraten, das sonst niemand hören sollte. Ich fand das komisch, da wir drei doch in der Wohnung allein waren. «Wenn ein Mensch die Atomenergie der Wissenschaftler ganz genau betrachtet, ist sie Aufmerksamkeit. Sie ist bewußte Lebensenergie. Sie konzentriert sich und wird. Wir lernen, unsere Aufmerksamkeit, uns selbst zu sammeln und . . . werden. Wir haben dir geholfen, deine Aufmerksamkeit auf eine andere Weise zu konzentrieren. Du bist an einer neuen Stelle im Spinnennetz. Jetzt bist du verunsichert und fühlst dich eine Zeitlang fremd.»

Domano stand auf und wandte sich zur Küche. «Wer will einen heißen Kaffee? Alle? Und Weintrauben?»

Die Stille wurde drückend, als ich wieder mit Chea allein war. Gott sei Dank kam Domano bald darauf mit einem vollen Tablett zurück. «*Ka ta see* ist das Entscheidende», sagte er. «Die Aufmerksamkeit muß ins Gleichgewicht gebracht werden. Je weiter man sich von der Gleichgewichtsmitte entfernt, um so größer ist der Verlust an Lebensenergie und der Verlust direkter, klarer Verbindungen zu den Zentren. Dann stellen sich Verwirrung, Angst, Einsamkeit und Panik ein. Ohne Einblick – vielleicht der Tod. Man findet die Mitte seines Gleichgewichts durch Aufmerksamkeit, Kay. In nächster Zeit wirst du sehen, worauf du deine ganze Aufmerksamkeit gerichtet hast. Und du wirst sie Stück für Stück wieder sammeln und ins Gleichgewicht bringen. Dann werden wir richtig an die Arbeit gehen!»

Chea sagte, den Mund noch voller Weintrauben: «Ausgeglichenheit ist ein Zustand, der auf dem Gleichgewicht beruht. Gerechtigkeit und Harmonie mit dem Selbst und allen Seinsformen. Die Welt sieht vollkommen anders aus, wenn wir lernen, einen Wechsel vorzunehmen und unsere Aufmerksamkeit umzulenken. Die unermeßliche Schönheit, die Freude, das ungeheure Maß und das Gefühl des Austauschs mit anderen Seinsformen: Es ist ein menschliches Erbe.»

«Mein Gott, Chea», sagte ich erstaunt. «Das klingt ja direkt poetisch.»

«Das Leben ist Poesie», lächelte sie, «mit all seiner Anmut und tiefen Leidenschaftlichkeit. Dem Liebesverlangen und -spiel. Dem Erfülltsein mit Tageslicht. Dem Übermaß an Dunkelheit. Es ist lebendige Poesie.»

«Ich bezweifle allerdings, daß die meisten Leute es so erleben», sagte ich.

«Das liegt an ihrer Angst», erwiderte sie. «Die Menschen fürchten alles. Sie haben Äonen damit verbracht, das Fürchten zu lernen. Jetzt müssen sie lernen, furchtlos zu sein.»

«Und warum?» Ich drehte meine Seite dem kleinen Heizlüfter zu.

«Weil sie nicht ins Gleichgewicht kommen, solange sie Angst mit sich herumtragen.» Sie sagte die Worte «mit sich herumtragen» mit eigenartigem Nachdruck, so daß der Eindruck entstand, etwas Ekelhaftes, Ungesundes wachse in seinem Träger. «Und wenn sie nicht lernen, ins Gleichgewicht zu kommen, sterben sie. Wir Menschen bewegen uns von unserer Mitte weg. Wir sind nicht einmal am Gleichgewicht interessiert. Unsere Lebenskraft versikkert.»

«Das hört sich so an, als wollten wir uns vorsätzlich umbringen», sagte ich.

«Tun wir auch», sagte Chea und nahm sich noch ein paar Trauben.

«Das ist Blödsinn», sagte ich geradezu trotzig. Ich ging ihr gegenüber auf Konfrontationskurs und merkte es nicht einmal. «Alle Arten besitzen einen Selbsterhaltungstrieb. Das nehme ich dir nicht ab, Chea. Wie kannst du so etwas sagen?»

«Weil die Angst des Menschen schwerer wiegt als seine Erfahrung der Lebenslust.»

«Was?» Ich konnte ihr nicht folgen.

«Was die Menschen am stärksten empfinden», erklärte sie, «ist Angst. Sie ist der Hauptantrieb geworden und ist das größte Hindernis.»

«Wofür?» fragte ich.

«Für alles, was die Menschen zu tun beschließen», sagte sie. «Es gibt Grundbegierden und -gefühle, die alles Handeln eines Menschen motivieren. Sie sind es, die uns zum Denken, zum Fühlen und zu den Entscheidungen bewegen, die wir treffen. Die Angst hat sich tief in sie eingefressen.»

Sie ging vor dem Heizlüfter aus der Hocke in den Schneidersitz über. «Wir haben als lebendige Geschöpfe einen Urtrieb, auf den sich alle anderen Triebe gründen – das Verlangen nach Erfahrungen. Wir wollen Sinneswahrnehmungen erleben, darüber nachdenken und gefühlsmäßig darauf reagieren oder sie ignorieren. Und es liegt in der Natur des Menschen, daß bei unseren Beweggründen ein geheimes Verlangen nach Macht an der Tagesordnung ist. Einzeln oder zusammengesponnen besitzen sie samt und sonders die Farbe und das Beharrungsvermögen der Fäden unseres Netzes. Man könnte sagen, daß wir zwei Arten von Motiven haben – Wünsche und Ängste. Den Wunsch, schöpferisch zu sein, zu kommunizieren, sich zu amüsieren, Liebe zu geben und zu empfangen und Herausforderungen anzunehmen. Und die Angst vor dem Tod, vor dem Unbekannten beziehungsweise vor Veränderungen, vor Machtlosigkeit, Schmerz, Verlust und Versagen. Es ist die Angst, die Haß und Streß, Mißtrauen, Schuldgefühle und so fort auslöst. Jede Angst ist wie die andere, nur in anderer Gestalt. Und alle sind sie Ausdruck der Todesangst. Wir geben unsere Macht an sie ab und lassen uns von ihr gängeln wie Marionetten.»

«Wie läßt sich das denn verhindern?» fragte ich.

Sie schien es gut zu finden, daß ich Fragen stellte und bei der Sache war. «Um deine Angst zu meistern, mußt du sie in die Hand nehmen und dich weigern, dich ihr zu überlassen. Behalte die Kontrolle über deine Aufmerksamkeit und mach trotz deiner Angst weiter und handle. Du mußt in die Angst hinein- und durch sie hindurchgehen.»

Jetzt rückte Domano näher an mich heran und sagte: «Die einzige Möglichkeit, sicheren Erfolg zu haben, besteht darin, sich voll und ganz der Lebenslust anheimzugeben. Dann bleibt der Angst kein Raum, die Kontrolle zu übernehmen. Sonst setzt du dich immer wieder der Angst aus, bis sie entweder die Oberhand gewinnt oder du ihr gegenüber immun wirst. Mit leidenschaftlicher Lebenslust hingegen durchdringt man die Angst sehr schnell und streckt dem Unbekannten die Arme entgegen. Dann fällt es sogar schwer, etwas anderes zu tun, als die Arme auszustrecken.»

Ich muß besorgt ausgesehen haben. Ich verstand nicht, wie Lebenslust die Angst überwinden sollte.

«Lebendigsein ist mit einem Gefühl verbunden.» Er nickte mir zu. «Mit einem angenehmen, prickelnden Gefühl. Einer Begeisterung, die zuerst nur schwach zu spüren ist. Sie wächst aber, sobald ihr Aufmerksamkeit gewidmet wird. Diese Empfindung, diese wunderbare Bewußtheit, ist ein einzigartiges Hilfsmittel, Macht anzusammeln. Das ist es, was wir Lebenslust nennen. Angst erstickt dieses Gefühl. Und wenn wir diese Lust nähren, entziehen wir der Angst den Boden.

Ich werde dir jetzt deine erste Hausaufgabe stellen. Du sollst dieses Lustgefühl suchen und finden. Werde still. Setze dich irgendwo allein hin und halte Ausschau danach. In deinem Innern wird eine Menge vorgehen, um dich abzulenken. Aber dreimal zehn Minuten am Tag wirst du nichts anderes tun, als die Lebenslust zu jagen. Versuch es gleich hier einmal.»

«Soll ich die Augen dabei schließen?»

«Ja. Ich denke, das wird dir helfen; aber wenn du Meisterin bist, wirst du es immer und überall können.»

Ich schloß die Augen, lehnte mich an die Wand und kreuzte die Beine auf der Bank. Mir war nicht ganz klar, was ich eigentlich tun sollte. So saß ich einfach da und überlegte, wie sich das angenehme Gefühl, lebendig zu sein, wohl äußern mochte. Und dann schwirrten mir lauter Gedanken durch den Kopf. Ich fragte mich, ob ich auf dem Heimweg noch einkaufen müßte und ob der Schulbus die Kinder rechtzeitig absetzen würde. Sollten wir wirklich das Bad neu streichen? Und so weiter und weiter.

Domano sagte leise: «Laß diese Gedanken einfach forttreiben. Halte sie nicht fest. Du suchst nach der anderen Seite all jener Gedanken. Ein erregendes Gefühl der Freude.»

Während ich weitersuchte, begann ich über frühere Male nachzudenken, wo ich Freude empfunden hatte, und erinnerte mich daran, daß ich mich als Kind aus keinem anderen Grund als der reinen Lebenslust gefreut und begeistert hatte. Und mit der Erinnerung daran stellte sich das Gefühl wieder ein, ein Glücksgefühl, eine Abenteuerlust.

Nach einiger Zeit begann Domano zu sprechen. «Leidenschaftlichkeit ist dein Lied. Leidenschaft zu empfinden heißt, das Lied zu fühlen und zu kennen, das die Schwingungen deines eigenen Geistes wiedergibt. Diese Erfahrung zu machen ist die Grundlage des *ka ta see*. Wenn du im Gleichgewicht bist, wirst du immer so fühlen. Aber nur weil du so fühlst, bist du noch längst nicht im Gleichgewicht. *Ka ta see* bedeutet, deine Aufmerksamkeit zu verstehen und zu beherrschen. Die erste Lernaufgabe ist, in der Lage zu sein, jederzeit die leidenschaftliche Lebenslust zu empfinden. Das ist von großem Nutzen. Es heilt dich, hilft dir und tröstet dich. Und läßt das Gefühl der Einsamkeit und Getrenntheit schwinden, das wir alle einmal hatten. Auf eine kindliche Weise vor vielen Jahren hast du davon etwas geahnt.» Sie waren recht erfreut über meinen anfänglichen Erfolg und forderten mich auf, nicht zu vergessen, dreimal am Tag auf die Suche zu gehen.

«Als ich meinen Gedanken nicht mehr nachgehangen habe», sagte ich, «konnte ich beobachten, daß sie kamen und gingen wie Autos auf einer Autobahn. Und manche von ihnen kamen sogar mehrmals.» Meine Fortschritte begeisterten mich, und ich war viel entspannter, als ich den ganzen Tag über gewesen war, auch ein wenig verwundert, daß ich so viel redete. Ich fühlte mich immer weniger eingeschüchtert.

«Ja», sagte Domano, «ja. Wir machen uns unsere Gedanken zur Gewohnheit. Wir sprechen sie oft aus und bemerken sie nicht einmal. Sobald eine Lücke da ist, denken wir schnell etwas Angenehmes. Und füllen unseren Geist. Wir verkleckern unsere Macht an sie. Durch unsere Denkgewohnheiten überzeugen wir uns davon, daß sich alles nur um unsere Ängste, unsere Fehler und unsere Dumpfheit dreht. Nur reine Gewohnheit läßt uns so denken, fühlen und glauben. Damit verstecken wir die übrige Welt.»

«Was?» sagte ich. «Welche übrige Welt verstecken wir?»

«Die, die von den Leuten nicht beachtet wird.» Domano kicherte, als würde er etwas vor mir verbergen und mich damit necken. «Worauf wir unsere Aufmerksamkeit richten, das wird zu dem, was wir als uns selbst und unsere Welt betrachten. Alles übrige glauben wir einfach nicht. Wir beachten es nicht.»

Ich schaute im Zimmer umher und nach draußen, denn ich wußte nicht, was es mit dieser «übrigen Welt» auf sich hatte, und fragte mich, ob ich sie nicht vielleicht sehen würde, wenn ich sie auf die richtige Art und Weise am richtigen Ort suchte.

«Denk daran», sagte er, «daß wir unsere Welt mit all unseren Sinnen und mehr wahrnehmen. Die Welt singt uns jeden Moment ihre hundert Millionen Lieder vor. Aber unsere Aufmerksamkeit beschränkt sich auf das, was unsere Gewohnheiten uns zu erfahren gestatten. Alles, was außerdem noch wahrgenommen wird, wird irgendwo tief in der Erinnerung verstaut und ignoriert. Stimmt's?»

«Meinst du so etwas wie außersinnliche Wahrnehmung, solche Sachen?» fragte ich.

«Solche Sachen wie Geister, Gespenster und Träume», lachte er. «Ja. Das gehört auch dazu. Die Gesänge und Harmonien unseres Universums sind sehr vielschichtig. Sie gehen in viele

Richtungen, auf verschiedenste Weise. Manche sind so anders, daß wir sie wahrnehmen und nichts damit anfangen können, und unser Geist kann nur so tun, als sei nichts da. Wir besitzen die Fähigkeit, unsere Aufmerksamkeit zu sammeln und in jede beliebige Richtung zu lenken. Aber wir haben die Gewohnheit, zerstreut und taub zu sein, und nehmen keine Notiz von dem größeren Teil. Es wird jedoch nicht nur das Geheimnisvolle und Unergründliche ignoriert, sondern auch das Alltägliche.»

Ich hatte mir das Denken nie als einen gewohnheitsmäßigen unaufhörlichen Schwall vorwiegend unlogischer Gedanken vorgestellt. Vielmehr hatte ich die Gedanken und den Geist als Werkzeuge betrachtet, die wir ziemlich gut zu gebrauchen verstanden. Doch jetzt konnte ich sehen, wie ineffizient wir waren und wie verschwenderisch. Ich mußte daran denken, wie ich vor Jahren einmal die Philosophie des Zen-Buddhismus studiert hatte. Die Buddhisten sprachen davon, daß der Geist von allen Gedanken leer werden müsse und daß man Nirvana und Samadhi erreichen könnte. Ich war mir nicht ganz sicher gewesen, was sie eigentlich mit Leere, Einswerden und Auflösen meinten, und hatte nie verstanden, wie oder warum ich mich von meinen Gedanken befreien sollte. Aber heute, bei dieser inneren Jagd, konnte ich sehen, wie meine Gedanken arbeiteten. Ich konnte fühlen, welchen Reiz sie für mich hatten, da es fast so war, als hätten sie ein Eigenleben. Und ich sah oder spürte, daß sie mir etwas verhüllten.

«Domano», sagte ich, «in Japan gibt es eine Religion, den Zen-Buddhismus. Zum Zen gehören auch geistige Übungen, besonders eine, durch die der Geist von allen Gedanken geleert wird. Ich habe immer gedacht, das sei wohl gar nicht möglich, es sei nur ein Wunschtraum. Aber ich glaube, jetzt sehe ich, wie es gehen könnte. Hat es irgendeinen Zweck? Warum sollten sich Leute freiwillig solche Mühe machen?»

Chea zog eine Augenbraue hoch, als die beiden sich ansahen. «Du steckst voller Überraschungen. Das wollten wir eigentlich noch eine Weile zurückstellen, aber da wir nun einmal dabei sind, wollen wir auch darüber reden.

Unsere Gedanken sind ein Teil dessen, woran wir unsere Aufmerksamkeit, unsere Macht verschwenden. Jeder einzelne gehört zu einer bestimmten Klasse oder Gruppe. Sie bestehen aus unseren Überzeugungen, Erfahrungen, Gefühlen, Ängsten und Hoffnungen, aus allem, was uns bewegt, und sind zu wirren Mustern zusammengefaßt. In gewisser Weise sind sie lebendig und bewußt. Je nachdem, wieviel Macht wir ihnen geben, werfen sie uns die Gedanken ins Bewußtsein, die ihnen entsprechen. Auf diese Weise kontrollieren sie unseren Geist und unsere Gefühle. Sie bestimmen alles und lassen dem Geist wenig Raum oder Zeit für etwas anderes. Es ist gut, wenn wir unsere Macht wieder in die Hand nehmen und den Geist für bessere Aufgaben freihalten. Diese Gedankenmuster wollen aber das Feld nicht räumen. Sie haben Angst, sie könnten dann sterben. Schließlich tun sie nur, was sie immer getan haben, und folgen Anweisungen, die wir ihnen in Gedanken geben. Sie versuchen, auf uns aufzupassen. Doch ergeben sie meist nicht einmal einen Sinn, sie verursachen nur Konflikte und Streß. Jedesmal, wenn wir einem der Gedanken nachhängen, aus denen sie bestehen, geben wir Macht an sie ab. Den Strom gewohnheitsmäßiger Gedanken anzuhalten heißt, verlorene Macht wiederzugewinnen und die Kontrolle über Geist, Empfindungen und Handlungen wiederzuerlangen. Das gelingt leichter, wenn die Muster merken, daß du sie als gültigen, aber fortwährend in Veränderung begriffenen Teil deiner Geistesstruktur akzeptierst und keine Gefahr für sie darstellst. Du liegst nicht im Krieg mit dir selbst. Du wünschst dir nur, daß sie dir auf eine andere Weise beistehen. Bei einem Krieg muß immer einer verlieren, und dabei wird das Gleichgewicht fragwürdig. Ausgewogenheit beruht auf einem Gleichgewicht von Vorteilen und auf totaler Achtung. So werden die Muster schließlich dein Mentor und Schutzschild, statt dich diktatorisch zu beherrschen. Und du wirst zu ihrem Heiler. Seinen Geist willentlich von Gedanken zu leeren ist, wie du siehst, das Wichtigste überhaupt. Überall auf der Welt und zu allen Zeiten mußten das die Schüler geheimer Weisheitslehren lernen. Erst dann ist der Schüler in der Lage, Erfahrungen zu machen und freiwillig zu handeln, statt zu bestimmten Reaktionen genötigt zu sein.»

Sie tätschelte mir die Hand und lächelte. «Verliere auf der Jagd nach deinem Lied, während du die Freude und Lebenslust erfährst, nicht den Kontakt dazu. Bleib ihm solange wie möglich verbunden. Und laß das Geschwätz deiner Gedanken, die sich festsetzen und kommen und gehen, einfach davontreiben wie in einer Strömung, während du diese Verbindung aufrechterhältst, bis keiner mehr übrig ist. Und laß es so okay sein. Laß dein Bewußtsein nur von deinem Lied und dir erfüllt sein, sonst nichts.»

Es klang schwierig, aber ich war gewillt, es zu probieren, besonders wenn sie dachten, ich könnte es.

«Wenn du deine Gedanken willentlich anhalten kannst», sagte Chea, «kannst du deine Aufmerksamkeit hinlenken, wo immer du willst, und wahrnehmen und erfahren, was immer du wünschst. Was du als deine Welt und dich selbst gekannt hast, wird wachsen an Gleichgewicht und Wunder.»

Domano stand auf und klatschte in die Hände. «Es ist wieder Zeit für Kaffee oder Tee. Magst du etwas? Einen starken Kaffee?»

«Ja, bitte», antwortete ich. «Ich will euch nächstes Mal meine Lieblingsplätzchen mitbringen. Die werden euch schmecken!»

«Wenn du sie am liebsten magst, möchte ich darauf wetten, daß wir sie auch gern mögen», sagte er.

«Es ist schon spät. Ich muß bald nach Hause.»

«Bald», sagte er. «Aber zuerst haben wir noch ein bißchen zu tun. Ich hole etwas zum Naschen. Chea wird schnell sprechen.»

Während er in der Küche verschwand, fuhr Chea fort: «Du findest, daß ich jetzt kaum zu verstehen bin, aber warte, bis ich schnell rede.»

Domano rief aus der Küche: «O ja, sie ist ein richtiges Plappermaul, die alte Chea.» Sie lachten, und ich lachte auch. Ich war froh, daß es noch ein Weilchen dauerte, bis wir wieder ernst wurden. Sie hatten so viel erzählt, daß ich mich allmählich fragte, ob ich viel davon behalten würde.

Chea kicherte. «Ganz sicher werden wir zwei alten Rebhühner dir diese Dinge immer wieder erzählen. Du mußt einfach nur zuhören, als wüßtest du, daß du dich an alles erinnern wirst. Lausche nicht nur mit deinen Ohren, sondern von innen heraus.»

Ich nickte und fragte mich, ob sie meine Gedanken lesen konnte oder ob ich einfach so leicht zu durchschauen war.

«Wir haben dir gesagt, daß alle Dinge leben», sagte sie, «auf die eine oder andere Weise. Daß wir alle aus Energie bestehen und die Energien aus uns herauskommen. Wir können die Körper der Dinge um uns herum sehen. Aber gewisse Teile ihres Körpers sehen wir nicht. Unsere Augen funktionieren nicht so, daß wir in ihr Inneres schauen oder die Energie sehen könnten, die ihrem Körper entströmt. Aber du weißt doch, daß sie sie besitzen, ja?»

«Ja», nickte ich wieder.

«Wir haben gesagt, daß mehr an der Welt ist als das, was du akzeptiert hast. Der Körper eines jeden Dings erstreckt sich in viele unsichtbare Richtungen. Er tauscht Informationen und Energien für sein ganzes Wesen aus und leitet sie durch viele Wirbel und Kanäle. Infolgedessen könnte man sagen, daß diese Wirbel wie Sinnesorgane sind. Aber sie sind auch wie Tore, durch die unser Bewußtsein eindringen kann. Von allen Dingen in unserer Welt können wir sagen, daß sie so beschaffen sind.»

«Dinge?» unterbrach ich sie.

«Alle Dinge», wiederholte Chea. «Steine. Erde. Berge. Bäume. Tiere. Menschen. Geister. Manche Dinge haben viele Wirbelzentren, andere nur ein paar. Menschen besitzen viele, die sogar unterschiedliche Größe haben. Aber sie beachten die in ihnen angelegten Möglichkeiten nicht und decken sie mit Gedanken- und Energiemustern zu.»

«Ist das wie bei den Instinkten der Tiere?» fiel ich ihr wieder ins Wort.

«Ja», erwiderte Domano, der mit dem Tablett aus der Küche kam. «Nur sind Tiere nicht so vollgestopft wie Menschen. Sie schenken diesen Informationen mehr Aufmerksamkeit.»

Chea nahm sich Tee und fuhr fort: «Die Wirbelzentren sind in jedem Wesen durch Pfade miteinander verbunden. Die meisten Geschöpfe haben ein Zentrum, das Herzzentrum, und einen zentralen Pfad, der vorherrscht. Ausgenommen davon sind Schöpfer, Erhalter und Hüter. Das sind Wesen, die in mehreren völlig verschiedenen Welten zugleich leben. Das sind diejenigen, die, auf die Gesamtheit unserer Erde bezogen, für den Aufbau und die Veränderung dieses Planeten verantwortlich sind. Jeder von ihnen hat nur einen Körper, der ausschließlich aus Energie besteht, obgleich sie manchmal die Gestalt anderer Dinge annehmen.»

«Wie zum Beispiel?» Ich war fasziniert.

«Egal, was», antwortete sie. «Ihr normales Selbst kann unermeßlich sein, aber sie sind auf eine Mitte bezogen, als operierten sie von einem einzigen Herz-Gehirn-Zentrum aus. Sie werden im allgemeinen von den Menschen nicht beachtet.»

«Werde ich jemals einen sehen können?» warf ich ein. Ich wußte nicht, ob ich ihnen das glauben sollte.

«Ja», sagte Chea mit dem Anflug eines Lächelns. «Aber jetzt wollen wir dir von dem Zentralwirbel erzählen. Bei Menschen ist das der in der Brust. Alle Dinge in unserer Welt haben einen zentralen, einen Herzwirbel. Dort hat das Lied seinen Ursprung. Er ist der Sitz des Gleichgewichts und des Erwachens zur Ganzheit. Der Herzwirbel nimmt klar und objektiv wahr, ohne Vorurteil und Angst.

Jahrhundertelang, seit Menschen auf unserem Planeten existieren, haben sie ihre Lebensweise nach dem Wesen der einzelnen größeren Wirbelzentren definiert und ausgerichtet, immer nach jeweils einem. Seit langem schon gibt es die Ära, in der die Aufmerksamkeit auf den Wirbel des Oberbauchs konzentriert wurde, eine Zeit der Meisterschaft über Dinge, der Kontrolle, der Eroberung, des analytischen Denkens, der Macht, des Chauvinismus, der Hierarchien, der unversöhnlichen Gegensätze. Jetzt gehen wir in die Ära des Herzwirbels über. Wir müssen uns auf unsere Meisterschaft besinnen und etwas lernen über die Lebenslust, über unsere Ganzheit, über die Klarheit, darüber, wie wir die Arme nach dem Unbekannten ausstrecken können, über Frieden und Gleichgewicht.»

Domano schaltete sich ein. «Ich muß dir noch eine Geschichte erzählen, bevor es zu spät ist.

Sie handelt von zwei kleinen indianischen Fischern. Die beiden sitzen eines Tages in einem Kanu und fischen im Fluß. Sie haben nicht viel Erfolg, und deshalb fahren sie mit dem Kanu flußabwärts, wo der Fluß breiter und tiefer wird. Hier tummeln sich viel mehr Fische. Das einzige Problem besteht darin, mit dem Kanu voller Fische, die sie fangen werden, wieder flußaufwärts nach Hause zu paddeln. In der Regenzeit, die gerade herrscht, ist es ziemlich schwierig, gegen die Strömung anzupaddeln. Und wenn der Regen wolkenbruchartig herabstürzt, kann er das Kanu sogar zum Sinken bringen. Da sind sie also. Ictla und Humu.»

Er sprach die Namen betont lustig aus, so daß ich dachte, sie hätten bei seinem Volk vielleicht einen komischen Beiklang. Es war fast so, als hätte er gesagt «Dick und Doof» oder «Appel und Ei».

«Ictla ist jung, er ist kaum erst zum Mann geworden. Humu ist sein Vater. Gemeinsam arbeiten sie schwer und fischen so viele Fische, wie sie auf ihrem Rücken tragen können. Das wird viele Menschen in ihrem Dorf satt machen. Mehr nehmen sie nicht mit, das wäre Verschwendung. Außerdem ist es zu schwierig, soviel nach Hause zu befördern.

Der Abend naht. Es ist zu spät, um sich auf den Rückweg zu machen. Sie binden das Kanu mit dem Kiel nach oben im Gebüsch fest und biegen Zweige darüber, um für die Nacht ein Obdach zu haben. Humu macht ein kleines Feuer und bereitet zum Abendessen einen Fisch zu. Es regnet in Strömen, aber sie fühlen sich wohl. Am Morgen ist der Fluß durch den Regen nicht mehr befahrbar. Also binden sie sich ihren Fisch auf den Rücken und machen sich zu Fuß auf den Weg zu ihrem Dorf zurück. Der Dschungel ist hier dicht und tief. Sie müssen ihr Kanu im Gebüsch festbinden und zurücklassen. Es ist unmöglich, es mitzunehmen. Sie werden an einem der nächsten Tage zurückkehren und das Boot über den Fluß heimbringen.

Auf ihrem Weg über Land überqueren sie steile, felsige Berge. Sie müssen ziemlich hoch hinauf. Der Regen wird immer schlimmer. Er erschwert ihnen ihre Wanderung ungemein, und sie müssen wieder anhalten. Jetzt machen sie sich allmählich Sorgen um ihren Fisch. Er muß bald gegessen werden. Deshalb beschließen sie, noch höher in die Berge zu gehen zu einem Dorf, das sie kennen, und ihren Fisch mit den Bewohnern zu teilen. Dieses Dorf liegt viel näher als ihr Heimatort. Und auf diese Weise verdirbt der Fisch nicht.

Sobald der Regen nachläßt und sie sich auf den Weg machen können, gehen sie los. Nach kurzer Zeit erreichen sie das Dorf. Sie haben dort Freunde. Die Leute kommen angerannt, um sie zu begrüßen. Die Kinder schreien und lachen. Sie bieten ihren Fisch an und laden alle ein, mitzuhalten und ein Fest zu feiern. Wenn diese Leute ein Fest feiern können, dann feiern sie auch. Ein bißchen Drängen, und schon geht's los. Einige gehen also los, um noch ein paar Leute und noch mehr Essen zusammenzuholen. Ein paar Älteste kommen, um sie zu begrüßen, ihnen zu danken und ihnen zum Dank für den Fisch Geschenke zu geben. Ictla und Humu nehmen sie an, und bald versammeln sich die Männer alle am großen Feuer, um miteinander zu reden.

An diesem Tag ist etwas anders im Dorf. Der Medizinmann sagt, sie hätten einen weißen Mann gefunden. Er ist noch nicht alt, aber ziemlich krank. Der Medizinmann sagt, daß die Krankheit in seiner Brust sitzt. Sein übriger Körper sei gesund. Es sei die seltsamste Krankheit, die er je gesehen habe. Er hat eine Medizin für ihn bereitet, aber vielleicht ist sein Zauber für den Fremden nicht stark genug.

Dieser Weiße sitzt die ganze Zeit herum und starrt vor sich hin. Lächelt nie. Ißt kaum etwas. Sie schicken sogar junge Frauen zu ihm, um ihn aufzuheitern. Doch er beachtet auch sie nicht. Der Medizinmann hat ihn den lebenden Toten genannt, weil er unter bösen Geistern leidet, die sich weigern, seine Seele wieder in seine Brust zurückzulassen oder seinen Körper sterben zu lassen. Die Dorfbewohner haben einfach nicht das Herz gehabt, ihn fortzujagen. Die Waldgeister würden ihn schnell holen. Deshalb haben sie ihn eine Zeitlang gepflegt. Vielleicht wird er eines Tages wieder gesund. Sie fragen Humu, ob er jemals so etwas wie diesen Mann gesehen hat. Humu sagt, nein. Aber er findet ihn auch interessant.

Sie singen und tanzen und essen ein Festmahl. Am nächsten Morgen machen sich Ictla und Humu auf den Weg zu ihrem eigenen Dorf. Es ist ein besonders schöner Tag, denn die Sonne kommt hervor, und es hört für eine Weile auf zu regnen. Sie müßten leicht und schnell etwas erjagen können und bald daheim sein. Also schleichen sie durch den Wald und halten beim Gehen die Augen offen. In weiter Ferne flattern in den Baumwipfeln ein paar große Vögel herum. Humu schießt auf sie, aber sie sind weit weg, und er trifft nicht. Und so gehen sie weiter, immer noch wie auf der Jagd. Ictla sieht jenseits der Lianen, aber so nah, als ob er ihn berühren könnte, einen großen schwarzen Jaguar. Und hinter dem

Jaguar eine dunkle Höhle. Er macht seinen Vater durch ein Zeichen darauf aufmerksam. Der arme Ictla hat furchtbare Angst, er würde jetzt aufgefressen. Aber die Raubkatze regt sich nicht. Sie starrt Ictla einfach nur an, wie mitten ins Herz. Sie schauen einander an und bewegen sich lange Zeit nicht.

Humu bedeutet Ictla, sich ganz langsam zurückzuziehen. Der Jaguar bleibt vollkommen reglos, nur seine Augen folgen Ictla. Langsam und vorsichtig bringen die Männer Abstand zwischen sich und die Raubkatze und ihre Höhle.

Wenig später treffen sie auf Affen. Das ist ein Glück für sie. Sie beginnen zu schießen, doch da kreischen und keckern alle Affen, und sie verfehlen ihr Ziel. Dann sieht Ictla, was die Affen so erschreckt hat. Zu seiner Linken steht der Jaguar und starrt ihn an, und er kann seinen Atem spüren.

Sie ziehen sich wieder zurück. Und wieder werden sie nicht angegriffen. Sie gehen jetzt schneller durch den Dschungel und halten nach der Raubkatze und nach Beute Ausschau. Aber es sind keine Tiere in Sicht. Sie müssen in tiefe Schluchten hinab und sich mit Händen und Messern einen Weg durch das Buschwerk bahnen. Und sie hören Schritte im Unterholz. Durch viele Schlingpflanzen hindurch sieht Ictla ihn wieder. Den Jaguar. Er folgt ihnen. Humu sagt, er pirsche sich nicht an sie heran, er folge ihnen nur. Ihr Dorf liegt gleich hinter der nächsten Schlucht. Es ist nicht gut, einen Jaguar in der Nähe des Dorfes zu haben. Sehr gefährlich, wie man weiß. Deshalb sagt Humu zu seinem Sohn, sie müßten den Jaguar von ihrem Zuhause weglocken. Und wenn er nicht fortginge, müßten sie ihn töten. Nicht weit entfernt, gleich oberhalb des Dorfes, ist ein kahler Hügel, wo sie im Vorteil wären. Dorthin wenden sie sich. Weg vom Dorf und auf der anderen Seite der Schlucht hoch.

Sie sind fast an der Lichtung. Der Jaguar ist neben ihnen. Sie können seine Schritte auf den Zweigen hören und seine Augen durch das Blattwerk sehen. Er spricht mit weichen, kehligen Lauten zu ihnen. Humu flüstert seinem Sohn zu: ‹Hinter ihm! Hinter ihm! Die Höhle kommt ihm nach!›

Sie rennen zur Lichtung, auf den Gipfel zu. Humu sagt: ‹Das ist ein Geisterjaguar, Ictla. Den können wir nicht töten.›

Wie sie den Hügel hinaufrennen, steht dort am Rand der Lichtung der kranke weiße Mann aus dem Nachbardorf. Er ist bleich und in sich gekehrt. Teilnahmslos. Der Jaguar kommt auf die Lichtung und duckt sich, pirscht sich am Rand entlang zur anderen Seite hinüber. Er hat es auf den Weißen abgesehen. Er bleibt stehen, dann springt er ihm an die Kehle. Der Mann fällt, und sein Leben versickert in der Erde. Der Jaguar packt ihn im Nacken, um ihn wegzuschleppen, und wirft einen schnellen Blick auf Ictla und Humu. Hinter ihm im Gebüsch ist die Höhle. Er trägt seine Beute mühelos ins Dunkel der Höhle und verschwindet.»

Auch dieses Mal war ich verwundert, mich im Wohnzimmer wiederzufinden und nicht im feuchten Dschungel. Mein Herz schlug schnell. Und ich vermißte die Dschungelgeräusche in der plötzlichen Stille der Wohnung.

«Du bist müde und willst nach Hause», sagte Chea und richtete sich auf der Bank auf. «Es war ein langer Tag. Aber zuerst muß Domano dir noch schnell etwas zeigen.»

Domano lächelte und bat mich, mich auf der Bank mit dem Rücken gegen die Wand zu setzen und die Augen zu schließen. «Noch eine Hausaufgabe. Zuerst wirst du es hier bei uns tun, um es zu lernen. Atme langsam. Entspanne dich. Stell dir vor, du wärst in einem sanften Bach. Das Sonnenlicht ist hell und warm. Das Wasser ist kühl und angenehm. Laß dich bis zu den Lippen ins Wasser sinken. Spüre, wie es dir über die Haut fließt. Am Bachufer sind viele Bäume, die sich im Wind wiegen. Du kannst Vogelgesang hören und Insekten und das Plätschern des Wassers. Grab deine Zehen in den Schlamm auf dem Grund des Baches. Er ist weich und schlüpfrig. Vor dir fällt ein großes Blatt herab. Wenn du einatmest, kommt dieses Blatt auf dich zugetrieben. Wenn du ausatmest, schwimmt es weg. Atme eine Zeitlang langsam und gleichmäßig und beobachte, wie dieses Blatt auf dich zu- und wieder wegtreibt. Und lausche auf all die Geräusche an diesem Ort. Rieche ihn. Fühle ihn. Halte die Bilder und Empfindungen fest. Laß sie dir nicht entschlüpfen. Andere Gedanken treiben einfach fort. Das Wasser fühlt sich weich und frisch an. Konzentriere deinen Atem auf das Blatt und fühle bei allem die Freude deines Liedes.»

Unter seiner Anleitung blieb ich eine ziemlich lange Weile, wie mir schien, ungestört bei dieser Vision. Und dann wies er mich an, die Übung einmal pro Abend fünf Minuten lang zu wiederholen. Als ich aufstand und mich zum Gehen anschickte, fiel mir tatsächlich auf, daß ich entspannt und von einer angenehmen stillen Erregung ergriffen war. Und ich dachte, wie merkwürdig das doch war nach all den vielfältigen Sinneseindrücken, die ich den Tag über so intensiv erlebt hatte. Ich nahm meinen Mantel und willigte ein, in drei Tagen wiederzukommen.

Zwei Tage später, ich ging gerade einen Hügel auf dem Universitätsgelände hinauf, wurde ich von überwältigendem Schmerz erfaßt. Es gab gar keinen Anlaß zu einem solchen Gefühl, aber dennoch kam es mir vor, als würde ich halb entzweigerissen und mein Körper angespuckt. Niemand war in der Nähe. Ich konnte nach oben hin die große Freifläche sehen und daran anschließend Wald und Gebäude, und rückwärts bot sich mir ein Panoramablick über Wiesen und Hügel bis hinunter zum Wasser. Die Sonne schien, und Vögel und Eichhörnchen waren da. Es war so klar, daß ich sogar die andere Seite der Bucht sehen konnte. Und doch war ich auf einmal so aus der Fassung gebracht, daß mir fast übel wurde.

Ich setzte mich auf die Erde und holte ein Taschentuch hervor. Ich dachte an all die verschiedenen Dinge, von denen die Hetakas gesprochen hatten, an ihre Lieder und Erfahrungen. Und in diesem Moment wurde mir klar, daß dieser Schmerz und Kummer nicht mein eigener war. Aus irgendeinem Grund verstand ich nicht, daß ich das erlebte, aber es hatte seinen Ursprung nicht bei mir. Ich beschloß herauszufinden, woher es kam. Domano und Chea hatten immer wieder vom Sammeln und Lenken der Aufmerksamkeit gesprochen. Ich dachte, wenn ich das nun machte und mich auf den Schmerz konzentrierte, müßte ich ihn bis zu seinem Ursprung zurückverfolgen können.

Also setzte ich mich am Hang nieder und konzentrierte mich auf dieses Ziel, bis mir plötzlich bewußt wurde, daß ich darauf saß. Es war unter mir und um mich herum. Das Land war die Schmerzquelle. Es war mit Bulldozern bearbeitet, eingeebnet und

aufgerissen worden. Es trauerte um seine verlorene Unberührt-
heit. Nicht, daß es wütend über die Behandlung gewesen wäre, die
ihm zuteil geworden war, vielmehr litt es unter dem Verlust, unter
dem Mangel an Achtung und Würde, die es als ebenbürtiger Le-
bensgefährte der Menschheit verdient hätte. Auf mich wirkte es
so, als sei es riesig und intelligent und besitze enorme Fähigkeiten
zum Mitgefühl. Es war eine Weite da, die ich nicht zu erfassen,
sondern nur zu spüren vermochte. Ich fragte mich, ob es mich
wohl fühlen oder verstehen konnte. Ich wußte es nicht zu sagen.
Ich wollte mit ihm reden. Vielleicht konnte ich es trösten. Ich
dachte, daß es uns, wenn es so alt war, wie es schien, wahrscheinlich Unglaubliches über unsere Welt lehren konnte.

Nebel erhob sich. Die Zeit war so schnell vergangen. Ich fragte
mich, was mit mir los war. Wie konnte mir ein so seltsames Erlebnis so normal und real vorkommen? Wie konnte sich meine
Welt so schnell verändern? Ich wunderte mich über mich selbst
und darüber, daß ich tatsächlich mehrere Stunden dort gesessen
hatte. Und das Merkwürdigste war, daß ich am liebsten geblieben
wäre und weitergemacht hätte.

Ich stand auf. Ein paar Studenten gingen über die Rasenfläche
zum Parkplatz. Ich sah kurz auf die Uhr. Es war höchste Zeit für
mich, nach Hause zu gehen und auf den Schulbus zu warten.

Der Tanz der Erde-Feuer-Schlange

Als ich wieder zu Domano und Chea kam, hatten sie eine Tasche gepackt und standen im Mantel da, für eine kurze Fahrt bereit.

«Zieh deinen Mantel gar nicht erst aus», sagte Chea. «Beeil dich. Wir wollen die Küste entlangfahren. Aber nicht allzulange, du wirst zeitig zurück sein. Wir haben kein Auto, wie du weißt, aber dein Wagen ist perfekt.» Ehe ich noch ein Wort sagen konnte, kletterten sie schon hinten in meinen VW-Bus. Domano streckte sich auf der Bank hinter dem Fahrersitz aus, und Chea setzte sich ihm gegenüber.

Wir fuhren nach Norden am Strand entlang und auf den Highway 1. Es war ein windiger, sonniger Tag, aber nicht sehr kalt. Sie machten die Fenster hinten auf, und obwohl es dadurch ein wenig kühl wurde, öffnete ich ebenfalls mein Fenster. Es hatte seinen Reiz, den frischen Luftzug auf dem Gesicht und im Haar zu spüren. Ich fragte mich, was dieser Tag wohl bringen mochte. Ich fühlte mich wie neubelebt, war voller Schwung und hatte kaum noch Angst. Ich merkte, daß ich mitten in einem Abenteuer steckte. Es war, als wäre ich wieder in eine fremde Welt eingetreten und müßte mich mit dem Unerwarteten anfreunden.

«Der heutige Tag ist gut», sagte Domano. «Heute werden wir dir helfen, dich körperlich darauf einzustimmen, dich mit den Kräften der Welt einzulassen und mit ihnen zu verschmelzen.»

Ein unbehagliches Schweigen machte sich breit. Ich hoffte, er würde näher erklären, was er meinte. Ich wollte nichts sagen, um nicht unwillkürlich dem Gespräch eine bestimmte Richtung zu geben. Ich wünschte, er würde einfach nur klar sagen, was er meinte. Mein Aufgeregtsein ließ sich nicht verbergen, als ich versuchte, Domano anzusehen, aber Schwierigkeiten hatte, ihn ins Blickfeld zu bekommen oder einen Blickkontakt herzustellen, weil er direkt hinter mir saß. Im Rückspiegel konnte ich nur Chea sehen. Sie schien sich über meine Frustration zu amüsieren.

Domano begann, mich aufzuziehen. «Oh, das wird ein großer Tag für dich. Richtig heiß wird es werden. Glaub mir, diese Fahrt wird dir bestimmt gefallen.» Er kicherte. Er neckte mich gern, und jedesmal überrumpelte er mich damit. Mir fiel nie die passende Erwiderung dazu ein. Ich versuchte erneut, ihn im Rückspiegel zu sehen, aber er rückte hin und her, um das zu verhindern. Ich war nahe daran, an den Straßenrand zu fahren, zu halten und mich umzudrehen, um von Angesicht zu Angesicht mit ihm zu reden. Er lachte nur noch mehr in sich hinein.

«Du bist wohl richtig aufgeregt heute, was?» fragte er. «Du hast überhaupt keine Angst. Nicht ein bißchen. Vergißt du deine geliebten Ahnen so schnell?»

Bei dieser Erinnerung lief ein merkwürdiges Gefühl durch meinen Magen. Warum war ich nicht ängstlich? Ich hatte keine Ahnung. Eigentlich hätte ich es sein müssen. Ich hatte das Empfinden, als hätte ich eine Eintrittskarte fürs Abenteuer, aber aus irgendeinem Grund fühlte ich mich sicher, als könnte mich heute nichts wirklich verletzen.

«Deine Einstellung ist zu locker», fuhr er fort. «Du bist dir zu sicher, nicht sterben zu können. Du bist voller Neugier, aber nicht wachsam. Sei neugierig, ja. Aber sei auch auf der Hut vor dem Tod, immer. Deine Freude hat dir Zugang zu deinem Erbe verschafft, aber das Angenehme daran sollte dich nicht von allen anderen Möglichkeiten ablenken. Laß dich davon bis zum nächsten Augenblick leiten, aber voller Wachsamkeit, die sich aus Freude und leidenschaftlicher Lebenslust zusammensetzt. Es besteht immer die Möglichkeit, daß es Überraschungen gibt, selbst Gefahren.

Heute wollen wir dich zu unserer Freundin mitnehmen, dem Geist, der unsere Erde ist. Sie wird dir helfen, über dich hinauszuwachsen und dich mit den Kräften der Welt in Einklang zu bringen. Sie ist unsere Wohltäterin und wird die erste sein, die dir das Verschmelzen und Aufgehen zeigt – das Tanzen des Netzes. Es

gibt noch andere, ältere Mittel und Wege, den Körper darauf einzustimmen, aber sie dauern länger und sind nicht so gut zu
kontrollieren, und außerdem sind sie kaum noch praktikabel und
enthalten keine Entsprechungen mehr für die Menschen dieser
Zeit. Wir schicken dich auf eine Suche, bei der du alle Fäden in der
Hand behältst, leicht und schnell und mit großer Schönheit. Seit
die alten Länder vor langer Zeit versunken sind, waren nur wenige
Menschen in der Lage, das zu tun, weil kaum noch Entsprechungen für den Menschen im Netz vorhanden waren, um solche
Erfahrungen zu machen. Aber im Lauf der Jahrhunderte haben die
Schamanen ihre Geschichte und ihr Wissen ins Netz des Menschen eingespeist, und jetzt sind so viele Entsprechungen da, daß
es leichtfallen müßte, es zu schaffen. Der Tag wird kommen, an
dem es den Menschen angeboren sein wird.»

«Und was soll ich tun?» fragte ich. «Was hat unsere Erde denn
mit Tanzen zu tun?»

«Wenn die Zeit reif ist, wirst du die Lebensenergie aus dem
Herzwirbel unserer Erde bitten, sich auf deinen Körper zu konzentrieren, von deinen Fußsohlen her mit ihm zu verschmelzen
und dabei jene Wirbel, die die Tore zu deinem Energiepfad darstellen, durch Reinigung zu öffnen. Dann wird die Energie langsam durch den ganzen Körper aufwärts und in jedes Wirbelzen-
trum strömen, das Alte herauswaschen, Helligkeit und Weite mit
sich bringen und die feurige Schlange des Lebens in deinem eigenen Innern erwecken und mit ihr verschmelzen. Du wirst unsere
Erde fühlen und erkennen, und sie wird dich erkennen. Eure Herzen werden sich berühren und vereinen. Dein Geist wird mit dem
ihren verschmelzen. Und du wirst vielleicht lernen, das Universum zu sehen, das sie kennt, und ihren Wandel verstehen. Sie
kann dich auch dazu führen, andere zu erkennen. Sie ist unsere
geliebte Wohltäterin. Und hier beginnt der Tanz des Netzes.»

«Halt. Einen Augenblick mal. Das verstehe ich überhaupt
nicht.» Ich hatte Mühe, Auto zu fahren und mich gleichzeitig auf
seine Worte zu konzentrieren. Ich fuhr langsamer und versuchte
wieder, mich schnell zu ihm umzudrehen, während er sprach, was
ich noch nie gut gekonnt habe. Ich fuhr schließlich in Schlangen-
linien die Straße entlang, und andere Leute versuchten verzwei-

felt, mich zu überholen. «Verschmelzen? Was meinst du damit? Wie sollten unsere Körper miteinander verschmelzen?»

«Durch die Ausführung dieser Zeremonie geht ihr ineinander über. Dann wird dir die Tür zu unserer Wohltäterin immer offenstehen. Ein Gewebe entsteht, das jedem von euch erlaubt, ein Stück von sich auf den anderen übergehen zu lassen. Energien miteinander zu teilen, sie abzugeben und weiterfließen zu lassen zum anderen. Ein Schenken. Ein Miteinanderteilen unter guten Freunden. Ein gegenseitiges Sichnähren.»

Ich mußte ihn einfach unterbrechen. «Ich? Meinst du, ich, ein Mensch, soll einen Planeten nähren?» Ich konnte ihm noch immer nicht ins Gesicht sehen, um festzustellen, ob er wieder scherzte, aber ich war mir dessen ziemlich sicher. Ich lächelte.

Er wandte sich zu mir und lächelte ebenfalls. «Ja, wir können unsere Erde nähren. Wir können schließlich nicht erwarten, daß sie uns bis in alle Ewigkeit ernährt, ohne daß wir uns mit ähnlichem Handeln dafür erkenntlich zeigen. Obwohl die Menschen es im allgemeinen nicht sehen, haben wir eine Wirkung, jeder von uns. Dem Gleichgewicht zufolge muß alles in Bewegung bleiben, fließen, und das ist eine Kreisbewegung. Ein Kreislauf, der sich bei seiner Rückkehr zum Anfang selbst weiterbewegt hat und so eine Spirale bildet. Kreis um Kreis, immer weiter. Die Quelle versiegt nie. Erhalten wird sie dadurch, daß die Spirale wächst und dabei mit Neuem angefüllt wird. Jeden Augenblick, während sie sich fortentwickelt, trägt sie alle Lieder mit sich, die sie gehört hat. Und alle Geschichten, die sie erlebt hat. Und das alles kannst du wahrnehmen und genießen, wenn du nur willst.»

Ich warf in meinem Rückspiegel einen Blick auf Chea und fragte: «Meinst du das mit der ‹Poesie des Lebens›?»

Sie nickte. «Ja. Den Austausch.»

«Soll das heißen, es ist wie ein Gespräch?» fragte ich.

«Nicht ganz. Es ist eher wie . . . wie . . .» Sie hielt inne und suchte nach Worten. «Wie er gesagt hat, ein Verschmelzen. Ein Miteinanderteilen von Energie und Wissen durch das Übergehen des einen in den anderen. Für eine kurze Zeit besteht eine Einheit. Und während diese Energien einen Menschen durchströmen, reinigen sie ihn von alten, abgestandenen Mustern, von allem, was nicht im Gleichgewicht ist. Sie bringen das mit sich, was für einen Wandel unserer Epoche nötig ist.»

Domano lehnte sich über den Vordersitz. «Dann bitten wir unsere Wohltäterin, uns dabei zu helfen, unser Netz bis zur Sonne zu spinnen. Zum Herzwirbel dieser Sonne, der dem unseren entspricht. So wie sie es uns in ihrem Fall gelehrt hat, verschmelzen wir auch mit dieser Freundin und vereinen unsere Herzen, und dann lassen wir diese Energien durch uns hindurch zum Herzen unserer Wohltäterin fließen. Auf diese Weise verbinden sie sich durch uns miteinander und werden eins.

Diese beiden bitten wir um ihren Beistand, um unser Netz zum Herzwirbel unserer Galaxis zu spinnen, um uns damit zu verbinden, zu vereinen und so wie vorher auszutauschen. Und diese Fäden bleiben für immer, so daß wir weiter miteinander teilen und einander nähren können, von Herz zu Herz zu Herz zu Herz. Es können auch noch andere Fäden gesponnen werden. Bitte sie eines Tages einmal darum. Sie werden dich lehren.

Wenn ein Mensch das Verschmelzen eben erst erlernt hat, sind die Energiepfade und Wirbelpunkte noch sehr klein und trübe. Aber nachdem die Erde dich erweckt hat und ihr Leben durch dich hindurchströmt, werden sie ganz hell. Sie leuchten immer stärker aus sich selbst heraus und weiten sich. Der Strom bewegt sich, wohin du willst. Je mehr du ihn fließen läßt, um so heller und weiter wird alles in dir, und um so mehr nehmen die Energien zu. Ein Körper sammelt und nutzt so große Mengen, als wäre er buchstäblich mit mehr Leben erfüllt. Du brauchst nicht wie in Trance zu sein, um sie in Bewegung zu setzen, es ist vielmehr jederzeit und überall möglich. Im Geschäft. Im Auto. Du mußt dich nur nach der sprudelnden Lebensquelle sehnen, und schon ist sie da. Bald wird sie dir zur bleibenden Gewohnheit.

Eines Tages werden all deine Energiepfade so weit sein wie dein Körper, sogar weiter. Höre deinen neuen Freunden zu. Sie sind sehr weise und kennen sich im Heilen aus. Sie bieten dir das Verständnis deiner Ganzheit an und können dir auf eine Weise helfen und Lektionen erteilen, die Menschen nicht möglich ist. Sie werden deine Lehrer sein, wenn wir längst gegangen sind.» Er schwieg einen Augenblick und rutschte auf seinem Platz herum.

Ich versuchte erneut, im Spiegel einen Blick auf ihn zu erhaschen. «Wir verändern uns. Ist es das, wodurch jemand ein Schamane wird? Verändern wir uns körperlich?»

«Die physischen und die energetischen Teile deines Selbst sind nur verschiedene Teile eines Ganzen», erwiderte er. «Wie ein Bein und ein Arm. Es gibt weniger eine für andere sichtbare Veränderung als vielmehr eine fühlbare Veränderung. Während die Erde sich wandelt, fügt sie ihrem Lied ein paar neue Töne zu, und die Sonne und unsere Galaxis tun es ihr gleich. Ebenso die Menschen und all unsere Gefährten hier auf der Erde. Je mehr du den Strom mit diesen Alten teilst, um so stärker wird dein eigenes Lied. Und du wirst auch stark in dem sich wandelnden Lied sein. Während sich alles in dir weitet und heller wird und du dich durch deine Welt bewegst, ergießt sich der Strom aus dir heraus, berührt alles und verändert es durch die Weitergabe dieses sich wandelnden Liedes. Wie du siehst, wirkst du auf jedes einzelne Ding ein, das deinen Weg kreuzt.»

«Warte mal», sagte ich. Ich wußte zwar nicht, warum, aber in Gegenwart der Hetakas fühlte ich mich zum ersten Mal, seit ich ein kleines Kind war, so frei und sicher, daß ich mich mit ihnen auseinanderzusetzen, Fragen zu stellen, sie zu unterbrechen, sogar ihnen zu widersprechen wagte. «Sag doch nicht so etwas! Das ist lächerlich! Das ist erheblich mehr Verantwortung, als irgend jemand in seinem ganzen Leben tragen könnte!»

«Ob du mit dem sich wandelnden Lied mitfließt oder nicht», sagte er und klopfte mir auf die Schulter, «du beeinflußt alles, womit du in Berührung kommst. Du beeinflußt es mit deinen Gedanken, mit deinen Gefühlen, ja mit deinem Wesen.»

«Und ich nehme an, dadurch wird als nächstes jemand beeinflußt, der gerade vorbeikommt», sagte ich bissig. Der Gedanke irritierte mich. Wie konnte bloß jemand behaupten, ich sei verantwortlich für jeden meiner Gedanken und meine Gedanken hätten die Macht, jemanden zu verletzen! Wie sollte ich je die Kontrolle über all meine Gedanken und Gefühle ausüben? Die Vorstellung, daß etwas in dieser Art, etwas, worüber wir so wenig Kontrolle hatten, die Macht haben könnte, auf andere Leute einzuwirken, erschien mir sehr unfair. Ich mußte die auflodernden

Schuldgefühle und die aufwallende Wut verdrängen. Es schien nicht recht, auch nicht einleuchtend. Es war nett, sich auszumalen, wie die nährende, heilende, liebevolle Energie des Planeten aus einem herausströmte und eine schöne, harmonisierende Wirkung auf die Welt hatte, mit der sie in Berührung kam, aber es war doch ausgesprochen schwer, mit der Kehrseite der Medaille zurechtzukommen.

«Natürlich hat es einen Einfluß», erwiderte Domano. «Was du auf deinem Weg zurückläßt, wird für immer dort gespeichert. Du brauchst dir nicht die Schuld der Welt aufzuladen. Dies liegt nur in der Natur der Dinge. Nimm es an. Benutze es. Arbeite damit. Es hat nichts mit Urteilen zu tun. Wenn ein Mensch dort vorbeikommt, wo du warst, wird er von dem beeinflußt, was du zurückgelassen hast. Aber es ist seine Sache, diesem Einfluß nachzugehen und ihn zu nutzen oder wieder in ferne Erinnerungen abgleiten zu lassen. Wir teilen unsere Lieder und unsere Geschichten – Gedanken, Gefühle, Erfahrungen – in unendlicher Vielzahl miteinander. Es liegt in der Natur der Dinge, daß manches davon in unserer Welt, so, wie sie ist, als schmerzhaft betrachtet werden kann. Bisher haben die Menschen wenig Neigung gezeigt, davon Notiz zu nehmen. Aber jetzt treibt uns der Wandel zu einem Lied, das uns die Augen öffnet. Nach und nach werden die Menschen anfangen, sich um ihre Gedanken und Gefühle zu kümmern. Sie werden die Auswirkungen bemerken. Jeder sucht nach Antworten für sich selbst, geht für sich allein auf die Suche und endet schließlich damit, auf diese Weise der ganzen Welt etwas zu geben, selbst wenn das nie in seiner Absicht lag.»

«Also ich weiß nicht, ihr Lieben.» Ich schüttelte den Kopf. «Ich bin wirklich für alles zu haben, Science-fiction, Geistheilen, Telepathie. Das macht richtig Spaß. Aber es kommt mir doch ziemlich abwegig vor, daß jeder Gedanke die Lüfte erfüllt wie Radiowellen und alles beeinflußt. Das ist ganz schön heavy und häßlich dazu.»

«Atme», beschwichtigte Domano mich. «Finde dein Lied und wirf diese Schuldgefühle ab. Es ist nicht deine Schuld.»

«Nun, angenommen, es stimmt, wessen Schuld ist es dann, daß die Luft so angefüllt ist mit schlechten Gedanken?»

«Niemandes Schuld. Aber jeder ist dafür verantwortlich», antwortete er. «Mit der Zeit, wenn dieser Strom in dir und anderen wächst, wirst du stark werden. Dann wirst du auf deinem Weg durch die Gedanken und Gefühle, die andere Erdbewohner zurückgelassen haben, nicht stehenbleiben und mit ihnen mitschwingen. Alles ist aufgezeichnet, aber du wirst nicht mehr von diesen Strömungen erfaßt werden. Ihnen nicht mehr ausgeliefert sein wie ein Blatt im Wind. Deine Lieder werden stark sein, als wären sie lauter geworden. Und mit der Zeit wirst du lernen, deine Gedanken unter Kontrolle zu halten.»

Mir war schleierhaft, wie. Das alles kam mir wie wildeste Spekulation vor. Die Welt wäre ein Chaos, voll mit Leuten, die sich benähmen, wie es ihnen in den Sinn käme, es würde nichts wirklich bewegt, Unvernunft würde sich ausbreiten, absonderliche Verhaltensweisen und Kriege. Und dann dämmerte es mir. Die Welt *war* ja eigentlich genau so.

«Jeder kann diese Zeremonie ausführen», sagte Domano. «Sie ist leicht, einfach. Eines Tages wirst du sie anderen zeigen. Und sie werden sie wieder anderen zeigen. Du kannst sie sogar allein ausführen, wenn du die Schritte weißt. Die Wirkung verdoppelt sich nicht nur, sie vervielfacht sich. Siehst du, wenn zwei Leute sie ausführen, hat das nicht nur eine doppelt so starke Wirkung auf unsere Welt, sondern eher eine fünfmal so starke. Und bei dreien ist sie nicht fünfzehnmal so stark, sondern vierzigmal. Das ist die Art und Weise, wie sich das Netz verändert.» Chea beugte sich vor und sagte: «Du darfst dich nicht auf unsere Worte verlassen! Betrachte das, was wir sagen, nur als Möglichkeit und Anleitung, um all die Antworten, die Wahrheiten, das Verständnis und die Beweise zu finden, die du brauchst. Du mußt forschen und Erfahrungen machen, um selbst zur Erkenntnis zu kommen.»

«Aber wie?» fragte ich.

«Jage auf der Suche, auf die wir dich schicken, nach deinen Gedankenmustern.» Sie rückte so, daß ich sie im Spiegel sehen konnte. «Beobachte, wie sie mit dir verbunden sind, dir deine Energie rauben, deinen Körper blockieren, wie sie Streß und Krankheit auslösen. Beobachte, was sie tun, wenn die Alten alles zur Wachsamkeit anregen. In diesem Gleichgewichtszustand verlieren sie ihre Kontrolle über dich und schwinden friedlich als alte Erinnerungen dahin. Das Selbst lernt, wie es ist, das Leben zu fühlen, ohne durch Gedankenmuster an die Welt gefesselt zu sein. Es ist so, als würde eine Last weggenommen. Dein Körper lernt das und wird dein ganzes Leben lang danach streben, wieder an diesen Punkt zurückzukommen.

Sogar später, nach der Zeremonie, sind wir immer noch so auf unsere Gewohnheiten fixiert, da wir unser Leben lang nichts anderes gekannt haben, daß wir sie langsam wiederherstellen und zurückgewinnen. Aber sie erstehen nie wieder so stark wie vorher. Und wenn du dich wieder mit dem glühenden Strom der Alten vereinigt hast, werden sie erneut weggebrannt, und jedesmal haben sie weniger Macht über dich, bis sie eines glücklichen Tages nur noch Erinnerung sind, Hilfsmittel aus der Vergangenheit. Man weiß, wer sie sind, kennt den Augenblick und kann zielbewußt auf dem Netz tanzen.»

«So etwas habe ich noch nie gehört.» Ich wollte an den Straßenrand fahren. Ich wurde zu sehr vom Fahren abgelenkt, wenn ich gleichzeitig zuhörte. «Ist es das, was die Schamanen eures Stammes machen?»

«Diese Zeremonie, die Suche, ist an keine Tradition gebunden. In Teilen ist das Erwecken überall auf der Welt in verschiedener Form praktiziert worden. Dieser Weg fesselt dich nicht an irgendeine Kultur. Er hat keine. Statt dessen verbindet er dich durch ihre Herzen mit unseren Alten. Das ist aber kein Versuch, sich für immer mit ihnen zu vereinigen, sondern eine Zeitlang mit ihnen eins zu werden und zu teilen, zu erwachen und sich aus ihrem Wesen, dem Ursprung des Lebens, selbst zu erneuern.»

Sie schwiegen eine Weile, während Chea sich in ihrem Sitz zurücklehnte. Dann sagte Domano plötzlich: «Wir sind fast da. Sehr gut. Nur noch ein Stückchen weiter.»

«Sagt mir bitte rechtzeitig Bescheid. Ich will nicht, daß wir als Pizzas auf der Straße enden.» Wir lachten alle.

«Du wirst es gleich sehen», sagte Domano. «Links, kurz vor den Artischocken.»

«Wenn wir ankommen, werden wir dich lehren, den Boden für diese Zeremonie zu bereiten. Für eine Zeremonie sollte immer zuvor der Boden bereitet werden. Im Geist und im Herzen arrangierst du das Netz deines Standorts, um störende Strömungen und Muster umleiten zu können. Du schaffst einen Wirbel, eine Spiralbewegung, um die gewünschten Rhythmen zu konzentrieren und zu verstärken. Dabei knotet man das Netz neu, entfernt Fäden, bringt sie wieder an und erzeugt eine Bewegung bestimmter Art in den und zwischen den Fäden des Netzes.

Alle Völker haben eine eigene Methode, den Boden zu bereiten. Manchmal singen sie den Wandel ein. Manche verbrennen Kräuter. Andere bitten befreundete Geister, es für sie zu tun. Wieder andere zeichnen etwas auf den Boden oder gestalten aus dem, was da ist, etwas anderes, oft Bauwerke oder besondere Landschaften. Manche Leute denken eine Veränderung sogar einfach nur herbei. All diese Methoden sind gut. Sie funktionieren alle, sowohl allein als auch in Kombination mit anderen. Dann machen die Leute daraus feste Rituale und vergessen schließlich, was sie da eigentlich tun. Sie bleiben an Verfahren und äußeren Formen kleben und kämpfen sogar um deren Erhalt. Dabei soll alles, was sie tun, eigentlich nur das Netz so gestalten, daß es ihnen besser hilft. Eine Reihe von Handlungen in Gang setzen, Wirksamkeit garantieren. Je besser man seine Aufmerksamkeit zu sammeln vermag, um so wirksamer kann man natürlich auch den Boden bereiten. Es war –»

«Dort?» unterbrach ich ihn. «Gleich dort? An dem Briefkasten?»

«Nein, nein», winkte er ab. «Wahrscheinlich erst der nächste Abzweig.

Alles, was einen Schamanen ausmacht, geschieht im Augenblick. Der Zeit des Herzens. Das Handeln aus dem Herzen heraus ist die stärkste Form überhaupt, um etwas zu bewegen, denn das Gleichgewicht steht ihm zur Seite. Es hat schon viele Schamanen gegeben, die ihre Energie und Aufmerksamkeit auf andere Gebiete und Wege ihrer selbst konzentriert haben, um ihre Medizin herzustellen. Das ist okay, es ist gute Arbeit. Aber den Handlungen, die in Gang gesetzt werden, haftet immer etwas von ihrem Ursprung an. Dadurch haben diese Dinge eine starke Neigung hierhin oder dorthin. Aber wenn sie dem Herzen entspringen, sind sie in der Mitte. Sie werden aus dem Gleichgewicht und der Freude heraus geboren und können nicht umkippen oder mit ihrer eigenen Neigung einen Schneeballeffekt in der Welt erzeugen. Das Handeln aus dem Herzen heraus bringt sogar für den Handelnden wie für den Empfangenden ein wenig Gleichgewicht als Gabe mit sich. Die machtvollsten Zeremonien kommen also nur aus dem reinen Herzen, wie unsere Lehrer gesagt haben. Das darin enthaltene Potential haben die Menschen bisher nicht einmal bemerkt.

Nur keine Sorge. Bald wird dies alles einen Sinn für dich haben. Denk einfach immer daran, daß der Herzpunkt das Zentrum ist, wie die Nabe eines Rades, und aus diesem Grund der mächtigste und ausdauerndste Punkt. Und das Netz dieser Welt stimmt gern in die Herzenslieder ein. Man bekommt also reichlich Hilfe.»

Es war dies das erste Mal, daß mir voll zu Bewußtsein kam, ich könnte an echten Zeremonien teilnehmen. Das hatte einen eigenen Reiz für mich, aber ich glaubte nicht genügend Hintergrundwissen zu besitzen, um das Geschehen verstehen oder würdigen zu können. «Wie geht das Verschmelzen vor sich? Was muß ich dafür tun?»

Er drehte sich um und lehnte sich über den Vordersitz. «Lebende Energien in einem Wesen haben weder eigene Form noch eigenes Bild. Sie verändern und bewegen sich nach unseren Gedanken und nehmen die Form unserer Gedanken an.

Unser Planet ist ein lebendiges Wesen mit Leben und Tod und einem eigenen Schicksal. Wir tun also folgendes: Wir werden dich in jeden Schritt einweisen. Wir werden den Boden bereiten und die lebendigen Kräfte der Erde bitten, aus ihrem Herzen zu kommen und die Gestalt einer roten doppelköpfigen, feuerspeienden Schlange anzunehmen, die wir Erde-Feuer-Schlange nennen. Wir bitten um dieses Bild, weil die Menschen dieses Planeten seit Urzeiten das Symbol der Schlange und des Feuers benutzen, um die lebendige Energie der Dinge zu veranschaulichen. Und inzwischen bestehen starke Entsprechungen dazu innerhalb unseres Netzes. Wir könnten, um ehrlich zu sein, um jedes Bild bitten, das uns passend erscheint, oder auch ganz ohne Bild auskommen. Siehst du, die Entsprechungen sorgen für die Wirksamkeit der Handlungen, die sich im Netz vollziehen. Es gibt schon viele Muster, die sich auf diese Symbole gründen, und die Entsprechungen werden von ihnen angezogen. Es ist so, als trinke man aus einem

Brunnen und mache von seiner Macht und den Erkenntnissen Gebrauch, die sich dort angesammelt haben.»

Domano kratzte sich am Kopf.

«Weißt du», fuhr er fort, «wenn dir das Bild der Schlange zu schwierig ist und du eine andere oder gar keine Gestalt vorziehen würdest, ist das in Ordnung. Es bleibt dir überlassen. In deiner Kultur hat die Schlange einen ziemlich schlechten Ruf. Dadurch sind auch Muster entstanden. Und wenn dir diese Entsprechungen im Sinn liegen und unangenehm sind, können wir das verstehen. Es ist eine persönliche Entscheidung. Und sie hat keine Wertigkeit. Diese Zeremonie ist für dich. Und sie sollte dir angemessen sein. Man wählt Entsprechungen aus, die der eigenen Natur und den eigenen Bedürfnissen entgegenkommen. Das Bild der feurigen Schlange ist von unseren Lehrern erwählt worden, weil es seit Äonen weltweit in Gebrauch ist. Aber der wahre Kern dieser Lehre ist der, daß wir uns die Bilder schaffen, die uns zusagen, und die Energien schließen sich dann willig daran an. Du wirst dieses Prinzip selbst erfahren, wenn du das Netz tanzt.»

«Das Bild stört mich nicht weiter», warf ich ein. «Ich mag es eigentlich sogar. Es hat seinen Reiz.»

«Bieg in den Weg dort unten ein», sagte Chea. «Fahr auf die Felsen am Meer zu und halt dich rechts.»

«Gott sei Dank!» Ich war froh, daß die Fahrerei bald vorbei war. Ich fuhr den Weg bis zum Ende hinunter. Es waren weder andere Autos noch Leute da. Domano und Chea führten mich zu einem Platz auf dem Felsen, der nach Südwesten ausgerichtet war. Vor nicht allzulanger Zeit hatte jemand dort ein kleines Feuer gebaut. Sie sagten mir, ich sollte kleine Steine suchen, soviel ich in meinen Taschen unterbringen konnte. In einer Tasche sollte ich nur rote Steine sammeln, ansonsten war jede Farbe recht. Und ich sollte darauf achten, nur Steine aufzuheben, die auch mit mir mitkommen wollten. Sie würden für die Bereitung des Bodens gebraucht.

Der Wind wehte recht frisch hier, und schon in wenigen Stunden würde die Dämmerung anbrechen. Chea entfernte die großen Steine, die um die Feuerstelle gelegt worden waren, und glättete die Asche mit den Händen. Einige Holzkohlenstücke schwelten noch.

«Zieh deinen Mantel und Schuhe und Strümpfe aus», sagte sie. «Bald wird dir nicht mehr kalt sein.» Sie strich die Asche so auseinander, daß außen ein Ring entstand. «Der erste Schritt, den Boden zu bereiten, besteht darin, den Platz auszusuchen. Wir haben das heute statt deiner schon getan, weil wir wußten, daß sonst die Zeit zu kurz wäre.

Du mußt eine Absicht mit diesem Stück Boden verbinden. Je klarer deine Absicht, um so leichter fällt es deinen Gefährten, deinen Verwandten auf dieser Erde, dir zu helfen. Und um so erfolgreicher wirst du sein. Du mußt sie um ihren Beistand bitten. Wenn du Achtung in deinem Herzen hegst, werden die meisten dir helfen, und die übrigen werden dich einfach ignorieren. Als wir das Feuer gebaut haben, haben wir an deiner Stelle gebeten. Das nächste Mal wirst du es selbst tun.»

«Und wie?»

«Du bittest einfach darum.»

«Wen und wie?»

«Du bittest alle Wesen, die es wünschen, dir zu helfen. So einfach ist das.»

«Aha.»

«Nur keine Sorge. Du wirst es spüren, wenn die Zeit dafür gekommen ist.»

Das ging mir zu schnell, und ich merkte, daß ich das Wesentliche des Ereignisses nicht ganz mitbekam. Ich hoffte, im Laufe der Zeremonie noch dahinterzukommen.

«Dann richtest du den Platz für deine Zwecke ein, wobei du so viele Entsprechungen benützt, wie du willst.» Sie beschrieb einen Kreis über die ganze Umgebung hinweg und deutete dann auf die Feuerstelle. «Den Kreis zu formen ist eine gute Sache. Es heißt, der Schöpfer sei ein Kreis, dessen Mittelpunkt überall ist. Du wirst deine verschiedenfarbigen Steine außen um diesen Aschenring herum im Kreis legen. Er gleicht ebenfalls dem Schöpfer, weil er endlos ist. Jede Form hat ihre eigene Macht. Jede Form ergibt ein Energiemuster. Ein Kreis befördert die Energien, die seine Fläche umschließt, von innen nach außen und wieder zu sich selbst zurück, immer weiter, und schafft so eine Spirale. Sie kann sich in die Luft erstrecken, in die Erde oder in beide Richtungen. Und sie dreht sich entweder im Uhrzeigersinn oder gegen den Uhrzeiger-sinn. Du kannst sie sich drehen lassen, wie sie will, und damit arbeiten oder die Strömungen dahin lenken, wo du es wünschst. Es ist leichter, wenn du beim Aufbau Entsprechungen suchst. Nimm jetzt deine Steinchen und bitte sie, während du sie in einer Rich-tung auslegst, dazu beizutragen, daß sich die Spirale in dieser Richtung bewegt. Für dich nehmen wir heute die Richtung gegen den Uhrzeigersinn nach oben. Lege eine zweite Reihe Steine in gleicher Richtung auf die vorigen und bitte darum, daß sich die Energien dieser Schicht im Uhrzeigersinn und nach unten bewe-gen, so daß zwei Strömungen entstehen. Eine gute und starke Strömung wird sich spiralförmig in die tiefsten Tiefen der Erde und hinauf zu den äußeren Luftschichten der Atmosphäre schwingen.

Während du die Steine hinlegst, ist es Zeit, die Spiralen zu bit-ten, dir dabei zu helfen, diesen Platz ins Gleichgewicht zu bringen. Ausgewogenheit herbeizuführen. Wir weben das Netz dieses Fel-sens neu, damit wir Hilfe bei der Erfüllung einer Aufgabe erfahren. Wir setzen eine Reihe von Handlungen in Gang. Man muß gei-stesgegenwärtig sein, um die Handlung zu fördern.»

«Soll ich laut bitten?»

«Wenn du willst, ja.»

«Und was soll ich sagen?»

«Was immer du willst. Die Liste der Dinge, die Entsprechungen schaffen, ist ebenso kurz oder lang wie die Reichweite der eigenen Vorstellungskraft. Die einzige echte Regel für Zeremonie und Su-che lautet, die ganze Schöpfung als ebenbürtig zu betrachten und ihr mit Achtung und Dankbarkeit zu begegnen. Sonstige Ein-schränkungen oder Erweiterungen sind durch die jeweilige Kultur oder Persönlichkeit bedingt. Wir haben dieses Feuer für dich ge-baut, damit du es deiner Liste zufügen kannst, aber nötig ist es nicht. Es ist ein der feurigen Natur des Bildes der Erde-Feuer-Schlange entsprechender Oberton.»

«Ach so.»

«Stell dich nun in die Mitte deines kleinen Kreises und schließ die Augen. Du wirst die Richtung für dich finden, die deinem Wesen am meisten entspricht. Bleib in deinem Kreis und drehe dich entgegen dem Uhrzeigersinn. Und spüre mit deinem ganzen

Lied, wie jede Richtung dich berührt. Während du dich drehst, wirst du alle paar Grade weiter eine Veränderung wahrnehmen. Bewege dich ganz langsam weiter im Kreis herum, bis du über jeden Zweifel erhaben weißt, welche Stelle deinem Gefühl nach die harmonischste und natürlichste für dich ist.»

Während ich mich drehte, konnte ich die weiche warme Asche unter meinen Füßen spüren. Ein heftiger Windstoß blies über den Felsen. Am Anfang konnte ich die Richtungen nicht voneinander unterscheiden. Doch nach vielen Drehungen fand ich endlich das Lied meiner Lebensfreude. Es war das erste Mal, daß ich es zu verwirklichen versuchte, während ich etwas anderes tat, und es fiel mir zuerst sehr schwer. Aber nach einiger Zeit vermochte ich mit der Freude zusammen über mich hinauszugehen und bei jeder Himmelsrichtung eine eigene Wesensqualität zu unterscheiden. An manchen Stellen hatte ich ein Gefühl der Schnelligkeit, eine erschien mir sehr fern, eine andere beunruhigte mich. Und eine vermittelte mir wiederholt das Gefühl von Sicherheit, Vertrautheit und Willkommensein. Dort blieb ich stehen und öffnete die Augen. Ich blickte nach Süden.

«Sehr gut!» sagte Domano. «Du hast gut gewählt. Tritt nun für einen Augenblick heraus und hol die roten Steine aus deiner Tasche. Lege aus diesen Steinen das Bild einer aufgerollten Schlange mit zwei Köpfen in deinem Kreis. Mach die zwei Köpfe da, wo deine Füße sein werden, wenn du in dem Kreis stehst und nach Süden blickst.»

Nachdem ich das Bild fertig hatte, brachte er mir eine Bewegung bei, die er einen Tanzschritt nannte und die ich während der Zeremonie ausführen sollte. Ich sollte meine Füße nacheinander fast vom Boden heben, sozusagen daran ziehen, als zöge ich etwas unter meinen Füßen hoch. Ich sollte mich weder im Kreis herumnoch aus ihm herausbewegen. Ich sollte jeden Fuß auf dem entsprechenden Schlangenhaupt halten und mich nach Süden hin ausrichten. Domano wollte dazu trommeln, um mir das Tanzen zu erleichtern.

«Tanze zeremoniell», sagte er, «das ist so schön. Dein ganzes Wesen muß einfließen in die ausgewogene Bewegung der Schöpfung. Nimm deinen Platz ein.

Kleine Stellifa, du atmest manchmal zu flach. Damit nährst du dein Leben nicht gut. Atme jetzt langsam und tief, füll dich mit Luft an, als sei dein Körper ein leeres Gefäß, und laß keinen Raum zwischen den Atemzügen. Mache dir diese Art von Atmung zur Gewohnheit. Durch eine flache Atmung blockieren wir unsere Sensoren und die Erinnerung. Sie hat ihren speziellen Sinn, aber bei diesem Training müssen wir tief und ausgiebig atmen.

Man kann vieles tun mit dem Atem. Das liegt daran, daß er ein Katalysator für Lieder und Geschichten ist. Er ist das, wovon wir am meisten in unseren Körper hereinholen und mit dem Herzen aufnehmen, um ihn wieder hinauszulassen mit kleinen Teilchen unseres Wesenskerns in seinem Strom.»

Er begann, langsam zu trommeln, und ich brachte meine Schritte mit seinem Trommelschlag in Einklang und atmete so tief, wie ich konnte. Bald darauf schritt und atmete ich im Rhythmus der Trommel.

«Schließ die Augen und entspanne deine Kehle. Laß deine Zunge vollkommen locker werden. Gut.

Und stimme dich jetzt auf deinen Herzschlag ein», sagte er. «Laß all die Rhythmen gleich werden.»

Ohne meine Schritte oder meine Atmung zu verändern, wandte ich meine Aufmerksamkeit dem Schlag meines Herzens zu, der sich daran anpaßte. Alles pulsierte zusammen. Irgendwie überraschte mich das nicht.

Domano sprach langsam und rhythmisch etwas, wie bei einem Gesang. Die übrige Welt schwand allmählich, und ich war mein Lied, das zur Trommel tanzte.

«Folge diesem Schlag, der durch deinen Körper
hinabläuft,
tief, tief in die Erde hinein.
Bitte sie, zu kommen und dir zu helfen.
Locke die Schlange, dir zurück zu folgen.
Es ist ihr Herzschlag, den du tanzt und atmest,
während sie sich aufrichtet
und unter dir aufrollt
und ihre Flammen vor sich bläst,

dein Feuer schürt
und deinem Körper sagt: ‹Wach auf! Wach auf! Erhebe
dich!›
Darum
tritt Feueratem durch deine Füße ein,
wenn die Schlange kommt.
Alles, was vorher war, wird ausgebrannt.»

Ich spürte, wie sich die Erde unter mir mit einem starken Feuer
erhob, das heiß und hell war, aber nicht schmerzte. Meine Fußsohlen fühlten sich an, als wäre in ihnen eine Öffnung entstanden.
Es war, als seien sie aus einem langen Schlaf erwacht und schauten
sich nun in der Welt nach lockenden Aufgaben um. Von unten her,
die Füße und Beine hinauf, wurde alles immer heller. Mein Inneres dehnte sich aus. Die Schlange atmete, und alles war rein und
gesund und vibrierte. Ich konnte mein Lied in den Füßen spüren
und wurde mir dabei ihres Liedes bewußt. Sie war das Mitleid und
das Leben selbst. Sie kroch in meine Knie und Schenkel, dann in
meine Hüften und atmete ihr Feuer aus, reinigte mich von allem
Abgestandenen und Schädlichen. Und zu Domanos gesungener
Beschreibung stieg sie immer weiter in mir hoch.

«Zu deinem Bauch schlängelt sie sich hoch.
Ihr Atem ist dein Atem,
ihr Herz schlägt wie deins.
Strahlend und funkensprühend
füllt sie alle geheimen Plätze.
Lausche,
fühle,
schaue,
wie sie in diesen Wirbelpunkt eingeht.
Sieh, wie er sich von anderen unterscheidet,
jeder mit seiner Schamanenpforte.
Begleite sie hinauf in dein Herz.
Sie brennt die Masken fort
und schreit: ‹Wach auf! Komm, tanz mit mir!›»

Mein ganzer Körper war warm und vibrierte. Ich sah Teile meiner selbst, von denen ich nicht wußte, daß sie existierten. Ich war erfüllt von einem Hochgefühl. Ich fühlte mich leicht und frei und so voller Leben, daß es sich in die Welt um mich herum ergoß. Mein ganzer Körper, besonders mein Herz, weitete sich durch die Helligkeit und Hitze immer mehr. Die Schlange ringelte sich um alles und schlängelte sich hoch, durch meinen Hals, die Ohren, den Mund. Als das Licht stärker wurde, knackten meine Ohren, und ich konnte spüren, wie sich meine Nasenhöhlen öffneten. Dann stieg sie durch meine Augen in die Spitze meines Kopfes, und ich hörte Domano sprechen:

> «Lausche
> dem Klang des Liedes der Schlange,
> das dich in jeder Zelle anrührt.
> Sie läßt die Leute sehen, wie es Geister tun.
> Sie atmet, und alles weitet sich,
> als wenn ein Vogel seine Schwingen in der
> Sonne breitet.
> Sieh. Sie zeigt dir jenseits die endlosen Inseln.
> Geh mit ihr.
> Steige auf
> ins Licht wie ein Stern.»

Mir schien es, als würde ich mit einem Strom aufwärts fortgerissen in eine Fülle sanften Lichts gleich über meinem Kopf. Wir stiegen immer weiter, durch das Licht hindurch ins Leere. Domanos Stimme geleitete uns, bis wir schließlich eine noch größere Fülle des Lichts erreichten. Wir wurden in seine Mitte getragen. Ich spürte, daß die Schlange und ich von einer eindrucksvollen neuen Macht umgeben waren. Ich fragte mich eben, was geschehen war, als ich wieder Domanos Stimme hörte.

> «Bade im Herzen unserer Sonne.
> Tanzt zusammen.
> Teilt eure Lieder miteinander.
> Lernt euch auf diese Weise kennen.»

Ich spürte, wie diese Macht mich mit ihrem nährenden, feurigen Wesen erfüllte. Wir drei waren im Einklang miteinander. Und ich spürte, wie ich mit ihnen mitwirbelte durch die Helligkeit und wieder ins Leere. Domanos Stimme war nur noch schwach zu hören, aber wir folgten ihr immer weiter in die Leere hinein. Es war ein Gefühl, als würden wir uns bis in alle Ewigkeit ausdehnen, als wir schließlich in eine noch hellere Lichtfülle eintauchten.

Ich war überwältigt von diesem Gefühl. Wir schossen direkt in ihr Zentrum, wo ich einem großen Wesen begegnete. Ich wußte, daß wir im Herzen unserer Milchstraße waren, und dann hörte ich, wie Domano es sagte.

Ich wollte dem Wesen noch näher sein, es noch besser kennenlernen, aber es war Zeit für uns vier, den Pfad zurück zu nehmen, auf dem ich heraufgekommen war, zu meinem Körper und zur Erde zurück. Es war ein unglaubliches Gefühl, blitzschnell dahinzusausen, spiralig hinab mit den freien, den lebendigen Kräften unserer Galaxis, unserer Sonne und unserer Erde, durch die leeren Räume und das Licht, geradewegs durch meinen Körper und ins Zentrum der Erde hinein. Sie überfluteten und füllten meinen Körper und die Erde und schossen dann in Spiralen wieder den Pfad hinauf, um die Herzen der Sonne und der Galaxis auf eine Weise zu durchdringen, daß die Ströme von uns vieren kontinuierlich in beide Richtungen zu fließen begannen.

Als ich diesen Strom durch mich hindurchrauschen fühlte, wußte ich, daß ich ein wesentlicher Bestandteil des Universums war und daß jedes Wesen tatsächlich bedeutungsvoll ist. Er wogte in meinem Körper hoch, wieder hinab und zu meinen Armen und Händen hinaus. Ich dehnte mich weiterhin aus und wurde immer heller, während diese Wesen mich heilten und erweckten.

Dann wurde mir bewußt, daß sie sich auch gegenseitig etwas gaben und einander nährten durch meinen Körper. Wir gaben alle vier etwas, und es kam uns allen zugute. Während sie mich auf ihrem langen Weg durchströmten, spürte ich, wie sich in meiner Brust geballte Energie ansammelte. Ein Gefühl des Mitleids und der Zuneigung ihnen und allen Wesen gegenüber war das einzige, was meine bewußte Wahrnehmung erfüllte. Ich spürte, daß sich mein Herzzentrum weitete, sogar über meinen Körper hinaus, während es die Ströme meiner Wohltäter und meiner selbst mit jedem Schlag in der Welt verteilte. Und Domano sprach:

> «Es ist gut,
> immer zu geben,
> von Herz zu Herz zu Herz.
> Immer voller wirst du von ihrem Leben,
> breitest dich aus über deinen Körper hinweg,
> entfaltest dich wie eine große Blume aus
> Sternenlicht,
> das heller strahlt mit jedem Blütenblatt,
> das aufgeht.
> Sei dies,
> Stellifa,
> und öffne deine Augen.
> Ich werde trommeln, und du tanzt das Netz.»

Ich tanzte weiter und blickte dabei aufs Meer. Die Sonne stand tief am Himmel und trieb durch die Wolken am Horizont. Ich war überwältigt von der Schönheit dieser Wesen und des Augenblicks. Mein Körper wurde vom Strom der Lebenskräfte durchspült. Er wirkte elektrisierend und vibrationsgeladen, übte Druck aus und war doch wunderbar friedvoll. Ich hatte ein Gefühl, als würde ich sogar den Raum jenseits meines Körpers ausfüllen. Ich konnte mein Lied stark fühlen. Ich wußte, wer ich war, zuversichtlich und zufrieden, im Wachsen begriffen, um das Leben zu erfahren. Ich war einzig und allein im Augenblick. Ich konnte die Töne meines eigenen Liedes buchstäblich hören. Ich war euphorisch.

Dieses Gefühl, das mein Lied war, mochte ich immer mehr. Mir wurde klar, daß man dieses Leben allein durchtanzt, und doch war keine Einsamkeit bei dieser Lust. Sie war vollständig, ausgewogen und voll. Und es gab eine Stelle, an der mein Lied alles andere berührte. Es war ein Sinn da für das Spielerische und Selbstgenügsame. Ich meinte, mich nie wieder einsam und verlassen zu fühlen.

Das Lied der Erde nahm meine Aufmerksamkeit gefangen. Es war so großartig. Ich konnte es sowohl hören als auch fühlen, obwohl ich nicht hätte sagen können, welcher Teil von mir das wahrnahm. Es hatte viele Töne und Harmonien. Wie mit dem Wechsel der Gezeiten kam ich nahe genug an das Lied heran, um es berühren zu können, und wurde wieder fortgetragen, um erneut näher zu kommen. Einmal, nur für einen Augenblick, mischten sich unsere Lieder. Ich konnte nicht mehr sagen, wo meine Form war. Mein Zeitgefühl war verändert, und ich war das Lied der Erde und meins. Es war uralt, mitleidsvoll, nährend, schön, gewaltsam, friedvoll, leidenschaftlich. Es war reine Ekstase.

Als das Lied der Erde zurücktrat, fesselte das Lied der Sonne meine Aufmerksamkeit. Wieder wogten wir aufeinander zu, immer näher, um dann auseinanderzuweichen und wieder zusammenzukommen. Dieses Lied war irgendwie reicher, konzentrierter und unergründlich schön. Während unsere Lieder sich durchdrangen, verlor ich noch einmal das Empfinden meines Menschseins. Es war eine ungeheure Intensität, Feinheit und Liebe da. Und noch andere Qualitäten, für die mir die Worte fehlen.

Am Horizont sank diese neue Freundin ins Meer und in die Nacht, und wir trieben auseinander. Mit der Dunkelheit setzte bei mir ein Gefühl für das Lied der Milchstraße ein. Eine Möwe strich kreischend an mir vorbei, und ich konnte ihr Lied fühlen. Als ich mich umwandte, um ihr nachzuschauen, wie sie davonflog, hörte ich die Wellen unten an den Felsen klatschen und wurde mir des Liedes des Meeres bewußt. Wie wunderbar waren diese Lieder!

Ich konnte spüren, daß wir von Abermillionen einzelner Leben umgeben und immer in Berührung miteinander waren.

Dann erklang mit zunehmender Dunkelheit das Lied der Galaxis. Der Klang von Abermilliarden Orchestern! Wir kamen uns in Wellen näher und durchdrangen einander kurz, wie es vorher mit Erde und Sonne gewesen war. Dieses Lied hatte eine solche Großartigkeit, Ruhe und Würde, daß es absolut alles erfüllte, und ein Zeitmaß, das keine Zeit mehr war.

Jedes Lied hatte eine ganz eigene lebendige Qualität. Etwas, das reine Ekstase war, mit der man in Berührung kam. Und während das Lied der Galaxis verebbte, stellte ich die gleiche Qualität in meinem eigenen Lied fest.

Wenn es einen Himmel gibt, dann sicher diesen. Den Himmel

auf Erden. Für mich gibt es keine Vertreibung aus dem Paradies mehr.

Das Licht am Himmel erlosch. Domano trommelte, während Chea mir gebot, all die Energien in Bewegung zu halten und meine übrige Aufmerksamkeit auf meine Fußsohlen zu richten. Sie sagte, ich solle auf der Stelle treten, im Takt mit dem Atem und Puls der Erde, und wenn sie mir ein Zeichen gäbe, über die Felsen laufen und mich von den Wirbelpunkten in meinen Füßen leiten lassen.

Sie ließ mir keine Zeit, nachzudenken oder mich zu ängstigen. Sie gab ihr Zeichen, und weg war ich – rannte barfuß zum Klang der Trommel im Dunkeln über die Felsen am Meer. Meine Füße waren frei und wagemutig und kannten die Erde unter sich.

Die sechs Richtungen

Ich war innerlich zerrissen. In den folgenden Tagen schweiften meine Gedanken unwillkürlich immer wieder zu den Stunden auf den Felsen. Ich dachte unablässig über die Erfahrungen dort nach. Ich wußte nicht, was das gewesen war und was es bedeutete. Manchmal war ich nicht einmal mehr sicher, ob es wirklich stattgefunden hatte. Es paßte nicht in meine normale Weltsicht. In meiner Welt waren Menschen das Höchste, die Herrscher über alles, die wichtigsten und intelligentesten Geschöpfe auf unserer Erde. Uns waren alle Entwicklungen und Fortschritte zu verdanken, und wir kamen gut damit zurecht. Wir eroberten uns sogar den Raum, erschlossen uns phänomenale Energiequellen und rotteten Krankheiten aus. Wir hatten alles im Griff und fuhren überallhin. Und nicht nur die Erde gehörte uns rechtmäßig, wie wir glaubten, sondern auch der Mond und bald auch die Planeten. Die Menschen wußten alles am besten, und eines Tages würden wir auf alles eine Antwort haben.

Meine Welt war erkennbar, präzise, quantitativ, voraussagbar und kontrollierbar. Im Gegensatz dazu mutete die Welt der Hetakas außerordentlich fremd und exotisch an. Sie hatte etwas verführerisch Geheimnisvolles und Schönes. Was für verlockende Aussichten bot sie doch! Sie traf genau den Teil von mir, der der Zivilisation am liebsten ade sagen und für immer im Dschungel verschwinden würde. Danach sehnte sich ein Teil von mir über alle Maßen. Ein anderer Teil hingegen verlangte nach Erklärungen, danach, daß alles seine Ordnung hatte, daß ich meinem Leben praktische Ziele setzen konnte, daß ich selbst die Kontrolle übernahm. Wie sollte ich denn existieren ohne solche realen Notwendigkeiten wie ein Haus, ein Auto und mein Collegestudium? Wie sollte ich ihnen in ihre Welt folgen und gleichzeitig für eine Familie sorgen, die in der anderen Welt lebte?

Ich wußte keine Antworten darauf, war völlig durcheinander. Ich wurde hin und her gerissen und wußte nicht, was ich tun sollte. Ich fragte mich, ob diese Welten jemals miteinander vereinbar sein würden.

Alles, was ich erlebt hatte, etwa, daß ich das Leben und die Intelligenz eines Sandkorns oder des Planeten gespürt hatte, wie konnte das sein? Die Wissenschaft leugnete solche Möglichkeiten schlichtweg ab, und in meine Weltanschauung paßten sie auch nicht gerade gut. Wie kam es also, daß ich solche Erfahrungen gemacht hatte? Ich konnte schlecht meine eigenen Erfahrungen ableugnen, aber die Entscheidung, welche Ansicht denn nun korrekt war, wurde dadurch auch nicht erleichtert. Ich war mir sicher, daß ich weder unter Drogen gesetzt worden war noch geschlafen hatte. Vielleicht war ich hypnotisiert worden, oder ich hatte nicht mehr alle Tassen im Schrank.

Konnte wirklich ein Stück von einem selbst mit einer anderen Wesenheit verschmelzen und so zu einem gemeinsamen Wissen und Verständnis kommen? Auf den Felsen am Meer hatte ich unmißverständlich die Gegenwart anderer intelligenter Einzelwesen gespürt, ähnlich der von Menschen, aber anders. Sie waren älter gewesen, unvorstellbar viel größer, voller Verständnis und Mitleid. Ich hatte auf irgendeine geheimnisvolle Weise Ausschnitte einer Welt sehen dürfen, die mir vollkommen fremd war und die doch absolute Gültigkeit zu besitzen schien.

Das Leben zwang mich dazu, mich mit dem Konflikt, mit den Unstimmigkeiten auseinanderzusetzen und in meinem Innern eine Lösung zu finden, wie, das wußte ich nicht. Die einzige Möglichkeit, zu der ich Vertrauen hatte, war das Analysieren, und das verschärfte den Konflikt nur, weil nichts logisch war, nichts passen wollte. Ich war ratlos, hilflos und sehr allein.

Als ich die Hetakas wieder aufsuchte, wollten sie nicht so über meine Erfahrungen mit mir sprechen, wie ich es wollte. Sie wollten sie nicht mit mir zusammen analysieren. Sie blieben dabei, daß die Zeremonie auf den Felsen ausgeführt worden war, um die Wesenheiten von Erde, Sonne und Galaxis herbeizurufen, mich zu erwecken, mich zu heilen und mich durch das kurzfristige Einswerden von Teilen unserer selbst etwas zu lehren.

«Mehr kann ich dir darauf nicht antworten», sagte Domano. «Das ist etwas, das du selbst lösen mußt.»

«Aber wie?» fragte ich. «Ich weiß nicht mehr, was richtig ist. Ich begreife nicht, was mit mir geschehen ist. Ich kann es selbst nicht herausbekommen, und du willst es mir nicht erklären.»

«Wir verhelfen dir zu dieser Möglichkeit», sagte er, «aber nur du selbst kannst von ihr Gebrauch machen. Suche weiter nach deinem Lied. Aber von jetzt an sechsmal am Tag zehn Minuten lang. Tu es ab und zu auch, wenn du mit etwas anderem beschäftigt bist, zum Beispiel beim Einkaufen oder Wäschewaschen. Und beobachte jeden Tag das Blatt im Strom. Dadurch wirst du stark. Dadurch wird deine Aufmerksamkeit zusammengehalten.

Wenn du Antwort haben willst, entspanne dich. Laß dich mit den Energien deiner Wohltäter anfüllen und fühle sie in deinem Lied. Verschmelze mit ihnen, wie sie es dich bereits gelehrt haben. Sie können deine Fragen beantworten. Diese Alten sind die besten Lehrer. Beruhige dich. Du wirst verstehen.»

«Warum wollt ihr mir nicht erzählen, was passiert ist?» sagte ich weinerlich wie eine Dreijährige.

«Wir haben es schon getan», sagte Chea. «Nur bist du zu sehr mit deiner Frustration beschäftigt, um auf das zu achten, was wir sagen. Eine wissenschaftliche Analyse unserer Erde und der Sterne wird dir die lebendigen Wesenheiten, die diese Himmelskörper sind, nicht vor Augen führen, sie wird dir kein Gefühl für sie geben und dich nicht mit ihnen sprechen lassen. Zum gegenwärtigen Zeitpunkt kann die Wissenschaft dir nur Auskunft über ein paar meßbare Eigenschaften ihrer Körper geben. Du weißt aber jetzt, daß die Sonne weit mehr ist als ein heißer Feuerball, obgleich du dich weiterhin so verhältst, als wüßtest du es nicht.

Alles hat ein eigenes Leben und eine eigene Intelligenz. Wir strahlen das als unsere Signatur, unser Lied von der Mitte unseres Wesens aus. Und wir strahlen unsere gesamte Geschichte, jeden Gedanken und jedes Gefühl, aus.

Die Welt, in der du bisher gelebt hast, ist in deinen Augen nicht mehr lebendig. Jetzt ist deine Welt unermeßlich groß und quälend geheimnisvoll geworden. Wenn du etwas über diese neue Welt lernen willst, wenn du nach Gleichgewicht streben willst, dann beginne damit, dein Lied zu lernen. Wenn wir nach unserem Lied jagen, richten wir unsere Wahrnehmung auf unser eigenes Sein. Und das Wesen unseres Seins *ist* die Wahrnehmung. Es ist ein Gefühl von großer Zuneigung und Vollständigkeit. Von Würdigung und Anerkennung. Und seine Melodien und Nuancen sind allein deine.

Je stärker du dein eigenes Lied wahrnimmst und je vertrauter es dir wird, um so ausgeglichener wirst du sein, und um so leichter wird es dir fallen, dich mit deinem ganzen Wesen auszudehnen, um andere zu berühren, mit ihnen zu verschmelzen und sie wahrhaft klar zu erkennen. Alles, was ausgetauscht wird, ist in unserem Sein und Wesen aufgezeichnet und fügt unserem Lied etwas Neues hinzu.

Fühle dein Lied aus dem Herzen heraus, im ganzen Körper, mit der ihm eigenen Schwingung und Energie. Als wäre dein Körper eine Stimmgabel.»

Domano fügte nachdrücklich hinzu: «Mehr kann niemand dazu sagen. Wir drei haben die Zeremonie für diese Suche ausgeführt. Du warst sehr stark und durch unsere tatkräftige Hilfe in der Lage, damit eins zu werden. Jetzt weißt du, was möglich ist. Du hast Großes vor dir. Hör mit diesem Gegrübel auf.» Er sprach sehr ernst. «Atme. Füll dein leeres Gefäß mit frischem Smog. Wenn du deine Hausaufgaben regelmäßig machst, wirst du auch Antworten bekommen.»

Er mußte schließlich lächeln, als Chea und ich in Lachen ausbrachen. Dann schnupperte er, als rieche er etwas total Verdorbenes. Wir konnten uns nicht mehr halten vor Lachen. Er sagte, ich sei in einer Stinkstimmung, und die dürfe man nicht so bestehen lassen. In solchen Augenblicken müsse man etwas zum Lachen haben.

In den darauffolgenden Wochen vermieden Domano und Chea es, über die Zeremonie der Lebensquelle zu sprechen, und konzentrierten sich statt dessen darauf, einen Rahmen für unser

Weltbild zu schaffen, was sie als «Spinnen des Netzes der Welt» bezeichneten. Zwischen den Besuchen machte ich weiterhin meine Hausaufgaben und wurde mit der Zeit immer geübter. Die Lebensquellübung konnte ich leicht durchführen, indem ich die Energien der Erde, der Sonne und der Galaxis durch mich hindurchströmen ließ. Das war erfrischend und belebend. Dann spürte ich, wie meine Kraft zunahm und meine Frustration zurückging. Aber das Kommunizieren und Verschmelzen hatte ich seit der Zeremonie auf den Felsen am Meer auch durch Übung nicht wiederholen können.

Chea erklärte mir, daß ich auf den Felsen Beistand gehabt hätte, durch den meine Erfahrung verstärkt worden sei, und daß ich großes Glück gehabt hätte und sehr erfolgreich gewesen sei. Jetzt sei ich auf mich allein gestellt. Mein Wesen habe alles aufgenommen, was es brauche und was mir helfen würde, diesen Zustand auch ohne mein Zutun wieder zu erreichen. Das klang alles gut und schön, aber ich war immmer noch vollkommen schwankend, was die Wirklichkeit ihrer Welt und jetzt vielleicht sogar meiner eigenen betraf.

Sie achteten stets sorgfältig darauf, mir zu sagen, daß ihre Erklärungen und Geschichten nur eine Möglichkeit darstellten, über Dinge zu reden, die schwer in Worte gekleidet werden könnten; sie seien nur Symbole, und andere Leute würden zur Beschreibung der gleichen Dinge ganz andere Symbole wählen. Sie ermahnten mich, nicht an deren Oberfläche hängenzubleiben, sondern dahinter zu forschen, um ihre wahre Bedeutung zu verstehen.

Sie erzählten mir, die Welt hätte mit dem Schöpfer begonnen, der so alt und unermeßlich ist, daß niemand den Ursprung oder die Absichten dieses großen Einen ahnen, geschweige denn ihren Sinn erfassen könnte. Für uns ist jetzt ausschlaggebend, daß der Schöpfer in allem ist, was wir wahrnehmen und uns vorstellen können, und daß er unablässig damit beschäftigt ist, sich zu erneuern und auszudehnen, aber nie zu beschäftigt, um uns zu fühlen und zu hören. Wir sind, wie alles andere, was existiert, die Kinder des großen Einen, von seinem Fleisch und Atem und Teil seines Seins und Wesens.

Während der Schöpfer unaufhörlich unser Stück Schöpfung gestaltet, singt diese unerklärliche Unermeßlichkeit, und ein Teil von ihr spaltet sich in zwei polarisierte individuelle, intelligente Hälften. Wenn diese beiden Hälften miteinander in eine Wechselbeziehung treten, verdichten sie sich zu fünf bestimmten polarisierten Rhythmusmustern, die ununterbrochen die uns bekannte Welt spinnen. Jedes davon ist eine Kraft und besitzt eine eigene Intelligenz und ein eigenes Leben.

Unsere Welt ist in dauernder Bewegung und verändert sich fortwährend. Veränderungen entstehen aus der Ansammlung von Impulsen, aus der Trägheit der Impulse heraus, die Energien und Kräfte anzieht wie ein Magnet, so daß sie sich je nach Art des Impulses kondensieren. Und ein Impuls wird durch Aufmerksamkeit geschaffen. So nehmen wir teil an der kontinuierlichen Entstehung unserer Welt. Den größten Beitrag dazu leisten wir Menschen mit unseren Gedanken und Gefühlen.

Laut Chea und Domano sind die fünf grundlegenden Schwingungsmuster, unsere ersten Lieder, wie sie sie manchmal nannten, die Prinzipien, um die herum sich unsere Welt bildet. Sie sind das Fundament unserer Materie und das Fundament unserer Psyche. Ihr Einfluß reicht tief in alle Kulturen hinein. Wenn wir über sie nachsinnen, zwingen wir diese Kräfte dazu, eine aktivere Rolle in unserem Leben zu spielen.

Während die Schwingungsmuster unser Weltgewebe spinnen, wechseln sie in Proportion und Anordnung und verändern die Qualitäten von Umwelt, Zivilisation und Bewußtseinszustand. Jede Kultur hat sie personifiziert, oft bis hin zur Vergötterung. Wir bauen riesige Gedankenkomplexe um sie herum, in der Hoffnung, sie zu verstehen und ihren Beistand zu erwirken. Symbole und Gedanken schaffen einen Zugang zu diesen machtvollen Gebilden, sie setzen langbewahrtes Wissen und Energie frei und führen gelegentlich zum Kontakt mit deren eigentlichem Wesenskern. Jede dieser kultivierten Gedankenformen oder Mythen liefert Informationen über das Wesen der Gebilde, der Welt und unserer Möglichkeiten. Die äußeren Einzelheiten sind von Ort zu Ort verschieden, nicht weil ein Mythos der Wahrheit näher käme als der andere, sondern weil sich die Menschen und Orte unterscheiden in ihrer Geschichte, in dem, was Einfluß auf sie hatte, und in ihren Bedürfnissen. All ihre Bezugssysteme, ihre Symbole, haben für sich genommen Gültigkeit, verlieren aber ihre Entsprechungen, ihre Ähnlichkeiten, durch die sie eine magnetische Anziehungskraft auszuüben imstande sind und verbindend wirken können, wenn sie aus der Sicht von Menschen mit anderen Symbolen betrachtet werden.

Die Hetakas sagten, die Einflüsse auf unser Leben seien so komplex, daß es unmöglich sei, sie alle aufzuspüren und zu identifizieren. Und es gäbe sogar viele verschiedene Welten und unzählige Arten von Kräften und Wesen darin. Wir sind nur eine Welt. Und von unserer Welt aus können wir von Zeit zu Zeit andere Universen und Kräfte wahrnehmen, die an uns herantreiben und uns durchdringen, wobei sie Lieder und Impulse mit uns austauschen.

Den ganzen Sommer über erzählte mir Domano nur Geschichten, die das Wesen von jedem einzelnen der fünf Grundrhythmen beschrieben, das jeweils einer der Himmelsrichtungen entsprach: Westen, Norden, Osten, Süden und Oben. Die untere Richtung gehört der Mutter Erde, die wie wir aus den fünf ursprünglichen Liedern besteht. Chea und Domano weigerten sich, über die Geschichten und alles andere ausführlicher mit mir zu reden. Ich versuchte wiederholt, sie zur Beantwortung meiner Fragen zu bewegen, aber sie vertrösteten mich stets auf einen späteren Zeitpunkt und wechselten dann das Thema.

«Heute, du Grünschnabel», sagte Domano eines Tages, «will ich dir eine Geschichte erzählen über die Rhythmen unserer Welt. Ich fange am besten mit dem Rhythmus des Westens an. Es spielt aber keine Rolle, welchen man zuerst nimmt. Ich denke nur, dieser wäre heute gut geeignet.

Es war einmal vor langer Zeit eine große, starke Frau, die hoch oben in den Bergen lebte. Eines Tages, als sie vom Feld zu ihrer Hütte geht, überfallen Räuber ihr Dorf. Viele der Dorfbewohner werden getötet oder verletzt. Sie rennt, so schnell sie kann, um nach Hause zu kommen. Sie hofft, ihre Kinder vielleicht noch retten zu können. Aber aus ihrer Hütte kommen vier Männer herausgestürmt. Einer trägt den Kopf ihres Gatten. Und durch die niedergerissenen Wände ihrer Hütte kann sie die Leichen ihres Sohns und ihrer Tochter erkennen.

Sie gerät außer sich und springt schreiend und kratzend auf die Männer los. Die lachen nur und verprügeln sie. Dann schleppen sie sie weit vom Dorf entfernt in eine Felshöhle am Berg, um sie dort sterben zu lassen. Als sie wieder zu Bewußtsein kommt, ist es Abend, und vom Himmel regnet, blitzt und donnert es. Sie hat große Angst und weiß nicht, wo sie ist. Sie geht tiefer in die Höhle hinein. Dann überkommt sie die Erinnerung an ihre Kinder und ihren Mann. Sie schreit und weint die ganze Nacht und schlägt mit dem Kopf auf den Boden. Jetzt ist ihr Leben ohne Sinn. Warum ist sie nicht rechtzeitig zur Hütte gekommen, um sie zu retten? Bestimmt hätte es eine Möglichkeit gegeben, die Männer davon abzuhalten. Sie wird von tiefer Scham und dem Gefühl übermannt, versagt zu haben. Was soll nun aus ihr werden? Ob die Räuber wohl zurückkommen, um sie zu töten? Oder wird sie ihr Leben in Trauer und Schande zu Ende bringen müssen?

Sie kann nicht aufhören, über diese Dinge nachzudenken und zu schluchzen, und findet keinen Schlaf. Mehrere Tage vergehen, aber sie merkt es nicht. Schließlich hofft sie, daß es sicher genug ist, die Höhle zu verlassen. Aber es ist ziemlich dunkel. Sie wandert verschiedene Gänge entlang, kann jedoch den Weg nach draußen nicht finden. Nach langem Herumirren kommt sie zu einer großen Kammer mit Rissen in der Decke. Licht fällt durch die Sprünge und beleuchtet einen verborgenen kleinen See. In dem See sind, wie sie sehen kann, viele Fische. Inzwischen hat sie großen Durst und Hunger, und sie springt ins Wasser, um sich zu waschen, zu trinken und Fische zum Essen zu fangen. Das Wasser tut ihrem Körper wohl und erfrischt sie. Jetzt wird sie vielleicht noch einen Tag leben können.

Als sie genug gegessen und getrunken hat, legt sie sich in den Sand und schläft bis zum nächsten Morgen. Dann sucht sie die Kammer nach einem anderen Ausgang ab. Aber es gibt keinen. Nur der enge Gang, durch den sie hereingekommen ist. Sie hat Angst, sich noch einmal hindurchzuzwängen. Vielleicht verirrt sie sich wieder in dem Labyrinth und verdurstet im Dunkeln. Darum entschließt sie sich, noch einen Tag in der großen Höhle am See zu bleiben und dort nach einem Ausgang zu suchen. Der enge Durchgang kann bis morgen warten.

Wie die Sonne hoch am Himmel steht, scheint sie durch den Spalt auf den See. Die Frau tritt wieder ins Wasser, um einen Fisch zu fangen, und dabei sieht sie ihr Spiegelbild. Es erinnert sie an ihre Kinder und ihren Mann, die sie verloren hat, und erneut wallen Wut und Trauer in ihr auf. Sie schreit und jammert. Wie konnte alles nur so enden? Warum hatte sie ihre Familie nicht retten können? Sie versteht das nicht. Sie hält sich für einen üblen Menschen. Sie hat sie im Stich gelassen. Sie hat ihr Dorf im Stich gelassen. Jetzt will auch sie sterben. Sie hat nicht verdient weiterzuleben. Aber sie hat zuviel Angst vor dem Sterben.

Trauer und Verzweiflung verzehren sie. Sie verläßt die große Höhle nicht. Sie hat nichts mehr, wofür es sich zu leben lohnt, und fängt an, die Leute ihres Stammes daheim zu hassen, die noch ihre Familie und das Dorf haben. Warum, denkt sie, dürfen sie im Glück leben, während meins mir entrissen wurde? Warum dürfen sie ihre Familie um sich haben und ich nicht? Wo waren sie, als ihre kleinen Kinder umgebracht wurden? Warum haben sie es nicht verhindert? Sie findet, daß die anderen mehr Schuld haben als sie selbst. Warum sind sie nicht gekommen und haben sie gesucht? Wie können sie es wagen, sie einfach im Stich zu lassen nach allem, was sie für sie getan hat? Ihre Mutter war die Medizinfrau, und eines Tages würde sie in ihre Fußstapfen treten und im Rat den Platz ihrer Mutter einnehmen. Was glauben die Leute denn, ohne sie und später ohne ihre Tochter machen zu können? Sie werden ihre gerechte Strafe bekommen, denkt sie. Sie werden den Tag des Massakers tiefer bereuen als sie.

Die Tage und Monde kommen und gehen, und immer noch hat sie die große Höhle nicht verlassen. Manchmal ist sie jetzt vom Lachen ihrer Kinder erfüllt, wenn sie im Sonnenschein spielten. Und das Lächeln ihres Mannes berührt sie. Dann wandelt sich ihre Freude in große Trauer über den unwiederbringlichen Verlust.

Mit der Zeit mehren sich die freudvollen Erinnerungen, und allmählich schwindet die Trauer. Sie denkt häufiger an die Leute ihres Dorfes und fragt sich, was sie wohl machen. Ob ihre Mutter noch lebt. Sie fühlt mit ihnen und vermag ihnen nicht mehr die Schuld an der Tragödie zu geben. Sie sieht jetzt, daß das Leben einfach weitergeht und sie eigene Schmerzen zu leiden haben.

Eines Tages, als sie sich im Wasser betrachtet, muß sie wieder an den Tag des Überfalls denken. Auf einmal werden ihr die Dinge klar. Sie erkennt, daß sie damals nichts tun konnte, um das Morden und Brennen zu verhindern, und daß sie es nicht hatte voraussehen können. Keine Schuld trifft sie. Sie hat getan, was in ihrer Macht stand. Jetzt muß sie alles daransetzen, um am Leben zu bleiben und einen Ausgang zu finden.

Sie beschließt, einen Vorrat an Fischen zu fangen, den sie mitnimmt, als sie sich auf den Weg aus der großen Höhle heraus in die vielen Gänge macht. Und sie nimmt auch eine große Menge Gräten mit, die sie beim Gehen hinter sich streut, um notfalls den Rückweg zum See wiederzufinden.

Tagelang ist sie auf der Suche und legt eine Grätenspur. Aber sie kann keine Öffnung finden. Also kehrt sie zum See zurück.

Eines Tages, während sie Fische für ihre Suche fängt und sich an die glückliche Zeit mit ihren Lieben erinnert, wird ihr bewußt, wie gern sie lebt. Wie wohl es ihr tut, das Leben in ihrem Körper zu spüren. Sie sieht ihr Spiegelbild im Wasser und denkt, du, mein Ich, bist meine beste Freundin. Und sie ist zufrieden.

Nach und nach hat sie jeden Gang erkundet und keinen Ausgang gefunden. Vielleicht ist er eingestürzt, sagt sie. Aber es muß einen Weg hinaus geben. Sie ist hartnäckig, diese Frau. Sie denkt, vielleicht kann sie nachhelfen, und beschließt, zur Höhlendecke hinaufzuklettern, um den Spalt zu vergrößern.

Tag für Tag hämmert sie an diesem Spalt herum und bricht Steine weg. Die Höhlenwände bringen ihr Schnittwunden und Prellungen bei. Sie fällt auf den Boden herunter, aber sie rafft sich trotzdem wieder auf und arbeitet weiter an der Vergrößerung des Spaltes. Das Leben in ihr, findet sie, tanzt und ist frei, selbst in diesem Unglück.

Eines Morgens, während sie oben am Spalt ist, sieht sie Licht unten in der Tiefe des Sees. Es ist Sonnenlicht, das aus einer Höhle unter Wasser kommen muß. Es ist hell und wahrscheinlich nahe an der Außenwelt.

Gleich taucht sie hinab. Geradewegs auf das Licht zu, und sie schwimmt mit aller Macht gegen die Strömung an und aufwärts und hinaus in die Sonne.

Welche Freude! Sie ist draußen! Sie befindet sich in dem See am Rande ihres Dorfes, und viele Leute ihres Stammes sind da und waschen und schwimmen. Sie holt tief Luft und ruft voller Begeisterung.

Alle sehen sie. Sie wollen es nicht glauben. Sie ist eben aus dem Nichts gekommen, denken sie. Von den Toten. Sie schreien alle und kommen herbeigeeilt, um sie zu begrüßen. Jeder freut sich, sie wiederzusehen.»

«Die arme Frau», sagte ich. «Was für ein furchtbares Leben!»

«Sie fand das aber nicht», sagte Domano.

«Nur weil sie endlich aus der Höhle herausgekommen ist», sagte ich.

«Sie hat viel mehr gewonnen als nur das. Denk darüber nach. Die Besonderheit des Westens ist die, daß gerade, wenn du meinst, alles im Griff und soweit verstanden zu haben, der Zyklus sein Ende nimmt. Und sich anschickt, von neuem zu beginnen.

- Du weißt inzwischen, daß die Geschichten Gleichnisse sind, Symbole. Sie werden dir helfen, deine Macht zu sammeln – deine Aufmerksamkeit.

Genug für heute. Geh nach Hause. Wir werden uns bald wiedersehen.»

Die nächste Geschichte, die Domano erzählte, handelte vom Norden. Wir fuhren hoch in die Redwoodwälder und wanderten den ganzen Nachmittag durch dichten Wald, während er redete.

Bisher hatte ich nicht verstanden, was die Geschichte vom Westen darstellen sollte. Ich hatte einen Zusammenhang zwischen diesen Geschichten und denen aus meinem Kulturkreis herzustellen versucht, aber ohne Erfolg. Mein größter Stolperstein war, daß mir die Idee der Himmelsrichtungen als Lebensprinzipien nicht in den Kopf gehen wollte. Was mir bis jetzt von diesen Vorstellungen vermittelt worden war, war mir neu und vollkommen fremd.

«Domano», versuchte ich ihn geschickt zu einer Erklärung zu bewegen, «wenn die Himmelsrichtungen Aspekte unseres Lebens sind, was kann ich dann tun, um mir den Aspekt des Westens in meinem Leben vor Augen zu führen?»

Er lachte. «Das ist gut. Eine gute Frage. Du mußt warten, bis du mit allen Richtungen bekannt gemacht worden bist, ehe du sie in einen Zusammenhang bringen kannst. Du mußt erst das Ganze haben, um die Teile erkennen zu können. Verstehst du?»

Verdammt. Soviel Geduld hatte ich nicht. Ich fand das alles immer frustrierender. Wenn ich etwas wissen wollte, dann sofort. Aber ich konnte nichts machen. Ich hatte mich in der Universitätsbibliothek kundig machen wollen und absolut nichts gefunden. Ich war gezwungen abzuwarten, bis die Lehren der Hetakas in mich eingesickert waren.

Domano klopfte mir auf den Rücken und lächelte. «Also dann. Ich werde dir noch ein Stück an die Hand geben. Eine Geschichte vom Norden.

Vor langer, langer Zeit lebte ein Mann. Sein Volk nannte ihn den Moormann. Eines Tages wohnte er mit seinem Dorf einer großen Zeremonie bei. Er hatte eine Vision, und alle Zeichen deuteten auf ihn. Der Medizinmann kam zu ihm und sagte: ‹Moormann, du mußt das Dorf verlassen und für ein Jahr allein in der Wildnis im Norden leben. Einen Jahreszeitenlauf lang. Lege alles von deinem Körper ab und nimm nichts mit. Die Geisterleute haben dich gerufen. Sie werden dir helfen. Wisse, daß du das, was du tust, für dein Volk tust. Du mußt sofort losziehen.›

Also legt Moormann alles ab, was er am Leibe hat, bleibt in schönster Männlichkeit noch einmal stehen, um sein Volk anzuschauen, und läuft davon zum wilden Land im Norden.

Er legt ein gutes Tempo vor, und als es Abend wird, findet er eine Menge Zweige, um sich ein Lager und eine Decke zu machen.

Am nächsten Tag sucht er Pflanzen zum Essen und fertigt aus Fasern eine Schlinge. Bald fängt er ein kleines Tier zum Essen und macht aus einem Knochen ein Messer. Dann ist es Zeit, eilends weiterzugehen.

Er läuft tagelang. Er macht seine Sache gut. Eines Nachts hört er den leisen Ruf einer Stimme: ‹Moormann! Moormann!› Er steht auf und folgt ihr. Mondlicht durchdringt das Buschwerk. Er späht schweigend durch die Blätter, die er beiseite schiebt. Da sitzt eine schwangere Frau, deren Haut aus Erde und kleinen Pflanzen besteht. Sie ist wunderschön. Er tritt zu ihr, und sie sagt: ‹Moormann, weißt du, wer ich bin?›

107

Er weiß es nicht. Er ist von ihr gefesselt und liebt sie zutiefst. Sie sagt: ‹Ich bin hergekommen, um dir zu helfen. Weißt du, wonach du suchst?›

‹Nein›, sagt er.

‹Nach mir›, sagt sie und lächelt ihn an. Er streckt die Hände aus, um sie zu umarmen, und sie verschwindet.

‹Warte! Warte!› schreit er und sucht im Gebüsch. Das Herz bricht ihm. ‹Warte! Warte! Wo bist du hingegangen? Ich brauche dich. Bitte, komm zu mir zurück.› Er sinkt auf den Boden und schluchzt. Was für ein Geist ist das bloß, denkt er, der sich mit meinem Herzen davonstiehlt?

Er läuft wieder los, immer weiter nach Norden, und hat nur noch die Geisterfrau im Sinn, die er wiederfinden will. Manchmal glaubt er sie im Schlaf zu hören.

Die Tage vergehen, und er findet immer weniger Nahrung. Es gibt kaum noch Wild, und die Gewässer sind bitter. Er begegnet einem Jungen, der allein in der Wildnis herumirrt. Moormann macht ihm Kleider und gibt ihm zu essen. Er will ihn beschützen und zu seinem Volk mitnehmen. Sie sind viele Tage zusammen, reden miteinander, lachen und jagen. Sie sind glücklich und haben gemeinsam ihren Spaß.

Eines Tages sammelt Moormann an einem nahezu ausgetrockneten Flußbett Holz, während der Junge Wasser schöpft. Eine große Raubkatze springt zwischen sie. Der Junge hat keine Angst. Moormann kommt schnell herbei, schreit, um ihn zu schützen, und wirft sein Messer nach der Katze. Das Raubtier weicht zurück, aber der Junge sagt: ‹Ist schon gut, Moormann. Diese Katze wird heute einen von uns fressen. Du hast eine Aufgabe zu vollbringen, deshalb werde ich heute ihre Nahrung sein. Das ist fair. Morgen wird sie Nahrung sein.›

Ein Sprung, und die Raubkatze schleppt den Jungen weg, ehe Moormann sie davon abhalten kann. Moormann wird tieftraurig.

Hinter ihm erklingt eine vertraute Stimme wie Musik. Er dreht sich um, und da ist die Geisterfrau, die er gesucht hat.

‹Du trauerst nicht um den Jungen. Wisse, daß du deinetwegen trauerst, weil er dir fehlt. Er war froh, zu essen und gefressen zu werden. Erweise ihm Ehre, indem du seinem Tod und seiner Wahl, dir das Leben zu schenken, Ehre erweist. Folge mir, Moormann. Ich habe viele Freunde, die du kennenlernen sollst.›

Sie nimmt ihn bei der Hand, und während sie gehen, werden sie immer kleiner. Sie werden so klein wie das Ameisenvolk, auf das sie zugeht. ‹Hallo, gute Leute›, sagt sie. ‹Ich habe hier einen Freund, mit dem ich euch bekannt machen will.› Sie begrüßen einander auf Ameisenart, und dann nehmen ihn die Ameisen mit in ihren Ameisenstaat.

Der ist riesig groß. Viele, viele Ameisen sind überall beschäftigt, aber trotzdem höflich. Dieses Völkchen ist überaus erstaunlich. Jeder hat Arbeit. Sie sind alle glücklich und arbeiten zusammen. Da gibt es solche, die neue Kammern bauen, und solche, die alte abbrechen. Da gibt es Putzkolonnen, Nahrungsträger und Vorrats-halter. Babys werden gepflegt, die Jungen belehrt. Die alten und Schwachen bekommen ihre Nahrung. Und in der Mitte ist die Mutter des Stammes. Sie ist immer schwanger, bringt immer neues Leben zur Welt.

Moormann und die Geisterfrau bleiben viele Tage dort. Die Ameisen geben ihnen zu essen, kümmern sich um sie und lehren Moormann eine Menge über die verborgenen Schönheiten der Welt. Sie sagen: ‹Du hast Achtung vor uns. Besuch uns jederzeit wieder, Moormann. Du bist uns immer willkommen. Benachrich-tige uns, wenn du einmal unsere Hilfe brauchst.›

Während sie davongehen und zu ihrer eigenen Welt zurückkeh-ren, löst sich die Geisterfrau in Luft auf.

Moormann sagt: ‹Warte! Verlaß mich doch nicht wieder! Wie soll ich dich denn finden? Warte!› Er bahnt sich einen Weg durch das Gebüsch und ruft nach ihr. Aber er kann sie nicht finden. Er sucht tagelang. Nahrung und Wasser werden knapp, und er wird immer schwächer.

Sie kommt zu ihm, während er schläft, und spricht zu ihm: ‹Geh zum Haus des Singvogelvolks. Lerne von ihnen. Sie werden dir helfen.› Also geht er dorthin. Sie heißen ihn willkommen und geben ihm Nahrung. Er fragt, ob sie die Geisterfrau gesehen haben.

Sie sagen: ‹O ja. Sie ist hier.›

Er sieht sich überall an dem Ort um, findet sie jedoch nicht. Da dankt er ihnen und zieht weiter.

Sein Körper wird wieder schwächer, und die Geisterfrau spricht zu ihm, während er schläft, und sagt ihm, er solle ihre Freunde, das Froschvolk, das Wildvolk und das Affenvolk aufsuchen. Auch sie sorgen für ihn und versuchen ihm zu helfen, die Geisterfrau zu finden. Aber er erhascht dort und in seinen Träumen immer nur flüchtige Eindrücke von ihr.

Als er nicht mehr weiß, was er tun soll, wendet sich Moormann an die Stammutter der Ameisen um Hilfe. Sie sagt: ‹Du vergißt deinen Ursprung, Moormann. Jetzt bist du krank. Schau dich überall um. Der Ursprung ist da. Und dort ist die, die du suchst. Sie ist die Mutter all unserer Stämme. Lache und weine heute abend mit uns über ihr Geschenk. Kehre morgen zu deinem Volk zurück und belehre es über das, was du gefunden hast.›»

Es war nur natürlich, ganz in der Geschichte aufzugehen und sie mit dem Wald um uns herum in Zusammenhang zu bringen. Ich konnte förmlich sehen, wie Moormann durch die Zweige in der Nähe spähte und die Geisterfrau im Gebüsch vor ihm verblaßte. Das Bild von den Ameisen als einer Art Volk, das in einem gut organisierten, effizienten Staatswesen lebte, fand ich entzückend. Als wir mitten in der Geschichte waren, erschien sie mir wirklich.

Jetzt hätte ich nur zu gern gewußt, was die Geschichte mit dem Norden zu tun hatte, aber es war vergeblich, das erfahren zu wollen, und so unterließ ich es. Statt dessen dachte ich laut.

«Ob Moormann erwartet hatte, daß die Geisterfrau seine Geliebte würde?» Ich sah abwechselnd Chea und Domano an.

«Das sind Dinge, die wir dir nicht beantworten können.» Domano ging langsamer und schaute mich voller Zuneigung und Freundlichkeit an. «Du mußt diese Antworten selbst finden. Die Geschichten sind . . . was sie *sind*. Manchmal etwas völlig Verschiedenes für viele Leute. Dein Leben lang werden sie dich etwas lehren.

Komm. Wir müssen schneller gehen. Es ist schon spät.» Er wies auf die Sonne.

«Ja.» Ich wußte, daß ich mich wirklich verspäten würde, wenn ich mich nicht beeilte, und der Schulbus lange, bevor ich heimkam, an unserer Haltestelle sein würde.

Zwei Wochen waren vergangen, als mir Domano die Geschichte des Ostens erzählte. Es hatte gerade aufgehört zu regnen, und die Sonne funkelte in den Tröpfchen an den Redwoodbäumen wie in Tausenden von kleinen Prismen. Wir gingen mit Chea zum Campus, setzten uns an einen Tisch draußen vor dem Café des Stevenson Colleges und tranken heißen Mokka. Von Zeit zu Zeit erhob sich ein kühler Wind, aber das machte mir nichts aus. Ich genoß allmählich diese gemeinsame Zeit mit Domanos Narreteien und Geschichten. Ich fragte mich, ob es wohl später in meinem Leben noch Tage geben würde, die einen ebensolchen Reiz hätten und eine ebensolche Bereicherung darstellen würden. Ich wußte, daß ich diese Stunden als einige der schönsten in meinem Leben in Erinnerung behalten würde.

«Weißt du, heute will ich dir eine Geschichte vom Osten erzählen. Das ist eine sehr alte Geschichte über Schlangenfrau. Sie spielt in der Zeit, bevor Mais und Tabak angepflanzt wurden und bevor in den Häusern ein wärmendes Feuer brannte. Es war die Zeit, als sich die Riesentiere und Ungeheuer die Erde mit den Menschen teilten. Das Leben war hart. Sie mußten sehr stark sein, um zu überleben.

Eines Tages ist Schlangenfrau dabei, Nahrung zu sammeln. Eben geht die Sonne auf und macht alles wieder einen Tag lang warm. Sie ist es ziemlich leid, kalt und starr herumzuliegen und darauf zu warten, daß die Sonne sie endlich wärmt. Das sollte nicht so sein. Warum mußten sie und ihr Volk immer leiden?

‹Wer ist dieses Sonnenwesen›, denkt sie im stillen, ‹daß sie so warm ist? Ihre Kleider müssen wie das Bergfeuer sein. Sie muß sehr weise sein. Vielleicht kann sie mir und meinem Volk helfen.› Sie beschließt, auf die Reise zu gehen und die Sonne zu suchen. Da die Sonne Tag für Tag ihre Wärme und ihr Licht mit der ganzen Welt teilt, muß sie ziemlich nett sein.

Schlangenfrau sammelt ihre Siebensachen ein und schlägt den Weg nach Osten ein. Auf ihrer Wanderschaft begegnet sie vielen fremden und wundersamen Völkern. Sie fragt: ‹Wißt ihr, wo die Sonne ihr Haus hat?› Niemand weiß es. Niemand hat es je gesehen. Sie geht immer weiter. Es ist sehr gefahrvoll, und viele Male ist sie dem Tode nahe.

Schließlich kommt sie an ein großes Gewässer. Sie fragt die Leute dort: ‹Wißt ihr, wo die Sonne ihr Haus hat?›

‹Auf der anderen Seite des Wassers›, sagt Schildkröte, ‹im Osten. Ich bin gerade auf dem Weg hinüber. Ich will dich mitnehmen.›

Sie schwimmen immer weiter, Tag um Tag. Dann ist endlich Land in Sicht. Schildkröte sagt: ‹Ihr Haus ist dort im Osten.›

Die Schlangenfrau sagt: ‹Bist du schon einmal dort gewesen? Hast du es gesehen?›

Schildkröte sagt: ‹Nein. Aber dort hinten kennt es jeder. Geh nur. Du wirst es schon finden. Alles Gute für dich und dein Volk, Schlangenfrau!›

Sie dankt Schildkröte für all ihre Hilfe. Dann wandert sie weiter, bis sie zu hohen Bergen kommt, auf denen viel Schnee liegt. Vielleicht steht das Haus der Sonne dort oben. Also steigt sie hinauf.

Hoch oben in diesen Bergen begegnet sie Adlermann. Sie verlieben sich ineinander, und er erzählt ihr, wo das Haus der Sonne ist. Es ist hoch oben im Himmel. Das ist ein Geheimnis, das nur Adler kennt, weil nur er hoch genug fliegt, um es sehen zu können.

‹Nimmst du mich dorthin mit?› fragt Schlangenfrau.

‹Nein, das kann ich nicht›, antwortet Adlermann. ‹Es ist zu hoch und zu weit, um jemanden dorthin zu tragen. Jeder muß selbst hinfliegen. Ich kann dich, meine Frau, nicht hintragen, aber vielleicht kann ich dir das Fliegen beibringen, so daß du von selbst hinkommst.›

‹Ja›, sagt sie, ‹ja, so müssen wir es machen.›

Sie arbeiten jeden Tag angestrengt zusammen, und manche von Adlermanns Volk sagen: ‹Wer ist sie eigentlich, daß sie fliegen lernen will? Sie ist eine Schlangenfrau. Was glaubt sie denn, wer sie ist?! Das sind Dinge, die uns gehören!›

Adlermann sagt: ‹Behindert sie nicht mit euren Gedanken. Niemand hat euch mit seinen Gedanken behindert, als ihr fliegen gelernt habt. Also behindert ihr auch niemanden mit euren.› Adlermanns Leute schämen sich und lassen die beiden allein.

Viele Jahreszeiten vergehen, und Schlangenfrau lernt fliegen. Sie und Adlermann gleiten zusammen durch die Lüfte und können ihre ganze Welt unten sehen. Sie sind sehr glücklich. Sie ist so gut im Fliegen, daß ihr Flügel aus den Seiten zu wachsen beginnen.

Und eines Tages ist sie soweit, zum Haus der Sonne reisen zu können.

Sie sagt zu ihrem Mann: ‹Kommst du mit mir, die Sonne zu bitten, unseren Völkern ein wenig zu helfen? Du bist jetzt mein Mann, und ich will weder durch Entfernung noch Handeln von dir getrennt werden.›

Er sagt, natürlich. Er hatte gehofft, daß sie das sagen würde.

Die Reise ist lang und sehr beschwerlich. Schließlich schaffen sie es. Und Sonne sagt: ‹Willkommen. Willkommen. Kommt in meine bescheidene Hütte. Ich will euch eine Erfrischung bringen. Schön, dich zu sehen, Adlermann. Ich habe dich lange nicht gesehen. Und dich, Schlangenfrau. Das ist wirklich eine besondere Ehre. Du bist die erste von eurer Art, die hierherkommt. Was kann ich für dich tun?›

Sie erzählt Sonne von ihrem Volk und wie es leidet, und sie fragt, ob Sonne irgend etwas tun könnte, um ihnen zu helfen, warm zu bleiben, so daß das Leben leichter und sicherer für sie wird.

Sonne sagt: ‹Wenn ihr eine Zeitlang hierbleiben könnt, will ich euch viele Dinge für euer Volk lehren.›

So geschieht es. Sonne und ihre Leute lehren sie, Feuer zu machen und Werkzeuge herzustellen, Nahrung in der Erde anzupflanzen und Tiere zu halten für Milch, Kleidung und Fleisch. Sie lernen, Häuser zu bauen und sich künstlerisch zu betätigen. Und sie lernen Tanz, Rituale und Schrift.

Schlangenfrau und Adlermann gefällt das sehr. Es gibt Frieden und Eintracht, Freundschaft und viel Wissen. Es fällt ihnen schwer, wieder zu gehen. Aber Schlangenfrau sagt: ‹Wir tragen jetzt Dinge mit uns, die unserem Volk gehören. Wir müssen sie ihnen bringen.›

Und Sonne sagt: ‹Bitte kommt bald wieder. Wir haben schöne Geschenke für euch und eure Völker. Es ist so vieles hier, was wir an euch weitergeben können. Bringt auch euren Leuten das Fliegen bei. Wir haben viele Geschenke für sie alle.›

Schlangenfrau und Adlermann kehren zurück und lehren ihre Völker. Und von Zeit zu Zeit lernt einer, gut genug zu fliegen, um zum Haus der Sonne zu gelangen. Und immer bringt er Geschenke von der Sonne und ihren Leuten für sein Volk zurück.»

Mir wurde jäh bewußt, daß ich auf der Terrasse des Cafés saß und eine warme Tasse Kaffee in der Hand hielt. Die Geschichte war zu Ende, und Chea und Domano lächelten. Domano wippte so stark mit seinem Stuhl nach hinten, daß er beinahe umgefallen wäre. Ich konnte nicht recht lachen, weil ich nicht ganz sicher war, ob er es absichtlich getan hatte oder ob es Zufall war.

Chea lachte laut auf und schlug auf den Tisch. «Du wirst dich noch ins Unglück bringen!» Und beide lachten, als Domano die Füße hob und, seine Kaffeetasse in der Hand, auf den zwei hinteren Beinen des Stuhls vor- und zurückwippte. Da mußte ich nun auch lachen.

So sehr es mir widerstrebte, ich mußte gehen. Unsere gemeinsame Zeit war schon wieder zu Ende.

«Genug für heute.» Chea stand auf und trank ihren Kaffee aus. «Wir treffen uns in vier Tagen. Montag. Auf dem Pier. Okay?»

«Ja.»

Wir umarmten uns zum Abschied und gingen unserer Wege.

Ich genoß den Sommer, ehe ich mein Universitätsstudium aufnahm. Ich nahm die Kinder mit zum Schwimmen im Becken des Flusses in unserer Nähe, zum Spielen an den Strand und zu Spaziergängen in den Wald. Wir versuchten es sogar mit der Anlage eines kleinen Gartens, aber er bekam so wenig Licht ab, daß nichts recht wachsen wollte.

Ich dachte über die Geschichten und die Himmelsrichtungen nach, aber sie liefen einfach wie Filme vor mir ab. Sie waren erfreulich und leicht zu behalten, aber ich konnte keine besonderen Bezüge zwischen ihnen oder zu mir und meinem Leben entdecken.

Bei meinem nächsten Besuch gingen Domano, Chea und ich auf dem Pier entlang, setzten uns auf den Rand der Kaimauer und ließen die Beine baumeln. Es war sonnig und heiß, und die Luft roch nach Seetang und Salz. Leute fischten in der Nähe nach Krabben, aber bisher hatten sie noch nichts gefangen.

Domano hatte diesen Nachmittag dazu ausersehen, eine Geschichte vom Rhythmus des Südens zu erzählen. Ich nahm mir vor, den Tag, die Gesellschaft der beiden und die Geschichte voll und ganz zu genießen und mir nicht mehr den Kopf darüber zu zerbrechen, ob die Geschichten irgendeinen kosmischen Sinn hatten.

Domano hatte Fischfutter geholt, woher, war mir schleierhaft, und zerpflückte es in kleine Stückchen, die er langsam, eins nach dem anderen, vom Pier hinabwarf.

«Ich will dir vom alten Großvater Neugieriger Berg und seinem kleinen Enkel Sommerwind erzählen», sagte er. «Sommerwind ist gerade fünf Jahre alt. Und Neugieriger Berg ist sehr, sehr alt. Wahrscheinlich der Älteste im ganzen Dorf. Er ist sehr freundlich und gütig. Es ist Sommer, und Großvater Neugieriger Berg nimmt den kleinen Sommerwind mit zur Jagd. Es ist heiß und hell. Der Regen hat es gut gemeint in diesem Jahr, so daß die Flüsse und Quellen voll sind und schnell dahinströmen.

Das Land blüht in allen Farben. Sie sehen Vögel, die ihre Nester bauen. Alle Tiervölker bringen Junge zur Welt und pflegen sie. Die Gräser stehen hoch und duften süß. Die Büsche hängen voller Früchte.

Großvater Neugieriger Berg lehrt Sommerwind, zu schießen und die Steinschleuder zu gebrauchen. Jeden Morgen stellt er Ziele auf der Wiese auf. Dann zeigt er ihm, wie man das Material für Werkzeuge und Waffen aussucht. Es ist wichtig, alles genau richtig auszuwählen, um ein Werkzeug herzustellen, das gut und lange funktioniert. Sie sammeln viele Dinge ein, die sie zur Herstellung brauchen.

Dann bauen sie eine kleine Falle und fangen sich zum Essen ein Kaninchen. Großvater Neugieriger Berg lehrt ihn sehr sorgfältig und langsam alles, was mit einem Tier gemacht werden muß, bis es gegessen werden kann. Er sagt, daß bestimmte Teile sofort an die Geister und Mitgeschöpfe weitergegeben werden als dankbare Gabe. Das muß immer geschehen. Wenn ein Jäger sie doch zu essen versuchte, würde er krank werden.

Der alte Mann und der Junge vergnügen sich und scherzen miteinander. Sie spielen Nachlaufen und Verstecken. Und lachen fortwährend. Der Junge ist ganz begeistert von allem, was er sieht und lernt. Die Welt ist neu für ihn. Er ist noch klein und stellt kaum Ansprüche, steckt jedoch voller Lebenskraft.

Neugieriger Berg ist ein geduldiger Mann, aber das war nicht immer so. Jetzt schaut er wieder mit Begeisterung in die Welt, wie sein Enkel. Er will an ihr teilhaben. Aber als junger Krieger dachte er, er müßte sie erobern und einnehmen, wie junge Krieger manchmal denken.

‹Sieh nur, wie mutig und klug die Welt im Sommer ist›, sagt Großvater. ‹Alles wächst, so schnell es kann. Die Sonne scheint, so heiß sie kann. Alle arbeiten und spielen, soviel sie können. Sie haben viele Kinder. Sieh dich immer um unter diesen Verwandten. Jetzt tanzen sie ihren Sommertanz.›

Eines Tages, während sie Schießen üben, sehen sie unten in einem regengefüllten Wasserlauf, wie die Berglöwin einen wirklich großen Bock zum felsigen Ufer zerrt. Dann rennt sie weg, um ihre Kinder zum Fressen zu holen. Das Wild ist dort sicher. Es ist nur schwer von dort fortzuschleppen. Selbst sie hat Mühe gehabt, es dorthin zu zerren.

Während sie weg ist, schleicht sich ein Kojote, der sie beobachtet hat, an den Bock heran und will ihn forttragen. Zuerst versucht er, ihn den Wasserlauf hinaufzuziehen. Er zerrt und zerrt, kann ihn aber nur ein paar Fuß bewegen.

Dann versucht er ihn in die andere Richtung zu ziehen, aber der Bock rutscht nur ein winziges Stückchen weiter. Trotzdem zerrt und zerrt er. Er will nicht aufgeben, obwohl dieser Bock viel zu groß für ihn ist. Er wirft viele Felsblöcke um, und unter einem ist ein großes Wespennest. Die Wespen sind ärgerlich darüber, daß ihnen ihr Haus ruiniert wird, und sie stechen und jagen den Kojoten. Bald hat er überall Stiche, und schließlich läßt er den Bock los, so daß er in den Dreck und weiter ins Wasser rollt.

Aber der Kojote ist verrückt. Er will immer noch den ganzen Bock für sich, jetzt mehr als vorher. Er geht immer wieder um ihn herum. Sieht ihn sich an. Jetzt glaubt er, ihn besser im Wasserlauf abwärts ziehen zu können. Dieser Wasserlauf ist ziemlich felsig und tief. Kojote zieht und zerrt, bis der Bock fast über den Felsrand gerutscht ist. Dann stemmt er die Füße fest auf und zieht noch einmal mit einem kräftigen Ruck, und da fällt der Bock vom Fels herab genau auf den Kojoten. Sie rutschen gute sieben Meter hinunter. Der Kojote wird dabei völlig zerschunden. Er muß sich richtig anstrengen, um sich von dem Wild loszumachen. Als er frei ist, kehrt Mama Berglöwin mit ihren Jungen zurück. Sie ist aufgebracht und stürzt sich auf den Kojoten. Sie will ihn nicht töten, sondern ihm nur eine Lektion erteilen und ihn davonjagen. Sie richtet ihn mit ihren Krallen übel zu.

Er will aber immer noch nicht von dem Bock ablassen. Er glaubt weiterhin, ihn sich stehlen zu können. Er ist entschlossen, nicht zu weichen.

Berglöwin versetzt ihm wieder ein paar Schläge. Diesmal verliert er beinahe ein Auge. Und die Kleinen gesellen sich hinzu, beißen ihn in den Schwanz und kratzen ihn. Er schüttelt sich, haut um sich und knurrt und rennt im Kreis herum.

Mama Berglöwin brüllt. Dann fangen sie und ihre Jungen an, das Mittagessen zu verspeisen, und Kojote rennt weit weg.

Großvater Neugieriger Berg und Sommerwind können gar nicht aufhören zu lachen.

‹Komm, Kleiner›, sagt Großvater, ‹wir gehen jetzt besser auch, während sie noch beschäftigt ist. Wir wollen ja nicht, daß sie denkt, wir wollten ihr auch noch Schwierigkeiten machen.›

Sommerwind sagt: ‹Großvater? Können wir noch mal hierherkommen?›

‹Ja›, sagt er, ‹wenn ich im nächsten Sommer noch unter den Lebenden weile, gehen wir beide wieder hierher.›»

Der Sommer war für mich immer eine wunderbare Zeit. Diese Geschichte mochte ich bisher am liebsten. Wir gingen langsam vom Pier zum Strand hinunter, ehe wir uns voneinander verabschiedeten und uns für die folgende Woche wieder verabredeten.

Es war warm und angenehm, ein paar Streifenwolken zogen hoch oben über den Himmel. Ich ging langsam mit Domano und Chea durch die Innenstadt von Santa Cruz, als Domano die Geschichte von der Richtung Oben erzählte. Ab und zu setzten wir uns auf eine der Parkbänke an der Pacific Avenue und beobachteten die Leute, während Domano erzählte. Alles war sonnig, hell und grün. Es schien fast, als wären die vielen verschiedenen Leute, die wir beobachteten, Teil der Geschichte. Diese Stunden wurden mir immer lieber.

Domano zog vor einer älteren Dame, an der wir vorbeigingen, seinen nicht vorhandenen Hut.

«Diese Geschichte handelt von einem Mann und einer großen Stadt», begann er. «Sein Name ist Sämann. Und seine Stadt heißt Tulat. Er hat großes Ansehen bei seinem Stamm, weil er den Zauber kennt, mit den Göttern zu reden. Er ist einer der fünf Ältesten im Stammesrat.

Seit Jahren sprechen die Leute davon, eine große Tempelstadt zu erbauen. Sie denken dabei an mächtige Bauten, Bildwerke und Altäre. Sie reden und reden. Aber sie sind sich nie ganz sicher, wie groß sie werden soll. Oder wo sie errichtet werden soll. Soll sie so oder so beschaffen sein? Sie können sich nicht schlüssig werden.

Eines Tages kommen sie zum Rat. Sie sagen, sie wünschten, daß der Rat ihnen beim Bau der Stadt behilflich ist. Der Rat sagt: ‹Ihr, das Volk, seid die einzigen, die entscheiden können, was ihr haben wollt. Ihr überlegt euch, wie es sein soll, und dann helfen wir euch.›

Die Zeit vergeht, und schließlich haben die Leute eine Vorstellung davon, wie diese Stadt sein könnte. Sie treten wieder vor den Rat und sagen: ‹So wollen wir unsere Stadt haben. Helft ihr uns?›

Der Rat sagt: ‹Sämann ist der Baumeister. Er kennt sich in diesen Dingen aus. Beratet euch mit ihm und macht einen Plan. Dann können wir all unsere Völker zusammenholen, um gemeinsam eure große Tempelstadt zu bauen.›

Alle sind ganz aufgeregt. Endlich soll sich ihr Traum erfüllen. Und vielleicht, denken sie, werden viele lange genug leben, um das Werk vollendet zu sehen, wenn nach Kräften gearbeitet wird.

Sämann arbeitet lange mit den Leuten zusammen und macht Pläne für jedes Teilstück des Bauvorhabens. Wie die Straßen, die Plätze und Gebäude angelegt werden sollen. Wie jede Stätte genutzt werden soll. Welche Steine und Materialien verwandt werden sollen. Wo die kleinen Häuser stehen sollen und wie sich alles zusammenfügen soll. Sie sprechen über den Landbau, das Wasser, die Abfallentsorgung und die Gesetze. Auch über die Luft und das Feuer. Wo sie das alles herbekommen. Wer welche Arbeit verrichten soll. Die Leute hatten keine Ahnung, was es mit sich bringen würde, den Traum zu verwirklichen. Aber sie geben nicht auf. Jetzt nicht. Alles ist ihnen im Verstand und im Herzen ganz klar.

Als das Land erschlossen und mit der zentralen Tempelanlage begonnen worden ist, errichten die Leute ihre kleinen Wohnhäuser und legen Felder an, wie es sein soll, und ziehen in die Stadt, die sie bauen. Jahr für Jahr arbeiten die Leute und halten sich dabei an Sämanns Pläne. Eine Generation vergeht. Und noch eine, und wieder eine. Väter geben die Arbeit an ihre Söhne weiter. Der Traum setzt sich fort.

Der Tag kommt, an dem alles nach Sämanns Plan fertig ist. Und die Leute sind sehr stolz! Jetzt können sie in einer großen heiligen Stadt leben, und Leute von nah und fern werden sie besuchen, Handel treiben und beten. Das war gut. Ihr Wohlstand mehrt sich, und sie sind glücklich.

Eines Tages sagen die Leute, sie meinten, es solle in der Stadt noch ein Tempel für die Neuankömmlinge gebaut werden, ein Tempel für deren eigene Ahnen und Traditionen. Das wäre gerecht. Gut für die Stadt. Gut für die Menschen. Jeder denkt lange darüber nach. Es wird viel geredet. Dann gehen sie zu Sämann um Rat. Sie sagen: ‹Die Leute wollen noch einen neuen Tempel in der Stadt errichten. Wollt ihr uns helfen?›

Alle diskutieren angestrengt. Die meisten Leute wollen den Bau, aber ein paar sagen nein. Sie wollen an dem alten Plan ihrer Vorfahren festhalten.

Sämann sagt zu ihnen: ‹Eine Stadt ist lebendig. Und alles Lebendige verändert sich mit der Zeit. Das ist das Gesetz. Entscheidet euch, was ihr wollt.›

Schließlich einigen sie sich darauf, einen neuen Tempel zu errichten. Damit eine Stätte da ist, wo andere Völker ihre eigenen religiösen Bräuche pflegen können. Sie arbeiten lange, wie vorher auch, und machen mit Sämann einen detaillierten Plan.

Als er fertig ist, versammelt der Rat die Völker, um an diesem neuen Projekt zu arbeiten. Alles geht gut. Es ist eine gute Sache.

Generationen vergehen und die Stadt blüht und gedeiht. Immer mehr Leute kommen. Und immer mehr Leute bleiben da. Die Wohnviertel werden eng. Neue Felder werden angelegt. Die Brunnen gehen zur Neige. Streitigkeiten und Hader brechen unter den Menschen aus.

Die Leute wenden sich hilfesuchend an den Rat. Sie wollen, daß

Sämann ihnen einen Plan entwirft, daß sie mit dem Streiten aufhören.

Sämann sagt: ‹Was habt ihr euch dabei gedacht, mit Streitereien anzufangen? Ich kann euch hundert Pläne machen, aber ehe ihr nicht wieder einmütig seid, sind sie wie Federn im Wind.›

Die Leute verstehen Sämanns Worte nicht, sie ärgern sich über ihn und stürmen aus dem Tempel.

Die Kämpfe nehmen zu. Die Leute spalten sich in zwei Lager, und von Zeit zu Zeit bricht ein Krieg aus. Das Leben geht weiter, aber der Handel läßt nach. Die Wassersituation verschlechtert sich. Es gibt Mißernten, Diebstähle und sinnlose Zerstörungstaten.

Dann kommt ein Tag, da flammt ein großer Krieg in der Stadt auf. Familie gegen Familie. Freund gegen Freund. Bis nichts mehr übrig ist als Steinruinen und die gewaltigen Statuen von vier Ältesten des Stammesrates in einer Reihe oben auf dem zentralen Tempel und die Statue von Sämann dahinter.»

Damit waren die Geschichten von den Himmelsrichtungen vollständig, und der Sommer war fast zur Neige. In wenigen Wochen würde ich mein Universitätsstudium beginnen. Ich wurde allmählich nervös und machte mir Sorgen, ob ich es wohl schaffen würde und trotzdem noch gut für Kinder und Haushalt sorgen könnte.

Ich dachte, wenn ich fortan regelmäßig jede Woche in der Stadt wäre, würde es viel einfacher für mich, die Hetakas zu besuchen. Die «Hausaufgaben», die ich für sie erledigen mußte, nahmen so wenig Zeit in Anspruch, daß sie mir meines Erachtens keine Schwierigkeiten machen würden.

Als ich mich am alten Theater an der Walnut Avenue von den Hetakas trennte, nahm ich fest an, sie würden mir den Sinn der Himmelsrichtungen und Geschichten im einzelnen bei unserem nächsten Treffen erläutern. Auf der Fahrt aus der Stadt heraus mußte ich an die Geschichte von Tulat und die Leute denken, denen wir auf der Einkaufsstraße begegnet waren, und ich fragte mich, ob es wohl die wahre Geschichte von irgendeiner fernen alten Stadt gewesen war.

Die Augen des Herzens

Daß ich schweigen sollte, war viel verlangt von mir. Es gab so vieles, worüber ich gern gesprochen hätte, was ich gern niedergeschrieben hätte, um sicherzustellen, daß ich es nicht vergaß. Zu meiner Alltagsroutine gehörte es, meinen Kindern am Abend Geschichten zu erzählen oder vorzulesen, und es bereitete mir Unbehagen und erschien mir sogar unfair, daß ich den Kindern nicht einige von Domanos Geschichten erzählen durfte.

Es fiel mir immer schwerer, nicht über die Lehren zu sprechen, insbesondere gegenüber meinem Mann. Gelegentlich vergaß ich mich und ließ mir etwas entschlüpfen, um dann zu hoffen, daß es nicht verdächtig geklungen hatte. Ich kam mir allmählich vor wie in einem Spionagefilm, und dabei war ich unentschlossen, ob ich begeistert sein oder Schuldgefühle haben sollte. Ich verstand den Grund für die Schweigepflicht nicht und fragte mich, ob ich mich je damit abfinden würde.

In den Sommermonaten war es besonders schwierig gewesen, Zeit zu finden. Wir hatten nur ein Auto. Mein Mann war Student, und während des Semesters pflegte ich die Kinder in den Schulbus zu setzen oder mit ihm in die Stadt zu fahren. Dadurch hatte ich an drei bis vier Tagen in der Woche ein paar Stunden frei und das Auto zur Verfügung, um Besorgungen zu machen und mich mit den Hetakas zu treffen. Aber im Sommer war die ganze Familie den Tag über zu Hause.

Ich stand immer stärker unter Streß. Ich wußte nicht, wo die Trennungslinie war zwischen der Aufrichtigkeit sich selbst und der Familie gegenüber. Ich hatte das Gefühl, daß alles, was ich mir

selbst zugute tat, ein Verstoß gegen meine Familie und ein Treue-
bruch war. Dadurch wurde ich innerlich hin und her gerissen
zwischen Schuldgefühlen und einem Gefühl äußerster Kreativität
und Selbstsicherheit, die Bestandteil der Suche nach dem eigenen
Lied waren. Konnte etwas, das mir so schön, friedvoll, stärkend, ja
heilig erschien, überhaupt negativ auf jemanden wirken?

Ich konnte kaum glauben, daß ich tatsächlich etwas machte,
wovon meine Familie nichts wußte, und das erfüllte mich mit
Angst. Ich wollte nicht, daß sich dadurch etwas zwischen uns
schob. Ebensowenig wollte ich meine neuen Erfahrungen von meinem übrigen Leben getrennt halten. Ich versuchte verzweifelt,
einen Weg zu finden, um das einzubeziehen, was ich lernte, und
trotzdem die Verpflichtungen zu erfüllen, die ich meiner Familie
und meinen Lehrern gegenüber zu haben glaubte.

Als Domano, Chea und ich, wenige Tage bevor das Winter-
semester anfing, auf dem Campus spazierengingen, beschloß ich,
sie zu meinem Konflikt zu befragen. «Es liegt nicht an unseren
Traditionen, daß du dich so fühlst», sagte Chea. «Es ist das Schweigen, das dich beunruhigt. Du glaubst, daß du nur Dinge tun darfst,
die deiner Familie guttun, auch wenn sie dir selbst schaden. Du
meinst, als Mutter und Ehefrau nie etwas nur für dich selbst tun zu
dürfen. Du bist so erzogen worden, das als falsch und selbstsüchtig
zu betrachten. Daß du deinen Lieben alles opfern mußt, sogar dein
Selbstwertgefühl, deine Gesundheit, Kraft und Klarheit, ja deine
ganze leidenschaftliche Lebenslust. Alles. Du fesselst dich nicht
allein an ihre Schatten, sondern du machst dich zu ihrem Sklaven,
zu ihrem Fußabtreter.»

«Was?» sagte ich. «Das ist ganz schön hart, findest du nicht?»

«Nein», sagte sie schlichtweg. «Warum, glaubst du, geht es dir
so schlecht? Weil das Leben jetzt nicht mehr so knusprig ist wie
früher? Du bist nicht die einzige Frau, die so fühlt. Es liegt an
diesem Zeitalter, dieser Kultur. Den Frauen von heute fehlt die
gesellschaftliche Anerkennung, ihr Potential voll auszuschöpfen
und es mit ihren Kindern und ihrer Rasse zu teilen. Wenn ein Volk
seine Frauen erniedrigt, demütigt es genauso auch Mutter Erde. Es
verkürzt beide in ihren Möglichkeiten und bereitet damit den Weg
für die eigene Auslöschung.

Du verweigerst einfach nur den lebenslangen Verhaltensregeln für eine Frau aus deinem Kulturkreis den Gehorsam. Das verursacht deine Schuldgefühle.» Sie war ernst, doch dann lächelte sie aufmunternd und dirigierte uns über die Straße zum Crown College. «Die Indianervölker sagen, daß jeder einzelne Mensch die Verantwortung hat, im Haus einer jeden Himmelsrichtung zu leben oder, wie manche es ausdrücken, durch das Medizinrad zu reisen und zu erfahren, wie die Welt aus jeder Richtung aussieht. Sich des Geschenks der ersten Lieder nach besten Kräften würdig zu erweisen.

Jeder Mensch ist mit eigenen Fähigkeiten geboren, seinen Möglichkeiten, die mit einem oder manchmal auch zweien der ersten Lieder mitschwingen. Jede Gabe ist anders. Es bleibt uns überlassen, sie aufzuspüren und zu entwickeln. Aber dann dürfen wir nicht anhalten. Bei *ka ta see* hört man nie auf, den Kreis zu durchlaufen und in sich und sein Leben das unaufhörliche Wissen und die Gaben der Himmelsrichtungen und unserer Welt einzubringen.»

Chea zeichnete einen Kreis auf den Boden, markierte jede Richtung und zog einen Stock ein paarmal auf dem Kreis entlang. Dann stach sie ihn in den Mittelpunkt und sagte, die Mitte sei wie die Nabe eines Rades. Das sei der Punkt, in dem sich alle Richtungen treffen, ein Ort, an dem der Einfluß des Schöpfers leicht wahrgenommen werden könnte. Er stelle das Herz eines Dings dar und sei der Punkt vollkommener Einheit und Ausgewogenheit. Das Herz jeder individuellen Lebensform sei das Zentrum seiner Welt. Sie sagte, von diesem Punkt aus könnten wir alle Dinge in uns selbst finden – Muster, Kräfte und Gottheiten, die polarisierten Hälften der Schöpfung, den Schöpfer, unsere Verbindung zu allen anderen Kräften. Alles könne mit dem Herzen wahrgenommen und dort miteinander verknüpft werden.

«Wie ich schon oft gesagt habe», fuhr sie fort und bewegte die Hände vom Bauch zur Brust, als würde sie etwas Schweres heben, «ist unsere Rasse dabei, den Schwerpunkt ihres Handelns von der Meisterschaft und Kontrolle, die im Bauch ihr Zentrum haben, zur Gerechtigkeit und Ausgewogenheit des Herzens zu verschieben. Früher einmal lagen die Dinge so, daß das Handeln aus dem Bauch heraus ein Gleichgewicht herbeiführte. Aber so wie sich die Dinge verändern, wird ein Punkt erreicht, an dem Neuorientierung und Horizonterweiterung wünschenswert sind, um das Gleichgewicht zu erhalten. Dann setzt der Wandel ein. Jedes Wesen entwickelt und wandelt sich entsprechend seinen Gaben.

Wir Menschen müssen in diesem Wandel lernen, untereinander wie auch gegenüber allen anderen Lebensformen wie Brüder und Schwestern zu werden.»

Unser Spaziergang hatte uns vom Crown College zum Hauptplatz des Cowell Colleges hinuntergeführt, wo wir uns auf eine Mauer setzten. Chea machte mich auf Kreidezeichen aufmerksam, die sie und Domano auf den Platz gemalt hatten. Es waren vier Kreise von etwa einem Meter Durchmesser, die sich jeweils an den Kardinalpunkten befanden, und ein Kreis in der Mitte. Sie sagte, das seien Zeichen, die den Boden bereiteten für etwas Besonderes, das sie heute mit mir vorhätten.

Sofort machte sich ein mulmiges Gefühl in meinem Magen bemerkbar, und meine Fußsohlen begannen zu kribbeln.

«Meint ihr hier?» fragte ich. «Wo so viele Leute herumlaufen?» Ich war peinlich berührt. Ich fragte mich, was sie wohl vorhatten, aber ich mochte sie nicht fragen. Die alte, mir schon vertraute Angst stieg wieder in mir auf. Mein Atem ging kurz und flach. Ich konnte die Vorübergehenden und die Vögel nicht mehr hören.

Domano sprach mit leiser Stimme: «Beruhige dich. Atme tief durch und fülle dich mit Atem. Angst ist hier fehl am Platz. Bring deinen Geist zur Ruhe und finde dein Lied. Mehr tun wir hier gar nicht. Atme.»

Ich versuchte, tief zu atmen und meine Gedanken zur Ruhe zu bringen, aber die Angst machte all meine Anstrengungen zunichte. Es war, als sei ein Pferd samt Wagen durchgegangen – mit mir. Domano und Chea mußten sich rechts und links neben mich setzen, mich an den Armen halten und mir gut zureden, um mich zu beruhigen und mich davon abzuhalten, zu hyperventilieren und eine Szene zu machen. Ich war ziemlich durcheinander und kann mich nicht mehr an das erinnern, was sie sagten.

Schließlich war ich fähig, plangemäß mitzumachen. Niemand nahm von uns oder meinem seltsamen Benehmen Notiz, alle waren viel zu sehr mit sich selbst beschäftigt, um auf mich aufmerksam zu werden. Das war, wie ich kaum zu erwähnen brauche, eine große Erleichterung für mich. Ich war schüchtern und sehr verschlossen. Öffentliche Auftritte fand ich geschmacklos, und mir graute davor, selbst einen heraufzubeschwören.

Sie warteten, bis ich endlich meinen Geist weitgehend von Gedanken und Gefühlen befreit hatte, und dann mußte ich mich mit gekreuzten Beinen in den Kreis auf der Westseite des Platzes setzen.

«Sitz», wies mich Chea an, «mit dem Gesicht nach Osten. Bleibe ruhig und klar. Alles, was du tun sollst, ist beobachten. Das Drama wird sich vor dir entfalten. Achte auf die Art und Weise, wie du es anschaust. Was du dabei fühlst. Welche Art von Gedanken du hast, während du dasitzt.» Sie setzte sich ein paar Schritte links von mir hin, während Domano ein paar Schritte rechts von mir Platz nahm.

Meine Sicht wurde etwas verschwommen und schwacher. Dann überlagerte ein anderes Bild den Ausblick auf den Platz. Es war eine Szene im Wald, dort, wo die Redwoods am Südende des Platzes das Feld säumten und über die Bucht hinwegsahen. Vier amerikanische Ureinwohner waren da, in Sommergewänder des örtlichen Stammes gekleidet, die aus einer Zeit vor mindestens zweihundert oder dreihundert Jahren stammten.

Jede Szene war transparent und gleich stark in Wirkung und Klarheit. Die eine schien ebensoviel Gültigkeit zu besitzen wie die andere. Ich vermochte beide mit verschiedenen Sinnen wahrzunehmen – sie zu hören, zu riechen und zu sehen. Ich war verwundert, und ich konnte nicht einmal Vermutungen anstellen, was ich sah oder wie ich es sah. Ich war aufgeregt, aber zutiefst fasziniert.

Die Männer gingen auf ein Reh zu, das sie gerade geschossen hatten. Der Mann im Vordergrund, der sich zuerst dem Reh näherte, beugte sich zu ihm hinab und streichelte ihm liebevoll den Kopf, während es seinen letzten Atemzug tat. Er schien traurig zu sein über den Tod des Tieres, und auch ich war sehr bewegt.

Nun traten die anderen Männer näher und nahmen Gegenstände aus kleinen Beuteln, die sie um die Taille gebunden hatten.

Zwei von ihnen hielten Messer in der Hand. Sie sagten etwas zu dem Reh, als würden sie ihm ihre tiefste Ehrerbietung bezeigen. Dann sangen sie alle leise, während sie das Tier herumrollten und ausweideten. Einer der Männer grub ein flaches Loch, während der erste Mann die Eingeweide hielt und dann mit Tränen im Gesicht in das Loch legte.

Sie sammelten ein paar dicke Äste, um eine Trage zu bauen, und als sie ihr Werk vollendet und ihr Lied beendet hatten, trugen sie das Reh über das Feld den Berg hinunter.

Ihre Fürsorglichkeit und Zuneigung, die Natürlichkeit, die der Tod für sie hatte, und ihr sichtliches Bestreben, das Leiden des Rehs auf einem Minimum zu halten, rührten mich. Ich fragte mich, ob ich ein Tier töten und so kunstgerecht zerlegen könnte wie sie, falls es nötig wäre. Ich zweifelte an meinen eigenen unsicheren Überzeugungen in bezug auf Gewaltlosigkeit und Vegetarismus sowie deren Geltung und Platz in meinem Leben.

«Tritt aus dem Kreis heraus, Kay», sagte Chea und half mir beim Aufstehen. «Komm in den Kreis im Norden.»

Als ich mich erhob und zur Nordseite des Platzes hinüberging, schwand die historische Vision, und der Platz zeigte wieder sein ursprüngliches Erscheinungsbild.

Wir standen ein paar Minuten neben dem Kreis auf der Nordseite und beobachteten die vorübergehenden Passanten, bis Chea sagte, es sei an der Zeit für mich, in den Kreis zu treten und mich hinzusetzen. Sie gaben mir Anweisung, tief zu atmen und einfach nur zu schauen.

Der Anblick des Platzes wechselte wie vorher auf zwei einander überlagernde Szenen über, als würden zwei Filme gleichzeitig abgespielt.

Das zweite Bild war wieder die gleiche Waldszene, die ich schon im Westkreis gesehen hatte, nur sah ich sie diesmal aus einem anderen Blickwinkel. Ich begann, schwer zu atmen. Die gleichen Indianer kamen das Feld herauf in den Wald geschritten, um das Reh wiederzufinden, das sie gerade geschossen hatten, wie vorher auch.

Mir war unbegreiflich, wie das sein konnte. Alles spielte sich noch einmal von vorn ab wie die Wiederholung eines holographischen Films. Ich konnte nicht mehr tief durchatmen, sondern atmete wieder schnell und flach.

«Was ist das?» keuchte ich. «Wie ist das möglich? Wie macht ihr das?» Domano und Chea stellten sich rasch rechts und links dicht neben mich und begannen, mir gleichzeitig etwas in die Ohren zu flüstern. Meine Füße kribbelten, und eine Welle der Angst verdunkelte meine Wahrnehmungen.

Als es soweit war, daß der Anführer der Indianer sich über das Reh beugte und ihm den Kopf streichelte, war ich wieder so ruhig, daß ich die Szene und meine Reaktionen darauf zu beobachten vermochte. Ich war ruhig, stand jedoch durch den erhöhten Adrenalinspiegel unter Spannung.

Während das Reh noch lebte, machte es keinen Versuch, seinem Schicksal durch Flucht zu entgehen. Im Grunde schien es sogar, als gäbe es sich willig und voller Anmut hin. Der Anführer sah ihm in die Augen, wie jemand in die Augen eines alten Freundes schauen würde. Sie verstanden einander. Und obwohl ich seine Sprache nicht kannte, war mir, als danke er dem Reh dafür, daß es sich seinem Volk hingab.

Jetzt näherten sich auch die anderen Männer, und die beiden letzten zogen ihre Messer, während die anderen zwei bedächtig Kräuter aus ihren Beuteln holten. Der erste Mann streute seine Kräuter ringsum auf den Boden, der zweite hielt die seinen in der Hand, während er zu dem Reh sprach. Als dann alle um das Reh versammelt waren und es herumzurollen begannen, stopfte er seine Kräuter dem Tier ins Maul, als füttere er es.

Ich hatte das starke Empfinden, daß alle fünf, die vier Männer und das Reh, eine Art Team bildeten und daß an dem ganzen Vorgang nichts Gewaltsames war. Ein Gefühl von Würde und Ehrerbietung umgab sie.

Die Männer sangen zusammen für das Reh, während sie es aufschnitten und die Eingeweide entnahmen. Das Loch war schnell gegraben, und der erste Mann nahm die Eingeweide und legte sie hinein, wie man ein Geschenk unter den Weihnachtsbaum legt. Er murmelte etwas und streute ein paar Kräuter um das Loch. Dann suchten sie sich besonnen und zielstrebig Äste und stellten die Trage her, um das Reh darauf durch das Feld hinunterzutragen.

Es war weder etwas von Reue noch von Schuldgefühlen zu spüren. Nur Ehrerbietung und Trauer wie einem Angehörigen gegenüber, der gestorben ist. Die Männer schienen sowohl dem Tier als auch der Umgebung dankbar zu sein. Ich hatte Hochachtung vor ihnen, konnte sie jedoch nicht verstehen.

Auf Cheas Geheiß hin mußte ich wieder aufstehen und rings um den Platz nach Osten gehen. Ich zitterte und hatte Hemmungen. Es kam mir alles sehr unwirklich vor. Die Vision löste sich, wie vorher auch, in der geschäftigen Collegeszene auf. Wieder mußte ich eine Weile tief durchatmen, ehe ich mich, mit Chea zu meiner Linken und Domano zu meiner Rechten, in den östlichen Kreis setzte.

Diesmal wußte ich, was mich erwartete, und obgleich es mir sehr verwirrend erschien, bekam ich doch wenigstens keine Angst. Das übergelagerte Bild tauchte auf und trat ebenso klar und stark hervor wie vorher, und es handelte sich, wie ich vorausgesehen hatte, um die gleiche Szene, nur von einem anderen Blickwinkel des Platzes aus. Ich war tief bewegt von dem, was ich erlebte. Außer uns dreien schien niemand etwas davon zu bemerken. Ich wunderte mich immer noch, wie so etwas eigentlich möglich sein konnte.

Die Jäger kamen über das Feld in den Wald auf das sterbende Reh zugeschritten. Die anderen Männer warteten, während sich der erste dem noch lebenden Tier näherte und sich niederbeugte, um seinen Kopf zu streicheln. Während er mit dem Reh sprach, hob er Kopf und Hand so, als deute er eine Verbindung zu etwas Höherem, Jenseitigem an. Und beim letzten Atemzug des Tiers schienen seine Augen etwas zu verfolgen, das in die Bäume emporstieg.

Die anderen Männer erkannten die Veränderung und traten an das Reh heran, wobei sie darauf achteten, nicht auf der Ostseite um das Haupt des Tieres herumzugehen. Sie zogen ihre Messer und stellten sich zu beiden Seiten an seinen Hinterläufen auf, während die ersten beiden sorgfältig die Kräuter aus ihren Taschen herausnahmen.

Der erste Jäger streute langsam und mit Bedacht seine Kräuter ringsumher, und seine Haltung drückte Anerkennung für alles aus, was dort war. Der zweite Mann hielt seine Kräuter in der

Hand und machte, während er sprach, bestimmte Gesten, wobei er auf das Tier, dann auf die Baumwipfel, in die der erste Mann hochgeschaut hatte, und zuletzt schnell mit einem Schwung zum Himmel empor zeigte. Anscheinend bot er seine Kräuter als Gabe an und bat das Reh um etwas. Es herrschte ein Gefühl von Gemeinschaftlichkeit und Kameradschaft. Er steckte die Kräuter in das Maul des Rehs und schloß es daraufhin, als hätte er dem Tier liebevoll zum letztenmal sein Lieblingsfutter gegeben.

Als die Männer das Reh auf die andere Seite rollten und dazu sangen, hatte ich ein Gefühl von dem letzten irdischen Kontakt, den sie miteinander hatten. Und es schien mir, während sie immer wieder ihre Messer schwangen, daß sie mit ihrem Lied das Reh nicht nur ehrten, sondern es auch um seine Wiederkehr baten. Zum einen herrschte Trauer darüber, daß dieses Tier nun nicht länger durch Feld und Wald streifen würde, und zum anderen eine gewisse Freude über den Wandel seiner Wirklichkeit. Es war etwas Paradoxes daran.

Sie weideten das Reh aus und gruben das Loch, wie vorher. Der erste Mann legte voller Achtung die Eingeweide hinein. Jeder der Männer schien voll bewußt am Werk zu sein, und sie arbeiteten zusammen, als hätten sie es schon hundertmal so gehalten. Schließlich sammelten sie die Äste und trugen ihr Wild aus dem Wald das Feld hinunter, wobei sie sich miteinander unterhielten.

Jetzt gebot Chea mir, aufzustehen und diesmal um den Platz zum Kreis im Süden zu gehen. Ich faßte die Collegestudenten ins Auge. Sie reagierten gar nicht so, als tue ich etwas Unnormales, was wieder eine Erleichterung für mich war. Ich hatte tatsächlich eine Zeitlang vergessen, wo ich war, und sie überhaupt nicht bemerkt.

Wenige Augenblicke später trat ich in den Südkreis, und wir setzten uns alle drei hin. Das Bild veränderte sich wieder, ich hörte Schritte hinter mir, drehte mich um und sah die vier Jäger den Hügel heraufkommen. Während drei von ihnen rechts und links an mir vorbeischritten, ging einer mitten durch mich hindurch. Ich gab unwillkürlich einen Laut von mir, aber niemand achtete auf mich, weder in der einen noch in der anderen Szene.

Die Männer gingen zielsicher auf das Reh zu, der Anführer

beugte sich hinab und streichelte ihm schnell den Kopf, um ihm seinen Übergang zu erleichtern. Die letzten beiden Männer waren jung und stark und sahen gut aus. Sie traten als nächste an das Reh heran und griffen nach ihren Messern. Sie schienen geschickt und kenntnisreich zu sein. Ich war beeindruckt von ihrer Gewandtheit und ihrem Können.

Sie machten mich glücklich und mir mein Lied bewußt. Wieder wurde der Wunsch in mir wach, das moderne Leben aufzugeben und in den Wald zu fliehen. Es war ein ziemlich warmer Tag, und das Sonnenlicht malte Wellenmuster auf ihre Haut. Die Männer schwitzten, und eine gewisse freudige Erregung war ihnen anzumerken. Was der Wald zu geben hatte, war ihres. Sie waren erfolgreich.

Der zweite Mann steckte dem Reh eine Handvoll Kräuter ins Maul und sprach dazu in seiner Sprache, als sagte er: ‹Hier, iß. Wir teilen unsere Nahrung mit dir. Genieße sie ein letztes Mal, alter Freund.› Sie wälzten das Tier auf die andere Seite, entfernten rasch und geschickt die Innereien und legten sie in das Loch. Dann fertigten sie die Trage an und hoben das Reh mit Leichtigkeit hoch. Ihr Lied war das gleiche, doch jetzt schien es ein frohes Lied zu sein, wie ein Festgesang.

Sie gingen kaum fünf Zentimeter entfernt mit dem Reh an mir vorbei. Ich lehnte mich zur Seite, um ihnen nicht im Weg zu sein, denn ich hatte einen Augenblick lang vergessen, daß ich nicht in ihrer Welt war. Ich beobachtete, wie sie durch das Feld zur Bucht hinunterschritten. Sie lachten und unterhielten sich leise miteinander. Sie weckten eine ganz neue Begeisterung für das Leben in mir, als könnte ich etwas vollbringen, wenn ich nur wollte.

Chea ließ mich aufstehen und aus dem Kreis treten, dann zeigte sie auf die Terrasse eines der Gebäude. Wir gingen in die entsprechende Richtung, und dort war ein weiterer Kreidekreis auf den Boden gezeichnet. Einen Augenblick später bat sie mich hineinzutreten, er sei für die Richtung nach oben. Diesmal setzte ich mich nicht hin. Wir standen alle drei an die Brüstung gelehnt und sahen über den Platz hinweg. Meine Sicht veränderte sich fließend. Ich konnte die Jägerschar von Süden her über das Feld kommen und das Reh durch die Bäume unter mir liegen sehen.

Alles lief so ab, wie vorher auch, nur daß ich einen viel größeren Überblick hatte. Ich spürte, daß dies nur ein Teil einer viel größeren Reihe von Ereignissen war. Ich konnte merken, daß diese Jagd im voraus geplant worden war und in dieser Art und Technik schon seit Jahrhunderten praktiziert wurde.

Als das Reh starb, sah ich, wie der Hauch einer schimmernden Gestalt aus Brust und Kopf des Tieres aufstieg und in die unteren Äste des Baumes darüber schwebte. Sie hatte zwei Beine und sah fast wie eine Mischung aus Tier und Mensch aus. Sie verfolgte alles neugierig und aufmerksam und sah sich jeden der Jäger genau an. Als der erste Jäger beobachtete, wie die Form emporschwebte, blitzte Licht zwischen ihnen auf. Und als der zweite dem Reh die Kräuter ins Maul steckte, weckte das bei dem Geistertier ein besonderes Interesse, und es kam näher. Eine Lichtspur blitzte auf zwischen dem zweiten Mann, dem Tierkadaver und dem Maul des Geisterrehs.

Die Männer hoben das Reh auf, als alles fertig war, und der Anführer schaute mit einer zum Mitkommen einladenden Geste zu dem Geistertier zurück. Das Geisterreh folgte ihnen in einigem Abstand langsam über das Feld hinunter zu ihrem Dorf.

Wir sahen zu, wie sie in der Ferne verschwanden. Unter uns glänzten die Eingeweide in dem offenen flachen Loch, und Lichtgebilde und -strahlen schossen dorthin und wieder weg.

Chea gebot mir, aus dem Kreis zu treten. Meine Sicht wechselte zum normalen Sehen, während wir zur Mitte des Platzes schritten. Ich war verspannt. Es tat mir gut, meine Nacken- und Schultermuskeln zu strecken.

Chea wies auf den zentralen Kreis auf dem Boden und berührte mit der anderen Hand meine Brust. «Dieser Ort stellt das Zentrum der Welt dar, die Achse. Wenn du beim Betreten dieses Kreises deine Gedanken zur Ruhe bringst, kannst du die Begegnung und den Tanz aller dieser Kräfte wahrnehmen.» Sie machte eine Kreisbewegung, die den ganzen Platz einbegriff, und sie und Domano lächelten mir freundlich zu.

Ich leerte meinen Geist, so gut ich konnte, und setzte mich in den Kreis der Mitte. Ich blickte nach Süden. Das übergelagerte Bild erschien, wie vorher, und ich sah die Jägerschar über das Feld kommen. Sie waren die Helden, die Abenteurer, die vermutlich alles riskierten, um für sich und ihre Leute Nahrung zu finden. Der Anführer der Schar trat zuerst vor, wie vorher auch, und kniete neben dem Reh nieder, um ihm den Kopf zu streicheln. Sie befanden sich wenige Schritte rechts von mir. Ich konnte die Augen des Anführers sehen. Es gab eine Verbindung von seinen Augen und seinem Herzen zu den Augen und dem Herzen des Rehs. Es erglühte alles in einem Licht, als er sanft zu dem Tier sprach.

Irgendwie wußte ich etwas über dieses Licht. Das Herz war der Punkt, in dem sie sich begegneten. Es gab weder Beurteilung noch Gegnerschaft. Nur überströmende Lebensfülle bis zur allerletzten Sekunde.

Ich meinte, die Ausdehnung des Geistes wiederzuerkennen, die ich erlebt hatte, als ich Tod und Schicksal begegnete. Ich konnte sie in der Nähe spüren, aber es war keine Angst da. Vielmehr hatte ich das Gefühl von etwas Großem, das sich aufgetan hatte, und von einer Vereinigung, aber welcher Art, wußte ich nicht genau zu sagen. Meine Ängstlichkeit schwand dahin, und ich war wunderbar neugierig auf alles, was ich wahrnehmen konnte.

Das Licht von Jäger und Reh breitete sich nach außen hin über die ganze Gegend aus. Die Spannung wuchs. Ich wurde der Lieder der Dinge um mich herum gewahr. Geist und Empfindung und Intuition waren da. Das Sperrfeuer meiner eigenen Gedanken war nicht länger zu hören, sie waren davongetrieben. Ich fühlte mich frei von ihnen, frei, forschend über sie hinauszugehen.

Ich fragte mich, was das alles war, was ich wahrnahm. Was für eine Erfahrung war das? Wie konnten zwei Welten dasein? Alles war so wirklich, so vollständig. Ich hatte während dieser Begegnung mit den Hetakas nichts zu mir genommen, konnte also keine chemisch induzierte Halluzination haben. Außerdem hatten sie mir zuvor mehrmals beteuert, das sei absolut nicht ihre Art. Was, fragte ich mich, taten sie dann, um dies zu ermöglichen? Was immer es war, ich war dazu bereit, es anzunehmen, war gespannt und ungemein neugierig, jedoch ohne Angst und Vorurteile. Ich wollte die Antworten alle wissen, und es war mir gleichgültig, wie sie ausfallen mochten.

Es wurde mir allmählich warm um die Brust und in den Armen. Ich konnte die Luft spüren, wie sie in mich hineinströmte und meine Lungen ausweitete und auf ihrem Rückweg hinaus in die Welt etwas von mir mitnahm. Ich wußte, daß auch der Anführer und das Reh die Brust schwellen fühlten von der Luft.

Welch eine schöne Kameradschaft herrschte zwischen ihnen. Der Anführer sprach. Sie verstanden einander vollkommen. Es gab Fragen, ein Geben und ein Annehmen mit Würde und Ehrerbietung.

Das Reh tat seinen letzten Atemzug, während es den Anführer ansah. Sein Licht stieg empor und nahm die Gestalt eines zweibeinigen Wildes an. Es war sehr munter und agil und musterte jeden der Männer liebevoll und neugierig.

Wie viele Äonen lang mochte sich dieser Vorgang in unserer Welt schon wiederholt haben? Ob er auch auf andere Welten übertragen worden war? Wer waren diese Leute? Machten sie sich Gedanken über Recht und Unrecht des Tötens? Nahmen sie ihr Leben dankbar oder fordernd an? Wer waren ihre Götter? Wie verschieden voneinander oder wie ähnlich mochten wir uns sein? Kannten sie die gleichen Urkräfte, die ich gerade im Begriff war kennenzulernen? Ich wollte sie um Hilfe bitten, wollte von ihnen erfahren, worin die Gaben dieser Himmelsrichtungen bestanden.

Die anderen drei Männer näherten sich dem Reh, und eine neue Bewußtheit überkam mich. Ich nahm eine Beziehung zwischen der Zeremonie der Lebensquelle auf den Felsen am Meer und dem Rhythmus des Nordens wahr, ferner zwischen der Suche nach Leidenschaft und dem Süden. Der Tod verband sich mit dem Westen. Der Osten stand mit geistiger Horizonterweiterung und Kontrolle in Verbindung. Das Oben war schwer zu erfassen, es hatte etwas mit der Entfaltung der Dinge zu tun.

Ich war in Hochstimmung. Ich wußte nicht, wie ich es wissen konnte, aber ich war sicher, recht zu haben. Ich konnte klar sagen, daß man beim Einschlagen einer Richtung nicht nur über diese etwas erfährt, sondern daß diese Richtung einen auch zu den anderen Himmelsrichtungen führt. Ich fand sie alle dort im Zentrum wieder. Das schien eine Art Abkürzung auf dem Wege zum Verständnis ihrer Bedeutung zu sein. Dort im Zentrum blieb man mit den Füßen auf der Erde und konnte schnell den ganzen Kreis wie auch die Richtung über sich erkunden, und doch blieben ihre Einflüsse im Gleichgewicht.

Wenn man sich ausschließlich in einer Richtung an den Rand des Kreises begibt, ist es ein bißchen so, als lebte man im Licht nur einer einzigen Farbe statt des ganzen Spektrums. Daran ist nichts gut oder böse oder erstrebenswert, sondern es ist lediglich anders.

Während ich mich umsah, meinte ich, ein wenig von dem zu verstehen, was die Hetakas über die Menschen früherer Zeitalter gesagt hatten, nämlich daß sie sich an den vorherrschenden Qualitäten verschiedener Körperzonen orientiert hatten. Anscheinend gab es auch eine Verbindung zwischen Körperzonen und den Himmelsrichtungen. Zum Beispiel entsprechen der Herzbereich und der Mittelpunkt der Himmelsrichtungen dem Zeitalter, in das wir Ende dieses Jahrhunderts eintreten, der Bauchbereich entspricht dem Süden und unserem zu Ende gehenden Zeitalter, die Hüften dem Westen, die Füße dem Norden, die Kehle dem Osten und der obere Teil des Kopfes dem Oben.

Dann kam es mir so vor, als komme neben den guten Gaben auch weniger Wünschenswertes bei einer Richtung und einem Zeitalter zum Ausdruck. Unser Zeitalter, das nun zu Ende geht, war offenbar ein gutes Beispiel dafür. Wir haben eine Menge erreicht und gemeistert, aber wir haben auch viel Gier, Bosheit, Pessimismus, Depressivität und Zerstörungswut bewiesen. Ich fragte mich, wie wohl eine Gesellschaft aussehen würde, die nach Süden ausgerichtet war, jedoch von den guten Gaben Gebrauch machte, statt die weniger wünschenswerten Qualitäten auf sich zu konzentrieren. Wäre das ein Volk, das sein Lied kennen und alle lebendigen Dinge voller Begeisterung und Achtung lieben würde? Hat es in diesem zur Neige gehenden Zeitalter ein solches Volk auf unserem Planeten gegeben? Ich fragte mich, welche Kräfte unsere Kultur dazu bewogen haben mochten, sich so zu entwickeln und nicht in dieser anderen möglichen Form.

Seltsamerweise verurteilte ich diese Gesellschaften gar nicht, ich war nur grenzenlos neugierig. Was hatte uns angesichts all der Möglichkeiten, die uns offengestanden hatten, so und nicht anders geprägt? Hatten uns tatsächlich unsere eigenen Entscheidungen an diesen Ort gebracht? Von hier aus sah es zweifelsfrei so aus. Aber ich wußte, daß mein geschwätziger Geist es kaum würde glauben wollen, sobald ich diesen Kreis verließ.

Was sind wir doch für sonderbare Wesen, daß wir gewohnheitsmäßig mit uns selbst im Streit liegen, selbst wenn wir den Beweis für eine Theorie gefunden haben! Wir werden uns immer weiter widersprechen und in Verwirrung bringen, bis ins Grab. Das kam mir ziemlich komisch vor, und ich mußte laut lachen.

In was für einer merkwürdigen Geistesverfassung ich doch war! Ich konnte die Dinge so klar und aus einem viel weiteren Blickwinkel sehen. Ich betrachtete alles mit ganz neuen Augen.

Während der Anführer der Jägerschar seine Kräuter überall in der Gegend verstreute und dabei traditionsgemäß seine Sprüche murmelte, schaute ich mit ihm in jede Himmelsrichtung. Und wieder wurde mein Geist von neuen Ideen und Wahrnehmungen überschwemmt.

Als ich mich nach Norden wandte, konnte ich sehen, wie die leuchtenden Energien von Erde und Himmel durch mich, die Männer und alle Dinge und Geschöpfe dort hindurchströmten. Während ich darüber nachdachte, nahm die Kraft dieser mich durchströmenden Energie zu. Ich konnte spüren, daß mein Körper buchstäblich mehr davon aufnahm und bei sich behielt als je zuvor, als würden meine Zellen den Strom aufsaugen wie hungrige kleine Schwämme. Und dann konnte ich, wie vorher, sehen und fühlen, daß sich dieses Leuchten von unseren Formen aus in die Umgebung ausbreitete. Es funkelte und schimmerte und schoß mit wechselnder Geschwindigkeit und in allen Farben umher.

Ich wußte, daß mich die Zeremonie auf den Felsen am Meer irgendwie dafür sensibilisiert hatte, diese Energieströme wahrzunehmen und zu verstärken. Icn verstand das zwar noch nicht, aber ich wußte, daß ein Zusammenhang bestand. Ich fühlte mich wie neubelebt und gesund, als hätte ich einen Zustand des Wohlbefindens wiedererlangt, den ich irgendwann einmal unterwegs verloren hatte, und ihn sogar noch vertieft. Es war etwas Unausweichliches daran, als käme ich in meiner Eigenschaft als Mensch nicht umhin, diese Wiederherstellung früher oder später zu erfahren.

Ich sah zu dem Reh zurück. Der zweite Mann steckte ihm gerade seine Handvoll Kräuter ins Maul. Ich spürte eine starke Gemütsbewegung. Das Geisterreh kam näher heran, und die Energien flossen zwischen seinem Herzen und Maul, dem Herzen des Mannes und dem Kadaver des Rehs hin und her. Die Energien waren erfüllt von der Ekstase ihrer Lieder und von der Anteilnahme, der Sorge und Verwunderung, die sie füreinander hatten.

Ich wandte mich nach Süden. Meine eigene Identität und mein Lied wurden vorherrschend in meinem Geist. Ich hatte als Kind gelernt, daß das, was mir in meinem Leben das Kostbarste sein müsse, der Schöpfer sei. Ich hatte mich mit dieser Vorstellung abgefunden, bis ich Tod und Schicksal begegnete und zu sterben meinte. Dann hatte sich bei mir allmählich das Gefühl durchgesetzt, daß meine Lebendigkeit mir das Liebste im Leben sei. Zuerst kam mir das wie ein Widerspruch vor. Aber in dem Augenblick, während ich dort im Kreis der Mitte saß, sah ich ganz klar, daß unsere engste Verbindung mit dem Schöpfer, unser Bewußtsein von ihm, durch unser Leben besteht, unsere bewußte Lebendigkeit.

Vielleicht begann ich gerade, die Worte des Todes zu verstehen. Meine Sicht wechselte sofort darauf über, wie man sein Leben führen und seinem Handeln Prioritäten setzen könnte. Sogleich erschien die Verfolgung von Idealen und Träumen in einem ganz neuen Licht. Was konnte man in seinem Leben anderes tun, als seiner Muse zu folgen, seinen Leidenschaften nachzugehen? Was gab es Besseres, als das Leben zu fühlen und von ihm und dem Schöpfer zu lernen?

Die verschiedenen Bereiche meines Lebens, die mir als absolut unversöhnlich erschienen waren und von denen ich nicht einen aufzugeben bereit war, wirkten jetzt eher so, als hingen sie zusammen und seien miteinander vereinbar. Fast schien jede Aktivität, jede Zielsetzung ein Teil des anderen zu sein. Ich brauchte mich gar nicht zu bemühen, eine Trennungslinie zu ziehen oder eine Barriere zu errichten zwischen meiner Spiritualität und der Erziehung meiner Kinder oder meiner Ausbildung. Sie konnten alle Teil von ein und derselben Sache sein. Sie mußten mir nicht unbedingt das Gefühl vermitteln, als lägen sie alle in meinem

Innern im Streit miteinander. Sie konnten im Grunde zusammenwirken und sich gegenseitig befruchten. Ich konnte an allem und jedem meine Freude haben.

Ich empfand die gleiche Verwunderung und Begeisterung wie die Männer im Wald. Wie einfach ist es doch, dachte ich, Leidenschaft für sein Lied und die Energie der Lebensquelle zu empfinden. Der einzige Trick war, sie zu erhalten: Fortwährend die Disziplin aufzubringen, die eigene Aufmerksamkeit zu sammeln, wodurch diese Fähigkeiten wachsen konnten. Wenn das eigene Lied die Grundlage bildete, so kam es mir vor, müßte die Lebensquellenergie der Brennstoff für *ka ta see* sein.

Etwas bewegte sich im Gebüsch zu meiner Linken. Ich drehte mich dorthin, um zu sehen, was es war. Ein großer Vogel raschelte in den Zweigen und beobachtete die Jäger. In meiner Welt gingen eben zwei junge Frauen über den Platz, genau unter dem Baum entlang, in dem der Vogel saß. Die eine sagte zur anderen: «Du liebe Güte! Ist ja nicht zu fassen! Komm aus deiner Luftblase raus, Mensch! Wach auf! Der Typ ist wirklich ein absoluter Blödmann!» Dann sah mich der Vogel direkt an. Wie seltsam war es doch, daß diese Zeitschichten fast wie zusammenkomponiert wirkten.

Das Wort *Luftblase* wollte mir nicht aus dem Sinn gehen. Wir sitzen alle fest im einengenden Feld unserer Vorstellungen und Ängste, das wir zu verlassen scheuen, über das wir nicht hinausschauen wollen und nach dem wir alles andere vorverurteilen.

Ich wollte gleich aus meinem Feld ausbrechen und sehen, was ohne es noch übrigblieb. Eine kleine oder eine große Welt?

Ich wußte, daß dies der Ort war, die Mitte, um es zu tun, um zu lernen, ohne diese Schleier, diese Käfigstäbe auszukommen. Hier würde man die Kraft, den Mut, das Verständnis und das Durchhaltevermögen finden, um mit dem Herzen zu sehen.

Ich war erregt und glücklich. Endlich fing ich an, die Auswirkungen von Gewohnheiten und gewohnheitsmäßigem Gedankengeschwätz zu erfassen, ahnte ich, was man erreichte, wenn man all das Geschwätz im Geiste zum Verstummen brachte. Das war der Schlüssel zur Käfigtür.

Wie anders würde die Welt wohl aussehen? Würden meine Kinder anders aussehen? Meine Ziele und ehrgeizigen Vorhaben?

Die Jäger rollten das tote Tier herum und begannen es auszu-
weiden. Diesmal war ich so nah dabei, daß ich jede Einzelheit
erkennen konnte, aber mir wurde nicht übel. Ich fand es sogar
außerordentlich spannend.

Sie boten die Eingeweide dar, wie vorher auch, und das Licht der
Energien breitete sich überall aus. Ich sah, daß dies eine Methode
war, die sie anwandten, um sich die Freundschaft und Gunst der
Geister zu erwirken. Da die Geister nicht mit unseren Schleiern
belastet waren, waren sie in ihrem Wissen und Beistand bei weitem klarer als Menschen und diesen überlegen. Ich dachte, wie
unglaublich reich und weit das Leben dieser Männer gewesen sein
mußte.

Sie schienen alle zufrieden zu sein mit ihren Bitten und sammelten nun die Zweige, um die Trage zu bauen. Sie zurrten das
Tier darauf fest und wandten sich bergab. Und wieder lachten sie
und unterhielten sich leise. Ich fragte mich, was sie von unserer
Welt halten würden, wenn sie sie sehen könnten. Wären sie beeindruckt oder enttäuscht?

Die Lichter zitterten überall rings um die Eingeweide herum, als
Chea mich antippte und mir aus dem Kreis heraushalf. Sie wollte,
daß ich mich schnell nach Westen aufmachte. Die zweite Szene
war noch immer vollkommen deutlich. Es war verwirrend. Ich war
nicht ganz sicher, wohin ich treten oder meine Schritte wenden
sollte. Beinahe wäre ich in die geopferten Eingeweide getreten,
und ich sprang über das Bild, um es nicht zu zerstören.

Wir legten Tempo zu und liefen förmlich um die Gebäude herum
zur Westseite des Platzes, dann über die Straße und in den Wald
westlich des Crown-College-Komplexes.

Chea rannte links von mir, und Domano zu meiner Rechten. Ich
war noch immer ohne Orientierung. Meine Sicht wechselte zu drei
oder vier verschiedenen Szenen gleichzeitig. Sie kamen und gingen, wurden vorherrschend, vergingen wieder zu einem Flüstern
und fingen wieder von vorn an. Ich wußte nicht mehr, in welcher
ich mich gerade befand.

Domano und Chea hielten mich dazu an, weiterzulaufen und
nicht stehenzubleiben. Ich rannte schneller als sie und gewann
Vorsprung. Ich hatte keine Ahnung, was eigentlich los war oder

was mich erwartete. Meine Desorientierung ängstigte mich immer mehr. Mein Magen krampfte sich heftig zusammen, und mir wurde langsam übel. Ich haßte es, zu Tode geängstigt zu sein, und tappte vollkommen im dunkeln, was eigentlich vorging. Und am allermeisten haßte ich es, wenn mir schlecht wurde und ich mich übergeben mußte.

Meine Angst vervielfachte sich. Ich geriet in völlige Verwirrung und konnte nicht mehr sagen, welche Welt die meine war. Ich versuchte, allem auszuweichen, strauchelte jedoch dauernd und rannte gegen Äste oder Baumstämme. Es wurde mir schließlich alles zuviel, und ich brach in Tränen aus.

Ich schrie zu Domano zurück: «Warum tut ihr das? Was ist los? Ich kann nicht mehr. Sorgt dafür, daß es aufhört. Bitte! Sorgt dafür, daß es aufhört!»

«Lauf weiter, Kay. Du mußt, trotz deiner Angst.»

Ich lief langsamer. «Nein! Ich weiß nicht, wo ich bin. Das macht mir angst. Was tut ihr bloß mit mir?»

«Weiter!» rief er. «Nicht stehenbleiben. Nicht stehenbleiben! Greif dir die Angst, und weiter!»

Ich versuchte weiterzulaufen, aber da ich so weinte und die Szenen um mich herum fortwährend wechselten und schwanden, rannte ich geradewegs gegen einen riesigen Redwoodbaum und fiel hin. Domano und Chea rissen mich wieder hoch und stießen mich vorwärts, wobei sie schrien, ich solle weiterlaufen.

«Warum laufen wir denn so?» fragte ich schluchzend und außer Atem. «Und wohin laufen wir?»

Sie antworteten nicht; sie gestikulierten nur wild und trieben mich an. Ich fühlte mich wie ein Motor, der immer schneller laufen muß. Es war, als würden meine Knochen und mein Fleisch immer schneller vibrieren und auf eine Explosion zusteuern. Meine Angst wuchs. Gedanken an Dinge, vor denen ich mich immer gefürchtet hatte, schossen mir unablässig durch den Kopf. Ich wußte nicht zu sagen, was ich sah. Die Klänge all der Welten, die ich schaute, und unseres Laufens durch das Gebüsch verebbten und schwollen wieder an und hinterließen einen stechenden Druck in meinen Ohren.

Irgend etwas Übles war um mich herum. Ich hatte das Gefühl,

als würde ich von Domano und Chea und allem, was mir vertraut war, getrennt. Ich verabscheute alles, einschließlich meiner selbst, und argwöhnte, daß ich heimtückisch hintergangen worden war.

Ich blieb stehen und blickte zurück, konnte sie jedoch nicht sehen.

Ich geriet in Panik. «Nein! Nein! Aufhören!» Ich lief keinen Schritt mehr, blieb einfach total angespannt dort stehen und schrie, so laut ich konnte, bis ich heiser war: «Nein! Nein! Nein!»

Von Zeit zu Zeit erhaschte ich einen Blick auf Domano und Chea, während sich die Szenen ein- und ausblendeten. Sie standen ein paar Schritte entfernt rechts und links von mir und redeten ruhig auf mich ein, aber ich konnte sie nicht hören. Mir war richtig schlecht, und ich war vollkommen außer Fassung.

Vorher, im Mittelkreis des Platzes, war ich so glücklich und angenehm erregt gewesen. Ich verstand weder, warum das jetzt geschehen mußte, noch, was es war. Ich fühlte mich betrogen, verletzt.

Je heiserer ich wurde, um so mehr verloren die visuellen Schichten um mich herum an Bewegung. Die Klänge ebbten ab, und in meinen Ohren knackte es. Auf einmal war nur noch die normale Szene da mit Domano und Chea, die dastanden und mich anstarrten. Die gewaltige Angst und Wut zerstreute sich einfach, und ich merkte, daß ich jeden Muskel mit aller Macht angespannt hatte und zu schreien versuchte.

Domano und Chea hatten steinerne Mienen. Es war höchst merkwürdig. Der hysterische Anfall verging ebenso schnell und geheimnisvoll, wie er gekommen war. Es kam mir lächerlich vor, in der Mitte von Nirgendwo herumzustehen, die Fäuste in die Luft gestreckt und den Mund weit offen. Ich fand das plötzlich urkomisch. Ich konnte ihre feierliche Stimmung nicht nachvollziehen. Ich versuchte, nicht mit Lachen herauszuplatzen, mußte aber nur noch mehr lachen. Sie wurden noch ernster, doch da war ich längst zu Boden gesunken und lachte Tränen. Schließlich gab Domano ein leises Kichern von sich. Sie sahen einander an, und dann ahmte er mich ausgelassen nach, stampfte mit den Füßen, ballte die Fäuste und schrie. Wir alberten eine Zeitlang herum und lachten.

Ich kann gar nicht beschreiben, wie froh und erleichtert ich war, wieder in der normalen Welt zu sein und normale Dinge zu erleben und zu fühlen. Ich konnte meine Gefühle und Fragen nicht zum Ausdruck bringen. Ich war zu sehr damit beschäftigt, meine Normalität zu genießen.

Ich dachte im stillen, daß ich mich nie wieder über die gewöhnlichen, normalen, langweiligen Dinge im Alltagsleben beklagen würde. In diesem Augenblick wirkten sie geradezu himmlisch auf mich.

Domano sagte, nachdem wir uns in Farn und Gras hatten sinken lassen: «Als du vorhin im Kreis der Mitte warst, hast du begonnen, mit den Augen des Herzens zu sehen. Als du den Kreis verlassen hast, sind all deine alten Gewohnheiten, Gedanken und Ängste wieder über dich hergefallen, die dich davon abgehalten haben, auf diese Weise zu sehen, weil du die von Norden und Westen verliehenen Fähigkeiten noch nicht entwickelt hast.

Mit dem Herzen nimmt man deutlich wahr, ohne Behinderung oder Beurteilung. Es sind Neugier und Mitleid und Gleichwertigkeit da. Die guten Gaben aller Himmelsrichtungen zusammen ergeben die Augen des Herzens.

Um das zu erreichen, muß man nur damit anfangen, die eigene Lebenslust zu suchen. Die Gabe des Südens. Es ist gut, die Reise beim Kreis dort zu beginnen, denn die Freude, das Lied, ist die Schöpfung des Herzens. Jede Richtung kann dich zum Zentrum führen. Aber der Süden ist am leichtesten. Wie eine Abkürzung.

Was diese Reise in die Himmelsrichtungen, ins Zentrum, stoppt, sind die Dinge, die die Leute in deiner Welt böse und dämonisch nennen.

Sie bestehen aus dem, was wir geschaffen haben. Jeder Mensch kämpft also einen eigenen letzten Kampf zwischen Gut und Böse aus, um den Teufel endlich zu entmachten und weit fortzujagen. Das ist der Kampf im Innern. Die Unterwerfung.»

«Was ist bloß passiert?» unterbrach ich ihn. «Ich versuche mich zu erinnern, aber schon jetzt ist alles durcheinander. Was ist mit mir passiert?»

«Wenn du mit den Augen des Herzens schaust», antwortete Domano, «fühlst du und erinnerst dich. Aber wenn du lieber aus

Angst und Gewohnheit schaust, wird all deine Macht davon aufgesogen. Und dann hast du weder die Kraft noch den Willen, darüber hinauszuschauen und dich zu erinnern. Die Augen des Herzens sehen immer. Aber es erfordert Zielstrebigkeit und Kraft, sich daran zu erinnern und auf solche Weise in die Welt zu schauen. Manchmal ist es so, als hätte man zwei verschiedene Erinnerungen an ein und dieselbe Zeit.

Als du den Kreis verlassen hast, bist du zu deiner alten Weltsicht zurückgekehrt. Zu Gewohnheit und Angst. Sie haben dich angesprungen, um alles wieder in die Normalität zu rücken, ihre Macht zurückzugewinnen. Du hast für eine Weile zwischen zwei Daseinsarten festgehangen. Wie in einem kleinen Krieg.»

«Sind wir deshalb gerannt?» fragte ich. «Um von den Gewohnheiten wegzukommen?»

«Nein», lächelte Chea. «Vor ihnen kannst du nicht wegrennen.» Sie kicherten beide und sahen sich an. «Wir sind gerannt, um dich möglichst weit weg von anderen Leuten zu bringen, bevor du zu schreien anfängst.»

«Was?» sagte ich. «Ihr wußtet, daß ich ausflippen . . .?» Ich brauchte nur einen Augenblick, und das Bild stand mir vor Augen. Die Vorstellung von mir selbst, wie ich vor Hunderten von Leuten auf dem Campus total ausflippe, kam mir plötzlich noch komischer vor als die, wie ich im Wald stand und zwei alte Leutchen mit unbewegten Gesichtern anschrie. Ich mußte so heftig lachen, daß mir der oberste Hosenknopf von meiner Jeans sprang.

Domano neckte mich wieder. «Jaja. Es war ganz schön schwer, dich zum Rennen zu bewegen. Du wärst beinahe nicht weit genug weggekommen.» Er lachte und machte jemanden nach, der die Hände krampfhaft in die Luft hält, schreit und mit den Augen rollt.

Chea lachte, als wüßte sie genau, was Ausflippen ist. Obgleich sie mich immer noch etwas irritierte und ich oft vermied, sie anzusprechen oder anzuschauen, fiel mir doch auf, mit welcher Wärme sie lachte und scherzte. Ihre Wangen waren gerötet, und ihre Augen funkelten lebhaft. Doch selbst nach all dieser Zeit war sie irgendwie unnahbar für mich, und das lag nicht an ihr, sondern an meiner eigenen Scheu.

Heute war ich besser in der Lage, sie zu betrachten, allerdings bemühte ich mich im stillen trotzdem, Abstand zu halten. Ich war ihr so intensiv ausgewichen. Für mich war sie keine wirkliche Person gewesen. Ich glaube, ich hatte das Gefühl, sie würde, wenn ich sie nur genügend ignorierte, verschwinden, und dann brauchte ich mich nicht mehr mit ihr zu beschäftigen.

Aber heute sah ich die Bewegungen ihrer alternden Haut, wie ihr Körper atmete, sah die Feuchtigkeit in ihren Augen und ihrem Mund. Ich konnte ihre Existenz nicht länger leugnen. Domano war so extrovertiert, gesprächig und lebendig. Er besaß so viel Charisma, daß es ihm zu den Ohren herauskam. Mit ihm kam man leicht in Kontakt. Im Vergleich zu ihm war Chea so ernst und still. Ich hatte noch nie zuvor eine Frau kennengelernt, die sich in Gesellschaft so benahm wie sie. Sie war die schiere Kraft, gleich neben dir. Ich konnte nicht anders, ich hatte einfach Angst vor ihr.

Unser gemeinsames Lachen verlieh ihr in meinen Augen etwas menschlichere Züge. Ich war erheblich entspannter. Wir waren grundverschieden. Ich verstand sie überhaupt nicht, während sie mich und meine Probleme zu verstehen schien.

Das Lachen brachte meinen Kopf und meinen Magen in Ordnung und lockerte mich. Als ich endlich aufhörte, stürmten die Fragen über den Platz auf mich ein wie eine Herde Wildpferde.

«Was waren das alles für Szenen dort hinten?» fragte ich. «Wie konnten sie sich immer wiederholen? Wie habt ihr das gemacht?»

Domano lächelte gütig und tätschelte mir das Knie. «Das waren nur Erinnerungen an etwas Vergangenes, das von dem Platz bewahrt worden ist.»

«Aber es hat sich ständig wiederholt», beharrte ich. «Wie habt ihr das hinbekommen?»

«Schschscht.» Er legte den Finger an die Lippen. «Rede möglichst noch nicht darüber. Auch nicht zu dir selbst. Streng dich an, dich an alles zu erinnern, aber rede nicht darüber. Eines Tages werden wir über alles, was du willst, reden.

Sieh zur Sonne. Es ist schon spät. Du mußt nach Hause zu deinen Kindern.»

«Aber ich will –» versuchte ich wieder, etwas über den Platz zu erfahren, doch sie unterbrachen mich, indem sie beide aufstanden.

Wir gingen in Richtung Campus zurück, und Domano mimte jemanden, der auf einem kleinen Fahrrad durch dichten Wald fährt. Er lief mit eingeknickten Knien daher, machte kreisförmige Bewegungen damit, als trete er in die Pedale, und hielt die Arme vor sich gestreckt, als halte er den Lenker. Bergauf radelte er mit aller Kraft, während er bergab außer Rand und Band geriet und von Schlaglöchern und Ästen durchgerüttelt wurde. Dabei sang er, und beim kleinsten Anzeichen von Gefahr machte er Stielaugen und kreischte mit weit offenem Mund.

Wie immer war seine Darbietung hervorragend und sehr komisch. Wir lachten den ganzen Weg entlang den Berg hinunter zu meinem Auto.

«Führe nach Möglichkeit auch keine Selbstgespräche über diese Dinge», sagte Domano und beugte sich durch mein Wagenfenster herein. «Konzentriere dich auf den Strom der Lebensquelle, der dir von unseren Wohltätern zufließt. Und suche nach deinem Lied. Das ist vor unserem nächsten Treffen ganz besonders wichtig. Und arbeite daran, deinen Geist von seinem Geschwätz über diese Dinge zu leeren. Tu dein Bestes. Du wirst sehr stark sein müssen bei unserer nächsten Begegnung!»

Sie lächelten mir beide auf ihre nette Art zu und winkten, als ich vom Parkplatz weg und den Berg hinunter fuhr. Meine Gedanken kreisten um zu Hause. Was hatte ich bloß zum Essen einkaufen wollen? Es fiel mir nicht mehr ein. Und da war auch etwas gewesen, was ich für meine kleine Tochter hatte tun sollen. Auch das hatte ich vergessen.

Die Fahrt war lang. Vielleicht würde es mir wieder einfallen, ehe ich am letzten Laden vorbeifuhr. Ich vergaß in letzter Zeit immer häufiger solche Sachen und kam mit meinen Haushaltspflichten nicht mehr ganz nach. Ich wußte nicht, wie ich es mir erklären sollte. Anscheinend war ich manchmal ganz schön verrückt. Normalerweise pflegte ich dann Schuldgefühle zu haben, aber heute hatte ich so viel zum Nachdenken und war so aufgeheitert, daß ich kein bißchen schuldbewußt war.

Dann kam mir in den Sinn, was Domano mir beim Losfahren gesagt hatte. Er hatte sich sogar ein wenig eindringlich angehört. Was hatte er wohl gemeint, was hatten sie für die nächste Woche geplant? Wofür mußte ich stark sein? Ich wurde wieder nervös. War es etwas Gefährliches?

Genau in dem Moment wurde mir bewußt, daß ich an dem letzten Laden vorbeigefahren und schon fast zu Hause war. Mir fiel wieder ein, daß ich eigentlich noch zur Schule meiner Kinder gemußt hätte, um ein paar Sachen vom Lehrer meiner Tochter abzuholen. Aber dazu war es jetzt zu spät. Sie waren längst alle weg.

Jetzt stellten sich doch Schuldgefühle ein. Und Heiterkeit. Ich fühlte mich albern. Und weit. Und ängstlich. Mein Magen klumpte sich zusammen. In meinen Schläfen hämmerte es. Ich fuhr an den Straßenrand und hielt kurz vor dem Fluß an. Ich stieg aus, setzte mich auf einen Stein am Ufer, bemühte mich, nichts zu denken und zu fühlen, und starrte einfach in das vorbeifließende Wasser.

Die Hüter des Windes

Etwas, das einen im Leben zutiefst beunruhigen dürfte, ist der Verlust der Kontrolle über die eigene Umgebung, die eigene Welt. Je mehr ich versuchte, sie zu erhalten, um so weniger gelang es mir. Deshalb beherzigte ich in der folgenden Woche Domanos Worte und übte, sooft ich konnte, ganz gleich, wo ich war. Ich wußte zwar, daß es mir freigestellt war, meine Lehrzeit jederzeit abzubrechen, hatte jedoch das Empfinden, als sei es dafür zu spät. Die Geister, die ich gerufen hatte, wurde ich nicht mehr los, und inzwischen erschien es mir als das Vernünftigste, zu lernen, damit zu leben und Nutzen daraus zu ziehen.

Der Tag unserer Verabredung kam. Ich fuhr mit meinem Mann in die Stadt und dann mit dem Auto weiter zu den Hetakas. Domano hatte gesagt, ich sollte mein Bestes tun, und daran hatte ich mich gehalten. Jetzt würde es sich erweisen, ob ich meine Sache gut genug gemacht hatte. Sie begrüßten mich in ihrer gewohnten höflichen Art. Chea trug dasselbe rote Kleid, das sie anhatte, als ich sie kennenlernte. Es verursachte mir gleich ein mulmiges Gefühl im Magen. Sie lächelte freundlich und klopfte mir auf den Rücken. Ich setzte mich auf die Mitte der Bank am Fenster, wo ich immer saß, und bemühte mich, möglichst viel Platz einzunehmen, damit sich keiner von beiden neben mich setzen konnte. Es funktionierte. Sie setzten sich zusammen auf die andere Bank.

Domano lächelte, als hätte er eine wunderbare Überraschung für mich parat. «Heute bereitest du dich auf eine große Aufgabe vor. Das wird dein erster Versuch sein, einen Hütergeist kennenzulernen.»

«Einen was?» fragte ich.

Chea schüttelte den Kopf und lächelte. «Es gibt viele verschiedene Lebensformen auf unserem Planeten. Diejenigen, die unserer Erde bei der Entwicklung von Land, Wasser und Luft helfen, werden von unseren Lehrern Hüter und Beschützer genannt. Wir haben schon früher von ihnen gesprochen. Jetzt wirst du einen kennenlernen.» Sie schien sich über mich zu freuen, wie Eltern, deren Kind Fortschritte gemacht hat oder in eine neue Lebensphase eingetreten ist. Wieder lief mir eine Angstwelle durch den Magen.

«Es sind unendlich große Geschöpfe, die viele Welten umspannen.» Sie war so enthusiastisch, wie ich sie noch nie erlebt hatte. «Jedes hat seine eigene Geschichte und sein eigenes Lied. Du wirst lernen, sie an der Stimmung und am Klang ihrer Lieder zu erkennen.

Häufig wirst du, wenn du dich mit einem von ihnen oder den vielen anderen Arten von Wesen, die manche Leute Geister nennen, angefreundet hast, von ihnen gebeten, ihr Werk und ihre Gattung zu beschützen. Das ist gut so, nur mußt du darauf achten, einem Wesen nie etwas zu versprechen, das du nachher nicht einhalten kannst.»

«Was passiert denn dann?» fragte ich.

«Es bewirkt ein starkes Ungleichgewicht», erwiderte sie, «und vermindert deine Fähigkeit, eine lohnende Beziehung mit solchen Wesen einzugehen.»

Domano fügte hinzu: «Es besteht außerdem die Gefahr, von ihnen abhängig zu werden. Wie von einer Krücke.»

«Und manchmal besuchen sie dich», sagte Chea, «selbst in deinen Träumen. Wenn sie mit dir Freundschaft geschlossen haben, werden sie dir manches erzählen, dich warnen, dein Haus beschützen und dir außergewöhnliche Dinge beibringen. Gelegentlich werden sie dich heilen, wenn es das ist, worauf du aus bist.

Sie werden auf höchst dramatische Weise etwas zum Lied deines Lebens beitragen, denn sie befinden sich im Mittelpunkt des Wandels und singen dieses Lied lauter als jeder andere.»

Domano sprang auf. «Heute ist es so sonnig und schön. Das sollten wir nicht ungenutzt lassen. Wir können draußen weiterreden, ja? Auf der Strandpromenade?»

«Ja», sagten Chea und ich wie aus einem Munde.

Wir gingen die Straße am Strand entlang bis zu der kleinen Brücke über den San Lorenzo River, die in die Strandpromenade einmündet. Für einen Wochentag herrschte viel Verkehr. Ich konnte Leute in der Nähe am Strand lachen und spielen hören und das rhythmische Kreischen von der Riesenschiffschaukel.

Es tat ungemein wohl, in der Sonne zu sein. Mein Haus oben im Redwoodwald ist die meiste Zeit über ziemlich dunkel, und ich schätzte mittlerweile die Stunden sehr, die ich in der Stadt verbrachte, wo ich mich in der Sonne aufhalten konnte.

«Wie mit den Menschen», sagte Chea, «gibt es auch mit anderen Lebensformen verschiedene Arten von Freundschaft. Zuerst die eher unpersönliche Bekanntschaft. Du erkennst sie und sprichst mit ihnen oder hörst ihnen sogar zu, aber aus einiger Entfernung. Bei engerer Freundschaft kommt ihr dann einander gefühlsmäßig und geistig näher, und wenn du dich sehr still halten kannst, auch intuitiv. Das ist eine gute Freundschaftsbeziehung, sehr persönlich und nützlich. Schamanen haben auf diese Weise oft viele solche Geisthelfer.»

Und Domano fügte mit einem verführerischen Funkeln in den Augen hinzu: «Die wichtigsten Beziehungen sind die der gegenseitigen Durchdringung und Bindung. Wobei zwei Lebensformen für kurze Zeit miteinander verschmelzen, wie du mit deiner Wohltäterin, der Erde. Eure Herzen haben einander durchdrungen. Das ist das Ziel, für das wir arbeiten.»

Genau in diesem Augenblick kam ein Auto mit quietschenden Reifen um die Kurve, hupte, um uns aus dem Weg zu scheuchen, und hätte Domano beinahe angefahren. Er sprang rasch gut einen Meter beiseite und fuchtelte mit den Händen in der Luft herum, machte erschreckte Augen und riß den Mund auf, so weit er konnte. Er ahmte mich nach und neckte mich wieder mit meinem Geschrei bei unserem letzten Treffen. Leute wurden auf uns aufmerksam, und es war mir peinlich. Ich wollte ihm sagen, er solle aufhören, hatte aber nicht den Nerv dazu. Statt dessen hielt ich mir die Hand vors Gesicht und lachte.

«Beachte ihn gar nicht», sagte Chea lachend. «Er ist ein alter Angeber. Ich will dir etwas über die Suche erzählen.

Alles Trachten nach der Freundschaft mit einem geistigen Mentor muß aus dem Herzen kommen. Das ist die einzige Garantie dafür, daß keine Gefahr dabei ist. Du mußt voll und ganz in der Gegenwart sein. Dein Entschluß zur Kontaktaufnahme muß unwiderruflich sein. Eine Umkehr ist nicht möglich. Es gibt keine halben Sachen. Die ganze Aktion muß aus freien Stücken geschehen, gut vorbereitet sein und ohne Vorurteile ausgeführt werden.»

«Gefahr?» warf ich ein.

«Die droht nur den Unvorsichtigen.» Sie wollte mich offenbar beruhigen. «Sobald du dich für dieses Ziel entschieden hast, mußt du allem um dich herum Aufmerksamkeit schenken. Laß die Lebensquelle unablässig sprudeln und fühle deine Umgebung mit deinem Lied. Versuche, so viele Lebensformen ringsherum wahrzunehmen, wie du kannst, und beobachte, was sie tun. Jede Einzelheit ist von Bedeutung. Sie wollen dir etwas sagen. Und denk daran, die Zeit vergeht für Geister anders. Laß dich dadurch nicht aus der Fassung bringen.»

Sobald wir auf der Strandpromenade waren, spazierte Domano davon und begann, sich in das Versteckspiel eines kleinen Jungen einzumischen, der sich vor seinen Eltern verbarg. Der Junge war etwa zehn Jahre alt, hatte ein Gesicht voller Sommersprossen und leuchtend rotes Haar. Er sah aus, als habe er nur Streiche im Kopf. Er erinnerte mich an einen Jungen, dem ich in der Grundschule um jeden Preis auswich, denn wenn er einen nicht verprügelte, demütigte er einen auf noch schrecklichere Weise.

Die Eltern des Jungen, die langsam mitten auf der Promenade spazierengingen, riefen ihn und klangen wie die Sorte Eltern, denen nicht im Traum einfallen würde, ihr Kind zurechtzuweisen. Es war ziemlich voll hier, besonders für einen Wochentag. Der Kleine duckte sich hinter einer Säule neben einem der Stände. Er war davon überzeugt, durch seine Versteckkünste aller Aufmerksamkeit zu entgehen.

Domano kroch hinter die andere Seite der Säule und spähte langsam, mit einem hämischen Grinsen im Gesicht, hervor. Der Junge war ziemlich schockiert, daß ihn jemand ertappt und bei seinem eigenen Spiel geschlagen hatte. Er bemühte sich, Domano zu übersehen und still in seinem Versteck zu bleiben. Domano zog sich wieder hinter die Säule zurück.

Als die Eltern etwa auf gleicher Höhe mit der Säule waren, schaute er wieder dahinter hervor zu dem Jungen, der jetzt nicht mehr wußte, ob er dort versteckt bleiben und riskieren sollte, daß sein Versteck von diesem alten Mann verraten wurde, oder ob er weglaufen sollte. Er war offensichtlich verstört.

Ich muß gestehen, daß es mir großen Spaß machte, diesen kleinen Tyrannen ausgetrickst zu sehen. Ich mußte lachen, aber Chea bedeutete mir, die Aufmerksamkeit nicht auf sie zu lenken. Wir gingen ein paar Schritte weiter, von wo aus wir gut zusehen konnten, ohne daß es auffiel. Sie wandte sich zu mir und kicherte verhalten wie ein junges Mädchen.

Das hatte ich bei ihr noch nie erlebt. Ich war angetan davon. Endlich verhielt sie sich mir gegenüber so, wie es Frauen untereinander tun. Ich wußte nicht mehr, wer spannender zu beobachten war, Chea oder der Junge und Domano.

«Er wird den Jungen so weit bekommen, daß er allem Unfug für den Rest seines Lebens abschwört», sagte Chea, immer noch kichernd. «Aber jetzt muß ich dir helfen, dich auf die Aufgabe vorzubereiten.»

«Und wenn ich mir dabei weh tue?»

Sie überhörte meine Frage. «Es ist wichtig, daß du dein Lied so stark wie möglich hörst und vom Herzen her aus dir herausgehst. Erfasse den gesamten Ort mit deinem Lied, während es von den Energien, die durch dich hindurchfließen wie ein mächtiger Strom, nach außen getrieben wird. So bewahrt man immer die Sicherheit.

Jedes unserer Energiezentren ist ein Informationsspeicher, der sich ebenso spezialisiert wie die Sinne. Und sie geben ihre Informationen auf ihre ganz eigene Art und Weise weiter. Sammle, während du aus dir hinausgehst, all deine Aufmerksamkeit auf die Wahrnehmung dessen, was da ist. Wenn du mit deinem Lied Fühlung aufnimmst, mußt du von allen Sinnen und Zentren Gebrauch machen.»

«Das klingt aber ungeheuer schwierig», warf ich ein.

«Du wirst deine Gedanken vom Schwatzen abbringen müssen. So wird es gemacht: Zuerst findest du dein Lied und läßt zu, daß es sich mit dem Strom der Lebensquelle nach außen ausbreitet. Beide zusammen werden dir helfen, das Geschwätz zum Verstummen zu bringen. Versuch es jetzt.»

«Es sind doch so viele Leute hier», wandte ich ein.

«Sie werden nichts davon bemerken. Das verspreche ich dir. Es wird sich nichts an deiner Erscheinung ändern. Und nun los.»

Zuerst kam es mir vor, als würde ich mir gleichzeitig auf den Kopf klopfen und den Bauch reiben. Aber nach einer Weile hatte ich den Dreh heraus. Von da ab fiel es mir leicht, meine Gedanken loszulassen. Sie verloren sich einfach, als hätte die Brandung sie fortgespült.

«Weite dich jetzt und fühl dich in diesen Ort ein», sagte Chea. «Nimm nach Möglichkeit alles wahr.»

Ich verlor dabei die Orientierung. Es erinnerte mich daran, wie ich im Kreis der Mitte auf dem Cowell-Platz saß, aber diesmal war nur *eine* Welt zu beobachten. Sie wirkte überaus kostbar und besonders. Die Farben erschienen mir auf einmal leuchtender und tiefer, und die Gerüche waren plötzlich einladender. Ich sah Käfer, Vögel, den Himmel, all die Leute. Es war ein Gefühl, als besuchte ich eine fremde Welt, die ich zum ersten Mal sah. Je weiter ich wurde, um so stärker konnte ich die Individualität eines jeden Vorübergehenden spüren. Die Wärme des Tages war ein Wunder; ich fühlte mich wie eine Batterie, die vom Sonnenlicht aufgeladen wird.

«Das ist schon ganz schön.» Chea berührte mich am Arm. «Du machst es gut. Diesmal läßt du mühelos von deinen Gedanken ab; werde aber nicht zu euphorisch. Laß dich dadurch lediglich anfeuern.

Wichtig ist folgendes; an diese Schritte muß du dich erinnern, wann immer du dich auf die Suche machst: Spür dein Lied; laß deine Gedanken los; laß deine Energien fließen; sei dir der Ausdehnung des Geistes bewußt; fühle, beobachte und weite dich aus dem Herzen heraus; und bereite da, wo du bist, den Boden, indem du ihn mit dem Strom nährst, der durch dich hindurchfließt, während du beobachtest. Auf diese Weise findest du deine Mitte, dein Gleichgewicht, *ka ta see*.»

Genau in diesem Augenblick wurden wir im Sturzflug von dem kleinen rotschöpfigen Scheusal attackiert. Es brach sich Bahn und schoß wie ein Pfeil zwischen uns hindurch und die Promenade hinunter, wo es im Menschengewühl verschwand und wieder auftauchte. Sein Vater erblickte plötzlich seinen Sohn und schickte sich ohne große Begeisterung an, ihm zu folgen.

Domano fegte noch schneller als der Junge vorbei und schaffte es, vor ihn zu kommen, ohne daß der Junge es bemerkte. Chea zog mich am Arm, um mich zur Eile anzutreiben, damit wir aufholten. Betont ungezwungen hasteten wir die Promenade entlang, um nichts zu versäumen.

Domano hatte richtig vermutet, wo der Junge sich als nächstes verstecken wollte, und verbarg sich unbemerkt in seiner Nähe. Der Junge hatte sich gerade hinter ein Törchen geduckt, als er endlich Domano erblickte, der von einem Ohr zum anderen grinste. Das kleine Biest sprang ein paar Schritte beiseite. Domano klatschte in die Hände und lachte von Herzen, und schon war der Junge weg und rannte wieder. Jetzt sahen ihn seine Eltern, und diesmal eilten sie durch die Menge hinter ihm her und riefen ihn.

Der Gesichtsausdruck des Kleinen war das reine Erstaunen. Er schien keine Angst zu haben, sondern nur noch fester entschlossen zu sein, das Spiel zu gewinnen. Er machte einen Satz auf die Treppe zum Strand hinunter, und da packten ihn seine Eltern. Er schaute sich nach allen Seiten nach seinem geheimnisvollen Gegner um, und die Feststellung, daß Domano seine Ergreifung mit angesehen hatte, schien ihm ein wenig peinlich zu sein. Domano nickte ihm edelmütig zu.

Dem Kleinen stand die Neugier ins Gesicht geschrieben. Ich konnte förmlich hören, wie es in ihm arbeitete und er schon die nächste Eskapade plante in der Hoffnung, seine Eltern und Domano doch noch zu überlisten. Sein Vater bestach ihn fürs erste mit einem Ritt auf einer dieser Maschinen, die einem den Magen umdrehten und einen total durchrüttelten. Als sie außer Sicht waren, gesellte sich Domano wieder zu uns.

Er lächelte über das ganze Gesicht. «Laßt uns eine Fahrt auf der Wilden Maus machen. Die habe ich am liebsten. Kommt. Wir können alle zusammen fahren. Es macht Spaß.» Er winkte und gestikulierte, um mich zum Mitkommen zu bewegen. «Es macht wirklich Spaß. Los.»

«Lieber nicht», sagte ich. «Geht ihr beiden erst mal. Ich warte hier. Das macht mir nichts aus. Geht nur.» Mir war eingefallen, daß ich vor Jahren einmal mit der Wilden Maus gefahren war. Sie entsprach absolut nicht meiner Vorstellung von einem Vergnügen. Meiner Meinung nach war ich damals auf dem Ding wahrscheinlich ein paar Jahre gealtert.

«Du brauchst keine Angst zu haben», sagte Domano. «Wir sind doch bei dir.»

Er verstand mich anscheinend nicht. Das machte mir erst richtig angst. Ich traute ihnen nicht ganz, denn vielleicht taten sie wieder irgend etwas, das mich in Gefahr brachte oder mich zumindest halb zu Tode ängstigte.

«Ach bitte, ja?» bat er. «Ich zahle. Ich lade euch ein. Das ist das Beste hier. Das Allerbeste. Mach doch mit, ja?»

«Du läßt dich allmählich von deinen Gedanken und Ängsten überwältigen», sagte Chea. «Du fühlst dein Lied nicht mehr und läßt die Ströme nicht mehr fließen. Siehst du das? Deine ganze Sehweise ist jetzt von deinen alten angsterfüllten Gewohnheiten geprägt. Sie haben die Welt verändert, die du im Augenblick siehst. Wo sind die leuchtenden Farben hin? Die Freude? Das Wunderbare eines jeden Menschen? Die Neugierde? Stimmt es nicht?»

Ich mochte es nicht zugeben, aber sie hatte recht. Ich war erstaunt, wie vollständig und schnell sich der Wechsel in meiner Wahrnehmung vollzogen hatte. Ich hatte schon öfter meine Gedanken entschwinden sehen, doch jetzt bemerkte ich zum ersten Mal, wie sie mich überfluteten und buchstäblich gefangennahmen, wie sie meine Stimmung vollkommen beherrschten, meine Absichten, die Art und Weise, wie die Welt auf mich wirkte.

«Kannst du dein Lied wiederfinden?» fragte Chea sanft.

Der Grad und Umfang der Kontrolle, die unsere Gedanken über uns haben, war erschütternd. Auch nicht in meinen wildesten Träumen wäre ich je auf das wahre Ausmaß ihrer Macht über uns gekommen. Ich dachte an das Bibelzitat: «Danach kommt der Teufel und nimmt das Wort . . .»

Domano ahmte mit den Fingern eine kleine Fliege nach, die um uns herumbrummte und dann geradewegs in meinen offenen Mund hinein.

«Ich habe gerade geübt, eine Venusfliegenfalle zu sein, wenn ich erwachsen bin», sagte ich und lachte über unsere Scherze.

Sie fanden meine Bemerkung äußerst komisch.

«Jetzt siehst du ganz klar», sagte Domano gütig, «wie wichtig ein Gedanke ist. Deshalb streben wir auf unserem Weg danach, die Gedanken dazu zu bewegen, uns zu verlassen. Für *ka ta see*, den Tanz des Gleichgewichts, müssen wir all die Macht wiedergewinnen, die wir an sie verschleudert haben, die Kontrolle über unsere Aufmerksamkeit erlangen und behalten.

Fährst du jetzt mit?»

Meine Neugier erwachte wieder. Obwohl ich wußte, daß ich die Fahrt nicht mochte und davor und vor dem, was die Hetakas vielleicht taten, Angst hatte, wollte ich doch sehen, was mir geboten wurde, was auf der anderen Seite meiner Käfigstäbe war.

«Sicher», antwortete ich, «warum nicht? Ihr benachrichtigt ja wohl meine Angehörigen, nicht wahr?»

Wir stellten uns in die Schlange. Uns stand eine längere Wartezeit bevor. Keiner sagte etwas.

Wir warteten gute zehn Minuten, und noch immer hatte niemand ein Wort gesagt. Das machte mich nervös. Domano lächelte verstohlen, wippte auf den Füßen vor und zurück, ballte die Hände zur Faust und machte sie wieder flach. Sein Benehmen drückte Langeweile und Unruhe aus. So hatte ich ihn noch nie erlebt, wie er auch nie zuvor solche Gefühle gezeigt hatte. Da braute sich irgend etwas zusammen. Ich hoffte von ganzem Herzen, daß es nicht wieder eine traumatische Lektion werden würde.

Dann bemerkte ich ein kleines Mädchen in der Nähe, das interessiert beobachtete, was Domano machte. Sie starrte ihn aufmerksam an, um sich dann umzudrehen und ebenso aufmerksam ihren Vater anzuschauen. Beide Männer taten genau das gleiche. Domano ahmte den Vater perfekt nach. Niemandem war es aufgefallen, nur dem kleinen Mädchen, Chea und schließlich mir.

Ich wandte mich möglichst unauffällig ab und lachte. Domano hatte seine Rolle so gut gespielt, daß ich tatsächlich geglaubt hatte, er sei zutiefst gelangweilt und nervös.

«Wenn ein Mensch aus Gewohnheit sieht», sagte Domano, «statt von Herzen, ist es leicht, ihn zu täuschen und seinen Gedanken genau das zu zeigen, was sie sehen müssen, um es zu glauben.»

Die Schlange rückte vor. Jetzt kamen wir an die Reihe. Domano ergriff meine Hand und eilte zum Vordersitz des Wagens. Chea nahm auf dem hinteren Sitz Platz. Wir schnallten uns an, und er riet mir, mich an den Griffen vorn festzuhalten, als seien sie meine Ängste selbst, und ich sollte auf meiner Angst fahren und mir ihre Energie zunutze machen. Er sagte, ich solle mich geistig nie meiner Angst ausliefern, denn wir könnten als Menschen keine Fortschritte machen, solange wir dieses, unser größtes Hemmnis nicht überwänden.

«Es ist bloß Angst», setzte er hinzu, «die die Verfolgung unserer Ziele gefährlich macht. Die Ziele selbst sind es nicht. Es ist unser Entsetzen, das uns die Hand des Todes spüren läßt.»

Chea beugte sich vor. «Das eigentliche Wesen der Schöpfer, Huter und Wächter ist von unserem völlig verschieden. Uns erscheinen sie vollkommen fremd. Wenn Menschen einem solchen Wesen zum ersten Mal begegnen, löst deren Andersartigkeit Angstwellen in ihnen aus. Das liegt normalerweise gar nicht in ihrer Absicht, aber es ist unsere natürliche Reaktion auf eine so absonderliche, unendlich große Lebensform. Der Mensch spürt, daß sie auf so etwas wie einer Schwelle zu tausend Welten sitzen. Ihre Macht ist unfaßbar.»

«Sie sind nicht das gleiche wie Tier- oder Pflanzengeister», fügte Domano hinzu. «Sie sind die intensivsten Wesen auf diesem Planeten nach unserer Wohltäterin. Sie –»

Es ging los. Ich dachte im stillen: «O Gott! Ich wünschte, ich hätte es nicht getan!»

All das Gerede über die Angst, und ich sah förmlich vor mir, wie ich mit dem Kopf voran aus dieser tödlichen Falle stürzte. Ich wußte vor Angst weder aus noch ein. Ich versuchte, meine Angst in den Griff zu bekommen, mich nicht in meinen Entscheidungen und in meinem Handeln von ihr bestimmen zu lassen, aber in Wahrheit war ich in hoffnungsloser Verfassung. Ich hielt mich so stark an der Stange fest, daß mir die Hände schmerzten. Und dann drang, wie sehr ich mich auch dagegen sträubte, ein lauter Schrei aus meiner Kehle.

Domano federte entspannt und lächelnd in seinem Sitz und genoß die Fahrt richtig. Er schrie: «Siehst du? Ich hab's dir ja gesagt. Das ist das Beste hier!»

Als ich sah, daß er keinerlei Angst und an diesem Augenblick sogar seine helle Freude hatte, ließ meine Spannung etwas nach. Es half mir, wieder einmal einzusehen, daß mein Entsetzen meine ganz persönliche Reaktion war und ich mich nicht davon auffressen zu lassen brauchte.

Diese Erkenntnis half mir gerade bis zur nächsten Haarnadelkurve, wo mein Geschrei grauenhafte Ausmaße annahm. Ich dachte: «Nun ja, diese kleine Prüfung habe ich nicht bestanden. Vermutlich brauche ich diesmal keine großen Geister kennenzulernen.»

Mir kam es so vor, als dauere die Fahrt ewig. Das, was ich mir in diesem Augenblick am heftigsten ersehnte, war, aus dem Ding herauszukommen.

Die Fahrt ging schließlich doch zu Ende. Ich konnte gar nicht schnell genug aussteigen.

Domano klatschte in die Hände und sagte: «Laßt uns noch mal fahren! Schnell, stellt euch an! Gehen wir!»

Ich war sprachlos. Meine Knie zitterten buchstäblich. Ich hatte immer gedacht, diese Redewendung sei ein Witz, eine sprachliche Übertreibung, aber meine Knie waren tatsächlich weich und gaben unter mir nach. Ich hatte vergessen, mir vor der Abfahrt eine Mütze aufzusetzen oder mir die Haare zusammenzubinden. Jetzt fiel mir ein, daß mir wahrscheinlich die Haare zu Berge standen und nach allen Seiten starrten wie bei einer Wilden aus Borneo.

«Komm!» sagte Domano drängend wie ein kleines Kind.

«Es ist genauso wie mit einem Hüter. Beim ersten Mal hast du richtig Angst, die aber mit jedem weiteren Mal schwächer wird. Du wirst schon sehen.» Und dann sagte er nochmals mit jungenhafter Nachdrücklichkeit und Ausgelassenheit: «Komm!»

«Darf ich mich ein bißchen ausruhen?» fragte ich. «Ich glaube, ich werde erst mal irgendwo kotzen.»

Das fanden sie urkomisch. Dabei war es mir todernst. Woher

nahmen sie bloß all die Kraft? Ich war in der Blüte meiner Jahre, Mitte Zwanzig, und wurde von ein paar Oldies in den Schatten gestellt.

Chea kicherte. «Lach. Komm mit. Gönn dir einen Spaß. Das Leben kann kurz sein. Du wirst dich doch nicht unter dem Bett verstecken und alles verpassen wollen, oder?»

Ich sah auf. «Doch.» Mir zitterten immer noch die Knie. Wenn die Begegnung mit einem Hüter so ähnlich wie diese Fahrt sein sollte, konnte ich gut ohne sie auskommen. Sehr gut. Ich ging zu einer Bank und setzte mich hin.

Sie kamen und setzten sich neben mich.

«Sieh dir mal die Leute hier an der Wilden Maus an.» Domano beugte sich vor und sprach. «Guck, wie viele es sind. Die Leute lassen sich gern mit ihrem Tod ein. Dadurch bekommt das Leben wieder einen spürbaren Reiz für sie. Wenn der Tod nahe ist, steigt die Lebenslust. Die Menschen werden sich dessen deutlich bewußt. Beobachte sie einmal.»

Ich wollte sie nicht beobachten. Ich wollte nach Hause. Ich wollte mir die Haare kämmen, hatte aber nicht einmal meine Handtasche dabei. Ich fuhr mir mit den Fingern durch die Haare, um sie ein wenig zu entwirren. Sie waren mindestens so durcheinander, wie ich mir vorgestellt hatte. Ich war froh, es nicht sehen zu können.

Ich beobachtete halbherzig die Leute. Ich konnte nichts Besonderes an ihnen finden. In meinen Augen sahen sie alle wie ein Haufen lärmender Kirmesbesucher aus.

«Laß uns von der Schlange aus weiterschauen.» Domano sprang auf und zog mich an der Hand. Er war noch hartnäckiger als meine Kinder.

«Na schön», sagte ich, «aber zum letzten Mal. Zum allerletzten Mal.»

Ich schaute, verstand jedoch immer noch nicht, wovon er redete. Die meisten Leute schienen nach der Fahrt einfach nur größere Augen zu haben und noch lauter zu sein.

Wir setzten uns wieder auf den Vordersitz, mit Chea hinter uns. Domano bedeutete mir, die Stange vorn zu packen, und los ging's. Wieder nahm meine Angst eine ganze Kategorie für sich allein in

Anspruch. Wie, zum Teufel, hatte ich mich zu diesem zweiten Mal überreden lassen können? Mensch, was bist du für ein Idiot! Mein Puls und mein Blutdruck mußten sich verdreifacht haben. Ich fühlte mich hundeelend, war von Entsetzen gepackt und wollte auch gar nicht darauf achten, ob sich meine Angstreaktion abschwächte. Wenn es mir während meiner übrigen Lehrzeit bei ihnen so ergehen sollte, würde ich sie abbrechen. Auf der Stelle.

«Da. Siehst du?» sagte Domano, als das Gefährt anhielt. «Du wirst in einer guten Verfassung sein für deine Aufgabe heute abend.»

«Heute abend?» Ich war wie vom Donner gerührt. «Nach Anbruch der Dunkelheit? Im Stockfinstern? Heute nacht? Das ist . . . das ist mir zu früh. Ich brauche mehr –»

«Komm, setz dich zu mir», fiel Chea mir ins Wort und lachte. «Du bist wirklich in miserabler Verfassung. Du hattest kaum einen Grund und hast trotzdem vor Angst geschlottert. Heute abend mußt du dich zusammennehmen, du könntest sonst sterben.»

«Wirklich, Chea, meint ihr nicht, daß es noch zu früh ist? Ich weiß überhaupt nichts mehr. Ich fange doch erst an. Können wir es nicht auf später verschieben, zum Beispiel auf nächstes Jahr?»

«Du wirst es schon überstehen», sagte sie lächelnd.

«Überstehen?» Ich wurde langsam lauter. «Du hast eben gesagt, ich könnte dabei sterben!»

«Beim ersten Mal sind die Leute immer etwas ängstlich.»

«Nein», sagte ich, «ich kann nicht. Ich kann's einfach nicht.»

«Die Zeit ist reif», sagte sie mit großer Bestimmtheit. «Daran ist nichts zu ändern. Sie wartet auf dich. Auch wenn du heute nacht nicht hinausgehst und sie im Wald triffst, sie wird dich einholen. Sie wird in dein Haus platzen und sich dir vorstellen.

Hör mir zu. Es ist gefährlich, ja, weil du soviel Angst hast. Und sie kann dich jederzeit wie einen kleinen Käfer zerdrücken. Aber aller Wahrscheinlichkeit nach wird sie das nicht tun wollen.»

«Aller Wahrscheinlichkeit nach?» warf ich ein. «Warum sollte ich es darauf ankommen lassen? Ich finde, wir sollten sie wie einen großen alten Alligator oder Tiger ungestört in ihrer Behausung lassen. Sie einfach in Ruhe lassen. Chea, wenn sie so gefährlich sind, warum sollten wir sie dann reizen?»

Chea antwortete nicht.

«O Gott!» Sie brachte mich zur Verzweiflung. «So wie ihr ausseht, laßt ihr euch nicht umstimmen. Stimmt's?»

«Es ist nicht unsere Entscheidung», sagte Domano. «*Sie* hat entschieden.»

Ich hatte ein Gefühl im Magen, als hätte ich Steine zum Frühstück gegessen. «Ich glaube, ich muß mich mal eben übergeben.»

«Komm, komm!» Domano lachte leise. «Sei doch nicht so ein . . . wie sagt ihr noch? Angsthase? Du bist viel stärker, als du denkst.»

«Hast du unsere Anweisungen mitbekommen?» Chea kicherte auch. «Es ist gut, wenn man weiß, was man tun soll.»

«Na ja», sagte ich, «vielleicht könntet ihr sie noch einmal wiederholen. Nur um sicherzugehen.»

«Nur um sicherzugehen», sagten sie wie aus einem Munde und nickten. Sie gingen alles noch einmal durch und ließen es mich diesmal wiederholen.

«Wir werden uns heute abend auf dem Berggipfel oberhalb von deinem Haus treffen», fuhr Chea fort. «Du wirst mit deiner Übung beginnen, sobald du das Haus verläßt, und auf dem Weg nach oben in der gleichen Weise achtsam sein.»

«Wo werdet ihr denn dort oben sein? Der Berg hat einen langen Kamm», sagte ich.

«Während du achtsam beobachtest», sagte Domano, «wirst du sagen können, wo wir gewesen sind, wo wir sind.»

Ich mußte lachen. Ich dachte, er würde mich wieder necken.

«Diese Aufgabe ist nicht schwer.» Er lächelte nicht. «Du wirst schon sehen. Wichtig ist, daß du Selbstvertrauen hast.»

«Um wieviel Uhr?» fragte ich.

«Nach Anbruch der Dunkelheit, wenn du die Kinder ins Bett gebracht hast», sagte Chea.

«‹Nach Anbruch der Dunkelheit›», sagte ich, «das ist eine sehr verschwommene Angabe. Wie sollen sich da unsere Pfade kreuzen? Einer von uns wandert dann womöglich eine lange Zeit dort oben herum und wartet.»

«Du machst dir viel zu viele Sorgen», sagte Domano. «Du wirst es merken, wenn der richtige Zeitpunkt da ist. Du mußt dir nur selbst vertrauen. Denk an alles zurück, was du getan hast. Alles, was du gelernt hast.»

«Woher soll ich bloß wissen, wie ich euch finde?» fragte ich. «Einfach so?»

Domano lächelte enthusiastisch und klopfte sich ans Herz. «Du wirst es wissen. Du wirst ein sicheres Gefühl haben.»

Er war zumindest zuversichtlich. Mir kam es allerdings merkwürdig vor, daß ich plötzlich sicher wissen sollte, wann und wo ich sie treffen würde.

Domano drehte sich rasch um. Das kleine rotschopfige Scheusal stahl sich wieder von seinen Eltern fort. Domano lachte voller Vergnügen.

«Entschuldigt mich bitte einen Augenblick», sagte er und lief los in Richtung auf den Jungen. Chea und ich sahen uns an, lächelten und folgten Domano, so schnell wir konnten.

Die Sache versprach recht unterhaltsam zu werden. Zuerst konnte ich Domano gar nicht entdecken. Chea bahnte sich schnell einen Weg durch das Menschengedränge, und ich hatte Mühe, mit ihr Schritt zu halten. Eine Riesenschar junger Mütter, die im Schneckentempo Kinderwagen vor sich her schoben, versperrte mir den Weg.

Ich versuchte, Chea einzuholen, als ich den Vater des Jungen sah, der in der gleichen Richtung nach ihm suchte. Ich schaute umher, ob ich ein Anzeichen von Domano oder dem Jungen entdecken konnte. Plötzlich packte mich jemand von hinten. Es war Chea. Wie sie hinter mich gekommen war, wird mir immer ein Rätsel bleiben. Vor einer Sekunde hatte ich sie noch in der Gegenrichtung gesehen.

Sie deutete auf einen Spalt in der Vorderseite von einer der Buden, wo ein Brett lose war. Drinnen konnte ich die Spitze eines kleinen Tennisschuhs erkennen. Jemand warf dem Jungen durch den Spalt eingewickelte Bonbons zu, eins nach dem anderen. Ich schaute mich um, konnte aber bei all den Leuten nicht sehen, woher sie kamen.

Nach einer Weile kamen die Bonbons wieder herausgesaust. Und verschwanden wieder drinnen. Und flogen wieder heraus. Dann war Schluß.

Der Junge streckte ungeduldig die Nase aus dem Spalt heraus, um die Gegend abzusuchen. Er konnte anscheinend auch nicht erkennen, wer da Bonbons warf. In dem Gefühl, die Luft sei rein, kam er heraus und lief geradewegs in Domano hinein, der sich bis zum letzten Augenblick hinter einem ziemlich großen Mann versteckt hatte.

Der kleine Kerl war außer sich vor Begeisterung darüber, endlich einen echten Spielkameraden zu haben. Er kreischte vor Verblüffung und rannte gleich wieder davon, Domano blieb ihm dicht auf den Fersen und benutzte einzelne Spaziergänger in der Menge als Deckung. Der Junge wandte beim Laufen ständig den Kopf, um zu sehen, ob er verfolgt wurde. Er schien davon überzeugt zu sein, daß Domano und sein Vater ihn aus den Augen verloren hatten.

Dann legte Domano ein schnelleres Tempo vor, wand sich bis zu dem Jungen durchs Gewühl und stellte sich ihm gerade in dem Augenblick in den Weg, als er sich nach etwaigen Verfolgern umschaute. Wieder rannte der Junge genau in Domano, der von einem Ohr zum anderen grinste, ihm schnell ein Blatt in die Brusttasche seines Hemdes schob und daraufhin in der Menge untertauchte.

Der Junge nahm die Herausforderung an. Er wollte sich nicht ausstechen lassen und begann nun seinerseits, in der Menge nach Domano zu suchen, wobei er ständig nach allen Seiten schaute und auf seiner Hut war.

Wir folgten ihm in sicherem Abstand. Der Junge hatte unsere Beziehung zu seinem Spielgegner bisher noch nicht mitbekommen. Ab und zu sahen wir Domano. Er hielt sich stets etwa sechs Schritt von dem Jungen entfernt und verbarg sich hinter Leuten oder irgendwelchen Bauten. Gelegentlich warf er ein Bonbon, und wenn er den Jungen auf die Brust getroffen hatte, hastete er in einer anderen Richtung davon.

Gerade als der Junge zu gewinnen glaubte, entdeckte er seine Eltern und sprang mit einem Satz in ein Versteck. Domano rempelte den Vater absichtlich an, um ihn abzulenken.

Ich war erstaunt, mit welcher Leichtigkeit und Flinkheit sich Domano durch die Menschenmassen pirschte, als seien sie Urwaldbäume, und mit solcher Unbekümmertheit, daß er weder sonderbar wirkte noch Aufmerksamkeit erregte.

Chea klopfte mir auf den Arm. «Wir gehen langsam hinterher. Du mußt noch etwas mehr lernen für deine Aufgabe.

Wenn du zu der Stelle auf dem Berg kommst, wirst du sie mit dir durchdringen, so daß du und das Land miteinander vertraut werdet. Sei vorsichtig mit deinen Gedanken. Dann bittest du den Hüter des Windes in aller Klarheit, Verbindung mit dir aufzunehmen. Du gibst genau an, welche Art von Beziehung du wünschst.»

«Soll ich das laut aussprechen?» fragte ich.

«Wenn du willst», sagte Chea. «Nötig ist es nicht. Viele Geister mögen den Klang der menschlichen Stimme. Aber worauf es ankommt, ist deine unmißverständliche und klare Absicht. Deine geistige Eindeutigkeit. Das ist für die Geister ausschlaggebend.»

«Muß ich vorher fasten?» fragte ich dazwischen.

«Was meinst du mit fasten?» fragte sie zurück.

«Nichts essen oder sich anderer Sachen enthalten, um dies auszuführen?»

«In den meisten Fällen ist das nicht nötig. Aber wenn du dich dann wohler fühlst, nur zu. Ich rate dir allerdings davon ab, dich vorher vollzustopfen, du würdest dich dann wahrscheinlich nur übergeben. Der Körper, speziell der Magen, muß in einem Zustand der Passivität, der Entspannung sein. Nicht überlastet. Er sollte so entspannt sein, daß er dem Geist dabei hilft, mit seinem Geschwätz aufzuhören. Dein Körper sollte nicht deine Aufmerksamkeit beanspruchen. Bei dir würde ich etwas Leichtes für gut halten. Etwas Gesundes. Nichts Denaturiertes, keinen Zucker.

Vor Zeremonien oder Aufgaben nimmt man nie Alkohol oder Drogen zu sich. Ich kann dir mit Gewißheit sagen, daß die Geister das nicht mögen. Die Menschen erscheinen ihnen dann häßlich.»

«Wie steht es denn mit Tabak oder dem Zeug, das die Amazonasindianer schnupfen, oder mit dem Peyote-Kaktus oder heiligen Pilzen?»

«Tabak an sich ist in Ordnung, solange er nicht im Übermaß genossen wird. Er macht den Menschen nicht häßlich. Aber in eure Zigaretten ist alles mögliche hineingemischt, das äußerst schädlich ist. Und wenn jemand zuviel davon raucht, wirken sie wie Drogen. Sie schwächen den Körper und benebeln das Bewußtsein. Dann wirken die Menschen wieder häßlich auf die Geister.

Die anderen Stoffe, die du erwähnt hast, sind für sich alleine heilig. Sie erfordern jeweils eine eigene Vorgehensweise und eigene Regeln und werden niemals mit anderen Handlungsweisen vermischt. Wenn sie auf diese alte Art gebraucht werden, auf die spezielle Art und Weise, die den Menschen vor Jahrtausenden aus bestimmten Gründen von den Geistern übermittelt worden ist, wird dem Menschen geholfen. Aber wenn sie außerhalb jener Grenzen benutzt werden, können sie schädlich wirken und machen einen häßlich und krank. Verstehst du das?»

«Ja. Nur ist in Europa und, wie ich glaube, auch anderenorts Alkohol als Sakrament eingesetzt worden. Wie in der Messe. Oder in den Trunkenheitsriten des Bacchus in Rom. Wie kommt das? Warum dort und nicht hierbei?»

«Das war etwas anderes. Eine andere Absicht und Zeit. Eine andere Symbolik. Der Stoff selbst steht nicht im Mittelpunkt dabei, sondern das Symbolische, das Verbindende, die Bewußtseinsveränderung.

Bei den berauschenden Weinfesten ging es nicht darum, mit den Geistern in Verbindung zu treten und mit ihnen zu kommunizieren, vielmehr sollten das Wesen des Spiels, des Lachens und der Fülle geehrt und die Teile des Selbst, die unterdrückt, verkrüppelt und aus dem Gleichgewicht geraten waren, durch das Auflösen von Anspannung und das Durchrütteln der Gedanken wieder integriert werden. Der Vorgang wurde als heilig angesehen. Vergiß nicht, daß es eine ganz andere Zeit und ganz andere Leute waren. Was damals funktioniert hat, könnte heute mit Nachteilen verbunden sein.»

«Das glaube ich auch.»

«Jedes Volk», fuhr sie fort, «hat eigene Methoden, die Aufmerksamkeit wieder auf die eigene Mitte zurückzulenken und sich mit den Geistern und dem Schöpfer auszutauschen. Sie sollten jede für sich anerkannt und nie verurteilt werden. Für einen Menschen sind nicht alle Traditionen gleich leicht zu erfassen oder von Erfolg gekrönt. Die für den einen angemessen ist und ihm leichtfällt, ist für den anderen schwer. Und so fort. Wir sind alle verschieden voneinander, sind Einzelwesen. Wir brauchen Unterschiedliches. Es ist gut, daß es so viele verschiedene Wege gibt.»

«Und was ist», fragte ich, «wenn ich nun dort stehe und den Kontakt suche und nichts geschieht?»

«Dann fängst du noch einmal von vorn an und gehst mit deinem Bewußtsein aus dir heraus. Halte die Augen offen für den erscheinenden Geist. Er kommt. Vertraue darauf. Und sei geduldig.»

«Aber wenn er doch nicht kommt? Wenn er sich weigert?»

«Du wirst es merken», sagte sie. «In dem Fall ziehst du dich ehrerbietig zurück und versuchst es ein andermal von neuem. Mach dir keine Sorgen, laß die Ängstlichkeit hinter dir. Hier wirken die Dinge auf einer anderen Zeitebene. Finde dich einfach damit ab, so oder so. Es gibt keinen Mißerfolg. Man erfüllt einfach mit ganzem Sinnen und Trachten seine Aufgabe, so gut man kann. Ganz gleich, was daraus entsteht. Das ist alles.»

«Ich habe Angst, Chea.»

«Ich weiß. Das ist zu erwarten. Sei einfach mitfühlend mit dir.»

«Ich weiß nicht, wie.»

«Natürlich weißt du das. Atme. Entspanne dich. Du wirst mitten in deinem Lied sein, wenn du deine Bitte formulierst. Du wirst schon sehen. Nach deiner Bitte achtest du mit deinem ganzen Wesen darauf, daß die Hüterin des Windes kommt. Sie wird sich nähern und ganz nah an dich herankommen, dich betrachten. Sie wird dich prüfen. Du mußt unerschütterlich und entschlossen bleiben. Ruhe in deiner Mitte, breite die Arme aus und recke dich so hoch wie möglich. Und öffne dein ganzes Selbst wie ein leeres Gefäß.

Geh mit deinem Lied aus dir heraus und berühre dieses Wesen. Es wird in dein Bewußtsein dringen, in dein Dasein. Während du von ihm und es von dir erfüllt wird, vermischen sich eure Wesen. Eure Herzen werden einander berühren und miteinander verschmelzen. Du wirst Geist und Herz dieses Wesens kennen, und es wird dich kennen.

Dann wird der Zeitpunkt gekommen sein, sie nach ihrem Namen oder dem Klang zu fragen, durch den sie gerufen wird. Das kann ein einfacher Ton sein, aber auch ein Lied oder ein Bild. Oder etwas anderes. Davon darfst du anderen nichts erzählen, es sei denn, es wird von dir verlangt.

Frage den Geist, was immer du willst, oder bitte ihn um einen Gefallen. Reg dich nicht auf, wenn du zu fragen vergißt. Du kannst mit deinem neuen Freund jederzeit wieder in Verbindung treten, wenn du willst. Sobald du einmal mit einem Geist verschmolzen bist, ist er dein Leben lang dein engster Freund, wie ein naher Familienangehöriger.»

«Kann man ihn sich wieder entfremden?» fragte ich. «Sozusagen die Freundschaft beenden?»

«Ja, indem man ihn betrügt. Ihn entehrt. Aber ich kann mir nicht vorstellen, warum jemand so etwas tun sollte. Sie sind die besten und treuesten Freunde, Helfer und Lehrer, die ein Mensch haben kann.»

«Aber woran erkenne ich, daß ich tatsächlich eins mit ihm geworden bin und mich nicht bloß selbst zum Narren halte?»

«In deinem Geist wird nicht der mindeste Zweifel mehr bestehen. Du wirst absolut gewiß sein. Wenn du noch zweifelst, hast du den Geist mit deinem Lied nur berührt. Dann solltest du es noch einmal versuchen. Wenn nicht bei dieser Gelegenheit, dann ein andermal.

Manchmal geschieht auch nicht mehr, und es wird nie zum Einssein mit diesem Geist kommen. Das mußt du hinnehmen. Sei dankbar auch für diese Art von Freundschaft, die dir geboten wurde. Halte sie in Ehren. Mach Gebrauch davon. Sie werden dir stets gute und treue Freunde sein.»

«Worin liegt da der Unterschied? Warum dann überhaupt das ganze Verschmelzen?»

«Weil das, was dabei ausgetauscht wird, so unendlich viel größer ist. Ein Wissen, das auf keine andere Art erworben werden kann. Liebe und Verständnis. Und die Fähigkeit, unablässig in Gedanken und Gefühlen klar miteinander reden zu können.

Der Grad und die Qualität des Austauschs läßt sich nicht wirklich erklären. Er muß erfahren werden.»

Beide, Chea und ich, erblickten auf einmal Domano, wie er gerade Bonbons warf, immer eins nach dem anderen, und sie wieder auffing, sowie sie zurückgeflogen kamen. Ab und zu duckte er sich im Menschengedränge hinter jemanden, so daß die Bonbons auf die Passanten prasselten.

«Chea», fragte ich, «ist dieses Verschmelzen etwas, das ich oft machen werde?»

«Zunächst und fürs erste wirst du dich nur mit dieser speziellen Windhüterin verbinden. Doch wenn die Zeit dafür reif ist, werden wir dir sagen, wie du andere Hüter des Windes aufspürst und eins mit ihnen wirst, immer mit jeweils einem. Das ist ein langer Weg. Und wenn du genug gelernt hast, werden wir dir beibringen, auch mit anderen Arten von Geistern, Schöpfern und Hütern zu verschmelzen.

Aber man muß sehr vorsichtig sein. Es gibt ungemein viele Wesen und Gedankengebilde, und bei manchen von ihnen ist es besser, keine Zeit daran zu wenden, mit ihnen zu kommunizieren.»

«Warum? Sind sie gefährlich? Wie gefährlich? Das wird doch nicht so etwas wie ein Horrortrip werden, oder?» Sie hatte wirklich den Dreh heraus, mich wieder total zu verunsichern, und das, wo ich die bevorstehende Situation, das neue Trauma, gerade etwas lockerer zu sehen begann.

«Zuerst», sagte Chea lächelnd und schüttelte den Kopf, «muß man den Unterschied zwischen Gedankengebilden und Geistern erkennen können. Man wird sich nicht unbedingt einem durchschnittlichen Gedankengebilde gegenüber öffnen wollen. Heutzutage sind sie Produkte des Ungleichgewichts. Das wird man sich doch nicht antun.

Zum zweiten muß man stark und gut auf diese Dinge vorbereitet sein. Man kann nicht einfach hinauslaufen und versuchen, sich mit Geistern anzufreunden. Man muß sich auf jeden Typ und jede Begegnung einstellen.»

Ich trat ans Geländer und schaute über das Meer. «Du willst damit sagen, daß diese Dinge wirklich gefährlich sind. Ich könnte ernstlich verletzt oder gar getötet werden. Stimmt's?»

Chea kam zu mir herüber und tätschelte mir den Arm. «Natürlich. Das ganze Leben ist gefährlich. Du fährst nicht ohne entsprechende Vorbereitung Auto. Ebenso ist es mit dem Wissen. Die Menschen sind über die Jahrhunderte durch eigenes Zutun kraftlos geworden. In Ländern, die vor langer Zeit untergingen, waren das allgemein gebräuchliche Praktiken. Jetzt ist die Zeit gekommen, daß diese Dinge und die Kraft und das Gleichgewicht zurückkehren. Nur wird es diesmal am Ende noch mehr sein.»

Sie lächelte und sah mich voller Güte und Zuneigung an. «Ich würde nichts von dir verlangen, wofür du nicht bereit bist. Wir würden es nicht zulassen, daß du ein solches Risiko auf dich nimmst.»

«Ach, Chea! Ich fühle mich überhaupt nicht bereit! Warum glaubst du bloß, daß ich dazu bereit bin?»

«Weil du dir», lächelte sie, «alle Gaben der Himmelsrichtungen auf einmal zunutze machen und deine Mitte finden kannst. Die Gaben haben dich stärker gemacht.»

«Aber ich kann das ja kaum. Ich bin nicht gerade gut darin, in beidem nicht.»

Chea lachte. «Du bist sehr gut mit deinem Lied. Das warst du immer, schon lange bevor wir dich kennengelernt haben. Das Lied zieht dich geradewegs in den Raum deines Herzens, und wenn du dort lange genug bleibst, entfalten sich die anderen Fähigkeiten. War es nicht so bei dir?»

«Ich weiß nicht», antwortete ich. «Was hast du mit den Geistern gemeint, mit denen ich nicht sprechen sollte?»

Ich weiß nicht, was daran so komisch war, aber Chea lachte laut auf. «Es sind die Gedanken anderer Leute, mit denen zu reden du keine Zeit verschwenden solltest. Was die Geister betrifft, so ist mit manchen besser zu reden als mit anderen. Einige setzen sich sehr für die Belange der Menschen ein. Und andere wieder wollen sich nicht damit abgeben. Sie sind alle unsere Gefährten hier. Oder wie die Sioux sagen, sie sind alle unsere Verwandten.

Mit der Zeit lernst du, welche am freundlichsten und ansprechbarsten sind und welche Art von Hilfe sie bieten können.»

«O Chea», jammerte ich, «gleich muß ich meinen Mann abholen. Ich finde, wir sollten diese Sache verschieben. Wo ist Domano? Ich müßte mehr darüber wissen. Mich besser vorbereiten. So ist es verrückt. Es macht mir wirklich angst.»

Sie sah mir direkt in die Augen. «Es ist gut so. Du wirst die gebotene Achtung und Wachsamkeit an den Tag legen. Ah! Da ist er ja.»

Domano kam zu uns gehüpft. «Zeit für den Heimweg. Ja? Kommt. Wir werden auf dem Weg zum Auto über heute abend sprechen.»

Als ich meinen Mann an der Universität abholte, wollte er wissen, was mit meinem Haar los war. Ich hatte es ganz vergessen. Ich erzählte ihm, ich sei am Strand spazierengegangen, und es sei ziemlich stürmisch gewesen.

An diesem Abend fiel es mir sehr schwer, den Kindern zuzuhören. Ich konnte nur noch an die drohend vor mir liegende Aufgabe denken. Ich hatte große Angst und war doch zugleich gespannt und neugierig. Ich fühlte mich geehrt und als etwas Besonderes, daß ich an einem so ungewöhnlichen, urtümlichen Erlebnis würde teilhaben dürfen. Ich fragte mich, wie viele Leute, die nicht zu einem jener entlegenen Stämme gehörten, wohl jemals eine solche Gelegenheit geboten bekommen hatten.

Ich bereitete das Abendessen zu und bemühte mich nach Kräften, mich ganz normal zu verhalten, aber ich war so nervös und aufgeregt, daß ich kaum etwas essen konnte. Und während der allgemeinen Unterhaltung hatte ich im nächsten Augenblick wieder vergessen, wovon gerade gesprochen worden war.

Schließlich war es Zeit, die Kinder ins Bett zu bringen. Mein Mann hatte sich in sein Arbeitszimmer hinten im Haus zurückgezogen. Die Kinder spürten meine Unruhe und waren äußerst schwierig. Wenn ich dachte, sie schliefen und ich könnte aus dem Zimmer gehen, sprang wieder eins aus dem Bett und verlangte meine Aufmerksamkeit.

Nach einer endlos scheinenden Zeit schliefen die Kinder ein. Ich sah vorsichtshalber mehrmals nach ihnen, zog meinen Mantel an und schlüpfte leise nach draußen.

Ich war mir nicht sicher, ob es der richtige Zeitpunkt zum Gehen war, aber jetzt hatte ich die Gelegenheit dazu – vielleicht die einzige. Also zog ich los.

Es schien kein Mond, und der Redwoodwald war sehr dunkel. Jedes Ästchen, jedes kleinste Geräusch erschreckte mich bis ins Mark. Ich blieb stehen und versuchte, mich an alle Schritte zu erinnern, die ich unternehmen sollte. Dann fiel mir ein, daß ich ja aus meiner Mitte heraus gehen und dabei meine Aufmerksamkeit sowohl auf mein Lied als auch auf alle Himmelsrichtungen zugleich richten sollte. Unter dem Druck, das jetzt hinzubekommen, fiel es mir besonders schwer.

Nach einer Weile waren mein Lied und die Energien irgendwie in Gang gekommen, aber es war mir unmöglich, meine Gedanken zum Stillstand zu bringen, geschweige denn die Ausdehnung meines Geistes zu spüren. Ich stolperte den Berg hinauf und versuchte, mir wenigstens irgendwie meiner Mitte bewußt zu bleiben und mich nicht so zu fürchten.

Nicht allzuweit entfernt hörte ich in den Wipfeln der Bäume ein lautes Sausen und Rascheln. Ich konnte hören, wie es sich von links um mich herum bewegte und in der Ferne verklang. Ich schauderte unwillkürlich zusammen. Ich konnte spüren, daß dieses Etwas lebendig und intelligent war und daß es nach mir Ausschau hielt.

Ich bemühte mich verzweifelt, mein Lied und den Energiestrom wieder anzukurbeln. Allmählich fühlte ich beim Gehen die Dinge ringsumher. Der Wald war erfüllt von seltsamem, schönem Leben.

Dann hörte alles auf. Es wurde vollkommen still. Ich konnte das laute Sausen des Windes immer nur in jeweils einem Baumwipfel hören, und es kam durch den Wald geradewegs auf mich zu. Es verschlug mir den Atem. Ihre Kraft und Macht waren wirklich unfaßbar. Sie blieb in den Baumwipfeln und peitschte genau über mich hinweg. Ich war sicher, daß sie mich erkannte.

Ich mühte mich weiter mit meinem Lied ab, während ich, so schnell ich konnte, dem Gipfel zustrebte, um Chea und Domano zu finden. Als ich oben ankam, waren sie nicht da. Ich mußte den falschen Teil des Kamms erwischt haben. Sie hatten gesagt, ich würde merken, wo sie gewesen und wo sie jetzt waren. Ich versuchte, mich zu beruhigen und meine Mitte wiederzufinden, um diese hellseherische Aufgabe zu bewältigen. Aber ich empfand nichts, was auf die Nähe der Hetakas schließen ließ.

Die Geräusche des Waldes wurden sehr intensiv. Ich war voller Angst. Ich konnte mich weder von meinen Gedanken noch von meiner Angst lösen. Ich blieb stehen und konzentrierte mich eine Zeitlang auf mein Lied und das Strömen. Wieder trat völlige Stille ein, bis auf das ferne Rauschen des Windes in den Bäumen. Diesmal kam sie von rechts und wirbelte um mich herum. Ich konnte spüren, wie sie mir leicht ins Gesicht und durch die Haare blies. Ich wußte nicht, warum, aber ich folgte ihr.

Sie war anders, als ich erwartet hatte. Sie unterschied sich vollkommen von der leichten Brise, die für gewöhnlich von Westen her über den Hang wehte. Sie hatte einen Wind von großer Intensität und konzentrierte sich auf ein Gebiet von wenigen Quadratmetern. Sie blies mit beliebiger Geschwindigkeit und aus allen Richtungen, ganz unabhängig von dem vorherrschenden Bergwind. Sie hielt sogar an einer Stelle inne und wehte aus voller Kraft, jedesmal minutenlang. Sie fegte die Bäume hinauf und hinunter, sauste im Kreis herum, geradeaus, bog in scharfen Winkeln ab oder machte mitten in der Bewegung kehrt.

Während ich ihr folgte, sauste sie stets ein Stück voraus, um dann innezuhalten und zu warten, bis ich sie eingeholt hatte. Bei Nacht durch diese Gegend zu wandern war nicht leicht. Überall wuchs dichtes Unterholz, und der Boden war stellenweise morastig. Es war so dunkel, daß ich die Büsche vor mir kaum erkennen konnte. Bald war ich ganz zerkratzt, und ich stolperte oft.

Ich konnte kaum glauben, daß ich tatsächlich mitten in der Nacht durch den Wald zu einem heimlichen Treffen mit Schamanen und Geistern hastete. So hatte ich mir meine Lehrzeit und die Begegnungen mit den Hetakas nicht vorgestellt. Es war ein Abenteuer für mich, aber jetzt war es total exotisch und vollkommen real. Ich war fasziniert, ja begeistert, hieran teilzunehmen, und doch war ich bis in die Knochen verängstigt.

Auf den Gedanken, an diesem Punkt einen Rückzieher zu machen, kam ich gar nicht. Umkehr schien einfach nicht zu existieren. Es ging nur vorwärts.

Ich konnte die Nähe des Todes spüren, als wäre er dicht hinter der Hüterin des Windes. Alles war von einer ungeheuren Intensität. Mein Bewußtsein für mein Lied wuchs, und gleichzeitig war ich in der Lage, die Umgebung mit größerer Klarheit in mich aufzunehmen. Ich wurde mir der enormen Erfahrungsmöglichkeiten unseres Lebens auf diesem Planeten bewußt. Ich glaube nicht, daß ich mich je lebendiger gefühlt hatte.

Ich folgte dem Wind auf eine kleine Lichtung ohne Gebüsch. Dort waren Domano und Chea. Sie schienen nicht im mindesten überrascht zu sein, daß ich sie gefunden hatte. Ich hingegen war recht erstaunt und erleichtert, als ich sie sah.

Chea nahm meine Hand. «Geh die Schritte einen nach dem anderen durch. Nimm mit allen Teilen deines Wesens wahr. Du mußt mit großer Hochachtung und Dankbarkeit vorgehen. Laß dich nicht von der Angst überwältigen. Du mußt sie an der Hand nehmen. Und behalte vor allem die Kontrolle über dich und deine Entscheidungen. Erlaube der Angst, dich zu begleiten, wenn es denn sein muß. Sie wird dir womöglich sogar auf eine Weise beistehen, die du nicht ahnst.

Vergiß nicht: Du breitest nur die Arme aus und öffnest dich im letzten Augenblick, bevor ihr verschmelzt, wie ein leeres Gefäß, wenn du weißt, daß du bereit bist, und nach dem gefragt hast, was dir auf dem Herzen liegt.»

Domano berührte mich am Arm und lächelte. «Vertraue auf dich. Du bist bereit.»

Beide lächelten mich liebevoll an und zogen sich an den Rand der Lichtung zurück.

«Wartet! So wartet doch!» schrie ich. «Ihr könnt nicht weggehen! Wo geht ihr denn hin?» Ich rannte hinter ihnen her.

«Wir können nicht hierbleiben», sagte Chea und versuchte, mich zu beschwichtigen. «Dies ist etwas, das du ganz allein tun mußt. Es ist zwischen dir und der Hüterin des Windes. Wir müssen jetzt gehen. Beruhige dich. Atme tief und bewahre dein Lied. Schnell. Du mußt wieder deine Mitte finden.»

Sie gingen noch ein paar Schritte, und weg waren sie. Die Dunkelheit hatte sie verschluckt, und ich konnte sie nicht mehr finden.

«Wartet! Wartet!» schrie ich. «Ich kann das nicht allein. Ich habe Angst. Bitte geht nicht weg! O nein! Wartet doch!»

Ich suchte das Gebüsch ab, konnte sie jedoch nicht finden. Plötzlich trat absolute Stille ein. Der Wind war im Begriff zurückzukehren. Ich rannte in die Mitte der Lichtung und bemühte mich mit allen Kräften, mir meines Liedes wieder bewußt zu werden und die nötigen Schritte durchzuführen.

Sie kam durch die Wipfel der Redwoods den Berg heraufgestürmt, senkte sich auf die Lichtung herab und traf mich so von links, daß ich das Gleichgewicht verlor. Ich konnte ihre Absicht spüren. Sie war nicht böswillig, aber ihre Kraft war erschreckend.

Ich war sicher, daß ich sie neugierig machte. Sie war ein wißbegieriges, denkendes Geschöpf. Was sie mir zu bieten hatte, lag auf der Hand. Ich wußte allerdings nicht, was ich zu bieten hatte, das sie interessieren könnte.

Sie sauste wieder davon, den Berg hinab, bis ich sie nicht mehr hören konnte. Der normale Wind wehte weiterhin. In der Nähe sang ein Nachtvogel, und unentwegt quakten Frösche. Ich stand da, lauschte und wartete eine unerträglich lange Zeit. Meine Angst wuchs ins Unermeßliche. Ich überlegte, ob sie zurückkehren würde oder ob ich gehen sollte.

Ich versuchte, mein Lied wiederzufinden und, so gut ich konnte, in meiner Mitte zu bleiben, aber ich war so schreckhaft, daß mich alles ablenkte. Alles ängstigte mich.

Dann hörte ich erneut ihr Rauschen, das geradewegs den Berg heraufkam und genau vor der Lichtung innehielt. Ich spürte, wie sie mich beobachtete. Der Tod stand hinter ihr. Ich fürchtete mich so, daß ich kaum atmen konnte. Im Geiste konnte ich Cheas Aufforderung hören, die Angst an der Hand zu nehmen und trotz oder mit ihr weiterzumachen. Auf einmal war ich fest entschlossen, in meiner Mitte zu bleiben und mit meinem Lied aus mir herauszugehen, wie groß auch meine Angst sein mochte.

Sie kam zu mir. Ich konnte ihren Atem auf meinem Gesicht, in meinem Haar spüren. Ich besann mich auf meine Bitte, breitete die Arme aus und öffnete mich wie ein leeres Gefäß. Mein Lied war stark. Ich konnte das Leben in allem ringsumher fühlen. Über Erdboden und Bäumen lag ein zartes Leuchten. Ich war zugleich von höchster Freude und größter Angst erfüllt.

In meinem Geist bestand kein Zweifel darüber, daß mich die Hüterin des Windes jederzeit töten konnte, leichter, als wir eine Ameise zerdrücken. Aber ich wußte, daß sie das nicht tun würde. Wenn ich sterben sollte, dann durch eigene Angst und Unvorsichtigkeit.

Als sie näher kam, konnte ich ihre Wesensart fühlen. Sie war anders als alles, was ich je erlebt oder mir vorgestellt hatte. Sie war äußerst intelligent, mitfühlend und neugierig. Sie hatte ein besonderes Interesse an Menschen und ihrer Entwicklung. Der Grad ihrer Macht und Energie war für mich ein körperlicher Schock. Ich konnte mich in sie einfühlen, in ihre Verbindungen zu anderen Welten, anderen Dimensionen.

Dieses Fremdartige an ihr war es, das mir die meiste Angst verursachte. Ich konnte nicht genau ausmachen, was es war. Wenn ich darüber nachdachte, ergab es keinen Sinn. Dabei vermittelte sie mir ein so fremdartiges Gefühl, daß es mich über alle Maßen verblüffte.

Sie kam noch näher. Unser Atem mischte sich. Ich wußte, daß sie liebevoll war und daß ihr das Leben dieses Planeten und all derer, die darauf lebten, aus ihrem innersten Sein heraus am Herzen lag.

Und dann war sie um mich und blies durch mich hindurch. Überall war Licht. Sie kannte mich genau, und ich wußte viel von ihr. Ich konnte sie durch mich hindurchwogen fühlen wie elektrischen Strom. Sie war eine von vielen, die wie sie an verschiedenen Orten die Atmosphäre kontrollieren. Sie war kein Gott, nur ein lebendiges Wesen, dessen Aufgabe uns gewaltig erscheint.

Ich vermochte ihre Geschichte zu sehen. Sie war so uralt wie die Erde. Sie hatte Dinosaurier erlebt und den Wandel der Erdteile. Und sie würde noch hier weilen, wenn wir längst gegangen waren.

Ich erfuhr ihr Lied und teilte ihre Lebenskräfte mit ihr, wie sie die meinen. Wir würden ein Leben lang Freunde sein. Ich wußte, daß ich auf sie zählen konnte, wenn ich Hilfe brauchte, daß sie mich hören würde, wo immer ich auch war, und daß ich sie hören würde.

Unsere Lieder trennten sich wieder. Sie entfernte sich in die Baumwipfel. Mir wurde bewußt, daß ich am ganzen Leibe zitterte. Innerlich war ich völlig verzückt und hätte gern wieder Fühlung aufgenommen, aber mein Körper war durch meine Angst gefährlich erschöpft. Ich war gezwungen, mich zurückzuziehen, und trat stolpernd den Rückweg durch den Wald nach Hause an. Ab und zu spürte ich sie, wie sie durch die Bäume rauschte und mir folgte.

Die Medizingesänge

Ich konnte es kaum erwarten, Domano und Chea wiederzutreffen, um ihnen von meinen Erfahrungen mit der Windhüterin zu berichten. Schon Tage vor der verabredeten Zeit ging ich zu ihrer Wohnung, aber es war niemand da. Ich klopfte und klopfte und rief nach ihnen. Ich ging sogar zum Strand hinunter und hielt nach ihnen Ausschau, aber vergebens.

Ich hatte fest damit gerechnet, daß sie da wären. Ich wollte ihnen unbedingt von meinem Erfolg berichten. Ich hatte so viel zu erzählen und viele Fragen. Ich war zutiefst enttäuscht. Ich beschloß, die Strandpromenade entlangzugehen und nach ihnen zu suchen.

Zweimal legte ich die ganze Strecke zurück, ohne sie zu entdecken. Dann kam ich auf den Gedanken, es einmal mit der Haupteinkaufsstraße in der Innenstadt zu versuchen. Ich verbrachte den ganzen übrigen Tag damit, die Straßen auf und ab zu gehen, und suchte sogar ihr Lieblingscafé auf, aber sie waren nicht zu finden. Das war das erste Mal, daß ich unverrichteter Dinge nach Hause gehen mußte, und ich platzte fast.

Am nächsten Tag kam ich mit meinem Mann erneut in die Stadt. Ich entschloß mich, vor Beginn der Vorlesung noch ein wenig auf dem Universitätsgelände herumzuwandern und in die Cafeterias sowie die Bibliothek zu schauen, ob ich sie dort finden konnte.

Auf dem Weg zur Bibliothek, ich hatte den Pfad zwischen den Bäumen eingeschlagen, spürte ich die Gegenwart von etwas Vertrautem. Dafür gab es keinen Grund – keine Geräusche, keine

Gerüche, nichts zu sehen. Es war lediglich eine innere Gewißheit. Es war das Gefühl, das mit der Hüterin des Windes verbunden war. Es fühlte sich an, als grüße sie mich.

Ich blieb stehen und schaute mich um. Ich freute mich, ihr wieder zu begegnen. Seit unserer ersten Begegnung auf dem Berg war dies das dritte Mal, daß sie zu mir kam. Die anderen beiden Male war es in den Bergen in der Nähe meines Hauses gewesen.

Sie rauschte durch die Baumwipfel über mir. Sie war es. Daran hatte ich keinen Zweifel. Dann fegte sie auf mich herab und wehte liebkosend an mir auf und ab. Auf einmal stand mir die Stevenson-College-Cafeteria lebhaft vor Augen. Ich weiß nicht warum, aber ich fühlte mich gedrängt, dorthin zu gehen, also machte ich kehrt und ging wieder zur Ostseite des Universitätsgeländes.

Als ich eintrat, saßen Chea und Domano am Fenster. Sie winkten mich herüber. Ich wollte es nicht glauben. Ich hatte eigentlich nicht mehr erwartet, sie an jenem Tag auf dem Campus zu finden, obwohl ich nach ihnen suchte. Mir fiel auf, daß das Bild der Cafeteria vor meinen Augen und mein Gefühl, hingehen zu müssen, ein seltsames Zusammentreffen war, aber ich verstand den Zusammenhang nicht.

«Hallo, hallo», sagte Domano mit breitem Grinsen. «Komm, setz dich. Setz dich zu uns.»

«Gut siehst du heute aus», fügte Chea hinzu.

«Mein Gott!» sagte ich. «Ihr seid hier? Die merkwürdigsten Sachen sind passiert. Ich habe ein solches Verlangen nach euch gehabt! Himmel, habe ich euch viel zu erzählen!»

«Ja!» Domano lachte. «Bestimmt.»

«Ich hab's geschafft», sagte ich und wackelte auf meinem Stuhl herum wie eine Fünfjährige. «Ich hab's tatsächlich geschafft! Ich bin mit ihr verschmolzen! Mit ihm. Oder wie soll ich sagen?»

Chea lachte mich an. «Im Grunde sind sie ganz anders. Vielleicht alles drei, es, er und sie. Wir sagen meistens sie, weil uns diese Großeltern eher weiblich erscheinen. Aber das ist unsere persönliche Auffassung. Nenn du sie, wie du willst, nachdem du nun einen kennengelernt hast.»

«Ja», nickte ich, «vielleicht trifft ‹sie› wirklich etwas besser zu. Warum sagst du ‹Großeltern›?»

«Dieses Wort drückt bei unserem Volk tiefen Respekt und Blutsverwandtschaft aus», antwortete Chea. «Es ehrt sie und beinhaltet zugleich Vertrautheit und Nähe.»

«Ist es so etwas wie ein Kosename?» fragte ich.

Sie mußten beide lachen. Domano sagte: «Ja. Eine Anrede voller Zuneigung. Nur drückt dieser Kosename in unserer Kultur die größte Hochachtung aus.»

«Aha!» sagte ich. «Ich glaube nicht, daß es in unserer Sprache etwas Vergleichbares gibt.»

«Nein», sagte Domano.

«Also», fuhr ich fort, «ich weiß nicht, was ich erwartet hatte, aber wir unterhielten uns miteinander. Allerdings ohne Worte. Ich meine, ohne zu sprechen. Würdet ihr das für möglich halten? Sie war genauso neugierig auf mich wie ich auf sie.

Bei näherem Nachdenken kann ich es aber immer noch kaum glauben. Ich stand da und unterhielt mich mit nichts. Nur weiß ich, daß etwas da war. Es denkt und fühlt, ist jedoch nicht in der gleichen Art lebendig wie wir. Mich frustriert nur, daß ich nichts davon beweisen kann. Ich kann es nicht einmal analysieren.»

Domano lehnte sich auf seinem Stuhl zurück und lachte leise. «Nein, das kannst du wohl nicht. Eure Wissenschaft macht es dir und deinen Leuten auch schwer. Dabei ist sie so real wie alles andere auch, nur wird sie übersehen. Um mit ihr in Kontakt zu kommen, muß man all seine Sinne benutzen.

Wenn sie nicht lebt, wie konnte sie dir dann sagen, daß du hierher kommen solltest?»

«Aber ich hatte doch keine Ahnung, daß ihr hier seid», sagte ich. «Das war eine totale Überraschung.»

«Warum bis du dann gekommen?» fragte er.

«Ich habe an die Cafeteria denken müssen, und es zog mich mit aller Macht hierher statt in die Bibliothek. Ich stand wie unter einem Zwang. Aber ich hätte nie gedacht, euch beide hier zu finden.»

«Du hast nach uns gesucht», sagte er, «nicht wahr?»

«Nun ja», sagte ich.

«Sie hat dir geantwortet. Sie ist auf dein Verlangen hin erschienen», sagte Domano, «und hat uns für dich aufgespürt. Sie hat dir gesagt, wohin du gehen mußt. Aber du hast ihre Botschaft nicht ganz mitbekommen. Du hast gedacht, es wären deine eigenen Gedanken.»

Ich unterbrach ihn. «Wie soll ich denn einen Unterschied feststellen? Woher weiß ich es? Ein Gedanke ist wie der andere. Er ist einfach da drin.»

«Das ist eine Sache der Erfahrung. Das Denken ist erfüllt vom Lied seines Schöpfers», sagte Domano. «Du wirst dich darin üben, darauf zu achten.»

«Aber wie?» fragte ich.

«Wenn du dein Lied genau kennst, kannst du gleich sagen, was anderen Ursprungs ist. Als diese Hüterin sich dir genähert hat, kanntest du ihre Gedanken und Gefühle. Du wußtest, daß es ihre und nicht deine waren. Nicht wahr?»

Ich nickte.

«Sie äußerten sich mit ihrer Stimme», fügte er hinzu. «Erinnerst du dich noch, wie sie sich von den deinen unterschieden? In der Stimme? Im Gefühl? In ihrer Richtung?»

Ich mußte erst nachdenken. Ich vergegenwärtigte mir das Erlebnis wieder, und es fiel mir schwer, mich an etwas zu erinnern, dem ich keine Beachtung geschenkt hatte, aber ich glaubte zu erkennen, worauf er hinauswollte.

«Denk darüber nach», sagte er. «Ich gehe dir inzwischen einen Kaffee holen.»

«Danke», sagte ich und langte in meine Tasche. «Hier, das Geld. Ja, Kaffee klingt gut.»

Eine lange Schlange wartete dort. Eben mußte eine Vorlesung zu Ende sein. Er würde eine ganze Weile brauchen. Da war ich also wieder mit Chea allein. Sie war an diesem Tag sehr still. Selbst nach all den Monaten wurde ich immer noch nicht klug aus ihr.

Sie schwieg. Ihr Gesicht war ausdruckslos und ruhig. Die Stille bedrückte mich allmählich, und so rang ich mir schließlich eine Frage an sie ab.

«Chea», fragte ich, «hat die Hüterin des Windes wirklich mit mir geredet?»

«Natürlich», sagte sie und rückte mit ihrem Stuhl näher. «Sie hat dir schon eine Menge erzählt. Leider ist es am Anfang immer

177

ein wenig so, als würden Perlen vor die Säue geworfen, bis wir gelernt haben, aufmerksam zu sein, und dafür sensibilisiert sind. Sie sprechen, aber wir hören nichts. Erst nach und nach beginnen wir zu hören.

Sag mal, was machen deine Babys?»

«Meine Kinder. Es geht ihnen gut. Sie mögen die Schule und den Wald. Ich glaube nicht, daß sie schon gemerkt haben, wie verrückt ich bin. Eher habe ich wohl mittlerweile meinen Mann verärgert. Durch mein Studium, die Kinder, den Haushalt und das hier komme ich mit dem Saubermachen und Einkaufen nicht mehr nach. Ich koche, was am schnellsten und einfachsten geht. Und ich bin entweder zu beschäftigt oder zu müde, um mich in irgendwelche Vergnügungen zu stürzen.»

«Der arme Kerl. Er hat nicht damit gerechnet, daß sich auch seine Welt verändern würde. Aber er wird sich wieder erholen.» Sie lachte unbeschwert und herzlich. «Ihr werdet Geduld miteinander haben müssen.»

«Ah. Endlich Kaffee.»

Domano bediente uns und setzte sich dann hin. In diesem Augenblick wurde mir bewußt, daß fast immer er es war, der aufstand und Kaffee machte, etwas zum Knabbern holte oder in einem Café zur Theke ging und bestellte. In meiner Ehe war das normalerweise mein Job. Ich wußte nicht recht, was ich davon halten sollte, aber es berührte mich seltsam.

Domano nippte an seinem Kaffee. «Ich will dir von den Hütern des Windes erzählen. Ich will dir eine Geschichte von ihnen erzählen. Das ist natürlich wieder eine meiner tollen Geschichten.» Wir lachten. «Die Sonne wirft ab und zu einen Strahl auf unseren Tisch. Wir haben einen feinen Kaffee vor uns. Die Musik ist gut. Wie heißt diese Musik?»

«Das ist Reggae», antwortete ich, «von einer Insel in der Karibik. Schön, nicht wahr?»

«Ja», sagte er, «sie paßt zu dieser Geschichte. Entspann dich. Und genieße.

Es war vor vielen, vielen Jahren. In längst vergessener Zeit. Das Land, von dem ich spreche, ist jetzt unter Wasser.

Die Erde in diesem Tal ist sehr fruchtbar. Die Felder werfen reichliche Ernten ab, und im Wald herrscht Fülle. Ein freundliches Volk lebt dort, das die Unbeschwertheit und Heiterkeit genießt. Es pflegt den Brauch, ihr eigenes und das Nachbardorf zu versammeln, um die Feldfrüchte zu ernten. Alle kommen, Alte, Kinder, Männer, Frauen. Alle.

Nur muß diesmal ein Bote die Nachricht zu einem dritten Dorf hoch oben im Gebirge tragen. Sie erhoffen sich auch dessen Hilfe. Die Natur schüttet ihre Gaben in Hülle und Fülle vor ihnen aus, mehr, als sie verarbeiten können. Eine so reiche Ernte ist selten. Aber diese Leute teilen gern, wenn sie können. Das Volk aus dem Bergdorf ist auch sehr umgänglich, aber so weit entfernt, daß Besuche schwierig sind. Deshalb machen sie keine. Nur zu besonderen Anlässen.

Seit ihrem letzten Besuch sind schon viele Jahre vergangen. Der Bote ist ein Junge. Er ist ganz aufgeregt, daß er dorthin laufen soll. Und vieles sehen wird. Er macht sich fertig und bekommt Anweisungen von den Älteren.

Der Weg ist weit, aber nicht allzu schwer. Der Junge ist stark, bei guter Gesundheit und schnell. Er geht zuerst zum Häuptling. Sie reden lange Zeit miteinander. Der Häuptling bringt Essen und Trinken für den Läufer herbei.

Als der Häuptling zufrieden ist, ruft er die Dorfältesten zusammen. Sie müssen entscheiden, ob man ins Tal hinuntergehen soll und wie viele sich auf den Weg machen sollen. Es gibt viel zu überlegen.

Sie beraten einige Tage lang. Die Dorfbewohner treten vor und sagen, was sie denken. Dann wird abgestimmt. Über die Hälfte der Dorfbewohner werden gehen. Die anderen bleiben daheim und sehen nach dem Rechten.

Das wird eine aufregende Sache für diese Leute. Sie suchen Vorräte zusammen und machen sich ins Tal auf. Es ist beschwerlich für eine so große Schar, durch das Gebirge zu wandern. Sie gehen langsam. Zwei Wochen vergehen. Der Bote hofft, daß sie nicht zu lange brauchen und zu spät kommen. Er treibt zur Eile an.

Als sie ankommen, fangen die Dorfleute unten gerade mit der Ernte an. Die Bergbewohner errichten ihr Lager und gesellen sich dann zu den Dorfleuten auf den Feldern.

Unter den Talbewohnern ist eine junge Frau namens Pula. Sie ist stark und klug und hübsch wie eine Blumenblüte. Sie ist im heiratsfähigen Alter und gespannt darauf, ob ein junger Mann dabei ist, der ihr gefällt. Sie arbeitet auf allen Feldern, um alle Männer in Augenschein nehmen zu können.

Ein Mann ist da, der sie anlächelt, als sie ihn zum ersten Mal sieht, so daß sie innerlich erbebt. Sie will ihn näher kennenlernen.

Es ist Manaol. Jung, stark. Ein grundehrlicher Mann. Er hat auch gedacht, das sei vielleicht ein guter Ort, um eine Frau für sich zu finden. Als er Pula auf dem Acker sieht, trägt er schnell den großen Sammelkorb zu ihr hinüber und schüttet das, was sie geerntet hat, aus ihrem Sack hinein.

Sie lächelt ihn lange an. Er ist aufgeregt. Er hat Angst, daß sie ihn nicht mag, und stolpert über Wurzeln. Aber sie bemerkt es nicht.

Er wird von einem Älteren fortgerufen, dem er tragen helfen soll. Die Nähe zu Pula hat ihn so aus der Fassung gebracht, daß er vergißt, auf Wiedersehen zu sagen oder zu fragen, wo er sie später finden könnte. Er geht davon, lächelt vor sich hin und schaut sie an, statt auf den Weg zu achten. Wieder stolpert er.

Später am Abend spricht er mit seinem Onkel über diese Frau. Sie reden davon, sie zu finden und gemeinsam mit ihrer Familie ein Mahl zu genießen. Sie müssen sich erst alle treffen und einander kennenlernen, ehe die Familien über eine Heirat entscheiden können. Es geht alle an.

Manaol und sein Onkel machen Besuche im ganzen Dorf und im Lager. Sie kommen auch zum Haus, in dem Pula mit ihrer Mutter und ihren Tanten wohnt. Manaols Onkel bringt eine Menge Speisen mit, und es wird ein feines Essen zum Kennenlernen gerichtet. Es ist ein gutes Einführungstreffen. Daran könnten sich noch viele weitere Mahlzeiten anschließen.

In den nächsten Tagen arbeiten Pula und Manaol auf denselben Feldern, so daß sie im Lauf des Tages öfter aneinander vorbeigehen. Zu den Mahlzeiten kommen jedesmal mehr Freunde und Angehörige. Große Freundschaften entstehen und vertiefen sich. Der Tag ist nicht mehr fern, an dem die Ernte beendet ist und die Leute aus dem Gebirge sich wieder auf den Heimweg machen.

Jetzt müssen sich die Familien entscheiden, ob eine Hochzeit stattfinden soll.

Pula und Manaol sehnen sich über alles nacheinander. Aber sie warten die Entscheidung ihrer Familien ab. Spät an jedem Abend schleichen sie sich aus dem Dorf und treffen sich heimlich. Sie sind verliebt ineinander, und Manaol singt Pula leidenschaftliche Lieder vor und jagt im Mondschein hinter ihr her.

Am Tag vor dem Abmarsch der Bergbewohner beschließen die Familien, daß die jungen Leute heiraten dürfen, aber erst, wenn Manaol seine Verpflichtungen gegenüber seinen Ältesten erfüllt hat. Sie sollen am Ende des folgenden Sommers Hochzeit halten. Nach einem Jahreszeitenkreislauf. Das bedeutet, daß Manaol Pula zurücklassen und ins Gebirge zurückkehren muß. Im Winter ist die Verbindung unterbrochen. Es können weder Botschaften überbracht noch Besuche gemacht werden.

Das ist die beste Entscheidung. Man hat keine andere Wahl, als zu seinen Verpflichtungen zu stehen. Danach bleibt es beiden überlassen, ihr eigenes Leben zu leben. In einem Jahr wird er mit seiner Familie wiederkommen, um zu heiraten und im Tal zu bleiben. Der Abschied fällt allen schwer. Aber es muß sein, auch für die Liebenden. Pula kann es nicht ertragen, ihn davongehen zu sehen. Sie läuft weinend in den Wald. Manaol ruft sie, aber sie läßt sich nicht blicken. Er trödelt hinter seinen Leuten her, späht zwischen den Bäumen nach ihr und singt seine Lieder für sie.

Sie lauscht und folgt ihm auf den Waldpfaden, bis die Felsen beginnen und er hinter einem Berghang verschwindet.

Für Pula und Manaol vergeht das Jahr sehr langsam. Der Winter ist lang und hart. Jeder lebt in den Träumen des anderen. Sie erinnern sich an die gemeinsame Zeit und bereiten sich auf ihr Wiedersehen vor.

Pulas Großmutter ist eine Medizinfrau. In diesem Jahr nimmt sie Pula bei sich auf, um sie in der Lebensart ihrer Vorfahren zu unterrichten. Pula lernt alles über Ehe und Geburt und wie man mit den Geistern lebt.

Die Großmutter macht sie mit dem Windgeist ihrer Berge bekannt. Pula verbringt viel Zeit damit, sich mit dem Geist anzufreunden und seine Stimme zu hören, wenn er spricht.

Eines Tages ruft Pula nach Manaol. Der Windgeist hüllt Pula ein, um sie zu trösten. Pula sagt, wenn ich ihn doch nur sehen, nur hören könnte. Der Windgeist sagt, er will in die Berge fliegen, Manaol suchen und zurückkehren, um ihr zu zeigen, wie es ihm geht. Pula versteht das nicht, willigt jedoch ein in der Hoffnung, Neuigkeiten über ihren Liebsten zu erfahren.

Als der Windgeist zurückkommt und Pula einhüllt, sieht sie Manaol in seinem Dorf. Hört seine Stimme, während er mit seinen Onkeln spricht. Sie ist ganz aufgeregt. Sie bittet den Windgeist, ein Bild von ihr zu Manaol zu tragen. Der Windgeist sagt, Manaol hätte nicht gelernt, ihn zu hören. Er würde es vielleicht nicht verstehen. Pula fleht so lange, bis der Wind einwilligt, einen Versuch zu machen.

Also begibt sich der Windgeist weit hinauf in die Berge. Er versucht unablässig, Manaols Aufmerksamkeit zu erregen, ihm das Bild Pulas vor Augen zu führen, das sie im Herzen trägt. Aber er bemerkt es nicht. Er fährt an ihm hoch, immer wieder. Ruft ihn beim Namen. Umwirbelt ihn und bläst ihm ins Gesicht. Gellt ihm in den Ohren. Er stürmt sogar brüllend auf ihn zu und fegt ihn beinahe um. Er schreit: ‹Pula liebt dich. Pula sendet dir ihr Bild, das du sehen sollst.› Aber er hört weiterhin nichts.

Eben gibt der Windgeist auf und schickt sich an, die Berge zu verlassen, als Manaol sich auf einen Stein setzt und seufzt. Und sagt: ‹Ach, könnte ich doch nur meine Pula wiedersehen.›

Der Windgeist hält inne und nähert sich ihm noch einmal. Aber Manaol versteht seine Botschaft nicht. In seinem Herzen ist nur ein schwacher Widerhall vom Namen seiner Geliebten, der ihn vor Sehnsucht fast vergehen läßt.

Der Windgeist kehrt zu Pula zurück und erzählt ihr alles. Pula weint und bittet ihre Großmutter um Hilfe.

Großmutter ist klug. Sie kennt eine Möglichkeit, wie dieser Wind die Träume der Liebenden über weite Entfernungen hinweg tragen kann. Sie lehrt Pula, Fäden aus ihrem Herzen zu spinnen. Sie mit ihrer Stimme dem Windgeist zu übermitteln, der sie zu Manaol tragen soll.

Pula übt immerfort. Sie lernt, diese Fäden zu spinnen und sie mit sehnsuchtsvollen Liedern ihrem Geliebten zu schicken.

Eines Tages, als Manaol gerade bei der Holzlese ist, hört er Pulas Stimme, die ihm im Wind etwas vorsingt. Er denkt: ‹Das ist die Zauberkunst der alten Großmutter. Es gefällt mir. Wind. Trage dieses Lied meines Herzens zu Pula zurück.›

Er singt wunderschön. Lieder ungeduldiger Liebe. Und der Windgeist trägt die Sehnsucht ihrer Herzen zwischen ihnen hin und her, bis die Sommerblumen blühen.

Dann bereitet sich Pula auf ihre Hochzeit und ihr neues Heim vor. Das Wetter ist gut. Noch ein Mond, und Manaol wird mit seiner Familie kommen, und dann wird ihr neues Leben beginnen. Sie ist wie betäubt vor Aufregung.

In dem Bergdorf erledigt Manaol all seine Verpflichtungen. Er will nicht bis zum verabredeten Zeitpunkt warten. Er will sein Dorf sofort verlassen und berät sich mit seiner Familie, daß er gleich losgehen will, um sie nach Ablauf eines Mondes unten im Tal zu treffen. Das ist in Ordnung. Er nimmt überall im Dorf Abschied und macht sich auf den Weg.

Auf den hohen Bergpässen wendet sich das Wetter. Es ist später Nachmittag. Wolken ziehen auf, und es wird kälter. Manaol beschleunigt seine Schritte. Aber er ist sehr hoch oben. Es ist weit bis zu den Vorbergen, sie sind noch einen oder zwei Tage weit entfernt. Er weiß, daß er im Bergwetter festsitzen wird. Aber es ist Sommer, und es dürfte nicht allzu schlimm werden. Es wäre besser, jetzt ein Lager aufzuschlagen. Also sucht er nach einem guten Platz und sammelt Feuerholz.

Als er sein Lager errichtet hat, ist es noch kälter geworden. Es fängt sogar an zu schneien. Er braucht erheblich mehr Holz für die Nacht. Er wandert umher und sammelt es. Es ist sehr steinig hier. Auf dem Weg mit seiner Last zurück zum Lager rollen die Steine unter seinen Füßen weg, und er fällt in eine Felsspalte. Steine und Geröllbrocken fallen auf ihn herab.

Er kann sich nicht rühren. So sehr er sich auch abmüht, es sind zu viele Steine, und sie sind zu schwer. Der Schnee fällt immer dichter und es wird dunkel.

Pulas Freund, der Windgeist, findet Manaol. Er versucht, zusammen mit seinen Windgeistverwandten den Sturm fortzublasen, bis Manaol freikommt. Sie willigen ein, sich von der

Felsspalte fernzuhalten, den Paß jedoch nicht zu verlassen. Der Sturm wird noch eine Weile anhalten.

Jetzt saust Pulas Freund ins Taldorf. Er rüttelt Pula mit einem Traum von Manaol, der im Schnee eingeschlossen ist, wach. Pula fährt mit einem Schrei hoch. ‹Großmutter! Wach auf! Manaol sitzt im Schnee fest. Er ist auf dem hohen Paß. Der Wind hat es mir erzählt. Wir müssen hin. O Großmutter, hilf mir!›

Pula ist außer sich. Sie fürchtet, ihren geliebten Manaol zu verlieren. Sie weint und weint. Großmutter weiß, daß sie die Wahrheit spricht, und geht die Krieger ihrer Familie wecken, damit sie sich auf den Weg machen und ihn retten. Sie müssen sich beeilen, denn sonst wird er bald sterben.

Großmutter ist zu alt, um mitzugehen. Sie sagt den Kriegern, sie sollen Pula mitnehmen. Pula wird sie nach der Leitung des Windgeistes führen.

Für den Schnee gerüstet, ziehen sie lange vor Sonnenaufgang los. Beim Morgengrauen erreichen sie die Vorberge. Sie merken, daß das Wetter dort oben ziemlich übel ist. Aber Pula treibt sie an, immer schneller. Bei Anbruch der Dunkelheit erreichen sie den Paß. Doch Pula gönnt ihnen nur eine kurze Verschnaufpause. Dann bindet sie die Männer, die Pferde und sich selbst mit einem langen Seil aneinander. Und führt sie durch die Dunkelheit den langen Paß entlang. Die Männer haben Angst, aber Pula sagt, ihr freundlicher Geist würde sie sicher leiten.

Der Schnee ist bitterkalt. Und tief. Und treibt heran wie große Meereswogen. Aber sie gehen weiter.

Als die Sonne aufgeht, legt sich der Sturm. Die Wolken brechen auf. Alles funkelt frisch. Dann erkennt Pula den Ort, den sie im Traum gesehen hat. Der Windgeist hat sie zur Felsspalte geführt.

Manaol liegt unter Schnee und Geröll begraben. Aber er lebt. Sie befreien ihn, so schnell sie können, und wickeln ihn mit Pula zusammen auf einer Tragbahre in Felle. Sie soll die Wärme in seinen Körper zurückbringen.

Jetzt machen sie sich auf den Weg hinunter, aus dem Schnee heraus, um ein Lager aufzuschlagen und zu ruhen.

Manaol erholt sich. Und nach zwanzig Tagen kommt seine Familie zum Hochzeitsfest an. Alle haben ihren Spaß. Alle sind glücklich. Und Manaol und Pula beginnen ihr gemeinsames Leben.»

Ich schaute Domano an. Er lächelte. Die Sonne schien ins Fenster des Cafés, und ich hörte wieder Reggaemusik. Es war, als wäre die Kaffeehauswelt nach dem Ende der Geschichte gerade erst wiedererstanden. Ich war, wie jedesmal vorher auch, vollkommen gefangengenommen von Domano.

«Wie machst du das bloß?» fragte ich. «Wie machst du es, daß ich so vollkommen in deinen Geschichten aufgehe, daß ich nichts anderes mehr wahrnehme? Das schafft sonst niemand bei mir. Weder Vorlesungen noch das Fernsehen. Manchmal Filme, wenn sie außergewöhnlich gut sind. Aber da sitze ich auch in einem dunklen Kino. Es ist eigens so eingerichtet, daß man vollkommen in Anspruch genommen ist und alles ringsumher vergißt. Aber du erzählst ja nur. Stellst du irgend etwas mit mir an?»

Domano lachte. «Höchste Zeit, daß du fragst. Hast du nicht schon eher gedacht, daß das merkwürdig ist?»

Chea und ich mußten lachen. «Hm, ja, eigentlich schon», sagte ich. «Ich war mir nie ganz sicher. Ich meine . . .»

Chea kicherte. «Du gerätst gerne in Verwirrung, nicht wahr? Dann hast du wenigstens in Gedanken etwas zu knabbern. Etwas zum Hindundherzappeln.»

Jetzt lachten wir alle. So humorvoll ausgedrückt, wirkten meine inneren Kämpfe albern. Sie hatte recht. Ich hing daran, und wenn nichts da war, woran ich kauen konnte, sorgte ich selber für Stoff.

«Es hat etwas mit den Energiezentren im Körper zu tun», sagte Chea. «Und damit, wie man sie benutzt, um Fäden zu spinnen. Fäden, wie sie Pula mit ihrem Atem losgeschickt hat.

Wir spinnen alle Fäden, winzige Energiefäden von allen Körperstellen her, unentwegt. Wir lassen sie in die Welt hinaus. Sie sind die Strahlen, die wir erzeugen, unsere Lieder und Geschichten. Durch Konzentration können wir sie bewußt in dem Energiezentrum unserer Wahl erzeugen und aussenden.

Aber es gibt eine spezielle Möglichkeit, sie auszusenden, sie mit den Fäden des Mundes zusammenzufügen und auf unserem Atem mit unserer Stimme auszusenden. Unsere Lehrer sprachen in diesem Fall vom Singen und Sprechen der Fäden.»

«Aber», warf ich ein, «wie habt ihr es angestellt, daß ich die ganze Umgebung der Geschichte gesehen und gefühlt habe?»

Chea rieb Daumen und Zeigefinger zusammen, während sie mit der Hand eine Bewegung von der Brust her machte, als spüre und ziehe sie einen Faden aus ihrem Sweatshirt, und sagte: «Indem wir die Umgebung selber denken, sehen und fühlen und die Fäden in unseren Herzen daraus spinnen. Die schicken wir dann zu deinen Augen und Ohren und zu deinem Herzen. Gelegentlich auch zu deiner Nase, deinem Mund oder deiner Haut. Und manchmal zu einem bestimmten Energiezentrum. Jede Stelle deines Körpers geht auf ihre eigene Art und Weise mit Informationen um. Damit du miterlebst, wie Pula aus dem Schlaf gerüttelt wird, hat Domano die Fäden zu deinem Bauch gesandt. Es hat dich geschüttelt. Du hast die Überraschung mitbekommen, den Schock, hast die Gefahr gespürt.

Als er dich mit ihrem Liebesspiel in sehnsuchtsvolles Entzücken versetzen wollte, hat er sie zu deinem Herzen geschickt. Das war sehr einfach. Du kennst dieses Verzückungsgefühl genau. Du wiegst dich gern und oft darin.» Sie kicherte und streichelte mir den Arm.

Es war ungewöhnlich, daß sie mich neckte. Ich mochte es. Sie tat ihr Bestes, um mir zu zeigen, daß sie mich akzeptierte, und das war mir angenehm.

Sie nahm meine Hand und sagte: «Um das zu lernen, mußt du deine Energiezentren verstehen können. Wir wollen dir eine weitere Hausaufgabe aufgeben. Wenn das Wetter gut ist, solltest du sie draußen ausführen, auf der Erde. Wenn du es besonders fein machen willst, machst du auf den Erdboden ein Gemälde der zusammengerollten Erde-Feuer-Schlange als Kreis. Dann setzt du dich darauf und wendest dich in deine Himmelsrichtung.

Ruf sie in dich hinein und laß die Energien kräftig durch dich hindurchfließen und ihr Reinigungs- und Pflegewerk tun. Und wenn du meinst, bereit zu sein, wähl dir ein Zentrum aus und richte deine ganze Aufmerksamkeit darauf. Beobachte es. Fühle es. Bring seine Eigenheiten in Erfahrung. Wie es mit der Welt und mit deinem Körper umgeht. Und dann schau durch diese Pforte in die Welt. Bleib da und beobachte soviel wie möglich.

Gehe so mit jedem Zentrum vor. Mindestens einmal am Tag.»

«Woher soll ich die Zeit für alles das nehmen?» klagte ich. «Muß ich die anderen Aufgaben auch machen?»

Sie setzte ihren Kaffee ab. «Du dürftest eigentlich gar nicht so lange dazu brauchen. Du kannst es überall tun, wo immer du dich zu konzentrieren vermagst. Nicht beim Autofahren. Du brauchst auch keine Zeichnung von einer Schlange zu machen. Es ist nur eine sehr hilfreiche Entsprechung. Du kannst es vereinfachen, wenn dir das lieber ist.»

Domano fügte hinzu: «Du könntest dir gut die Zeichnung vorstellen, wenn du willst. Und erledige auf jeden Fall auch deine anderen Hausaufgaben.»

«Wie lange soll ich mich mit der Beobachtung eines Zentrums befassen?» fragte ich.

«So lange wie möglich», antwortete Chea.

«Und wenn ich gestört werde?» wandte ich ein. «Ich weiß nicht einmal, wo die Zentren sind. Es klingt zu schwer für meine Ohren. Seid ihr sicher, daß ich das machen muß?»

Domano lächelte. «Du hast wohl nicht genug Verwirrung und Streß gehabt, was? Möchtest du gern, daß wir dir zu etwas mehr davon verhelfen?»

Ich mußte lachen. Da war ich also wieder soweit und brachte mich selbst in Aufregung. Ich hatte Angst vor der Übung, dabei bestand gar kein wirklicher Grund dazu. Ich sah mich im Café um. Niemand schenkte uns Beachtung. Die Musik bewirkte, daß meine Spannung nachließ. Ich mochte diesen neuen Reggaesong. Er brachte mich wieder in eine friedliche Stimmung.

Chea kicherte. «Was du brauchst, ist mal wieder eine Fahrt auf der Wilden Maus.»

Ich wußte nicht, ob das ihr Ernst war oder nicht. Ich lachte. «Du willst nur sehen, wie ich mich wieder übergebe, sonst nichts. Ihr habt kein Mitleid mit mir.»

«Das kommt davon, daß du alles in dich hineinschlingst», sagte Domano und lachte mit weit offenem Mund. Er klatschte auf den Tisch, und wir stimmten in sein Lachen ein.

«Ich glaube, wir sollten dir sagen, wo du die Energiezentren suchen sollst», sagte Chea. «Dann ist dir wohler. Diese Übung

187

wird dir bei genügender Aufmerksamkeit leichtfallen. Du wirst viel dabei lernen.

Wenn du verstehst, wie sich jedes Energiezentrum auf verschiedene Arten von Informationen und verschiedene Formen der Aufnahme gleicher Informationen konzentriert und sie filtert, wirst du eine Menge über die Kunst der menschlichen Kommunikation erfahren. Du wirst wissen, was nötig ist, um die Fäden singen und sprechen zu lassen.»

«Okay», sagte ich, «und wie oft? Ist es für immer, wie meine anderen Hausaufgaben?»

«O nein», sagte Chea, «nur für zwei Wochen. Bis wir uns das nächste Mal wiedersehen. Du brauchst es nur einmal am Tag zu machen. Und versuche dich so lange wie möglich auf jedes Zentrum zu konzentrieren.»

«Ich muß bald gehen, also schnell.»

«Nach den Energiewirbeln mußt du zuerst unter deinen Füßen suchen. Dort befindet sich einer. Er bewegt sich stark. Dann kommen die beiden Wirbel unter den Fußsohlen, die du schon kennst. Und die in jedem Knie. Vier sind in den Hüften, und –»

Ich unterbrach sie wieder. «Wie soll ich mich denn an all das erinnern? Ich muß es mir aufschreiben!»

«Nein», sagte Chea bestimmt. «Hör zu, als würdest du dich sicher erinnern. Sei dessen gewiß. Dann klappt es auch.

In den Hüften sind zwei größere Wirbel übereinander und ein kleinerer jeweils zu beiden Seiten davon. Die kleinen sind ebenfalls in starker Bewegung, oft außerhalb des Körpers. Aber die vier wirken normalerweise ähnlich, in Verbindung miteinander.

Drei befinden sich im Oberbauch. Ein großer in der Mitte und zwei kleinere an beiden Seiten. Auch sie sind in Bewegung. Das Herz kennst du ziemlich gut, aber achte trotzdem darauf. Die an den Händen sind bemerkenswert. Sie dehnen sich aus und ziehen sich zusammen und bewegen sich überallhin, selbst in andere Bereiche. Über dem Herzen in Mund, Ohren und Kehle ist der nächste. Dann in den Augen. Der kann sich auch stark bewegen. Er dehnt sich manchmal bis in das Zentrum auf dem Scheitelpunkt des Kopfes hinein aus. Und sie wirken zusammen. Zuletzt ist da noch der über dem Kopf.

Das müßte genügen. Es ist Zeit zum Gehen. In zwei Wochen sehen wir dich in unserer Wohnung wieder.

Du hast deine Sache gut gemacht. Wir sind stolz auf dich. Das weißt du. Bis dann.» Sie erhoben sich und gingen zur Tür.

«Wartet! Wartet mal!» sagte ich voller Unruhe und eilte ihnen nach. «Ist das alles? Sonst nichts? Wollt ihr mir nicht sagen, was diese Zentren bedeuten? Was sie bewirken?»

«Nein», sagte Chea in der Tür.

«Aber wie soll ich das denn machen?» winselte ich. «Ich habe keine Ahnung davon. Ihr müßt mir doch irgend etwas darüber erzählen!»

Sie gingen einfach ruhig weiter. Nur Chea drehte sich um und schüttelte den Kopf. «Immer mit der Ruhe! Das kann dir niemand erzählen. Jeder Mensch ist anders und benutzt seine Zentren auf seine Art. Manchen Leuten fehlen sogar welche, die die meisten Menschen haben. Und einige wenige haben zusätzliche.

Wir können dir nur in groben Zügen sagen, wie sie ihrer allgemeinen Wesensart nach meistens sind. Zum Beispiel das Herz, es ist mitfühlend und vorurteilsfrei. Aber alles übrige mußt du selbst herausfinden. Es tut mir leid, aber so ist das nun einmal.

Lernen erfordert Arbeit und Zielstrebigkeit.» Sie lächelte und lachte leise. «Du steigerst dich wieder so hinein! Wie wär's mit ein bißchen Geduld?

Da ist dein junger Mann. Du kommst zu spät zur Vorlesung. Wir müssen gehen. Also bis in zwei Wochen.»

An diesem Abend machte ich von zu Hause aus einen Spaziergang im Wald, um meine neue Hausaufgabe auszuprobieren. Ich fragte mich, wie ich ein «Gemälde» von der Erde-Feuer-Schlange auf den Erdboden fabrizieren sollte. Ich konnte keine Erde in verschiedenen Farben benutzen, denn dort hatte der Boden überall die gleiche Farbe.

Schließlich machte ich mich daran, eine Stelle, die groß genug war, daß ich mich hineinsetzen konnte, vom Laub zu befreien und rundherum mit einem Stock einen Kreis zu ziehen. Dann legte ich innen aus den Blättern das Bild der aufgerollten Schlange aus. Es erschien mir ganz ordentlich, und so setzte ich mich nieder und begann die Übung.

Ich war eben dabei, mich gut zu konzentrieren, als meine Tochter zu mir kam. Sie hatte überall nach mir gesucht und wunderte sich nun, was um alles in der Welt ich draußen im Wald machte und warum ich auf dem Erdboden saß.

Ich sagte ihr, ich wäre gern im Wald und hätte manchmal einfach meine Freude daran, dort allein zu sein. Sie sagte, das könnte sie verstehen. Sie würde das manchmal auch machen.

Während wir gemeinsam zurückgingen und uns über das neueste Problem mit dem Schulessen unterhielten, wurde mir klar, daß ich die Erledigung meiner Hausaufgaben anders organisieren und einen Weg finden mußte, meine Übung zu machen, ohne dabei gestört zu werden. Viele Möglichkeiten hatte ich da nicht. Aber wenn ich hier eine halbe Stunde und dort eine Viertelstunde abzwackte, würde es gehen.

Es war ein windiger Tag, sonnig und immer noch warm. Nach meinen Vorlesungen eilte ich zur Wohnung der Hetakas. Nur Domano war da. Alles war wie immer, außer daß die Trommeln alle abgenommen waren und eine Reihe von Tonflöten auf dem Fußboden neben der Abalonemuschel lagen.

«Ein Täßchen starken Kaffee?» fragte Domano.

«Ja», erwiderte ich. «Und ich habe mal eine kleine Auswahl anderer Geschmacksrichtungen zum Probieren mitgebracht. Espresso, Javamokka und Sumatrakaffee.»

«Danke sehr», sagte er. «Du hast ein gutes Herz. Geh schon und nimm Platz. Ich mache schnell den Kaffee und komme gleich nach.»

Ich setzte mich auf den Fußboden zu den Flöten, die ich mir anschauen wollte. Die Schildkröte war darunter, die ich schon gesehen hatte, zwei ineinandergeflochtene Schlangen, ein Lama, eine trächtige Äffin, ein Meerschweinchen, ein Jaguar, ein Eichhörnchen, ein Reh und ein Raubvogel. Zwei vermenschlichte Formen waren auch dabei: ein Vogel und ein Jaguar. Sie waren sehr schön, in einem einfachen naiven Stil gefertigt, den ich damals nicht kannte, später jedoch als den typischen präkolumbianischen Kunststil der zentralen Anden einstufen konnte.

«Sind das alles Flöten, Domano?»

«Ja», erklang die Antwort aus der Küche.

«Wo hast du sie her? Habt ihr sie selbst gemacht?»

«Nein. Wir haben sie in den Anden gefunden.» Er brachte den Kaffee herein und setzte ihn ab. «Schön, nicht wahr? Ihr Klang ist ganz spezifisch. Jede Flöte hilft einem, seine Aufmerksamkeit zu sammeln. Sich auf ein anderes Energiezentrum zu konzentrieren.»

«Inwiefern?» fragte ich.

«Jedes Zentrum singt unser Lied auf seine eigene Weise. In einer eigenen Tonart, könnte man sagen. Wenn wir diesen Musikklängen eine Gestalt geben, versetzen wir uns in die Lage, Gebrauch von dem betreffenden Zentrum zu machen. Die Alten der Anden wußten das. Sie haben es zu einer Kunst entwickelt. Wie findest du sie denn?»

«Erstaunlich», sagte ich. «Darf ich sie anfassen?»

«Ja. Erfreu dich an ihnen», lächelte er. «Versuch mal eine. Blase hinein. Das kannst du ruhig machen. Es wird dir nicht schaden.»

Ich nahm den Raubvogel zur Hand und betrachtete ihn. Das Mundstück saß im offenen Schnabel des Vogels, und vier winzige Löcher waren über den Vogelrücken verteilt. Er war aus rötlichem Ton gebrannt und glänzte vom Brennen ein wenig auf der Oberfläche.

Ich war sicher, daß sein Hinweis auf die Alten bedeutete, daß diese Kunstwerke Hunderte von Jahren alt waren, unschätzbare Relikte aus grauer Vorzeit. Ich fragte mich, wie sie daran gekommen sein mochten, wer sie wohl gefertigt hatte und wie sie benutzt wurden.

«Wie alt sind diese hier?» fragte ich, während ich den Vogel wieder niederlegte aus Angst, ihn zu zerbrechen.

Domano sah mich an und lächelte, als wolle er mich necken. «Nun, etwa zwanzig Jahre.»

«Aber du hast doch gesagt, sie wären alt.»

«Ich habe gesagt, die Alten hätten sich auf diese Kunst verstanden. Die Geheimnisse sind über die Jahre überliefert worden. Diese Flöten hier sind genau wie früher. Wir haben sie von einem alten Mann gekauft, der oft auf dem Markt eines kleinen Bergdorfes saß.»

«In den Anden?» fragte ich.

«Ja», antwortete er. «In den Anden. In Peru.»

«Wie wurden sie benutzt? Ich meine, kennst du die alte traditionelle Verwendungsweise?»

Domano lachte. «Die was?»

«Du weißt schon. Gab es spezielle Zeremonien oder so was im Zusammenhang mit diesen Gegenständen? Wurden sie allgemein gebraucht, oder waren sie der Priesterschaft vorbehalten?»

«Die Priester hatten sie.» Er hob die Schlangen auf. «Sie sind dazu benutzt worden, die neuen Priester zu lehren. Manchmal wurden bei besonderen Anlässen verschiedene Flöten vom Tempel aus den Leuten vorgespielt. Aber das kam selten vor. Es ist alles lange, lange her.»

«Bevor die Spanier kamen, möchte ich wetten.»

«Ja», sagte er.

«Sie sehen so zerbrechlich aus. Welch ein unglaublicher Schatz! Ich wußte gar nicht, saß ihr solche Sachen habt. Sie sind wunderbar! Ihr solltet sie offen hinstellen, um euch daran zu erfreuen.»

«Sie sind bis zum Zeitpunkt ihres Gebrauchs versteckt aufzubewahren», sagte er.

«Warum denn das?» wollte ich wissen. «Sie lagen doch öffentlich auf dem Markt herum, als ihr sie gefunden habt.»

«Der alte Mann, der sie hatte, saß auf dem Markt. Nicht die Flöten. Du mußt aufmerksamer zuhören. Du stellst zu viele Vermutungen an, Kleine. Hör mit offenen, leeren Ohren zu, ohne diese ganzen Vorstellungen.» Er lächelte.

«Oh», sagte ich. «Aber warum müssen sie verborgen werden?»

«Weil es Dinge gibt, die ihre Macht verlieren, wenn sie Allgemeingut werden. Diese waren den Alten heilig. Die Zeit, sie an die Öffentlichkeit zu bringen, ist noch nicht gekommen. Wenn Dinge vielen Menschen bekannt gemacht werden, ziehen sie die Blicke und Gedanken dieser Leute auf sich. Das sind nicht immer die besten Gedanken. Dann würde dieser Gegenstand neben seinem ursprünglichen Klang auch all diese Gedanken von sich geben. Verstehst du?»

«Und ihn verunreinigen? So wie Läuse?» fragte ich.

Domano lachte und legte die Schlangen wieder hin. «Ja. Wie Läuse. Nur ist das kein Witz. Es ist eine ernste Sache. Wenn man ein Objekt hat, das für den Gebrauch oder den Gewinn von Macht bestimmt ist, ist das sehr ernst zu nehmen. Man muß sehr sorgsam damit umgehen. Es schützen. Sonst wird es nicht mehr für einen wirken können. Wenn man sich ganz dumm anstellt, kann man sich sogar Schaden zufügen.

Nimm eine Flöte in die Hand. Nur zu. Blas hinein und sag mir, wo in deinem Körper du den Ton fühlst.»

Ich ergriff den Jaguar. Er war stark stilisiert. Die Grifflöcher waren bei den meisten Figuren unregelmäßig auf der Vorderseite angeordnet, jeweils in einem anderen Muster. Der Jaguar war das größte Objekt der Sammlung.

Ich blies hinein und ließ die Finger über die Grifflöcher gleiten. Erwartet hatte ich einen hohen schrillen Pfiff, aber der Ton war eher in der Mittellage. Während ich darauf herumspielte, spürte ich etwas in meiner Brust, ein warmes Summen. Aus unerfindlichen Gründen empfand ich auf einmal tiefes Mitgefühl und Zuneigung für diese Töne und die Jaguarflöte.

«Siehst du», sagte Domano, «sie ziehen dich genau an die Stelle, für die sie geschaffen wurden. Welches Zentrum ist es deiner Meinung nach?»

Ich hatte keine Ahnung. Ich wußte nicht, worauf ich achten sollte. Ich hörte zu spielen auf und sah Domano an, ob er mir nicht einen Fingerzeig gab. Er verhielt sich so, als wüßte ich die Antwort.

«Du denkst deine Antwort fort», sagte er. «Spiel noch mal. Hör mit deinem Gedankengeschwätz auf und richte deine Aufmerksamkeit einfach auf diese Töne und deinen Körper. Das meiste von dir kennt die Antwort, nur deine Gedanken kennen sie noch nicht. Laß sie durch deinen Körper eines Besseren belehrt werden. Es wird ihnen gefallen. Spiel. Nur zu!»

Ich spielte wieder, leerte meinen Geist von dem Geschwätz und versuchte, nur den Ton und meinen Körper zu spüren. Wieder erfüllte ein warmes, belebendes Gefühl meine Brust, empfand ich die gleiche tiefe Zuneigung. Ich suchte in meinem übrigen Körper nach Empfindungen außerhalb der Normalität. Nichts, nur die Gefühle in der Brust.

Ich war richtig aufgeregt. Endlich verstand ich, was sie mir über das Gefühl der Stimulierung und Konzentration auf ein Energie-zentrum erzählt hatten. Jetzt ergaben die Gefühle, die ich bei meiner letzten Hausaufgabe gehabt hatte, einen Sinn.

«Es ist das Herz, ja?» sagte ich.

«Ja», sagte er. «Wenn ihnen Aufmerksamkeit gewidmet wird, haben sie mehr Energie. Sie singen lauter. Dehnen sich aus. Er-strahlen.»

«Ja», nickte ich.

«Gib mir mal den Jaguar», sagte er. «Ich spiele, und du fühlst. Bewahre das Gefühl im Gedächtnis. Das Lied.»

Ich lehnte mich an die Bank, schloß die Augen, lauschte und fühlte. Nach einiger Zeit nahm er eine andere Flöte und spielte darauf. Die Empfindungen in meiner Brust verschwanden, statt dessen spürte ich warme Schwingungen in meiner Kehle, in Mund und Ohren. Ich hatte auf einmal das starke Verlangen, zu malen und wieder Musik zu machen, ja sogar zu singen.

Er spielte auf jeder Flöte, und jedesmal spürte ich, wie ein an-derer Teil meines Körpers von den Tönen widerhallte. Die son-derbarsten Gefühle weckten die Zentren unter meinen Füßen und über meinem Kopf. Sie lagen eindeutig außerhalb meines Körpers, und doch konnte ich sie fühlen. Es war so ähnlich, als vibrierte etwas in wenigen Zentimetern Abstand von der Haut. Ich konnte es wie ein Echo in meinen Füßen und auf dem Schädel spüren.

Die Töne der einzelnen Flöten verursachten nicht nur körper-liche Sinneseindrücke, sondern auch tiefgreifende emotionale und geistige Reaktionen. Ich spürte mein Lied ganz intensiv, und wenn ich genau achtgab, konnte ich jeweils eine leichte Abwei-chung feststellen, als würde ein anderer Akkord, eine andere Klangfarbe hinzukommen.

«Ich werde jetzt auf dem Reh blasen», sagte er. «Sing dazu. Nimm soviel wahr, wie du kannst, während du die gleichen Töne singst.»

Domano spielte eine kleine Weise und wiederholte sie immer wieder. Auch diesmal schwangen Hals, Mund und Ohren mit den Tönen mit. Ich hatte die Melodie bald im Kopf und sang mit. Es war sehr befriedigend, und wir hatten beide unsere Freude daran.

Er hielt inne. «Jetzt benutzt du das Zentrum deines Mundes. Du sendest Energien und Fäden von dort aus wahllos in alle Richtungen. Ich möchte, daß du alles zu einem einzigen Energiefaden bündelst und verwebst. Schick es mir, genau hierhin.» Er berührte sein linkes Ohr. «Ja?»

«Wie mache ich das denn?» fragte ich.

«Du mußt es spüren. Es wollen», sagte er. «Es ist leicht. Du mußt es dir bloß vorstellen. So tun, als ob.» Er sah wie ein Kind aus, und seine Augen funkelten zu seinem breiten, unschuldigen, begeisterten Lächeln.

«So tun, als ob, hm», sagte ich. «Ich verstehe nicht ganz.»

«Versuch's einfach», sagte er. «Schließ die Augen und sing zu meinem Flötenspiel. Laß die Fäden mit deinem Atem heraus.»

Ich war verunsichert, was ich eigentlich machen sollte. Ich sah keinen rechten Sinn darin, schloß aber trotzdem die Augen und probierte es.

«Woher weiß ich, daß ich es geschafft habe?» fragte ich.

«Ich werde es dir sagen», erwiderte er und begann, auf der Flöte zu spielen.

Nach etwa zehn Minuten hörte er auf. «Deine geistige Konzentration ist zerstreut», sagte er. «Denk nur an Hals und Mund und wie sie sich anfühlen. Und schick dieses Gefühl mit deinem Atem in Form eines Fadens zu mir herüber. Einen Faden.»

Wir probierten es noch einmal. Und erneut, wieder und wieder. Ich glaube, Stunden vergingen, bis ich endlich fähig war, es richtig zu machen. Als es mir gelang, konnte ich fast körperlich spüren, wie sich ein Faden aus meiner Kehle und meinem Mund spann. Erstaunlich war, wieviel Aufmerksamkeit es erforderte, ihn zu spinnen und zu erhalten.

Domano gebot mir mit großem Nachdruck, sehr vorsichtig zu sein, wenn ich das Spinnen dieser Fäden übte. Was immer ich im Sinn hatte oder fühlte, würde in die Fäden hineingewoben werden und Einfluß nehmen auf denjenigen oder das, wohin ich sie sandte. Es würde zwar nie andere Leute dazu bringen, etwas zu tun, was sie gar nicht tun wollten, aber es würde einen Stimmungswandel hervorrufen. Aus diesem Grund, sagte Domano, müßten wir anderen gegenüber Vorsicht walten lassen, ihnen Achtung bezeigen und uns ganz sicher und klar darüber sein, was wir schaffen und weitergeben.

«Bei meinem Volk und meinen Lehrern», sagte er, «ist das die Kunst des erzählenden und singenden Schamanen, des *kala keh nah seh*. Er errichtet eine Bühne. Die Zuhörer sind das geneigte Publikum, dessen Leben durch den Schamanen bereichert wird. Er teilt sich auf diese Weise mit. Es ist eine Art Heilung. Das Bühnenbild und die Klangeffekte, das sind die Illusionen, die er schafft.»

Die Hintertür ging auf und Chea kam herein. Sie hatte einen kleinen Beutel Kaffeebohnen dabei.

«Möchte jemand Kaffee?» fragte sie.

Domano und ich antworteten wie aus einem Munde: «Ja.»

«Ich weiß eine kleine Geschichte für dich», sagte Domano. «Während wir auf den Kaffee warten.

Sie spielt zu einer Zeit, als unsere Welt noch nicht ganz fertig ist. Sie sieht vielerorts noch immer wie das Netz der Spinnenschöpferin aus. Viele Tiere und Pflanzen haben noch keinen Platz auf der Welt. Spinnenschöpferin und ihre Helfer sind dabei, Menschen zusammenzubasteln. Die Helfer machen die Menschen so, daß sie wie die Tiere durch ihren Geist und die Bewegungen ihrer Spinnfäden sprechen können. Das scheint ganz gut zu sein. Aber der alten Menschenfrau gefällt es nicht.

Sie sagt zu der Spinnenschöpferin: ‹Wie kann mein Volk je die vielen Wunder deines Netzes entdecken? Es wird glücklich und zufrieden sein, für immer und ewig mit den wilden Tiergeschwistern zusammen in Feld und Wald zu bleiben. Es wird durch nichts herausgefordert. Es wird nie über die Schönheit eines Tages im Feld hinauskommen.›

Sie weiß um diese Dinge, denn sie ist eine der Erstgeborenen und schon weit gereist mit den Helfern und der Spinnenschöpferin.

‹Nun gut›, sagt Spinnenschöpferin, ‹ich will dir gefällig sein und dich zufriedenstellen. Ich will dir Gutes tun, denn du bist meine Tochter. Was wünschst du dir denn für ein Volk?›

Die alte Frau sagt: ‹Sieh sie dir an. Sie haben alles, was sie sich nur wünschen können. Sie werden nie bis zum Rand deines Netzes wandern, um deine Geheimnisse zu ergründen. Nimm ihnen die Sprache. Laß sie durch eigene Anstrengung auf die Sprache kommen.›

Daraufhin sagt einer der Helfer: ‹Wenn wir das tun, wissen diese Menschen nicht, daß sie Freunde haben. Sie werden bestimmt traurig sein und vielleicht alle sterben.›

Jetzt sagt die alte Frau: ‹Wenn ihr es nicht so macht, wer um alles in der Welt wird sich dann genötigt fühlen, den Himmel nach euch abzusuchen?›

Spinnenschöpferin sagt: ‹Ihr habt beide recht. Wie wollt ihr sie vor dem Sterben bewahren?›

Die Helfer sagen: ‹Die alte Frau soll ihre Sprache und ihr Wissen behalten. Sie soll wieder zu den anderen zurückgehen und ihnen von den vielen Wundern am Ende der Welt erzählen, damit sie nie aufhören, danach zu streben. Sie wird sie daran erinnern, daß sie einst sprechen konnten und daß sie wieder lernen können zu sprechen.›

So ist die erste Schamanin entstanden.»

Chea kam mit dem Kaffee.

«Du siehst gut aus, Kay», sagte sie. «Wie geht es deiner Familie?»

«Oh, es geht ihnen gut», sagte ich. «Ich habe mich schon gefragt, ob du noch kommen würdest. Wie geht es dir denn heute?»

«Gut», erwiderte sie. «Jetzt müssen wir unseren Kaffee trinken, damit wir die Stunde über den Gesang der Fäden abschließen können.»

Chea brannte darauf, mich in die Einzelheiten dieser Kunst einzuweisen, und fing mit ihren Erklärungen an, sobald ich meine Tasse hatte. «Bisher hast du mit dem Mund Fäden gesponnen. Das ist auch gut. Jetzt wird Domano auf dem Jaguar spielen, und ich blase dazu auf dem Reh, und du wirst Herz und Kehle spüren. Spinne genauso wie vorher einen Faden aus diesem Herzensgefühl. Sing und sende ihn zu deiner Kehle empor. Er wird sich mit den Fäden deines Mundes verbinden, während du ihn zu seinem Bestimmungsort schickst. Er wird die Qualitäten sowohl des Herzens als auch des Mundes in sich vereinen.

Versuch es jetzt, laß die Energien durch dich hindurchfließen und fang an zu singen, sobald du deinen Kaffee getrunken hast.»

Domano begann auf dem Jaguar zu spielen, während ich noch am Kaffee nippte. Ich hatte die gleichen Empfindungen in der Brust wie zuvor.

Diesmal fiel es mir verhältnismäßig leicht, einen Faden zu spinnen, ihn hochzuschicken und aus dem Mund herauszulassen. Es wirkte natürlich und weckte ein ungeheures Gefühl der Zuneigung und schöpferischen Befriedigung. Es war spannend. Ich schuf die großartigen Fähigkeiten der Zuneigung und Eingebung und gab sie weiter. Es stellte sich kein Gefühl der Erschöpfung ein. Es war, als würde die Quelle nie versiegen und ich dies für immer tun können.

«Sehr gut, Kay», sagte Domano. «Erkennst du, was das bedeutet?»

«Ich verstehe es nicht», sagte ich.

«Kannst du noch einen Schritt weitergehen?» fragte Chea. «Was kommt als nächstes?»

Ich hatte keine Ahnung. Ich kam mir plötzlich begriffsstutzig und blöd vor.

«Hast du nicht daran gedacht», sagte Chea, «daß du auch von den anderen Zentren aus Fäden spinnen könntest?»

Der Gedanke war mir flüchtig gekommen, aber als sie mich jetzt danach fragte, ging mir eine Flut von möglichen Kombinationen aus Fäden, Richtungen und Anwendungen durch den Kopf. Die Möglichkeiten waren kaum auszudenken, und jede mußte eine andere Wirkung haben.

«Es erfordert Übung», sagte Domano. «Du mußt es üben. Es ist eine Kunst.»

«Die stärkste Wirkung wird erzielt», sagte Chea, «wenn sich Herzensfäden mit dem verbinden, was du gerade webst. Das Herz hat die größte Macht. Und die Welt ist dabei, ins Zeitalter des Herzens einzutreten, deshalb schwingt sie gerne mit ihm. Es ist so ähnlich, als würde ein Karren bergab gefahren statt bergauf.»

«Ich hatte ein Gefühl, als würde ich etwas geben», sagte ich.

«Das hast du auch getan», sagte Chea. «Wann immer wir mit jemandem kommunizieren, geben wir ihm etwas von unserer Lebensenergie ab. Wenn du einen Faden aussendest, gibst du Lebensenergie in ungeheurer Konzentration ab, die sich akkumulieren kann.»

«Bedienen sich andere Schamanen bei ihren Heilungszeremonien dieser Kunst?» fragte ich.

Sie lächelten beide.

«Ja. Du machst Fortschritte», sagte Chea, tätschelte mir den Arm und kicherte. «Gehen wir nach draußen, solange noch die Sonne scheint. Wo möchtest du spazierengehen?»

Ich sah aus dem Fenster. «Am Strand. Ich möchte im Wasser laufen.»

«Schön», sagte Chea und klatschte in die Hände. «Zum Strand. Alle die Schuhe ausziehen!»

Wir überschlugen uns fast, die Schuhe schnell auszuziehen.

«Wer zuletzt aus der Tür geht, ist ein faules Ei!» schrie Domano. Er lachte so sehr, daß er kaum die Schuhe von den Füßen bekam, und Chea war als erste draußen.

Als wir am Strand ankamen, krempelte ich die Hosenbeine hoch und watete im Wasser. Es war eiskalt, aber ich lief trotzdem durch die Wellen.

«Du übst dich im Fädenspinnen», sagte Domano. «Später werden wir uns noch mehr damit befassen. Der augenblickliche Zeitpunkt ist gut für eine ganz andere Geschichte.»

«Du solltest ihr von den Woosai erzählen», unterbrach ihn Chea.

«Den Woosai, Mama?» fragte er.

«Den Woosai. Den Woosai, Papa», sagte sie mit vollkommen unbewegtem Gesicht.

Ich mußte lachen. Die Mama-Papa-Anrede war so untypisch für sie, daß sie wie ein Stoß wirkte, der mich wieder in die Gegenwart zurückkatapultierte.

«Aber Mama», klagte er.

Noch immer lachend fragte ich: «Was sind Woosai?»

Sie sahen einander an und lachten.

«Ein Volk», sagte Domano, «so ähnlich wie wir. Sie haben viele Kriege gehabt.»

«Sind sie alle tot?» fragte ich.

«O nein», erwiderte er. «Sie blühen und gedeihen zur Zeit und haben seit vielen Jahrhunderten Frieden. Aber früher einmal hätten sie beinahe ihre ganze Heimat zerstört.»

«Wo leben sie denn?» fragte ich. «Haben sie noch einen anderen Namen? Ich glaube, ich habe noch nie von ihnen gehört. In welcher Weltgegend sind sie?»

Sie warfen sich Blicke zu und lächelten.

«Das spielt keine Rolle», sagte Domano, «worauf es ankommt, ist ihre Geschichte.»

«Es klingt aber ganz so», sagte ich, «als wäre es doch sehr wichtig, zu wissen, wo eine solche Zerstörung stattgefunden hat. Wer diese Menschen waren. Wie sie es gemacht haben. Warum wollt ihr mir das nicht erzählen?»

«Ach was», sagte er, schüttelte den Kopf und lächelte. Chea lachte.

«Sieh mal», fuhr er fort, «ihr Land bestand aus Wüste und Urwald. Nichts sonst. Die Woosai der Wüste hatten vor langer Zeit einen großen Haß und tiefen Argwohn in bezug auf die Urwaldbewohner. Und die Urwaldmenschen trauten ihrerseits dem Wüstenvolk nicht. Generation um Generation führten sie Krieg miteinander. Sie bestahlen sich gegenseitig. Sie vernichteten Akkerland, um ihre Feinde auszuhungern. Sie taten alle nur erdenklichen schrecklichen Dinge, um einander angst zu machen und ihre Gier zu befriedigen.»

«Leben diese Leute in Brasilien? Irgendwo in Südamerika?» fiel ich ihm ins Wort. «Oder in Afrika?»

«Oh, ihr Land ist weit weg», fuhr er fort. «Jede Seite hielt sich für die überlegene. Sie hatten Religionen, in denen von Frieden und Leben die Rede war, aber sie hörten nicht richtig hin. Sie brachen die Gesetze ihrer Götter und Geister, um das zu bekommen, was sie wollten.

Sie meinten, sehr wenig miteinander gemein zu haben. Sie verstanden einander nicht. Ihre Regierungen waren verschieden. Auch ihre Gesetze und Überzeugungen, ihre Häuser und Kleider. Ihr Haß war groß. Sie wollten sich gegenseitig zu Sklaven machen und das Land der anderen erobern.

Sie kümmerten sich auch nicht um das Leben der Natur ringsumher. Sie zerstörten sie in ihrer Gier und ihrem Haß. Sie vergifteten ihre Böden und ihr Wasser. Brannten ihre Häuser nieder. Holzten den Urwald ab.

In ihrem Eifer, sich gegenseitig zu töten, brachten sie Abermillionen von Tieren und Pflanzen um. Das Gleichgewicht war bis in die fernste Zukunft gestört.

Das Wetter veränderte sich. Im Urwald fiel kein Regen mehr. Winde bliesen die Erdkrume davon. Sie versuchten, mit ihren Maschinen dem Himmel Wolken und Regen abzuzwingen.»

«Aha!» unterbrach ich ihn erneut. «Es muß Atlantis sein!»

«Nein», sagte er. «Die Heimat dieses Volkes ist ein anderes Land.»

«Aber wie kommt es, daß ich noch nie davon gehört habe? Ist es Lemuria?» Ich wurde allmählich ungeduldig.

«Ein anderes Land», sagte er wieder, «ein anderer Planet.»

«Ach so.» Ich war enttäuscht. Ich hatte gedacht, er würde mir eine wahre Geschichte erzählen. Dabei erfand er diese anscheinend selbst.

«Darum wollte ich dir lieber auf deine Frage keine Antwort geben. Jetzt willst du diese Geschichte nicht mehr glauben.»

«Wieso könnte sie denn wahr sein?» fragte ich. «Woher sollen wir eine Geschichte von einem anderen Planeten kennen, wenn wir nicht einmal wissen, ob es dort draußen überhaupt Leben gibt? Aber die Geschichte ist bestimmt wunderbar. Ich will sie hören. Science-fiction mag ich gern.» Ich stieß ein dickes Tangbündel ins Wasser.

«Diese Geschichte haben uns unsere Lehrer erzählt», sagte Chea. «Sie haben gesagt, sie sei absolut wahr. Die Woosai leben auf einem Planeten mit zwei hellen Sonnen und einer sehr schwachen. Sie haben zwei Monde am Himmel. Es gibt eine große Landmasse, der Rest ist Ozean. Wir finden es komisch, daß ihr Land nur aus Wüste und Urwald besteht. Und nichts sonst. Aber unsere Lehrer haben gesagt, unser Planet sei etwas Besonderes mit all den verschiedenen Ländern und Klimazonen.»

Das hörte sich zwar nett an, war aber schwer zu schlucken. Mir war völlig schleierhaft, wie sie an solche Informationen gekommen sein wollten.

«Es gibt viele Dinge im Plan des Lebens», setzte Chea hinzu, «die du noch nicht kennst. Sieh nur, was du schon alles dazugelernt hast. Urteile nicht vorschnell. Betrachte das, was du hörst und siehst, als Teile eines großen Puzzles. Eines Tages werden sie alle ihren Platz gefunden haben. Aber nicht, wenn du sie jetzt schon verurteilst und Teile wegwirfst.»

Ich nickte und hüpfte mit Domano zugleich einer Brandungs-
welle entgegen.

«Na schön», sagte ich, «ich werde es weder glauben noch nicht
glauben. Getreu dem Motto: Im Zweifel für die Woosai, bis ich es
sicher weiß.» Das war leicht gesagt, aber schwer getan. Ich wollte
nicht vorschnell urteilen, sondern bloß beobachten und zuhören
und alles einfach im Raum stehenlassen bis später einmal, aber das
war sehr schwierig. All meinem Bemühen zum Trotz fand ich die
Geschichte vollkommen unwahrscheinlich.

«Wenn sie sich nicht gegenseitig umbrachten, versklavten sie
einander», erzählte Domano weiter. «Sie waren weit schlimmer
als Menschen. Nach vielen Jahrhunderten war kein Urwald mehr
da. Kein Ackerland. Kein Wasser. Fast keine Tiere. Oder Woosai.
Jeder gab dem anderen die Schuld daran. Selbst der Regen war jetzt
Gift.

Eines Tages suchten die letzten Woosai in den Bäumen nach
Nahrung. Auf einmal sahen sie einander mit ihren Maschinen und
waren fest entschlossen, sich gegenseitig umzubringen.

Zu guter Letzt begriffen sie jedoch, daß sie aussterben würden,
wenn sie sich nicht halfen, den Wald wieder aufzuforsten. Sonst
wäre nichts mehr da, um ihre Kinder am Leben zu erhalten. Sie
hätten keine Enkel mehr.

Es war schwer. Sie trauten einander nicht. Aber sie vereinbarten
einen Waffenstillstand. Den sicheren Tod vor Augen, waren sie
gezwungen zusammenzuarbeiten. Zum ersten Mal sahen sie das
Leben, das sie auf ihrem Planeten vernichtet hatten.

Es galt, eine neue Welt aufzubauen. Überleben hieß, gemeinsam den Planeten zu erhalten. Sie brauchten dazu all ihr Wissen
und ihre Technologien. Es dauerte nach ihrer Zeitrechnung drei
Jahrhunderte. Etliche Generationen lang. Alle hatten nur noch
eins im Sinn: ihre Welt am Leben zu erhalten.

Sie merkten, daß sie sich in vieler Hinsicht ähnlich waren. Obwohl sie verschiedene Sprachen hatten und sich ihre Religionen in
einzelnen Aspekten voneinander unterschieden, entdeckten sie,
daß ihnen die gleichen Ideen zugrunde lagen. Das Wichtigste war
ihnen jetzt das Leben. Das Leben ihrer Kinder. Und das Leben
ihres Heimatplaneten.

Dreihundert Jahre lang! Fast alle waren tot. Sie hatten starke Gewissensbisse. Sie lernten, jedes kleine bißchen Leben zu schätzen. Ihre Religion wandelte sich zu einer Religion des Dienens und der Wertschätzung allen Lebens und seiner ausgewogenen Vielfalt. Sie wurden Meister der Ökologie.

Inzwischen sind viele Jahrhunderte vergangen. Auf ihrem Planeten gibt es wieder einen großen Urwald und eine Wüste mit Städten darin. Ihre Hütten sind immer noch genauso wie vor Jahrhunderten und aus Pflanzen, Lehm und Stein gebaut. Sie bewahren viele alte Bräuche und halten sie in Ehren.

Sie sind ein Volk, das an die Intelligenz allen Lebens glaubt. Sie sind wie Schamanen und sprechen mit den Geistern und Lebensformen ihres Planeten. Dennoch haben sie etwas, das man nicht erwarten sollte. Sie sind nämlich auch Meister der Technologie und Raumfahrt. Sie benutzen aber keine Maschinen oder Treibstoffe, die ihrer Welt schaden würden. Sie haben keine Fahrzeuge auf Rädern. Sie lassen keine Räder über den Erdboden laufen. Dafür haben sie viele Flugmaschinen, die mit Wasser angetrieben werden.

Sie haben Städte im Weltraum und fliegen gemeinsam mit den verschiedensten Rassen von anderen Welten hin und her. Die Woosai belehren die anderen über die Ökologie und den Ton, aus dem sie Kristallplatten mit Metall herstellen, die weder zerbrechen noch schmelzen. Sie verkaufen ihnen Tuch aus den Pflanzen und Käfern des Urwalds, das nicht gewebt ist. Und sie selbst kaufen und lernen auch ihrerseits viel von den anderen.

Auf uns wirken die Woosai eigentümlich. In ihren kleinen Hütten haben sie weder Kunst noch sonstigen Schmuck. Auch nicht an ihren Stoffen oder am Körper. Sie sind nur spärlich bekleidet, weil ihr Planet warm ist. Ihre Hütten weisen große offene Räume auf, aber keine Fenster oder Türen. Wenn der Wind Sand herbeifegt oder sich Käfer angesiedelt haben, errichten sie mit ihrer Maschine innen eine unsichtbare Wand.

Durch diese Maschine können sie mit anderen, die weit entfernt sind, reden, als würden sie telefonieren, und Schiffe oder Lieferungen anfordern. Sie besitzen keine reinen Unterhaltungsmaschinen. Sie würden unsere Fernsehapparate sehr merkwürdig finden.

Sie leben in engen Familienverbänden und Dorfgemeinschaften zusammen. Sehr oft singen sie, erzählen Geschichten, machen Musik, tanzen oder spielen Theater füreinander. Sie sind äußerst spontan. Das Seltsame ist jedoch, daß sie weder Kostüme noch Requisiten, noch Bühnen haben. Keine Kunstwerke, sondern nur das, was gleich an Ort und Stelle lebendig und aktiv ist. Auch keine Bücher. Kein Papier. Sie behalten alles im Kopf. Lehren werden der Gruppe direkt live übermittelt und in den Hütten durch Maschinen.

Im Urwald wird draußen auf dem Versammlungsplatz gekocht. Sie haben Lampen, benutzen sie aber nicht. In der Wüste wird das Essen gemeinsam in einem Gruppenhaus gekocht. Allerdings benutzen sie dafür eine Maschine.

Sie müssen alle ihr Wasser erst durch eine große Maschine laufen lassen, ehe sie es gebrauchen können. Es ist seit den Kriegszeiten bis auf den heutigen Tag vergiftet. In der Wüste regnet es selten, und wenn, bleibt man nicht im Freien, ohne Schaden zu nehmen. Im Urwald fällt häufig Regen, und dort kann man sich nach Belieben darin aufhalten.

In der nördlichen Wüste sind große, hohe Berge. Aber niemand lebt dort oben oder geht öfter dahin, weil diese Berge den Berggeistern gehören, die nicht gern mit anderen teilen.

Die Woosai sind ein glückliches Volk. Sie haben ihre Freude an einfachen Vergnügungen und daran, ihren Planeten gemeinsam zu bewohnen. Obgleich sie die Raumfahrt kennen, sind sie am liebsten bei sich zu Hause und nehmen nur ungern Abschied. Viele Stämme kommen zu ihnen, um in ihrem wilden Land zu studieren, und sie alle müssen viele strenge Gesetze zur Wahrung der Ökologie und des Friedens befolgen.

Sie kennen viele Rituale und Zeremonien. Ihr Wissen ist in riesigen Computern in unterirdischen Gewölben in den Vorbergen der Wüste gespeichert. Durch die Maschinen in ihren Hütten und das, was sie um den Hals und die Handgelenke tragen, sind sie wie durch Radio oder Telefon miteinander verbunden. Da sie ein Volk ohne Malerei und Bildhauerei sind, schreiben sie mit großer Begeisterung und machen Piktogramme, die von vielen für die schönsten überhaupt gehalten werden.»

Ich hatte einen Seetangstreifen mit dicken Schwimmblasen aufgehoben, die ich laut zerplatzen ließ, während wir am Saum der kalten Wellen entlang wieder zurückgingen. Wind kam auf, und es war ein wunderbar befreiendes, erfrischendes Gefühl, wie er mir ins Gesicht blies und durch die Haare fuhr.

«Die Woosai», fuhr Domano fort, «sind überzeugte Individualisten. Selbst in den Weltraumstädten und -stationen tragen sie ihre einheimische Kleidung und binden ihr langes Haar nach der Art ihrer Familie. Wo sie auch sein mögen, nie übertreten sie ihre Gesetze zur Wahrung des Gleichgewichts in der Natur oder fügen anderen Schaden zu. Bis zu ihrem Tod.»

«Will die Geschichte uns vielleicht sagen, daß wir hier alles weiterverschmutzen und mit Krieg überziehen werden, bis nichts mehr übrig ist?» fragte ich.

«Einmal ist das passiert», sagte er. «In der Geschichte eines Volkes. Das heißt aber nicht, daß wir uns nun alle selbst zerstören oder Schamanen-Astronauten werden. Diese Wahl haben die Woosai getroffen. Uns steht ebenfalls das ganze Universum zur Verfügung, um daraus unsere Zukunft zu gestalten.» Und er warf eine Handvoll Sand in hohem Bogen in die Luft.

Die Wasserfee

Um das Singen der Fäden üben zu können, mußte ich einen abgeschiedenen Ort finden, an dem ich weder gestört noch, was Gott verhüten mochte, beobachtet wurde. Der Redwoodwald, der mein Zuhause und das College umgab, war das Naheliegendste.

Ich wanderte zum relativ unberührten, wieder aufgeforsteten Gebiet nördlich und westlich des Collegegeländes hinaus. Dort gab es kleine Schluchten und Wasserläufe sowie die Überreste von Gebäuden und Brücken der Holzfäller des 18. und 19. Jahrhunderts.

Ich mochte die Gegend. Manchmal hatte ich Lust, da draußen zu bleiben und nie wieder heimzukehren. Hier schien mir die Denkweise der Hetakas am Platz zu sein. Die Pflanzen, Bäume, Felsen und Flüsse wurden mit der Zeit meine Freunde und Vertrauten.

Es war wieder Winter geworden, die Regenzeit war angebrochen. Die Flüßchen waren angeschwollen und flossen schnell. An einem Fluß war das Land steil und rauh und schuf eindrucksvolle Stromschnellen und Wasserfälle, die große Holzteile mit sich zum Meer hinabführten.

Ein- bis zweimal in der Woche kletterte ich nun am Ufer des Flußbettes hinunter, setzte mich an das herabsprudelnde Wasser und übte das Spinnen und Singen der Fäden, die ich dann dem kleinen Wasserfall zukommen ließ.

Es war schwer zu sagen, ob ich sie richtig hervorbrachte oder nicht. Aber ab und zu hatte ich ein Empfinden, als fließe ein schwacher Energiestrom, einem leichten elektrischen Strom vergleichbar, mitten durch meinen Körper nach oben und aus meinem Mund hinaus. Es war sehr angenehm und belebend, erforderte aber auch meine ganze Konzentration und Aufmerksamkeit.

Gelegentlich verdichtete sich die Gischt des Wasserfalls, hob sich und hüllte mich ein. Das hatte etwas Aufregendes, als wenn er mich persönlich ansprechen und inspirieren wollte. Es war ein wenig geheimnisvoll und verlockend, aber gleichzeitig wohltuend. Ich überlegte kurz, ob es sich wohl um irgendeinen Geist handelte, mit dem ich unabsichtlich kommunizierte.

Manchmal, wenn ich dort draußen war, kam meine Freundin, die Hüterin des Windes. Dann rauschte sie durch die Bäume und fegte auf mich los, wobei sie mich heftig umtoste. Ich spürte ihre Intensität und konnte ihre Gegenwart sehr leicht wahrnehmen. Einmal, als sie mich gerade umwirbelte, hatte ich ein deutliches Bild von Domano und Chea vor meinem geistigen Auge. Ich hätte nicht sagen können, wo sie waren oder warum sie in meinem Bewußtsein auftauchten, aber ich glaubte, daß das Bild durch die Hüterin des Windes hervorgerufen worden war. Einen Augenblick lang fragte ich mich, ob ich versuchen sollte, sie ausfindig zu machen, aber meine Zeit war knapp bemessen, und ich wollte den Wald nicht verlassen. Ich dachte nicht weiter darüber nach, sondern streckte mich auf der Plastikplane aus, die ich immer dabeihatte.

Der Gischtnebel wogte im Wind, als ich mich bemühte, die Fäden zu singen. Die Sonne kam hervor und schien durch die Bäume. Alles funkelte. Es war warm und angenehm, und während ich so dalag, wurde ich schläfrig und nickte ein.

Ich träumte, ich wanderte den Flußlauf hinunter zur Bucht. Das Wasser war stellenweise zwei Meter tief und reißend. Ich hielt mich an Felsen und Büschen fest, während ich mich am Flußufer hinabkämpfte. Es goß in Strömen. Ich war vollkommen durchnäßt, fror jedoch nicht.

Ich kam an einen zweiten Wasserfall, etwas größer als der erste. Eine Frau mit hellblondem Haar saß an seinem Rand. Sie hatte ein Kleid an, das fast weiß war, mit einem Stich ins Blaugrüne. Ihr langer Rock hing ins Wasser, und sie war barfuß.

Sie streckte die Hand aus, schöpfte Wasser und hielt es mir hin.

Es war klar und blitzte wie Juwelen. Ich merkte, wie ich meine Schritte verlangsamte. Die Frau begrüßte mich und ich sie.

Und dann sagte sie: «Ich will dir etwas zeigen. Ich bin die Hüterin des hier ankommenden Wasserlaufs und seines Wirkens. Sieh.»

Tief im Wasserfall war eine Öffnung, eine Höhle.

«Willst du nicht hineingehen und dich umsehen?»

Es schien nicht dunkel in der Höhle zu sein, und sie war so groß, daß man darin stehen konnte. Die Wände waren mit Malereien bedeckt. Meine Neugier versetzte mich in Spannung. Ich konnte Musik hören, die wie das Glucksen und Murmeln von Wasser klang, und roch starken Blumenduft. Ich schaute umher, und da sah ich Blüten aller Art an den Ufern des Flusses.

«Gib mir deine Hand», sagte die Frau und führte mich durch die Kaskaden in die Mitte des Wasserfalls und in die Höhle hinein.

Drinnen war ein Brunnen, der aus der Erde entsprang und über den Boden der Höhle rann. Er war die Quelle der melodischen Geräusche, die ich hörte. Er schien im Hervorsprudeln zu pulsieren.

«Du magst diesen kleinen Wasserlauf», sagte sie. «Er ist mein Zuhause. Von Anfang an ist er mein Zuhause gewesen. So, wie du ihn jetzt siehst, ist er geworden, weil meine Freunde vom Land und aus der Luft und ich ihn so gestaltet haben. Wir freuen uns, daß er dir so gefällt, daß du für uns singst, deshalb biete ich dir mein Wasser als Gegengabe an.»

Ich zog die Schuhe aus und watete durch das Quellwasser, um aus dem Brunnen zu trinken. Das Wasser war süß und frisch, ganz anders als jedes Wasser, an das ich mich erinnern konnte.

Ich sah mich in der Höhle um. Tief innen gab es eine Menge verlockender Gänge. Einige waren an den Seiten aufgemauert und schienen oft benutzt zu werden, während andere Spinnweben vor den Eingängen hatten. Auf einmal glänzten die Malereien, als wären sie unter Wasser, und vergingen, bevor ich überhaupt einen Blick darauf werfen konnte.

Ich fragte mich, wie stabil die Höhle wohl sein mochte. Ob sie auch zerfloß?

Ich wandte mich wieder zur Quelle, um noch einmal daraus zu

trinken, und die Frau sagte: «Trink, soviel du willst, während du hier bist. Das Wasser ist die Saat der Sterne und rein. Du wirst es sehr erfrischend finden. Trink aber nie aus den Gewässern draußen. Sie sind verschmutzt. Die Menschheit hat das Blut ihrer Mutter besudelt und damit das eigene Blut, die eigene Lebensquelle.

Wärst du willens, mir und meinen Freunden dabei zu helfen, daß die Gewässer wieder rein werden?»

Ich wollte schon zusagen und mich zu allem, womit ich ihr bei der Reinigung der Gewässer unseres Planeten helfen konnte, bereit erklären, als mir plötzlich einfiel, was die Hetakas über Versprechen gesagt hatten, die man Geistern gab und unter Umständen nicht halten konnte.

«Erzähl mir von den Gewässern», sagte ich statt dessen. «Ich muß möglichst viel über sie wissen.»

Sie war sehr gütig und gastfreundlich und reichte mir einen metallenen Pokal, um das Quellwasser aufzufangen. Wir gingen tiefer in die Höhle hinein und setzten uns auf Felsblöcke, die an der hinteren Wand aufgereiht waren.

«Als dieser Planet entstand, sind meine Freunde und ich hierher gekommen, um hier heimisch zu werden. Wir haben zusammen mit der, die unsere Mutter sein sollte, aus Gasen und Staub eine Kugel gemacht, die schließlich fest genug war, um darauf herumzulaufen. Wir formten die Landmassen und trennten die Wasser davon ab, um so die Meere und den Himmel zu schaffen. Und dann kamen noch viele andere, und wir alle verwandelten uns in Myriaden von unterschiedlichen Pflanzen und Tieren, Bergen und Flüssen und alle Arten von wunderbaren Dingen und Orten. Unsere Gewässer flossen klar und rein dahin, voller Anmut und Würde, Äonen um Äonen, bis die Leute vergaßen, wo sie hergekommen sind.

Jetzt ist unser Blut vergiftet, sind Land und Himmel krank. Unsere Körper sterben. Selbst unser geliebter Planet, unsere Heimat, unsere Mutter. Die Leute hören unsere Stimmen nicht mehr.

Willst du zu denen gehören, die für uns eintreten?»

«Ich weiß nicht, ob sie auf mich hören werden», erwiderte ich. «Ich wünschte, ich könnte helfen. Aber im Augenblick kann ich nur sagen, daß ich deine Worte in meinem Herzen bewahren will und daß es mir, wenn sich die Gelegenheit bietet, eine Ehre sein wird, für euch einzutreten, was immer das auch bringen mag. Ich kann nichts versprechen. Ich habe wohl nicht viel Zutrauen zu meinen Mitmenschen.»

Sie deutete nach draußen zum Himmel. «Etwas Neues nähert sich unserer Sonne, unserer Heimat. Wir bitten Menschen, jetzt mit uns zusammen die Gewässer zu reinigen, sonst werden wir unsere Heimat selbst wiederherstellen, wie wir es früher auch gemacht haben.

Ich mag deine Ehrlichkeit. Du bist aufrichtig. Bitte trink aus.»

Das Wasser war so erfrischend und wohltuend wie das feinste Essen und Trinken. Ich dürstete danach, und es stillte zugleich einen Hunger in mir, von dem ich bisher gar nichts geahnt hatte.

Die Wände fingen an, sich in Wasser aufzulösen und um mich herumzufließen. Auch die Frau begann sich zu verflüssigen und löste sich auf.

«Warte!» sagte ich. «Ich weiß ja nicht einmal, wer du bist. Werde ich dich wiedersehen?»

«Wir werden uns wiederbegegnen», sagte sie. «Dessen kannst du gewiß sein.» Und dann flossen sie und die Höhle und die Quelle fort und schlugen in ihrem Lauf über mir zusammen. Ich rang nach Luft und wurde vor Schreck wach. Als ich umherschaute, wußte ich erst gar nicht, wo ich war, bis ich merkte, daß ich auf meiner Plastikplane lag und eingenickt war. Ich war noch stundenlang von meinem Traum umfangen.

Jetzt würde ich zu spät nach Hause kommen, und dabei mußte ich noch etwas zum Abendessen besorgen. Der Traum wollte mir nicht aus dem Kopf gehen, und mir kam es sogar vor, als hätte ich den Geschmack des Quellwassers den ganzen Heimweg über noch im Mund.

Am nächsten Tag ging ich wie gewöhnlich zum Universitätsgelände. Eben ging ich über den Campus, da erhob sich der Wind aus dem Nirgendwo, rauschte laut, stürzte sich herab und wirbelte heftig um mich herum. Ich war verblüfft und spürte die Anwesenheit des Windgeistes. Ich dachte, sie wollte mir wohl ewas sagen, aber ich konnte es nicht verstehen.

Ich ging, wie ich mir vorgenommen hatte, weiter zum Café an einem der Colleges, um vor der Vorlesung eine Tasse Kaffee zu trinken. Am Tisch drinnen saßen die Hetakas. Ich war höchst überrascht. Sie winkten mich zu sich herüber. Ich fragte mich, warum sie dort sein mochten, ob sie mich wohl gesucht hatten.

«Hi», sagte ich, als ich mich setzte. «Ich muß in fünf Minuten zu einer Vorlesung. Ich kann nicht lange bleiben. Was macht ihr denn hier?»

«Wir sind wegen dir hier», sagte Domano.

«Und warum?» fragte ich.

«Ein kleiner Freund hat uns erzählt, du hättest dich mit dem Fluß unterhalten», fuhr er fort.

Ich wußte nicht, was er meinte.

Chea ergriff das Wort: «Die Flußfee glaubt, daß du dich mit ihr verbinden willst, weil du ihr beim Üben Fäden zugesungen hast. Das ist oft der Beginn einer Kontaktaufnahme. Jedesmal, wenn du zu ihrem Zuhause kommst, wird sie dich jetzt begrüßen. Sie hat dir ihre Freundschaft angeboten. Wenn du ihre Freundschaft wünschst, mußt du ein paar Dinge über die Hüter des Wassers wissen.»

Allmählich dämmerte mir, wovon sie sprachen und daß ich wieder in ein Abenteuer gestolpert war, dem ich mich gar nicht gewachsen fühlte. «Ich hatte gestern an dem Fluß, an dem ich normalerweise übe, einen seltsamen Traum. Hat der etwas zu bedeuten?»

«Erzähl den Traum. In allen Einzelheiten», sagte Domano nachdrücklich.

Ich erzählte ihn, so gut ich konnte. Ich war erstaunt, an wieviel ich mich noch erinnerte und welche intensiven Gefühle ich dabei wieder hatte. Sie hörten aufmerksam zu und sahen sich ab und zu an, unterbrachen mich jedoch nicht.

«Normalerweise hättest du noch jahrelang keine Fühlung mit Wassergeistern aufgenommen», erklärte Chea. «Sie sind äußerst komplex, und die Verbindung mit ihnen erfordert ein Höchstmaß an Konzentration und Engagement. Du hast großes Glück, daß sie sich deiner angenommen und dir trotz deiner Unbedarftheit und Verständnislosigkeit ihre Freundschaft angeboten hat.»

Ich war verwirrt, und wie immer war mir schleierhaft, wie sie zu ihren Schlüssen kamen. «Aber es ist doch nichts passiert. Ich habe ja nur geträumt.»

Domano lächelte freundlich. «Du wußtest, daß diese Hüterin da war. Du hast sie gefühlt. Denk nach. Erinnere dich daran, welches Gefühl der Ort bei dir geweckt hat.»

Ich hatte meine flüchtigen Gedanken und Gefühle ganz vergessen, daß ich vielleicht dabei gewesen war, durch meine Übung des Fädenspinnens mit irgendeinem Geist Verbindung aufzunehmen, und konnte mir keinen Reim auf das machen, was sie sagten.

Domano stellte seine Kaffeetasse ab. «Wenn wir diese Seinsweise zu lernen beginnen, ist unsere Aufmerksamkeit selten gesammelt. Unsere Gedanken wandern herum, sie schweifen ziellos umher. Sie entziehen sich unserer Erinnerung.

Du weißt doch deinem Gefühl nach, wann dein Windgeist in deiner Nähe ist, oder?»

Ich nickte.

Er beugte sich vor. «Es ist ganz ähnlich, ein Gefühl von etwas, das da ist. Etwas anderes. Eine Art Intelligenz. Besonders dann, wenn du im Begriff bist einzuschlummern.»

Unbehagen beschlich mich. «Willst du damit sagen, daß der Fluß auch ein Hüter ist?» Meine Füße kribbelten. Ich versuchte, objektiv und gleichmütig zu bleiben, kämpfte gegen die aufsteigende Angst an.

«Ja», antworteten sie beide wie aus einem Munde. Domano spornte mich mit Grimassen und Gesten dazu an, nachzudenken und mich zu erinnern.

«Der Traum war also wichtig?» fragte ich. «Wie kann ein Traum wichtig sein?»

Domano stand auf und erbot sich, für alle Kaffee zu holen. Chea legte mir die Hand auf den Arm und sagte: «In der Welt des Schamanen ist alles wichtig. Im Traum können wir auf andere Ebenen überwechseln, durch viele Türen gehen, die Augen offenhalten und mit dem kommunizieren, was wir dort vorfinden.

Du mußt jetzt lernen, Verantwortung zu übernehmen, allem Beachtung zu schenken, was um dich herum und in deinen Träumen geschieht, und herauszufinden, wie das alles in den Rahmen deiner gesamten Erfahrungen paßt. Alles ist wichtig. Es ist Teil des Ganzen. Muster zeichnen sich ab. Erkenntnisse und Antworten warten auf dich. Freundschaften und Gespräche winken.»

«Meinst du, ich hätte wirklich mit dieser Wasserfee gesprochen? Willst du ernstlich behaupten, die Traumereignisse seien Wirklichkeit gewesen?»

«Ja», sagte sie mit unbewegtem Gesicht.

Ich wollte nicht unhöflich sein, aber ich glaubte kein Wort. Ich fühlte mich in die Enge getrieben und kam mir ein bißchen blöd vor. Ich schüttelte den Kopf. «Ich wüßte nicht, inwiefern.»

«Ist schon in Ordnung. Du mußt ja auch nicht. Glaub nie etwas, nur weil wir es gesagt haben! Denke darüber nach. Sei immer geistig aufgeschlossen. Wahres Wissen wirst du nur durch die eigene Erfahrung erwerben. Wir sind hier, um dir zu Erfahrungen zu verhelfen, nicht um ein Dogma aufzustellen. Befreie deinen Weg vom ‹Sollen› oder ‹Müssen›. Sorge dafür, daß du den ganzen Weg bis zum Horizont überblicken kannst.»

Das erschien mir leichter und besser. So, ohne die Einschränkung, an irgend etwas glauben zu müssen, stand es mir frei, jeden Aspekt, jede Möglichkeit selbst zu erforschen, ohne recht haben oder mich beweisen zu müssen. Ich konnte einfach um des Schauens willen schauen und um der Erfahrung willen Erfahrungen machen, ohne Angst davor haben zu müssen, zu versagen oder mich lächerlich zu machen. Es war, als fielen damit Fesseln von mir ab. Sie hatten mir das schon früher gesagt, aber ich hatte es immer wieder vergessen.

Jetzt kam mir eine Empfindung wieder in den Sinn, die ich im Kreis der Mitte auf dem Platz des Cowell Colleges gehabt hatte. Ich hatte alles sehen und erfassen wollen, ganz gleich, was es war. Ich hatte weder das Verlangen noch das Bedürfnis gehabt, etwas Bestimmtes, etwas Wesentliches zu erleben. Ich war bloß offen und willens gewesen, zu lernen und das zu erleben, was gerade wirklich gegenwärtig war. Ich hatte keine Erwartungen, hatte nichts investiert. Es war wunderbar, einfach Wahrnehmungen zu machen und nicht unbedingt etwas anderes daraus ableiten zu müssen, sondern sie so anzunehmen, wie sie waren, in dem Wissen, daß Erklärungen und Einzelheiten von selbst folgen würden.

213

Ich kam zu dem Schluß, daß diese Einstellung einen großen Vorteil bot und ich fortan all meine Studien so betreiben wollte.

«Also schön», sagte ich, «der Traum war Wirklichkeit. Eine Kommunikation. Ich versuch's mal damit. Es kommt mir allerdings genauso abwegig vor wie das Verspeisen von Maden.» Das fand Chea äußerst witzig. Wir lachten gerade und schnitten angeekelte Gesichter, als Domano mit dem Kaffee zurückkam.

«Sie schmecken wirklich gut», sagte Chea. «Und sättigen. Ach, hätte ich doch welche!»

Mir wurde etwas komisch zumute. «Aber Chea, spürst du denn nicht, wie sie dir im Mund herumwibbeln und zappeln? Igitt!»

«Oh, das ist ein Hochgenuß!» Sie mußte so sehr lachen, daß sie kaum zu verstehen war. «Das macht sie ja zu einem solchen Vergnügen! Lebendig sind sie viel besser als geröstet. Aber verlaß dich nicht auf mein Wort. Du mußt schon selbst einmal ein paar probieren.»

«Aber sicher!» Ich verwünschte meinen Vergleich mit den Maden bereits. Sie hatte es tatsächlich mühelos fertiggebracht, daß ich mich schüttelte. In meinem armen Köpfchen kribbelten und wibbelten jetzt Hunderte von Maden herum.

Domano stellte die Kaffeetassen ab und beugte sich über den Tisch. «Würmer krabbeln innen, außen, durch das Maul und dann nach draußen . . .» Er sprach nicht weiter, sondern lehnte sich zurück und lachte.

Wo hatte er das denn aufgegabelt? Er steckte immer voller Überraschungen. Wir lachten und scherzten noch eine Weile, bis mir einfiel, daß ich eigentlich eine Vorlesung hatte, zu der ich zu spät kommen würde. Ich willigte ein, gleich danach wieder herzukommen.

Als ich zurück war, nahmen wir das Gespräch über die Wasserfee wieder auf. Sie ließen nicht ab, mir zu sagen, welches Glück ich gehabt hätte, daß sich mir eine solche Hüterin des Flusses genähert hatte und daß sie immer für mich da wäre. Ich würde allerdings möglichst bald eine Bindung mit ihr eingehen müssen.

Wie sie sagten, muß man, um sich mit Hütern, Schöpfern oder Wächtern von Gewässern zu verbinden, eine außerordentlich gut entwickelte Konzentrationsfähigkeit und vollkommen lautere, ehrliche Absichten haben. Sie sagten, Wassergeister hätten den reinsten, edelsten Charakter, wie alles Wasser, als es noch neu war, das Wasser, das diesem Planeten das Leben brachte und erhielt.

Chea fügte hinzu: «Sie sind wie eine Frau, die ein Kind annimmt und pflegt, es an ihrer Brust nährt und aufzieht, bis es erwachsen ist. Genauso sind sie geartet und empfinden sie für die Gewässer unseres Planeten und alles, was vom Wasser lebt.

Das Band wird nicht gleich beim ersten Mal zustande kommen. Das macht aber nichts. Du versuchst es einfach erneut. Und wenn es nötig ist, noch einmal. Die meisten Schamanen müssen sich mehr als zweimal bemühen, sich mit den Wassergeistern zu verbinden. Es ist viel leichter, einfach Freundschaft zu halten. Das ist ebenfalls gut. Es liegt bei dir.»

Ich fühlte mich geschmeichelt, glaubte aber nicht, der Sache gewachsen zu sein. Meinem Empfinden nach war ich immer noch dabei, mich von der Fühlungnahme mit der Hüterin des Windes zu erholen. Diese neue Affäre machte mich ängstlich und nervös. In meinen Schläfen fing es an zu hämmern, und ich hatte ein flaues Gefühl im Magen.

«Ist es gefährlich?» fragte ich leise.

«Natürlich.» Chea machte ein ernstes, finsteres Gesicht. «Aber du weißt ja jetzt, wer dein Feind ist – deine eigenen Gedanken und Ängste.»

Ich nickte. «Habe ich denn keine Vorbereitungszeit? Um erst mal ein paar Dinge zu lernen? Zum Beispiel ein paar Jahre, um genießbare Würmer zu jagen und zu essen?»

Vorbei war es mit Cheas unbewegter Miene. Sie und Domano mußten beide lachen, und er sagte: «Es ist Zeit für dich, es zu probieren, sonst hättest du diese Chance nicht bekommen.»

Sie lächelten. Chea schlug mit der Faust auf den Tisch wie ein stolzer Trainer, der seinen Champion mit der Aufforderung in den Ring schickt, es dem Gegner richtig zu zeigen.

Stille trat ein. Sie sahen mich an.

Ich hätte mich gern davongestohlen, so schnell ich konnte. Diese Lehrzeit wuchs mir entschieden über den Kopf.

«Du wirst dich darin üben müssen, in deiner Mitte zu bleiben, indem du dich der Gaben der Himmelsrichtungen bedienst», sagte Chea schließlich. «Jeden Tag, so oft wie möglich. Wo immer du bist, außer beim Autofahren. Und wenn du irgendwo bist, wo dich niemand stört, führst du die Übung mit dem auf dem Wasser treibenden Blatt durch. Streng dich an, damit du mit allen Sinnen bei der Sache bist. Du mußt dein Konzentrationsvermögen bis zum Äußersten entwickeln. Und du mußt dir klarmachen, warum du diese Hüterin des Wassers suchst.» Sie sah aus, als warte sie darauf, daß ich etwas sagte.

Wieder trat Stille ein.

Dann sagte sie noch: «Bis dahin darfst du nicht an den Fluß hinuntergehen.»

Das hatte ich schon geahnt. «Wie lange muß ich mich denn vorbereiten?»

«Sehen wir mal, wie weit du in zwei Wochen gekommen bist», sagte Chea. «Und falls du das Singen der Fäden übst, dann singe sie für dein Bett oder Sofa oder etwas Ähnliches. Das wird dir vielleicht Ärger ersparen.» Wir lachten.

«Ich muß gehen.» Ich stand auf. «Wo und wann?»

Domano berührte meine Hand. «Warte noch ein Weilchen. Ich habe noch eine kleine Geschichte für dich. Es geht ganz schnell.» Ich setzte mich wieder.

Er lächelte, beugte sich über den Tisch und sprach leise. «Am Anfang gab es nur Wasser. Zuerst war das Wasser sehr still. Aber eines Tages begann es aufzuschäumen und Wellen zu schlagen. Aus der Tiefe kam ein großer Drache. Er schwamm und tanzte. Und als er mit dem Schweif peitschte, entstand Land. Als er den Kopf schüttelte und schnaubte, formten sich aus dem Wasser, das von seinem Kopf herabfloß, der Himmel, die Sonne, der Mond und die Sterne.

Der Drache schwamm um das Land herum und darunter her. Es gab Höhlen voller Wasser. Das waren gute Verstecke. Und er dachte, er könnte sich gut darin zusammenrollen, wenn er nicht gerade an Land und im Meer unterwegs war und Pflanzen, Tiere und Menschen ausspie.

Manchmal gefiel es ihm, das Land zu schütteln, Feuer in die Felsen zu speien und es hoch in die Luft lodern zu lassen. Manchmal mußte er dann lachen, und dann konnte man ihn weithin hören, wie er kicherte und Selbstgespräche führte.

Von Zeit zu Zeit spritzte er Wasser über das Land. Das rieselte in Seen und Flüsse. Es schien jedoch nie genug zu sein, denn manchmal schlief der Drache in seinen Höhlen ein und vergaß seine Geschöpfe.

Eines Tages sahen die Sterne, die Sonne und der Mond hinab. Sie bemerkten, wie schwer es die Geschöpfe hatten. Ohne Wasser vergaßen sie den Drachen. Sie wurden krank und schwach. Mühten sich ab. Und starben.

Sterne, Sonne und Mond weinten. Ihre Tränen fielen herab und ließen es regnen. Es ist so, daß Wasser das Mächtigste und Ausdauerndste überhaupt ist. Das liegt daran, daß es zuerst da war.

Es half den Geschöpfen. Und jetzt geht es ihnen gut, wenn der Drache nicht zu lange schläft und die Sterne nicht zu weinen aufhören.»

Ich dachte im stillen, was für eine seltsame Geschichte. Ich wollte Domano schon fragen, was er damit meinte, als die beiden sich zum Gehen erhoben. Ich nahm meine Tasche und meinen Mantel.

Chea warf mir einen Seitenblick zu und sagte: «In zwei Wochen hier im Café.»

Ich lächelte und nickte. «Gut.»

Domano setzte beim Gehen noch in ernstem Ton hinzu: «Denk darüber nach, was es heißt, Wasser zu haben.»

Ich fragte mich, was er damit meinte. Wir umarmten uns und gingen unserer Wege.

Ich strengte mich sehr mit den vier Gaben des Mittefindens an: dem Lied, den Lebensenergien, der Gedankenkontrolle und der Ausdehnung des Geistes. Ich versuchte sogar, sie einzeln zu üben, aber ich konnte nur das Lied und die Lebensenergie für sich allein aktivieren. Warum, wußte ich nicht, aber das Loslassen der Gedanken ging nur, wenn ich zumindest das Lied und die Lebensenergie in Gang gebracht hatte. Und die Erweiterung des Geistes schaffte ich erst, wenn alle anderen drei zusammenwirkten.

Als die zwei Wochen um waren, trafen wir uns wieder im Café am gleichen College. Ich mußte die ganze Übung des Mittefindens durchführen, und dann entschieden sie, ich sollte mich noch ein wenig länger vorbereiten, ehe ich an meine Aufgabe ging.

Wir schlenderten über das ganze Gelände, in Vorlesungsräume, Studentenheime und Cafeterias hinein und wieder heraus und über alle Plätze, während ich das Mittefinden übte. Es war etwas ganz anderes, die Übung still und ungestört mit geschlossenen Augen im Sitzen durchzuführen als in Bewegung und unter Leuten, die hörbar und geschäftig ihren Verrichtungen nachgingen. Alles war dazu angetan, mich abzulenken. Aber Chea leitete mich stets sanft und geduldig zu den Schritten zurück, die mir leichtfielen, zu meinem Lied und dem Energiestrom.

Sie sagte, je nach Geistesverfassung und persönlichen Neigungen fiele einem eine der vier Gaben leichter als die anderen, und diese Leichtigkeit könnte sich mit dem Geisteszustand verändern. Daß es mir im Augenblick leichter fiele, mein Lied zu finden, heiße nicht, daß es immer so bleiben würde. Wenn es mir schwerer fiele, sollte ich den betreffenden Kreis einfach auslassen und es mit den anderen probieren, bis ich eine Gabe verwirklichen könnte. Daran sollte ich dann festhalten und weitermachen, bis ich alle vier beisammen hatte. Die Stunden vergingen wie im Fluge, und es war Zeit, Abschied zu nehmen. Wir einigten uns darauf, uns in einer Woche in der Universitätsbibliothek zu treffen.

In der folgenden Woche befanden sie wieder, daß ich mich noch länger vorbereiten sollte. Also verbrachten wir den Nachmittag damit, wie beim letzten Mal über das Universitätsgelände zu spazieren und das Mittefinden zu üben. Ich machte Fortschritte, aber nur sehr geringe. Domano erklärte mir, daß es lange Jahre unablässiger Übung erfordert, um wirklich etwas zu erreichen. Er versicherte mir, ich mache meine Sache gut und würde mich bald an die Hüterin des Flusses wenden können.

Während dieser letzten Woche hatte ich mehrere quälende Träume über eine Gruppenreise in die Wüste. Die Brunnen auf unserer Reiseroute waren versiegt, und wir mußten das bißchen Wasser, das uns geblieben war, rationieren. Und ich phantasierte in der glühenden Sonne und hatte Halluzinationen von dem Wasser der Quelle, die in der Höhle unter dem Wasserfall zu Hause verborgen war.

Als ich Domano und Chea von den Träumen erzählte, sagten sie, die Hüterin des Wassers habe darin zu mir gesprochen und mich in Geheimnisse ihres Reiches eingeweiht. Ich hatte sie eher für Anzeichen einer psychischen Überstrapazierung gehalten, weil ich in den vergangenen Wochen soviel an die Wasserfee gedacht hatte.

Domano ermahnte mich, angestrengt darüber nachzudenken, aus welchem Grund ich mit der Hüterin des Wassers in Verbindung treten wollte, wie auch über die Bedeutung des Wassers. Er klärte mich darüber auf, daß ich es hier eigentlich mit zwei Wesen zu tun hatte, nämlich mit der Hüterin des Wassers und dem Wasser, um das sie sich kümmerte, ebenso wie ich es beim Wind einmal mit der Hüterin des Windes zu tun hatte und zum anderen mit den Lüften der Atmosphäre, für die er sorgte.

«Warum ist es erheblich schwieriger, an das Wasser heranzukommen als an den Wind?» fragte ich, als wir uns gerade trennen wollten.

Chea wiegte den Kopf und lächelte. «Weil Luft ihrem Wesen nach viel flexibler ist. Sie streicht überall umher. Geht in alles hinein. Ohne jede Schwierigkeit. Wir atmen sie in jeder Minute, um leben zu können. Ein Windhüter kann geradewegs durch dich hindurchwehen. Du bist deinem Wesen nach viel mehr wie die Hüterin des Windes als wie eine Hüterin des Wassers.

Beim Wind braucht man die Konzentration nicht so lange aufrechtzuerhalten, weil er sich so schnell bewegt. Wasser ist langsamer, schwerer, aber ausdauernder. Du mußt dich für eine lange Zeit auf das Wasser und sein Reich konzentrieren können und darfst dich nicht von Gedanken, Empfindungen oder Ängsten irritieren lassen. Du mußt so ausdauernd werden wie das Wasser. Verstehst du das?»

«Nun ja . . .» Eigentlich nicht, aber das wollte ich nicht zugeben.

«Du wirst es schon verstehen.» Sie lächelte und lachte leise. «Deine Gedanken verstehen es noch nicht, aber dein Körper wie auch der größere Teil deines Bewußtseins. Dies alles kann nicht mit dem Denken erfaßt werden. Du kannst es nur mit dem ganzen Selbst begreifen. Gestehe dir einfach ein, daß du verwirrt bist, und laß es dabei bewenden. Du mußt lernen, Vertrauen in deine eigene Fähigkeit zu setzen, ans Ziel zu kommen und zu verstehen.»

«Ja–a», nickte ich. Das hatten sie mir schon unzählige Male gesagt, und doch vergaß ich es immer wieder, wie anderes auch. Ich kam mir ziemlich begriffsstutzig vor.

Wir verabredeten uns für die darauffolgende Woche, und dann ging ich, um wenigstens das Ende einer Vorlesung über altchinesische Kunst noch mitzubekommen. Das war immerhin etwas Vertrautes und verschaffte sofortige Befriedigung.

In jener Woche hatte ich fast jede Nacht seltsame, eindrückliche Träume. Einmal war ich in einem endlosen Meer. Außer mir schwamm nichts darin herum. Ich fühlte mich merkwürdig und wundervoll. Ich konnte mühelos darin atmen und schwamm immer weiter in die Tiefe. Es war nicht überall dunkel. An einer Stelle kam ich auf riesigen Wellen wieder hervor, ließ mich von ihnen tragen und ritt auf ihnen wie ein Delphin.

Es war nichts dort als Wasser und Licht, und doch war alles da. Ich war für mich, aber nicht allein. Ich fühlte mich vollständig und wohl und war rundum zufrieden. Und jedesmal, wenn ich an den Traum dachte, stellten sich diese Gefühle wieder ein. Ich fragte mich, ob der Traum wohl daher kam, daß die Hüterin des Wassers mit mir reden wollte. Wenn ja, was sagte sie dann? Ich wußte keine Antwort darauf. Und ich wollte es doch wissen.

Die Woche schleppte sich dahin. Ich konnte es kaum erwarten, mit den Hetakas über die Bedeutung der Träume zu sprechen.

Wir trafen wie verabredet zusammen, und ich bombardierte sie eifrig mit meinen Fragen.

«Halt! Stop!» sagte Domano, und seine Stimme klang aufgeregt. Ich war mir nicht sicher, dachte aber doch, er wollte mich nur nachäffen und necken. Ich kam mir dämlich vor und lachte. Er stimmte in mein Lachen ein und sagte: «Wir können dir diese Antworten nicht geben. Du mußt sie selbst finden, während du lernst. Weißt du, ich möchte wetten, daß du die Antwort auf eine Frage schon hast. Warum suchst du diese Hüterin?»

Ohne nachzudenken, sagte ich: «Um zu lernen. Um etwas herauszufinden. Um es sicher zu wissen. Um mich mit ihr anzufreunden.»

«Und was bedeutet Wasser jetzt für dich?» setzte er hinzu, ehe ich Zeit zum Überlegen hatte.

«Erhaltung des Lebens.» Wie ich darauf kam, wußte ich nicht. Ich dachte es nicht etwa. Ich fühlte es, und dann formten sich die Worte. Es war wie eine Wahrheit, von deren Vorhandensein ich keine Ahnung gehabt hatte und die aus dem Verborgenen hervorquoll.

«Hm.» Seinem Gesichtsausdruck nach war er damit zufrieden. «Siehst du nun, wie weit du gekommen bist? Wir können dich heute zum Fluß mitnehmen.»

Mir verschlug es unwillkürlich den Atem. «Was, jetzt sofort? Auf der Stelle? Ist das nicht etwas plötzlich?»

«Plötzlich!» Chea lachte. «Du hast dich seit Wochen jeden Tag darauf vorbereitet. Willst du uns wieder feige im Stich lassen?»

«Ja, gnä' Frau.» Ich ließ in übertriebener Scham den Kopf hängen.

«Komm schon! Gehen wir wandern», sagte Domano und klatschte in die Hände. «Wir wollen keine Zeit verlieren.» Er packte uns beide am Arm und ging mit uns zur Westseite des Universitätsgeländes.

«O Gott!» Schon hatte ich Bauchschmerzen. In meinen Füßen begann es zu pochen und zu kribbeln, während wir im Eilschritt durch das Gelände in den Wald marschierten.

Vor dem Kamm oberhalb des Flüßchens blieben wir stehen.

«Bis hierher und nicht weiter begleiten wir dich», sagte Domano. «Du weißt alles, was für diese Aufgabe nötig ist. Bleib ruhig. Hab Vertrauen. Wir werden dich bald wiedersehen.»

Ich wußte, daß ich sie nicht aufhalten konnte. Mein Herz klopfte heftig. Mir war, als wüßte ich nicht, was ich machen sollte, wie ein Kind, das verlassen worden ist.

Ich beobachtete, wie sie davongingen, und dachte, daß es diesmal wenigstens heller Tag sei und ich das Terrain gut kannte.

Es war auffällig still ringsum. Ich konnte mein Herz pochen hören, und nicht nur meine Füße, sondern mein ganzer Körper kribbelte.

Ich ging ein paar Schritte. Meine Knie zitterten. Ich blieb stehen und setzte mich auf der Stelle hin. Ich konnte einfach nicht. Lange

Zeit saß ich da und überlegte, ob ich zum Fluß gehen und es mit meiner Aufgabe versuchen sollte und was wohl passierte, wenn ich es nicht tat. Vielleicht war es überhaupt besser, morgen wiederzukommen, so daß ich Zeit gewann, mich psychisch darauf vorzubereiten.

Ich wußte nicht, was mich hinter dem Kamm erwartete. Ich hatte Angst. Gedanken überfluteten mich. Ich konnte nicht mehr entscheiden, wie ich mich verhalten sollte.

Ich stand auf, wanderte zur Kammhöhe empor und schrie zum Fluß hinunter, ich käme wieder, sobald es mir möglich sei. Und dann ging ich zu meinem Auto zurück, und es fing an zu regnen.

Ich war von mir enttäuscht, wußte jedoch, daß ich es nicht geschafft hätte. Bei meiner Geistesverfassung hätte ich nicht die geringste Chance gehabt. Ich mußte mich erst darauf einstellen. An dem Tag, an dem mir wieder das Auto zur Verfügung stand, wollte ich es noch einmal versuchen. Das gelobte ich mir selbst und dem Fluß.

In dieser Nacht schlief ich wenig und hatte flüchtige Träume vom Wald in der Nähe des Wasserfalls. Weitere drei Tage vergingen, an denen ich das Auto nicht benutzen konnte, und meine Nervosität nahm stetig zu. Ich wußte, daß meine Fähigkeiten nicht so entwickelt und ausgeprägt waren, wie es sich für eine Schülerin gehörte, die in angemessener Weise Fühlung zu einer Hüterin des Wassers aufnehmen will, und daß meine Chancen für ein erfolgreiches Einswerden ziemlich gering waren. Aber ich hätte immerhin die Möglichkeit, die bemerkenswerte Beziehung zu vertiefen, die sich bereits angebahnt hatte.

In diesem Sinne konnte ich nicht fehlgehen, aber meine Angst hatte mich immer noch ganz schön im Griff. Allerdings überfiel mich kein so lähmendes Entsetzen mehr wie früher. Es war eher eine gewisse Schwere, eine Trägheit. Meine Welt hatte sich bereits in schnellem Tempo verändert, und ich hatte Angst vor dem, was jetzt folgen könnte. Ich hatte keine Vorstellung davon, worauf das alles hinauslief, wie meine Welt aussehen würde, wenn ich meine Lehrzeit bei den Hetakas beendet hatte. Und obwohl ich Domano und Chea als Beispiele hatte, konnte ich mir immer noch nicht ausmalen, welche Veränderung ich dabei durchmachen würde.

Eigentlich war ich damit zufrieden, wie die Welt aussah. Und ich war im Zweifel, ob ich überhaupt noch eine Veränderung wollte.

Die meiste Angst hatte ich um meine Kinder. Inwiefern würde mein Schamanenstudium sie beeinflussen, meine Gefühle für sie und meine Reaktionen ihnen gegenüber? Sie waren meine größte Freude. Für sie würde ich alles tun. Auf keinen Fall wollte ich ihnen unabsichtlich Schaden zufügen. Das wäre mein Tod.

Die ganzen drei Tage lang hielten mich diese Vorstellungen, Ängste und Schuldgefühle in Bann, versuchte ich herauszufinden, welche berechtigt waren, wohin sich mein Leben eigentlich entwickelte und wie meine Kinder, ich selbst und mein Mann davon berührt wurden. Ich glaube, mit mir war in der Zeit nicht viel anzufangen. Ich schlief schlecht und aß weniger. Ich hörte nicht richtig zu und erledigte griesgrämig meine Hausarbeiten und Aufgaben.

Ich beschloß, es hinter mich zu bringen, weil ich es dem Fluß versprochen hatte. Aber ich glaube, ich hätte damals nichts mehr unternommen, wenn ich es nicht gelobt hätte. Es ging alles viel zu schnell für mich. Ich hatte das Empfinden, als könnte ich mit mir selbst nicht mehr Schritt halten.

Als ich endlich das Auto haben konnte, richtete ich es so ein, daß es mir den ganzen Tag von morgens früh bis zu dem Zeitpunkt, an dem der Schulbus die Kinder zurückbrachte, zur Verfügung stand. Während ich vom Parkplatz auf dem Universitätsgelände zum Fluß ging, zitterte ich, als wäre ich ein Riesenvibrator. Ich marschierte geradewegs zum großen Wasserfall. Die Sonne schien, aber der Himmel war noch stark bewölkt. Das Licht brach sich in den Tropfen des letzten Regenschauers, und alles funkelte. Es sah aus wie im Märchenland, überall blitzten kleine Regenbogen auf.

Ich schaute mich um. Außer mir war niemand da. Ich kletterte zu dem Sitzplatz aus Stein und Erde oberhalb eines riesigen Redwoodstammes hinab, der fast in seiner ganzen Länge seitlich an den Wasserfall geschmiegt stand. Ich rief zum Fluß hinunter: «Ich bin da. Sollen wir anfangen?»

Ich ging methodisch vor und begann damit, zuerst mein Lied zu finden und dann nacheinander auch die anderen Gaben. Diesmal fiel es mir erstaunlich leicht.

Ich konnte meine Freundin, die Hüterin des Windes, hören und spüren. Sie war gekommen, um mir beizustehen. Mein Gefühl, vollkommen allein zu sein, schwand, und ich nahm Hunderte von Lebensformen um mich herum wahr. Das Empfinden von all unseren Liedern war erhebend, mitreißend, so, als liebe man tausendmal hintereinander.

Das herabstürzende Wasser war wie Glocken und Trommeln. Der Klang und das Gefühl erfüllten mich ganz. Ich konnte nicht mehr unterscheiden zwischen dem, was in meinem Innern und was draußen war. Dann nahm ich eine andere Gegenwart wahr. Es war die Wasserfee aus meinem Traum. Ich konnte sie nicht sehen, aber ihre Gegenwart wurde immer stärker. Ihre Intensität ließ mich am ganzen Leibe zittern.

In gewisser Weise war sie der Windhüterin ähnlich, aber in anderer Hinsicht wiederum war sie ganz anders. Ich sah sowohl die Artverwandtschaft wie auch die individuellen Unterschiede.

Sie war anders, als ich erwartet hatte. Sie war sehr mütterlich und fürsorglich. Es war eine Größe an ihr, die über alles hinausging, was ich leicht erfassen konnte. In gewissem Sinne war sie die Lebensspenderin für alle Lebensformen ihrer Umgebung. Sie hatte etwas unglaublich Betörendes an sich.

Während ich dort stand, verdichtete sich der Sprühnebel des Wasserfalls und nahm die Gestalt der Frau aus meinem Traum an. Ich war bestürzt. Ich begann unregelmäßig zu atmen, und vermochte mich nicht mehr zu konzentrieren.

Sie streckte mir ihre Linke entgegen und lächelte gütig und verständnisvoll. Ich wußte, daß sie trotz meiner Unzulänglichkeiten meine Freundschaft wünschte, daß sie mich genauso erfaßte und aufnahm, wie ich war. Sie bot mir ihren Beistand an.

Gedanken stürmten auf mich ein, und bald hatte ich meine Mitte verloren. Das Bild im Sprühnebel blieb noch eine Weile erhalten und erschien den Tag über noch einige Male, während ich mich bemühte, mich zu konzentrieren und das Band fester zu knüpfen.

An jenem Tag fand ich zwar meine Mitte nicht mehr recht wieder, aber ich spürte die Nähe der Frau. Sie war tröstlich. Und ich wußte, daß sie eines Tages, wenn ich bereit war, dasein würde, glücklich darüber, mir sich und ihre Welt vor Augen zu führen. Ich hatte keine Angst mehr vor ihr. Ich wußte, daß sie nur wie eine Mutter oder Kinderfrau um das Wohlergehen ihrer Familie besorgt war.

Als meine Zeit sich dem Ende zuneigte, dankte ich, verabschiedete mich und ging zu meinem Auto zurück.

Ich war ungeheuer erleichtert, es hinter mir zu haben. Die Fragen über meine Zukunft waren zwar unbeantwortet geblieben, aber sie nahmen mich nicht mehr so in Anspruch. Fürs erste war ich beruhigt und mit mir selbst im Frieden. Ich fuhr nach Hause und nahm mir vor, bei meinem nächsten Stadtaufenthalt die Hetakas zu besuchen.

Die Spirale

Eigentlich wollte ich gleich die Hetakas aufsuchen und mit ihnen über meine Aufgabe sprechen, als ich die Hüterin des Wassers verlassen hatte, aber dann fand ich doch, daß es keine Eile hatte. Ich fürchtete, eine ganze Menge dabei falsch gemacht zu haben, und wollte keine Ermahnungen hören. Außerdem war das zu Ende gehende Semester besonders hart gewesen. Ich hatte noch eine Abschlußarbeit vor mir, und dann ging es auf Weihnachten zu.

Ich brauchte eine Pause – *von allem*. Ich hatte mit den Hetakas über unsere nächste Begegnung keine Absprache getroffen und beschloß deshalb, mich erst nach den Feiertagen wieder bei ihnen zu melden.

Sobald das Semester abgeschlossen war, widmete ich mich nur noch den Weihnachtsvorbereitungen mit Kindern und Familie. Es war so angenehm, nirgendwohin hingehen und über etwas, was ich eigentlich gar nicht tun wollte, nachdenken zu müssen. Wie sich herausstellte, war es eine dringend benötigte Atempause.

Mein Vater hatte mir immer gesagt, etwas, das sich überhaupt zu machen lohnte, sei es auch wert, gut gemacht zu werden, wenn nicht sogar sehr gut. Und so hatte ich mich immer wie eine eifrige Tochter bemüht, alles in meinem Leben außerordentlich gut zu machen. Erst eine ganze Weile später wurde mir klar, daß ich die Kerze an zwei Enden abbrannte – und darüber hinaus in der Mitte.

Aber Weihnachten war eine Erholung für mich und verschaffte mir etwas Freizeit. Ich hatte keine Träume, an die ich mich erinnert hätte, führte keine Übungen aus und dachte selten an irgendwelche Geister.

Als die Vorlesungen im Januar wieder begannen, hielt ich den Zeitpunkt für gekommen, die Hetakas zu besuchen. Ich ging zu ihrer Wohnung, und es schien fast, als hätten sie schon auf mich gewartet. Nach dem üblichen Begrüßen und Umarmen sprachen wir über die Feiertage und wie es den Kindern gehe.

Dann brachte ich das Gespräch auf meine Begegnung mit der Hüterin des Wassers. «Wie ihr wahrscheinlich wißt, habe ich meine Aufgabe nicht gelöst.»

«Das stimmt nicht», sagte Domano und bat mich, Platz zu nehmen. «Du hast bei ihr mehr gewonnen, als viele Schamanen überhaupt jemals bei einer Hüterin des Wassers erreichen. Du hast deine Sache sehr gut gemacht, Kay. Du hast in ihr eine großartige Freundin. Eines Tages wirst du vielleicht noch einmal versuchen, mit ihr eins zu werden. Aber im Augenblick hast du das große Los gezogen und weißt es nicht einmal.

Mit der Zeit und bei entsprechender Übung wird sich deine Fähigkeit zum Aufmerksamsein verbessern und damit auch die Belohnung.»

«Darf ich je wieder zum Fluß hinunter?»

«Wann immer du willst», sagte er lächelnd. «Grüße sie. Sei dankbar und respektvoll. Und halte alle Abmachungen mit ihr ein. Das ist alles. Sie und der Wind können dich mehr lehren als wir. Und sie können dich auch mit anderen Geistern bekannt machen. Du bist da auf eine Goldmine gestoßen.»

Ich zappelte auf meinem Platz herum. «Wie soll ich wissen, was ich damit anfangen kann?»

Chea schüttelte den Kopf. «Du wirst es schon merken. Die Dinge werden immer klarer. Habe Selbstvertrauen.»

Ich nickte, glaubte jedoch, weder ausreichende Kenntnisse noch Erfahrung genug zu haben, um mir trauen zu können.

Domano gestikulierte mit erhobenem Zeigefinger. «Der Schlüssel ist die Aufmerksamkeit. Die konzentrierte Fähigkeit und Macht, zu tun, was dir gefällt. Sie ist sicher verstaut, und zwar einfach in der Aufmerksamkeit.» Dabei deutete er auf mein Herz.

Chea reichte mir einen kleinen hölzernen Baum mit vielen Ästen, der auf einer Scheibe mit einem Kreis und Markierungen für die Himmelsrichtungen stand. «Er ist wie deine Wahrnehmung.

Jeder Teil ist vergleichbar mit einer anderen Möglichkeit, die Aufmerksamkeit zu konzentrieren, mit einer anderen Möglichkeit, auf dem Netz zu tanzen. Der Kreis stellt unseren normalen Aufmerksamkeitsradius im Wachzustand, bei der Meditation oder bei Tagträumen dar. Die kleinen Fußstapfen am äußeren Rand deuten den Pfad der Menschen an, wie sie ihr Leben im Kreis herum führen. Die Spirale, die das Kreisinnere ausfüllt, ist der Weg des Schamanen, der ins Zentrum führt.

Das Zentrum ist der Ort, an dem das Bewußtsein ausgeglichen ist und von den Gaben der Himmelsrichtungen Gebrauch macht. Hier macht sich unsere Aufmerksamkeit anders fühlbar und läßt sich manchmal von den Ästen des Schlafes, die genau darüber sind, verlocken und einlullen. Wir kennen den Schlaf und den normalen Wachzustand sehr gut, aber wir müssen lernen, aus der Mitte heraus aufmerksam zu sein und zu bleiben und uns an alles zu erinnern, was dort geschieht.»

Die Sonne brach durch die Wolken und überflutete mich mit ihrem Licht. Ich mußte mich umdrehen und sie anschauen. Es war den Winter über immer so trüb, daß ich mich richtig nach jedem kleinen Sonnenstrahl sehnte.

«Ah! Das ist ja himmlisch!» Ich lehnte mich zurück gegen das Fenster. «Meint ihr, daß es sich aufklärt? Ich würde gern an die Luft gehen, wenn es nur nicht so kalt wäre.»

Domano nickte nur von der anderen Seite des Zimmers herüber und trank einen Schluck Kaffee.

«Bleib einfach in der Sonne sitzen und freu dich daran», sagte Chea. «Wir lehren dich inzwischen, was es mit dem Baum auf sich hat.»

Ich nahm meine Kaffeetasse in die Hand und machte es mir bequem. Chea setzte sich neben meine Bank auf den Fußboden und zeigte auf den Baum.

«Jeder der Äste über dem Erdboden wächst weiter und weiter aus dem normalen, vertrauten Wachzustand heraus, und so wird es immer schwieriger, bewußt zu bleiben und sich mit jedem Wachstumsschritt nach oben weiter zu erinnern.

Die ersten Äste sind das Träumen im Schlafen und im Wachen, wo du durch Zeit und Raum zu schlüpfen beginnst. Dann kommt

228

die Art von Aufmerksamkeit, die die Dinge ins Leben ruft. Mit jedem höheren Ast vertieft sich deine Aufmerksamkeit, nehmen die durch die Himmelsrichtungen verliehenen Fähigkeiten zu. Du streckst dich immer weiter in den ausgedehnten Geist hinein und darüber hinaus und bleibst doch mit dem Kreis und unserer Erde verbunden.

Dann bist du auf der Spitze – dort, wo du nicht mehr mit unserem Netz verbunden zu sein brauchst, wo du frei bist von den Beschränkungen von Zeit und Raum.

Je besser du im Aufmerksamsein wirst und je höher du kommst, um so mehr Erfahrungen machst du bei allem, was du unternimmst: bei deinem Streben, bei Geistreisen, in deinem Verständnis, beim Durchschreiten von Toren, bei Besuchen, bei Heilungen und beim Lehren. Das ist die Meisterschaft des Herzens, des Zentrums, *ka ta see*.»

Eine Schar Krähen landete auf dem Rasen vor dem Haus und fing an zu schreien. Ich wandte mich zu ihnen um. Sie krächzten so laut und hartnäckig, daß selbst Domano und Chea aufstanden, um aus dem Fenster zu schauen. «Du meine Güte, der kleine Kerl ist ja wirklich aufgeregt», lachte Domano.

Der größte Vogel hüpfte über den ganzen Rasenplatz von einer Krähe zur anderen und kreischte sie an. Ich mußte an einen Marktschreier denken, der die Vorübergehenden zum Kauf seines Produkts zu animieren versucht. Die Leute wurden zwar aufmerksam, aber niemand kaufte etwas. Es machte großen Spaß, sie zu beobachten.

«Meinst du, er will eine von ihnen dazu überreden, seine Frau zu werden?» scherzte Domano.

«Wer würde den schon nehmen?» sagte Chea. «Er legt es viel zu sehr darauf an. Ich wundere mich, daß sie nicht gemeinsam über ihn herfallen und ihn wegscheuchen.»

Wir lachten alle. Die Krähe war äußerst aufdringlich und machte sich zum Narren. Auf einmal gingen, genau wie Chea vorausgesagt hatte, alle anderen auf sie los und vertrieben sie. Wir lachten und machten noch eine Weile Witze über sie. Dann brachte Chea das Gespräch wieder auf den Baum, und Domano setzte sich auf den Fußboden und lehnte sich an seine Bank.

«Du hast das Zentrum des Kreises erreicht. Wenn du schläfst, streifst du durch die unteren Äste, manchmal auch im Kreis herum und ganz selten einmal sogar ein wenig höher im Baum. Aber du bist dir dieser abenteuerlichen Streifzüge meistens gar nicht bewußt. Im Traum kannst du deine Aufmerksamkeit durch verschiedene Stufen von Zeit und Raum lenken; du kannst reisen, lernen, wachsen. Das heißt, wenn du gelernt hast, in die Baumkrone zu gelangen und wach zu bleiben.»

«Nun erzähl mir bloß nicht», scherzte ich, «daß ich das als nächstes lernen werde.»

«Doch!» sagten sie beide zusammen begeistert.

Domano setzte hinzu: «Du wirst immer die Gaben vervollkommnen, *ka ta see*. Die Künste des Träumens sind nur eine Möglichkeit für uns, Gebrauch davon zu machen.»

«Bin ich froh, daß ihr mich darüber aufklärt.» Ich wußte nicht, ob ich ihnen glauben sollte oder nicht. «Wollt ihr damit sagen, daß ihr mir, der es dauernd schlecht wird, die schon ein dutzendmal vor Angst fast gestorben wäre, die ihre letzte Prüfung nicht bestanden hat, jetzt eine weitere schwierige Aufgabe stellen wollt?»

«Du hast's erfaßt, Kindchen», beglückwünschte mich Domano.

«O Gott!» stöhnte ich und ließ meinen Kopf in die Hände sinken. «Ich kann es einfach nicht glauben, daß das alles Wirklichkeit ist.»

Domano sprang auf. «Laßt uns einen Spaziergang machen. Wir reden draußen weiter. Ich glaube, die Sonne bleibt uns ein Weilchen treu.»

Wir stimmten eilends zu. Ich stellte den Baum auf die Bank, nahm meinen Mantel, und schon waren wir zur Tür hinaus. Es herrschte plötzlich starker Trubel, und als wir über den Rasen in Richtung Strand gingen, ergriff Domano meine Hand, beugte sich vornüber und fing an, wie ein Schwerbehinderter zu gehen, wobei er zu allem Überfluß noch brummte und taumelte. Er wirkte wunderbar echt.

War mir das peinlich! Alle starrten uns an, die Leute verlangsamten sogar ihre Schritte, um einen Blick auf uns zu werfen. Ich wandte mich hilfesuchend an Chea, aber sie verzog keine Miene. Ich bat sie leise, ihn zum Aufhören zu bewegen, aber sie überhörte meine Bitte und schaltete sich in das Schauspiel ein, indem sie ihn stützte. Ich fragte mich, wie weit er es wohl treiben würde.

Während wir so dahinwackelten, kam mir allmählich die Situationskomik zu Bewußtsein. Ich mußte lachen, woraufhin Chea mich mit dem Ellbogen in die Seite stieß und mir einen strengen Blick zuwarf. Ein Paar kam gerade auf uns zu und bekam mit, wie mir der Verweis erteilt wurde. Als wir an den beiden vorbeigingen, sah die Frau mich voller Abscheu an, weil ich über meinen behinderten Gefährten gelacht hatte.

Jetzt konnte ich mich wirklich kaum noch halten. Ich zog mein Taschentuch aus der Manteltasche und hielt es mir vors Gesicht, als würde ich mir die Nase schneuzen. Es war allerdings etwas schwierig mit einer Hand.

Wir bahnten uns den Weg zum Strand hinunter. Anscheinend war eine Menge Leute auf die gleiche Idee gekommen, Sonne zu tanken, solange sie schien. Jetzt, wo das Publikum quasi hautnah war, fing Domano auch noch an zu zucken und brummte noch lauter. Chea verhielt sich so, als wäre alles völlig normal, und kam wieder auf den Baum und das Träumen zu sprechen.

Domano hielt mich immer noch an der Hand, als stütze sie ihn, und gelegentlich fiel er hin und mühte sich ab, wieder auf die Beine zu kommen.

«Starr ihn doch nicht so an», schalt mich Chea laut. «Hilf ihm lieber hoch. Nimm Rücksicht auf einen alten Mann.»

Daraufhin sahen mich die Leute mit großem Mißfallen an. Ich konnte förmlich hören, wie sie mich verurteilten und verdammten, und obwohl ich die Wahrheit kannte und die Situationskomik erfaßt hatte, war mir die Wucht ihrer Gedanken und Gefühle ziemlich unangenehm.

«Bleib in deiner Mitte und bei deiner Wahrheit», sagte Chea sanft. «Paß auf, daß die Geisteswellen und -strömungen der Leute keinen Einfluß auf dich nehmen und dich fesseln. Wenn du untrainiert und schwach wärst, würdest du diese Gedanken über dich langsam glauben. Du würdest sie für deine eigenen halten. Aber inzwischen kannst du den Unterschied sehen und fühlen. Bleib immer stark in deinem eigenen Lied, während die Welt sich um dich zu drehen scheint.»

Ich hätte gleich darauf kommen können, daß es mehr war als nur Herumalberei und Scherzen. Allmählich ging mir auf, daß die Hetakas wenig, wenn überhaupt etwas taten, womit keine bestimmte Absicht verbunden war.

Chea setzte unbekümmert das Gespräch über das Träumen fort. «Wenn wir unsere Aufmerksamkeit auf das Träumen konzentrieren, dann normalerweise nur im Schlaf, wie wir es gelernt haben. Diese Art von Aufmerksamkeit auch im Wachzustand anwenden zu können erfordert Übung.

Zuerst mußt du erkennen, daß bei dieser Aufmerksamkeit der Tod in greifbarer Nähe ist, um dich zu leiten. Der Tod wird dich lehren, all deine Sinne zu schärfen und deine Bewußtheit zu steigern. Er wird dir die Orte zeigen, wo du Freude und die vielen Aspekte deines Liedes finden kannst. Er wird dir die Dinge so erscheinen lassen, wie sie nie zuvor waren: Musik, Kunst, Natur, Tanz, Ritual, Beziehungen, einfach alles. Sie werden von lebendigen Schwingungen und Macht erfüllt sein. Aus deiner Mitte heraus kannst du ihn überall als deinen Führer gewinnen. Er wird die Welt für dich verändern.»

«Die Menschen besitzen die einzigartige Fähigkeit, intensive Leidenschaft zu empfinden – eine unbändige Lebenslust.»

Bei diesen Ausführungen fiel Domano erneut hin und mühte sich verzweifelter denn je ab, wieder hochzukommen. Je mehr ich ihm zu helfen versuchte, um so schwerer machte er es mir. Leute blieben stehen und boten uns ihre Hilfe an, woraufhin sowohl Chea als auch Domano in ihrer Muttersprache zu reden begannen und vorgaben, kein Englisch zu können.

Die hilfsbereiten Passanten sahen mich an und fragten, was sie gesagt hätten. Da ich nicht wußte, was ich sonst tun sollte, tat ich so, als übersetzte ich, und erzählte ihnen, meinem Großvater würde es bald wieder gutgehen, wir würden ihn schon selbst auf die Beine stellen können, und es sei alles in Ordnung. Ich dankte ihnen und sagte auf Wiedersehen. Jetzt fing Domano an, wie ein Schnellfeuergewehr draufloszuplappern und die wildfremden Menschen heranzuwinken.

Ein Herr fragte, ob wir wirklich keine Hilfe brauchten, und ich sagte ihm, daß mein alter Großvater es nun doch gerne sehen würde, wenn er ihm auf die Füße helfe. Der Mann war entzückt, endlich den rettenden Ritter in schimmernder Rüstung spielen zu dürfen. Die Gelegenheit schien ihm von ganzem Herzen wohlzutun.

Domano erschwerte ihm die Sache so, daß wir schließlich alle drei zupacken mußten, um den kleinen alten Mann auf die Beine zu stellen. Er fuchtelte wild mit den Armen um sich, ließ sich wieder fallen, brummte vor sich hin und furzte sogar. Ich mußte mehr Willenskraft, als ich mir je im Traum zugetraut hätte, aufbieten, um nicht laut herauszulachen.

Endlich schien es, als hätten wir alles wieder unter Kontrolle, und unser barmherziger Samariter und seine Begleiter gingen davon. Domano humpelte und wackelte den Strand hinunter zur Promenade, während Chea ruhig den Gesprächsfaden vom Träumen wieder aufnahm.

«Die Menschen sind einzigartig darin, daß sie äußerte Individualität und nie endende Neugier entwickeln können. Diesem Ruf ist unsere Spezies allerdings nicht immer gerecht geworden. Aber mit dem Tod an der Seite wirst du schon sehen. Wir werden dir heute eine neue Hausaufgabe stellen.»

«Muß ich alle anderen auch weiterhin machen?» fragte ich.

«Die Übung mit dem Blatt auf dem Wasser kannst du fürs erste weglassen. Es bleibt jedoch deine Hausaufgabe, stets alle Gaben zusammen zu aktivieren, und zwar dein Leben lang. Was du als nächstes tun sollst, macht Spaß. Und es dürfte sehr interessant für deine Malerei und Bildhauerei sein.

Zuerst möchte ich, daß du dir diesen Strand ganz normal ansiehst. Schau dir den Sand, das Wasser, die Leute an. Behalte im Gedächtnis, wie es ist.

Dann machst du Gebrauch von deinen Gaben und suchst deine Mitte. Laß den Tod nahe an dich heran, so daß er dir zeigen kann, wie außergewöhnlich und intensiv alles in Wirklichkeit ist. Bedien dich all deiner Sinne zugleich. Laß die Informationen hereinfluten.»

Es fiel mir sehr schwer, in meiner Mitte zu bleiben, während Domano an mir hing und immer noch den Tattergreis spielte. Wir gingen langsam, und ich konnte erst einen kleinen Erfolg verbuchen, als wir zur Flußmündung kamen. Domano benahm sich so, als wollte er mittendurch gehen.

«Du willst doch hoffentlich nicht auf diese Art und Weise da durch?» flehte ich.

Er krächzte etwas und zerrte mich am Arm mit sich ins Wasser.

Ich wandte mich an Chea. «Er wird doch nicht von uns verlangen, daß wir ihn über den Fluß bringen, oder? Das werden wir nie im Leben schaffen!»

«Finde deine Mitte und bleib darin. Geh einfach weiter. Halt dich an Domano fest. Geh.»

Das muß ein Bild gewesen sein, wie wir uns durch das Wasser kämpften! Domano glitt mehrmals aus und fiel ins Wasser, wobei er mich beinahe mitriß. Erstaunlicherweise blieb ich bei der ganzen Flußüberquerung so ziemlich in meiner Mitte.

Als wir das andere Ufer erreicht hatten, streichelte Chea mir den Rücken. «Sehr gut. Sehr gut. Bleib fest in deiner Mitte und bitte den Tod, dir Anweisungen zu geben. Laß dir von ihm den Strand zeigen. Mach von all deinen Sinnen Gebrauch. Nimm in dich auf, was du kannst. Atme in alles hinein. Laß dich von seinen Liedern erfüllen. Und bewahr es in deiner Erinnerung.»

Wir gingen ein Stückchen, während ich beobachtete. Das Gefühl der Todesnähe wirkte wie ein Katalysator, mich in alles einzufühlen und alles zu betrachten, solange ich noch die Gelegenheit dazu hatte. Alles war kontrastreicher. Licht war heller, Dunkles dunkler. Gerüche überlagerten einander, und jeder erschien mir stärker als der vorangehende. Die Geräusche schienen in meinem Innern widerzuhallen. Die Dinge waren da, wo sie hingehörten, an ihrem Platz, und dennoch kamen sie auf mich zu. Ich fühlte mit meinem ganzen Körper, was ich wahrnahm.

Ich sah nicht einfach nur gelben Sand, sondern wurde davon eingehüllt, so daß ich seine Farbe und sein Wesen mit jeder Zelle meines Körpers erfaßte. Ich spürte, daß ich mit allem mitschwang wie eine Stimmgabel. Es war etwas an der Körperlichkeit dieser Erfahrung, das mich an meine Gefühle bei der Fahrt mit der Wilden Maus erinnerte.

«Das ist ausgezeichnet.» Chea blieb stehen. «Ausgezeichnet. Behalte es im Gedächtnis. Wir wollen uns hier hinsetzen.»

«O nein», protestierte ich. «Wenn wir uns hier hinsetzen, werden wir ihn nie wieder hochbekommen.»

Chea lachte leise. «Wir werden's schon schaffen. Nur zu. Setzen wir uns für eine Weile.»

Domano ließ sich da niederplumpsen, wo er gerade stand. Er hatte immer noch meine Hand gefaßt, und ich verlor das Gleichgewicht. Ich wäre beinahe auf ihn gefallen.

Ich setzte mich mit gekreuzten Beinen neben ihn, und Chea nahm links von mir Platz.

«Schließ nun die Augen», fuhr sie fort, «und erinnere dich an beide Sehweisen. Führ dir alles so lebhaft wie möglich bildlich vor Augen. Fühl alles mit der gleichen Intensität. Höre, rieche, schmecke. Spür den Sand unter deinen Füßen. Wie dein Körper die Schritte macht. Domano an deinem Arm zerrt. Erlebe alles noch einmal.»

Ich weiß nicht, wie lange ich dort saß und mich erinnerte. Ich war erstaunt über den Grad der Detailliertheit und Intensität, mit denen ich mich an meine Erlebnisse erinnern konnte. Ich war tief beeindruckt von dem Unterschied zwischen der normalen Wahrnehmung und der Wahrnehmung in Verbindung mit dem eigenen Lied aus der Mitte heraus. Es war wie der Unterschied, ob man eine Farbe nur sieht oder ob man darin badet, ob man nur ein Bild von einem Fruchteisbecher sieht oder ihn wirklich genießt.

An den Farben war etwas Besonderes. Sie hatten eine eigene Wesenhaftigkeit und strahlten nach außen. Die Farben fühlten sich alle verschieden an und schienen sich an unterschiedlichen Stellen meines Körpers und der Umgebung anzusammeln.

In meinem Geist stiegen wahllos Gedanken auf, lenkten mich ab, lockten mich weg und versuchten mich davon zu überzeugen, daß diese Erfahrungen keine Wirklichkeit waren, sondern eine Art von Hypnose oder ähnliche Flausen.

Chea flüsterte mir ins Ohr: «Dein einziger wirklicher Widersacher sind deine eigenen Gedanken und Ängste. Laß sie an dir vorbeigleiten.»

Ich trat im Geiste einen Schritt zurück, und alle Gedanken glitten einfach vorbei. Es war, als sähe ich zu, wie sie gemächlich am Horizont verschwanden.

«Das ist ein Teil der Hausaufgabe, die ich dir stelle. Beobachten und Erinnern. Der andere Teil ist der, dich an deine Träume zu erinnern, in allen Einzelheiten und in aller Intensität.»

Ich öffnete die Augen und kam wieder zu normalem Bewußtsein. «Soll ich einen Notizblock neben das Bett legen?»

«Nein», antwortete sie, «es wird nichts aufgeschrieben. Zwing dich dazu, dich zu erinnern. Erinnere dich, sobald du aufzuwachen beginnst, an möglichst viel.»

«Aber selbst Traumtherapeuten lassen ihre Patienten die Träume aufschreiben, damit sie sich daran erinnern», beschwerte ich mich.

«Hier geht es nicht um Traumtherapie.» Sie schlug mit der Faust auf den Sand, und ich zuckte zusammen. «Wir trainieren dein ganzes Selbst so, daß es einen erweiterten Wahrnehmungs- und Handlungsspielraum hat. Aufschreiben hilft da nichts.»

Domano stöhnte und bemühte sich aufzustehen. Er hatte natürlich gewartet, bis möglichst viele Leute um ihn herum waren. Ich versuchte, ihn hochzuziehen und ein wenig unter Kontrolle zu bringen. Es war verblüffend, wie schwer und unbeholfen sich der kleine Mann machen konnte, wenn er wollte. Schließlich stand er, und wir machten uns auf den Weg zum Pier.

Er war wirklich ein meisterhafter Schauspieler. Ich konnte nicht anders, als ihn bewundern, obwohl mir die Sache immer unerträglicher wurde. Er plapperte und knurrte vor sich hin und wedelte mit den Armen. Einmal sabberte er einem anteilnehmenden Passanten auf den Schuh.

An diesem Punkt begann ich, ihm unverständliches Zeug vorzuquasseln, mit scheltender Stimme und erhobenem Zeigefinger. Dann drückte ich mich an ihn, tat so, als wolle ich ihm mit meinem Taschentuch das Gesicht abwischen, und flüsterte: «Wir können dich bald nirgendwohin mehr mitnehmen.»

Er lächelte und gab einen lauten Rülpser von sich. Ich zuckte zurück. Als ich mein Gleichgewicht wiedergefunden hatte, quasselte ich weiter in meiner erfundenen Sprache.

Ein Mann hatte uns vom Rand des Piers aus zugeschaut. Domano zerrte uns zu ihm hinüber. Chea und er sprachen in ihrer Muttersprache miteinander. Ich beugte mich zu Domano und brabbelte ebenfalls etwas in einem Tonfall, der ihm, wie ich hoffte, klarmachte, was ich dachte.

Der Mann schien großes Interesse an uns zu haben. Er trat zu uns, stellte sich vor und fragte uns, welche Sprache wir sprächen, wie ich sie erlernt hätte und ob ich ihm wohl übersetzen könne, was ich gerade zu Domano gesagt hätte.

Ich drückte Domanos Hand und sagte mit einem starken Akzent: «Ich habe meinem Großvater gesagt, wenn er sich nicht endlich benähme, würde ich ihm einen Tritt geben, daß er vom Pier fliegt.»

Ich entschuldigte mich für sein Verhalten und erklärte, er sei nicht mehr für das verantwortlich zu machen, was er tue, er sei senil. Und dann grüßte ich zum Abschied und zog Domano mit einem Ruck hinter mir her, um den Heimweg anzutreten. Ich war erstaunt über mich. Ich wollte nicht glauben, daß ich das tatsächlich gesagt und getan hatte. Es war herrlich.

Domano behielt seine Rolle den ganzen Rückweg über bei. Als wir schließlich an meinem Auto ankamen, konnten wir nicht mehr vor Lachen. Ich hatte ein Gefühl, als müßte ich einen ganzen Monat lang lachen.

Sie ermahnten mich, meine Hausaufgaben mehrmals am Tag zu erledigen und in einer Woche wieder zu ihnen zu kommen.

Ich lachte noch die ganze Heimfahrt über und bekam selbst am Abend noch ab und zu einen Lachanfall. Mein Sohn fragte mich, warum ich so lachte. Ich erzählte ihm, ich hätte in der Stadt mitbekommen, wie ein Mann laut furzte, und da ich dort nicht hätte lachen können, ohne unhöflich zu wirken, müsse ich jetzt lachen. Diese Erklärung war nicht gerade glücklich gewählt. Wie Kinder es zu tun pflegen, kaute er den Witz bis zum Zubettgehen wider. Und ich konnte nicht ernsthaft mit ihm schimpfen, weil ich mich genauso vor Lachen bog wie er.

Bei unserem nächsten Treffen fuhren wir nach Capitola zu einem kleinen Café mit Tischen im Freien und einer Aussicht über die Bucht. Es war sonnig und warm, und das Wasser war glatt. Kleine Vögel hüpften überall auf der Terrasse herum und pickten Krümel und Reste auf.

«Sagt mir doch bitte», begann ich, «was dieses Wahrnehmen und Visualisieren, das ich als Hausaufgabe mache, mit Träumen zu tun hat.»

Domano schien meine Frage zu gefallen. «Es dient der Vorbereitung. Dem Training. Um das Träumen im Wachzustand oder im Schlaf in den Griff zu bekommen, muß man sich stark konzentrieren und gut visualisieren können. Alles, was zur Arbeit eines Schamanen gehört, hängt davon ab.

Aber genug für heute vom Träumen. Heute freuen wir uns an der Sonne, und ich werde dich mit einer Geschichte unterhalten.»

«Ah», lächelte ich. «Das ist eine wunderschöne Bühne für eine Geschichte. Jedenfalls solange du nicht irgend etwas Peinliches anstellst.»

Seine Miene drückte vollkommene Unschuld aus, er hob die Arme ein wenig und sagte: «Wer, ich?»

«Ja, du!» Ich lachte. Ich hatte auf einmal ein komisches Gefühl im Magen und hoffte nur, keinen neuen Ausbruch von Clownerie heraufbeschworen zu haben. Er spielte die Unschuld so gut, daß ich fast daran zweifelte, das genaue Gegenteil mit ihm erlebt zu haben.

Die Kellnerin kam, um unsere Bestellung entgegenzunehmen, und er sagte zu mir: «Sitz einfach nur behaglich da und schau übers Meer. Und genieße es. Ich zeig dir, wie.»

Ich hielt den Atem an und war auf alles gefaßt.

«Drei Kaffee und Chips», sagte er mit einem breiten, freundlichen Lächeln zur Kellnerin. Er legte seine beste «Netter kleiner charmanter alter Mann»-Nummer auf. Alle dachten jetzt offenbar, was für ein wirklich reizender alter Herr das alte Schlitzohr doch sei. Ich beobachtete ihn genau und wartete auf das Fallbeil.

Es bereitete ihm höchstes Vergnügen, mich zu überrumpeln, und er warf mir einen Seitenblick zu, als wolle er sagen: Gut so.

«Es ist eine Geschichte, die gut zu diesem schönen Tag paßt. Mach es dir bequem. Leg die Füße hoch. Sonne und Meer sind herrlich. Jetzt wird nicht gearbeitet, sondern genossen.

Der Schöpfermann schreitet über das neue Land, das er gerade fertig hat. Wirft einen Ball in die Luft und fängt ihn wieder. Er ist sehr stolz auf sich. Er hält sich für einen wirklich tollen Kerl.

Er tätschelt den Boden und sagt: ‹Ich werde dich Erde nennen.

Das ist ein großartiger Name.› Und er geht immer weiter. Eine Menge Steine sind da. Wahre Massen. Er spielt mit einigen Fußball. Dann tätschelt er wieder die Erde und sagt: ‹Ja, Tochter. Du bist großartig. Ich habe wunderbare Arbeit geleistet.›

Eben will er gehen, als er ein Weinen und Schluchzen hört. Er schaut umher. Aber es ist niemand da. Er ruft: ‹Wer weint da?›

Und Erde sagt: ‹Ich, Vater. Erde.›

‹Warum weinst du denn?›

‹Ich werde ganz allein sein. Du gehst fort. Und dann habe ich niemanden, mit dem ich reden kann, außer der Sonne, die so weit weg wohnt, daß ich schreien muß, so laut ich kann.›

Schöpfermann denkt, was kann ich bloß tun? Ach ja! Meine arme Tochter sollte einen Ehemann haben. Wenn ich keinen Mann für sie finde, wird sie nie Kinder haben. Es ist meine Pflicht, sie glücklich zu machen.

Er tröstet sie also und sagt, sie solle sich keine Sorgen machen. Er ist ein guter Jäger. Er wird ihr einen kräftigen Mann suchen, der sie glücklich macht.

Er reist in viele Welten und hält die Augen offen. Niemand, denkt er, ist für meine Tochter gut genug. Eine lange Zeit vergeht. Erde denkt, er hätte sie vielleicht vergessen, und sie wird sehr traurig. Jeder Tag ist ihr nur eine Last.

In der Zwischenzeit verwirft ihr verrückter Vater Freier um Freier. Er sagt: ‹Der ist zu häßlich. Der ist zu dumm. Der ist zu arm. Der ist zu selbstsüchtig. Und der ist zu gemein.›

Die Jahre verstreichen, und immer noch hat er niemanden gefunden. Hunderte von Freiern sind schon abgelehnt. Sie finden das gar nicht gut! Sie beschließen, nach Erde zu suchen und sie dazu zu überreden, einen von ihnen als ihren Geliebten zu wählen.

Sie teilen sich in sechs Gruppen für die sechs Pfade im Land der Sterne auf. Von keinem von ihnen ist je wieder etwas zu hören. Sie haben womöglich eine andere zur Frau genommen.

Ein junger Bursche namens Himmel hat inzwischen Geschichten über Schöpfermanns wählerische Suche nach einem Mann für seine schöne Tochter Erde gehört. Er denkt im stillen, daß es weit besser wäre, wenn er Erde selbst finden würde, statt zu ihrem Vater zu gehen. Er ist sehr gewitzt. Er hat die Geschichten über die anderen Freier gehört, die nie zurückkehrten. Er hat eine Idee, wie er Erde schnell finden kann. Er erzählt Schöpfermann, daß er von einer Schar Freier gehört hätte, die Erde auf eigene Faust gefunden hätten. Sie wären jetzt bei ihr und würden sie dazu zu bewegen versuchen, einen von ihnen zu heiraten.

Schöpfermann ist außer sich. Er macht sich sofort auf den Heimweg zur Erde, um seine Tochter zu beschützen. Und Himmel folgt ihm unbemerkt.

Als Schöpfermann zu Erde kommt, trifft er seine Tochter allein an.

‹Wo sind die Freier?› schreit er.

‹Welche Freier, Vater? Hast du mir Freier geschickt?› Darüber freut sie sich. Sie hat gedacht, er hätte sie vergessen.

‹War denn niemand hier?›

‹Niemand, Vater. Bringst du mir einen Mann, bevor ich alt und grau bin?› Sie wird wieder ein wenig ungehalten.

‹Ja, ja, Tochter. Sobald ich einen gefunden habe, der etwas taugt.› Und weg ist er wieder und glaubt sie in Sicherheit.

Sobald er fort ist, kommt Himmel aus seinem Versteck. Als er Erde sieht, hüpft ihm das Herz. Oh, wenn er doch ihr Herz gewinnen und sie dazu bewegen könnte, ihn zu heiraten!

Er nähert sich ihr langsam. Sie sieht, wie er näher kommt, und wird ganz neugierig auf ihn. Sie findet ihn sehr nett.

Er stellt sich vor und offenbart ihr seinen Wunsch, ihr Mann werden zu wollen. Sie mag ihn, und sie verbringen viel Zeit miteinander. Sie sagt ihm, er müsse bei ihrem Vater um ihre Hand anhalten. Als Himmel ihr von den Hunderten von Freiern erzählt, die ihr Vater schon abgelehnt hat, denkt sich Erde einen Plan aus, wie ihr Vater überlistet werden kann.

Sie sendet einen Boten zu Schöpfermann mit der Nachricht, Erde sei krank geworden und verlange nach ihrem Vater. Er kommt sofort nach Hause. Himmel hält sich in der Nähe verborgen.

Als sie sieht, wie besorgt ihr Vater um sie ist, sagt sie zu ihm: ‹Vater, ich habe Angst, daß ich nie heiraten werde. Sag mir doch, wie du einen Mann für mich suchst.›

Er erzählt ihr eine lange Geschichte von allen Ländern, die er bereist, und wie angestrengt er sucht.

Sie sagt: ‹Wie entscheidest du denn, wer meiner wert ist? Gibt es eine Prüfung?›

‹O ja. Nur der Edelste soll meine Tochter bekommen. Ich möchte dich gut versorgt wissen, dein Leben soll reich und erfüllt sein.›

‹Aber Vater, bisher war mein Leben eigentlich meistens traurig und einsam. Nur ein Warten auf einen Partner. Wie sieht denn deine Prüfung aus, Vater?›

‹Ich bitte sie, mir das Messer der Spinne aus dem Land der Schatten zu bringen. Sie weigern sich immer alle und gehen. Siehst du, sie sind deiner nicht wert.›

‹Aber Vater, wie würdest du denn wissen, ob es das richtige Messer ist?›

‹Oh, mir ist gesagt worden, daß seine Klinge lang und zweischneidig ist. Der Griff besteht aus Bein. Und das Bild der Schattenspinne ist in die Klinge eingraviert. Das ist ein Geheimnis, das nur wenige kennen, ich werde also genau Bescheid wissen. Dein Mann wird sehr edel sein. Darauf werde ich dringen.›

Erde sagt ihrem Vater, daß es ihr jetzt wieder besser geht und ob er nicht *bitte, bitte* schleunigst einen Mann für sie suchen kann, ehe sie vor Altersschwäche gestorben ist.

Himmel belauscht das Geheimnis. Er bittet Erde, sich keine Sorgen zu machen. Er sei kein solcher Narr, daß er wagte, zum Land der Schatten aufzubrechen. Dem Ort, von dem niemand zurückkehrt. Er behauptet, er könne ein solches Messer machen, wie ihr Vater es beschrieben hat.

Erde ist ganz aufgeregt. Sie ist inzwischen sehr verliebt in Himmel und würde selbst sterben, wenn er sich zum Land der Schatten aufmachte. Jetzt wird sie bald mit dem Geliebten vereint sein.

Himmel gibt sich große Mühe, um das Messer perfekt hinzubekommen. Er macht seine Sache gut. Er nimmt es zu Schöpfermann mit und bittet ihn, seine Verbindung mit Erde zu segnen. Schöpfermann ist mächtig erfreut, endlich jemanden gefunden zu haben, der seiner Tochter würdig ist. Bis auf den heutigen Tag haben sie sich nie getrennt.

Ihrer Ehe sind viele, viele Nachkommen entsprungen. Und ihre bemerkenswerte Fruchtbarkeit hat sich im Land der Sterne weithin herumgesprochen.»

Domano kippte mit dem Stuhl nach hinten und nahm seine Kaffeetasse in die Hand. Er grinste mich breit an. «Wie steht's mit deinen Hausaufgaben? Machst du sie auch jeden Tag?»

Ich lächelte auch. «Ja.»

«Gut», schaltete sich Chea ein. «Sei fleißig. Laß nicht nach. Alles kann davon abängen. Selbst dein Leben. Übe dich auch im Singen der Fäden. Sei nur vorsichtig damit, wo du übst.»

«Kann ich unten am Fluß singen?» fragte ich.

«Wenn du willst.» Dann drohte sie mir mit dem Finger. «Aber du weißt ja inzwischen, wie intensiv die Kommunikation ist. Dir ist gar nicht klar, wie gut du darin bist. Das Leben wird darauf reagieren. Du mußt jetzt die Verantwortung für all deine Handlungen übernehmen. Allem Beachtung schenken, was um dich herum geschieht. Du kannst nicht länger willkürlich handeln. Oder blindlings. Wir beide müssen jetzt nach Hause. Wir wollen zu Fuß gehen. Du kannst aber noch bleiben, wenn du willst.»

Sie verabschiedeten sich, und Domano zwinkerte beim Hinausgehen der Kellnerin zu. Ich blieb nur noch ein paar Minuten und sauste dann zur Universität zurück, um einige Arbeiten zu erledigen, mit denen ich im Rückstand war.

Es dauerte ein paar Wochen, bis wir uns auf dem Platz des Cowell Colleges wiedertrafen. In der Zwischenzeit hatte ich viel zuviel zu tun und ernstliche Schwierigkeiten, alles unter einen Hut zu bringen. Dann beschloß ich, meine verschiedenen Aufgaben miteinander in Einklang zu bringen, und führte die Hetaka-Übungen durch, während ich den Haushalt besorgte und mich um meine Familie kümmerte. Als ich einigermaßen in der Lage war, beides so miteinander zu vereinen, daß es mir als gangbarer Weg erschien, meine Ziele zu erreichen, versuchte ich, die Hausaufgaben der Hetakas auch mit einigen meiner Collegearbeiten zu verbinden.

Beim Kunststudium war das ein wahrer Segen, bei den naturwissenschaftlichen Fächern hingegen unmöglich. Ich mußte dabei linear denken, aber wenn ich mit Erfolg meine Mitte gefunden und alle Gaben in Anwendung gebracht hatte, konnte ich die linearen Aspekte des Denkens nicht damit in Einklang bringen.

Als wir uns wiedersahen, fragte ich, ob es wohl möglich wäre, die linearen Eigenschaften des Geistes simultan mit den Begabungen zur Anwendung zu bringen.

Domano saß auf der Mauer, winkte uns, zu ihm zu kommen, und sagte: «Aha, das hast du probiert. Dann weißt du ja, daß es knifflig ist. Aber es ist möglich. Du mußt dich bei Gebrauch der Gaben nach Süden ausrichten. Das lineare Denken höchst erfolgreich zu benutzen heißt, in Sätzen zu denken. Aber in Sätzen deiner Wahl. Kein geistloses Geschwätz. Du bestimmst die Richtung und den Inhalt der Gedanken. Nicht die alten Vorstellungen und Ängste, die dich an der Nase herumführen.

Wenn du so vorgehst, wird der lineare Teil deines Geistes dein Werkzeug, nicht dein Diktator. Im größeren Teil deines Geistes, wo sich die Wahrnehmung in ganzen Bildern vollzieht, kannst du lernen, deine Experimente in die Tat umzusetzen. Wundersame neue Dinge erleben. Dem linearen Denken fällt dann die Aufgabe zu, das so gut wie möglich in Sätze zu übertragen.

Aber nur keine Hektik! Wenn du diese Aspekte gleichzeitig aktivieren willst, wird es sich irgendwann von selbst ergeben. Fürs erste machst du deine Sache sehr gut.»

«Gut?» Ich riß die Augen auf. «Aber ich kann mich doch selten länger als einen Augenblick in meiner Mitte halten, wenn ich etwas anderes tue wie etwa Spazierengehen, Malen oder Putzen.»

«Manchmal stellst du zu hohe Ansprüche an dich», versicherte er mir. «Schlag nicht immer auf dich ein. Du hast großes Glück, daß du überhaupt deine Mitte findest. Solche Dinge brauchen ihre Zeit. Sogar Jahre. Schamanen verbringen ihr ganzes Leben damit, sie zu vervollkommnen. Und wenn sie es endlich gepackt haben und die Dinge wirklich verstehen und beeinflussen können, steht der Tod vor der Tür.

Ich sage dir jetzt, daß du deinem Körper zuviel zumutest. Du mußt sanfter mit dir umgehen.»

«Aber wie denn? Ich kann doch meine Pflichten nicht vernachlässigen!»

«Du kannst sie erfüllen.» Er beugte sich zu mir. «Alle. Das, was dich so niederdrückt, liegt in deinem Denken begründet. Du denkst, daß du nicht gut bist. Daß du nicht genug tust. Was du auch erreichst, es ist nie genug, um dich zufriedenzustellen.

Dein Körper und Geist sind zu allem in der Lage, was du wünschst. Aber nicht, wenn du dich selbst bestrafst. Sei stolz auf das, was du tust. Hab Freude an allem . . . statt es in einen Kampf zu verwandeln, der von Schuldgefühlen und Angst erfüllt ist.

Ich will dir eine neue Hausaufgabe stellen, die dir helfen wird. Dann werden dir die anderen alle leichterfallen, und du wirst einfach nur deine Freude haben an allem, was du tust.»

Chea ergriff meine Hand und fügte hinzu: «Wenn wir denken, daß uns etwas mißfällt oder es uns nicht gefallen darf, bringen wir unser Lied zum Verstummen. Wir versuchen, das Mißliebige auszugrenzen. Weil wir glauben wollen, daß es uns zu Recht mißfällt. Wenn wir in dem Augenblick unser Lied fühlen würden, gäbe es kein Mißfallen mehr. Was würde denn dann aus unserer Überzeugung, die wir mit solchem Nachdruck aufrechterhalten haben?

Unsere Freude können wir immer finden. Sie ist immer da. Sie kann sich durch alles mögliche bemerkbar machen. Sie macht alles angenehm. Und der Körper braucht nicht darunter zu leiden. Er kann Wunder wirken, wenn er vom Streß befreit ist.»

Ich fing an zu weinen. Ich hatte das Gefühl, nichts recht machen zu können. Es kam mir so vor, als würde ich auf der ganzen Linie versagen. Ich war an gute Noten gewöhnt, und in diesem Semester stand ich zum ersten Mal in Biologie schlecht. Mein Haus war ein Saustall. Wenn der Berg schmutziger Wäsche so weiterwuchs, begrub er Santa Cruz bald unter sich. In meiner Ehe kriselte es. Ich verbrachte nicht genug Zeit mit meinen Kindern. Ich kochte nichts Ordentliches mehr. Ich redete kaum noch mit Familienangehörigen oder Freunden, geschweige denn, daß ich Briefe schrieb. Und bei der Arbeit mit den Hetakas waren alle Erfolge in weite Ferne gerückt.

Domano stand auf. «Hier. Ich suche dir einen richtig guten Stock, mit dem du dich verprügeln kannst.»

Ich verstand, was er mir sagen wollte, konnte jedoch nicht aus meiner Haut. Mir selbst kam es nicht so vor, als würde ich mir zuviel abverlangen. Ich war der Meinung, wenn ich nicht alles schaffte, und zwar gut schaffte, dann könnte etwas mit mir nicht stimmen, nicht etwa mit dem, was ich mir selbst auflud oder wozu ich mich nur mit Mühe zwingen konnte.

Chea legte den Arm um mich. «Sei weniger strikt mit deinen Hausaufgaben. Mach nur das, was dir leicht erscheint. Und werde, wie Domano schon sagte, deiner Freude gewahr, wo immer du bist. Es wird dir helfen. Das verspreche ich dir.»

Ich weinte wie ein Schloßhund. All meine Empfindungen und Ängste, ein totaler Versager zu sein, kamen hoch. Was für ein schreckliches Gefühl. Mir schmerzte davon der ganze Bauch.

Domano riet mir, meine Gefühle, statt sie nun zu verdrängen, zuzulassen, jedes zu seiner Zeit. Er sagte, ich solle sie fühlen, sie mit all ihren Aspekten einfach bestehenlassen und mich dazu bekennen, ohne sie in Frage zu stellen oder abzuleugnen. Er sagte, es würde eine Zeit kommen, in der all die Gefühle einen Sinn für mich hätten, daß das jedoch im Augenblick keine Rolle spielen würde. Wichtig sei nur, dazu zu stehen und diese Erfahrungen zu machen.

Wir gingen in den Wald, und sie blieben ein paar Stunden bei mir, bis ich mich wohler fühlte.

Ich willigte ein, es mir mit den Hausaufgaben leichter zu machen und mich darauf zu konzentrieren, Freude zu finden. Unser nächstes Treffen setzten wir erst fast einen ganzen Monat später in der Cafeteria des Stevenson Colleges an.

Ich kann nicht gerade sagen, daß ich bei dieser Begegnung besser drauf gewesen wäre als bei der vorigen, nur hatte ich es inzwischen geschafft, meine Versagensängste zu beerdigen.

Ich bestellte Kaffee und Suppe, setzte mich an einen Tisch und wartete auf die Hetakas. Sie tauchten auch bald auf. Die Reggaemusik war fröhlich und heiter. Chea setzte sich zu mir, während Domano zur Theke ging.

Ich kam mittlerweile viel besser mit Chea aus. Sie verstand mich, und ich konnte jetzt ihre aufrichtige Sorge für mein Wohlbefinden spüren. Nur daß sie nichts leichthin tat, machte mir immer noch zu schaffen. Ich war, wie ich glaube, im Begriff, ihre wahre Persönlichkeit zu erkennen. Sie war unendlich mitfühlend, aber ohne Aufdringlichkeit. Sie besaß offenbar ausgeprägte parapsychische Fähigkeiten, hatte jedoch nicht die mindesten Vorurteile. Ich kam allmählich zu dem Schluß, daß sie meistens glücklich und zufrieden war, auch wenn ihr Gesicht oft ausdruckslos wirkte.

Allerdings konnte ich ihre Verhaltensweisen nicht mit ihrer äußeren Erscheinung in Einklang bringen. In meinen Augen paßten sie nicht zusammen. Und obwohl ich sie mehr und mehr schätzte und in vieler Hinsicht auf sie angewiesen war, machte sie mir immer noch ein wenig angst.

Sie fragte mich, wie es zu Hause gehe, und ich sagte, nicht besonders gut, aber auch nicht allzuschlecht. Wir plauderten ein wenig, bis Domano an den Tisch kam.

Er setzte sich mit der Tasse in der Hand hin und sagte: «Wir wollen heute über den Baum sprechen. Über die Äste des Träumens.»

«Oh, schön», nickte ich. «Das verstehe ich nämlich nicht ganz.»

«Die längsten Äste gehören zum Träumen», sagte er. «Von ihnen gibt es mehr als von den anderen darüber. Das liegt aber an den vielen Teilen.» Er sah Chea an.

Sie ergriff das Wort. «Indem du lernst, all deine Sinne zu schärfen und deine Aufmerksamkeit darauf zu konzentrieren, übst du dich darin, im Traum Erfahrungen zu machen und dich daran zu erinnern. Du wirst merken, daß Dinge, die dich den Tag über sehr beschäftigt haben, nachts in deinen Träumen erscheinen. Mit der Zeit werden Dinge, die du im Traum siehst, auch in Erscheinung treten, wenn du wach bist.

Ein anderer Teil, der zu dem gehört, was wir Träumen nennen, ist die Konzentration der Aufmerksamkeit auf fast die gleiche Weise wie im nächtlichen Traum, nur daß wir wach sind. Zuerst ist es schwer, nicht dabei einzuschlafen, aber das wird durch Übung gemeistert.»

«Ich verstehe nicht ganz, was du meinst», warf ich ein. «Wie kann man träumen, wenn man wach ist? Meinst du einen Tagtraum? Ein Phantasiebild?»

«Nein», sagte Domano und trommelte im Takt der Reggaemusik mit den Fingern. «Tagträume sind Teil der normalen Aufmerksamkeit. Am Rande des Kreises. Das andere ist da, wenn du mit Hilfe der Gaben deine Mitte gefunden hast und deine Aufmerksamkeit dann so lenkst, daß du wie im Traum bist. Nur daß du bei Bewußtsein bleibst. Du kannst dich beliebig im Traum bewegen.»

«Und was macht man, wenn man so weit ist?» Ich war wirklich verblüfft. So etwas war mir noch nie eingefallen.

«Du kannst auf Geistreisen gehen.» Domano lächelte wie ein Kater, der gerade einen Fisch verschlungen hat. «Oder nach Wissen trachten. Mit Geistern sprechen. Mit Zeit und Raum spielen. Heilungen durchführen. Tore durchschreiten.»

«Willst du mir einen Bären aufbinden?» Ich suchte in Domanos Augen nach einem Schlüssel für die Wahrheit.

Er erwiderte meinen Blick, schüttelte den Kopf und sagte: «Nein. Diese Dinge sind Wirklichkeit.»

«Geistreisen?» wiederholte ich. «Meinst du Astralprojektionen?»

«Ich weiß nichts von Astralprojektionen», sagte er.

«Nun, ich auch nicht. Ich glaube, dabei verläßt der Geist den Körper und begibt sich irgendwohin, nur daß man nicht stirbt.»

Er nickte und lächelte. «Ja. Das ist eine Geistreise.» Er lachte und zog die Augenbrauen hoch. «Siehst du?»

Ich geriet wieder so in Verwirrung, daß mein Blutdruck stieg. «Kann man all das im Schlaftraum tun?»

«Ja», sagte er, «aber es erfordert viele Jahre der Vorbereitung und des Wachträumens, ehe es so geschieht. Es gibt nichts, was man tun könnte, um es herbeizuführen, außer sich vorzubereiten. Dann ist es eines Tages auf einmal da.»

Ich nickte. «Aha.»

Stille trat ein. Sie warteten offenbar darauf, daß ich eine Frage stellte, aber ich war zu verwirrt. Ich dachte krampfhaft nach. «Ist denn das alles notwendig? Gibt es keinen leichteren Weg? Oder so etwas wie einen Schnellkurs?»

Chea zögerte, dann sagte sie: «Nein. Aber es gibt immer Schwachköpfe, die meinen, eine Abkürzung nehmen zu können, damit sie nicht die Lektionen der vier Himmelsrichtungen lernen und die guten Gaben meistern müssen.

Statt die lange Spirale entlangzuwandern, stehen sie am äußeren Kreis und springen mit ausgestreckten Händen hoch, um sich an den Ästen hochzuziehen.

Aber sie befinden sich nicht im Gleichgewicht, und vieles am Kreis, an der Spirale und am Baum verstehen sie nicht. Meist denken sie zwar, sie täten es, aber das stimmt nicht. Sie glauben, sie könnten selbstsüchtig und grausam bleiben und das Herz übergehen.

Manchmal erwerben sie sogar Macht und schaden sich und anderen. Sie sind immer aus dem Gleichgewicht. Nichts will ihnen recht gelingen. Sie werden immer kränker und fallen schließlich vom Baum herunter.

Siehst du, sie haben nie gelernt, daß sie, wenn sie auf ihrem Pfad geblieben wären, der Kreis, die Spirale und der Baum geworden wären. Vom Samenkorn zum Riesen, Ast für Ast.

Sie bleiben voller Verzweiflung allein und einsam, von Ängsten gepeinigt. Schließlich greifen sie alles an, was ihnen unter die Augen kommt. Sie geben sich nie die Möglichkeit, mit allem Leben und aller Schöpfung eins zu werden. Und das können sie nicht verstehen. Sie lernen nicht einmal ihr eigenes Lied richtig kennen.»

«Na ja», sagte ich, «das versetzt irgendwelchen Abkürzungsideen meinerseits wohl den Todesstoß.»

Sie lachten. Sie schienen ihre helle Freude zu haben. Selbst Chea grinste bis an beide Ohren.

«Ihr macht euch über mich lustig», sagte ich, «stimmt's? Astralreisen und so 'n Zeug. Macht ihr auch Telekinese?»

Sie schauten einander an, um festzustellen, ob der andere wußte, was das ist.

«Das ist so», sagte ich und fuchtelte mit den Händen herum, als würden sie dadurch besser verstehen. «Man denkt, daß sich etwas bewegen soll, und es bewegt sich. Von selbst.»

Sie lachten und nickten. «Ja. Das ist Träumen.»

Domano lachte. Ich glaube, mir stand der Mund wieder weit offen. «Das ist die Kunst des Träumens. Alle Schamanen können das lernen, wenn sie wollen.»

Ich nickte. «Aha.» Ich war vollkommen verblüfft über diese neue Reihe von Fähigkeiten, die sie ins Auge gefaßt hatten. Eigentlich hätte ich nicht überrascht sein dürfen, nach all dem Seltsamen, was wir schon hinter uns hatten und was ich sie hatte tun sehen. Aber irgendwie schienen mir diese parapsychischen Dinge besser in die sonderbaren, aber faszinierenden Bücher im hintersten Winkel einer Buchhandlung zu passen oder in die Labors der Duke Universität. Aus unerfindlichen Gründen hätte ich sie nie mit Schamanismus in Zusammenhang gebracht.

«Also», sagte ich, «wie geht denn diese Art des Träumens? Ich meine, wie kann man seine Aufmerksamkeit verändern?»

Ich hatte plötzlich ein Gefühl, als säße ich an der Angel. Domano sah wie ein Junge aus, der kichernd vor Aufregung seinen ersten Fisch an der Leine hat. «Du veränderst die Geschwindigkeit, mit der manches von deinem Lied nach außen strahlt.» Er grinste mich wieder breit an.

«Aha!» Ich lächelte und nickte ihm zu. «Natürlich.» Ich hatte keinen blassen Schimmer, wovon er sprach.

«Ist schon gut. Behalte einfach meine Worte. Sie werden bald schon wichtig sein.»

Wir plauderten über Privatsachen und meinen eventuellen Umzug von den Bergen in die Stadt. Sie schlugen mir vor, meine Hausaufgaben so zu erledigen, wie sie sich am besten in mein übriges Leben einfügen ließen, aber nicht unter Druck. Wenn ich mich angespannt fühlte, sollte ich nur nach der Freude suchen.

Wir sagten einander adieu, und ich ging zu meiner Vorlesung.

Der Zeitpunkt unseres nächsten Treffens fiel ungefähr mit dem Semesterende zusammen. Mein Mann und ich hatten beschlossen, in die Stadt zu ziehen, und wurden in ein Studentenheim auf dem Campus aufgenommen. Wir sollten in den Semesterferien einziehen, aber da wurde ich plötzlich schwer krank, und so mußte mein Mann den ganzen Umzug ohne meine Hilfe bewerkstelligen.

Ich konnte die Verabredung mit den Hetakas nicht einhalten, vertraute jedoch darauf, daß sie über meinen Zustand Bescheid wußten.

Ich erholte mich nur langsam, ging aber kurz nach Beginn des neuen Semesters wieder zu den Vorlesungen und nahm mein Studium wieder auf.

Als ich die Hetakas dann wiedersah, saß ich gerade vor dem Good-Earth-Café in der Sonne. Ich hatte für diesen Tag keine Vorlesungen mehr und war auf dem Weg nach Hause. Aber als ich das Gelände halbwegs durchquert hatte, war ich vollkommen erschöpft und mußte mich auf der Stelle ausruhen, und das war das Café.

Sie winkten mir vom Parkplatz aus zu, und ich machte ihnen Zeichen, daß sie zu mir auf die Terrasse kommen sollten. Es tat wohl, sie wiederzusehen. Sie waren wie eine heilsame Arznei.

Sie zeigten sich sehr besorgt über meinen Gesundheitszustand, sagten jedoch, sie hätten gewußt, daß ich wieder genesen würde. Wir plauderten über dies und das, und dann sagte Domano, er wolle mich mit einer Geschichte unterhalten.

«Das ist besser als Fernsehen», sagte er, «findest du nicht?»

Ich pflichtete ihm bei, lehnte mich an das Geländer und zog die Füße hoch. Es war wunderbar, wieder mit ihnen zusammenzusein und von Domano eine Geschichte erzählt zu bekommen.

«Es war einmal vor langer, langer Zeit ein winzig kleiner Junge. Er hatte viele Brüder und Schwestern. Seine Familie war sehr arm. Obwohl er sehr klein war, half er mit, die Familie zu ernähren.

Eines Tages spielte er auf ihrem kleinen Feld am Rande der heißen Wüste nach beendeter Arbeit in den Bäumen. Da fand er ein glänzendes Medaillon. Auf der Vorderseite war ein wunderbarer Drache. Seine Augen schimmerten blau. Er spie einen langen Schweif feuriger Flammen aus. Und er hatte große Flügel. Mit Edelsteinen besetzt.

Er war so wunderbar, daß der Junge fürchtete, seine Familie würde ihm das Schmuckstück wegnehmen. Es mußte sehr kostbar und viel wert sein. Sie würden es für Vieh und Nahrung verkaufen, soviel war sicher. Also versteckte er es.

In der Nacht, als alle schliefen, schlüpfte er nach draußen, um es sich bei Mondschein anzuschauen.

Und er sagte: ‹Wenn ich einen Drachen hätte, würde ich darauf zum Mond reiten.›

Kaum hat er das gesagt, kommt ein riesiger Drache mit Augen wie blaues Feuer durch die Luft gesaust. Dem Jungen verschlägt es den Atem. Er weiß nicht, was er machen soll. Wenn nun jemand aufwacht und diesen gewaltigen Drachen auf dem Feld sieht? Sie würden ihn wahrscheinlich zu töten versuchen, denkt er.

‹Du darfst nicht hierbleiben›, sagt er zu dem Drachen. ‹Die Leute werden Angst vor dir haben und dir Schaden zufügen.›

‹Wohin willst du?› brüllt der Drache. Flammen schlagen aus seinem Rachen und verbrennen ein paar Pflanzen auf dem Feld.

Der Junge hat Angst, daß der Drache unabsichtlich ihr ganzes Feld abbrennt, wenn er weiterspricht. Deshalb nimmt er ihn mit in die Wüste.

‹Bist du der Drache von meinem Medaillon?› fragt er.

‹Ja. Ich bin dein Reitpferd. Wohin du auch willst, in die ganze Welt. Setz dich auf meinen Rücken. Ich bring dich hin.›

‹Selbst zum Mond?›

‹Natürlich. Kein Ort ist zu weit.›

‹Bringst du mich auch zurück?›

‹Mit dem Medaillon kannst du mich rufen. Und ich werde dich wieder heimbringen. Spring auf und halt dich gut fest. Ich werde dir den Mond zeigen.›

Der Junge legt sich das Medaillon um den Hals und setzt sich auf den Drachen. Er drückt sich mit aller Kraft an dessen Haut, denn sobald der Drache fliegt, bläst ein starker, kalter Wind.

Sie fliegen über den Mond und schauen auf große weiße Städte mit Edelsteintürmen hinab, in denen viele seltsame Leute ihren Geschäften nachgehen.

‹Möchtest du sie besuchen?› fragt der Drache.

‹O ja. Können wir das?›

‹Selbstverständlich, kleiner Herr. Ich werde dich am Rand der Stadt absetzen.›

Gesagt, getan. Und der Junge vergnügt sich dort und ist guter Dinge. Er spaziert in den Straßen auf und ab. Sieht sich die merkwürdigen Kleider und Gebäude an. Und spricht mit den Leuten. Ein Junge bietet ihm sogar Tee an und spielt mit ihm.

Nach einiger Zeit wird der Junge müde und beschließt, nach Hause zurückzukehren. Er geht zum Stadtrand und ruft den Drachen, der ihn wieder heimbringt.

Er hält seinen Schatz weiter verborgen . . . bis spät in die folgende Nacht hinein. Da ruft er den Drachen und bittet ihn, ihn mit in die Ferne zu nehmen und ihm fremde Dinge zu zeigen.

Sie verbringen schöne Stunden miteinander, bis der Junge eines Nachts unvorsichtig ist. Er fällt vom Drachen. Als er auf dem Boden aufschlägt, verliert er das Medaillon. Jetzt sitzt er fest, allein in einem fremden, öden Land.

Er ruft immer wieder nach dem Drachen, aber der kommt nicht. Als der Morgen graut, sucht er den ganzen Tag nach dem Medaillon. Aber es ist nicht zu finden. Hungrig und müde wandert er ins nahegelegene Dorf. Die Leute sind seltsam, und er kann ihre Sprache nicht verstehen. Aber sie haben Mitleid mit ihm. Sie geben ihm Essen und Arbeit. Und sie lassen ihn in der Scheune im Heu schlafen.

Die Zeit vergeht, und aus dem Jungen wird ein junger Mann. Allwöchentlich geht er zu der Stelle, wo er herabgefallen ist, und sucht nach dem Medaillon. Aber er findet es nicht wieder. Schließlich gibt er auf. Er fügt sich in die Lebensweise der Dorfbewohner ein und wird vom alten Doktor aufgenommen.

Der Doktor ist gut zu ihm und unterrichtet ihn in seiner Kunst. Schließlich kommt der Tag, an dem der alte Doktor nicht mehr arbeiten kann und der Junge seinen Platz in der Welt einnehmen soll.

Als der alte Mann im Sterben liegt, sagt er dem Jungen, daß er draußen im Ödland begraben werden will. Am Fuß seines Lieblingsbaums. Der Junge verspricht, ihm seinen letzten Wunsch zu erfüllen. Er richtet die Leiche genau so her, wie der alte Mann es wollte, und bringt sie in die Wildnis hinaus.

Der Junge denkt, merkwürdig. Dieser Baum steht fast genau an der Stelle, wo ich vom Drachen gefallen bin. Das ist schön. Dann beginnt er mit der schweren Arbeit, das Grab zu graben und vorzubereiten, um den letzten Wunsch des Doktors zu erfüllen.

Als er fertig ist, legt er sich am Fuß des Baumes neben dem Grab auf den Boden. Er ruht sich aus und nimmt zum letzten Mal Abschied von dem alten Mann, den er liebgewonnen hat. Er schaut in die breiten Äste empor. Da. Hoch oben hängt das Medaillon.

Er lacht und klettert auf den Baum, um es zu holen. Und er schreit: ‹Wenn ich einen Drachen hätte, würde ich zum Mond fliegen.›

Der Drache kehrt wieder. Und ab geht's . . . zu vielen Welten.

Als der Junge ein Mann ist, läßt er sich endgültig im Dorf des alten Doktors nieder, um die Kranken zu heilen. Aber dann und wann ist er nicht aufzutreiben. Und dann sagen manche der Dorfleute, daß er auf einem Drachen davongeflogen sei.»

Die Geschichte und die Aufmerksamkeit der Hetakas hatten mich in freudige Stimmung gebracht, und ich fühlte mich viel wohler. Domanos Geschichten entzückten mich immer wieder. An dem Tag ließ ich mich besonders leicht davontragen ins wilde Land der Drachen.

Domano erbot sich, mir Kaffee zu holen, aber ich lehnte dankend ab. Es schien mir nicht das Richtige für meinen Magen zu sein. Während wir uns unterhielten, fiel mir die Frage ein, die mir auf dem Herzen lag. Ich hatte ihre Idee von dem Netz nie ganz verstanden und konnte angesichts der neuen Vorstellung vom Träumen keinen Zusammenhang zwischen dem und allem, was ich wußte, herstellen.

Chea sagte: «Das Netz besteht aus den Strahlen zwischen den Dingen. Die Lieder des Herzens ziehen wie dünne spiralförmige Webfäden in die Welt hinaus. Sie treffen aufeinander, kreuzen sich und weben die Welt, die wir kennen. Wenn wir träumen, können wir diese Fäden bewegen. Uns festbinden oder loslösen, die Dinge neu ordnen.»

«Strahlen? Wie die vom Atommüll?» Ich stieß Domano mit dem Ellbogen an.

«Ja, ja», sagte er. «So ähnlich. Du kannst die erste in deinem Häuserblock sein, die im Dunkeln leuchtet.» Wir mußten alle drei lachen, und dann machten wir Witze darüber, wer mehr glühen würde und ob dagegen ein Deodorant wohl helfen würde.

Es war schon sehr spät, und so brachten sie mich zum Bus, mit dem ich nach Hause fahren wollte, und wir vereinbarten unser nächstes Treffen. Sie standen unter den Bäumen und winkten, als der Bus abfuhr.

Mein Leben machte einen Bocksprung nach dem anderen. Noch vor unserem nächsten Treffen eröffnete mir mein Mann, er wolle sich von mir trennen, und zog aus.

Ich war völlig überrascht und wie am Boden zerstört. Mir wurde klar, daß ich in unserer Beziehung nur das gesehen hatte, was ich sehen wollte. Irgendwie hatte ich es erstaunlich gut fertiggebracht, das auszublenden, was unangenehm und schmerzhaft war. Ich wußte, daß wir Probleme hatten, war aber der Überzeugung gewesen, es handle sich um die üblichen Schwierigkeiten, wie die meisten Paare sie haben. Jetzt schien es, als hätten wir unter dem Vorwand, einander nicht weh zu tun, vergessen, miteinander zu reden, und den Riß zwischen uns immer mehr vergrößert, bis er nicht mehr geflickt werden konnte.

Ich zwang mich, meine Arbeit weiterzumachen und am College nicht zurückzufallen.

Ich wollte mit Chea sprechen. Meinem Gefühl nach würde sie mich verstehen und mir helfen können. Ich ging einige Tage vor dem verabredeten Zeitpunkt zur Wohnung der Hetakas. Sie waren da und luden mich ein, in der Sonne am Fenster Platz zu nehmen. Sie waren bestürzt und versuchten, mich zu trösten.

Chea setzte sich neben mich, und sie hatte Verständnis für mich, wie ich es mir gedacht hatte. Ich erzählte ihnen, daß ich, seit mein Mann fort sei, schon mehrere Nächte hintereinander seltsame Träume gehabt hätte, den merkwürdigsten in der vorigen Nacht. Ich sei gejagt und aufgespürt worden von einem gewaltigen dunklen Jaguar.

Chea nickte. «Deine Geisterfreunde wollen dir sagen, daß das Leben weitergeht, wie es ja auch sein sollte. Es nimmt seinen eigenen Lauf. Halte nach Gelegenheiten Ausschau, die dein neues Leben dir bietet. In unserem Dorf würde man sagen: ‹Der Jaguar ruft dich.›»

«Und was bedeutet das?» Ich schneuzte mir erneut die Nase und wischte mir die Tränen ab.

«Der Jaguar ist hier.» Sie pochte sich aufs Herz und lächelte. «Er ist für die ganze Show zuständig, er ist der Klügste und Mächtigste. Er kann mit dem Schöpfer reden. Er ist der Magier und der, der jemanden zum Schamanen ernennt. Er hat dich gerufen.

Es heißt sogar, manche Schamanen könnten sich von Zeit zu Zeit in Jaguare verwandeln, um durch den Wald zu streifen.»

Eine seltsame Welle der Angst durchlief meinen Körper, ähnlich wie damals bei der Fahrt mit der Wilden Maus. In meinen Füßen kribbelte es, und mein ganzer Rücken war wie elektrisiert.

«Dein Mann muß seinen eigenen Weg gehen. Laß ihn nur.» Cheas Stimme klang fast verteidigend. Durch sie konnte ich es besser hinnehmen und natürlicher finden, daß sich unsere Lebenswege trennten. Ich war sogar erleichtert.

Sie servierten mir Kaffee und Sandwiches. Ich blieb fast den ganzen Tag bei ihnen, bis es Zeit für mich war, nach Hause zurückzukehren, um die Kinder am Schulbus in Empfang zu nehmen.

Die Höhle des Schamanen

Während der nächsten Monate übte ich mich darin, möglichst in allem Freude zu finden, auch im Wahrnehmen und Visualisieren. Ich glaube, das hat mir sehr geholfen, die Zeit der Trauer durchzustehen.

Ich sah und fühlte allmählich eine unglaubliche Schönheit und Frieden in allem um mich her, Empfindungen, die in Wellen zwischen den Augenblicken der Trauer und Einsamkeit kamen und gingen.

Ich wohnte in einem der schönsten Orte dieser Welt. Meine Wohnung war klein, aber außergewöhnlich hübsch. Auf der einen Seite war der Redwoodwald, und auf der anderen waren Rinderweiden, die sich zur Bucht hinunterzogen. Auf der gegenüberliegenden Straßenseite lagen Tennisplätze, und von meiner Wohnzimmerterrasse aus konnte ich die ganze Bucht überblicken.

Der Frühling war da, und Feld und Wald waren voll von Wildblumen und Insekten. Ich ging überallhin zu Fuß. Und es dauerte nicht lange, bis die Zahl der freudevollen, belebenden Augenblicke größer war als die voller Traurigkeit. Es schien eine wahrhaft glückliche Zeit für mich zu werden.

Domano und Chea schlugen mir vor, an irgendeinem Gymnastikkurs teilzunehmen, in dem das körperliche Gleichgewicht und der Energiefluß geschult wurden. Es sollte Spaß machen. Es sollte keine todernste Sache für mich werden. So meldete ich mich zu einem Aikidokurs und zum Bauchtanz an. Die Kurse bereiteten mir großes Vergnügen. Beide Techniken waren alten mystischen Ursprungs, und es war spannend, ein wenig von diesen Ideen und

Traditionen zu lernen. Ich war erstaunt, wie ähnlich sie dem waren, was ich bei den Hetakas gelernt hatte.

Als sich das Frühjahrssemester seinem Ende zuneigte, sah ich immer weniger von meinem Mann. Und das war in Ordnung. Zum ersten Mal in meinem Leben stand ich vollkommen auf eigenen Füßen. Ich lernte, ohne ihn oder einen anderen erwachsenen Menschen auszukommen, und es gefiel mir.

Anfang Juni traf ich mich mit den Hetakas auf dem Universitätsgelände, und wir gingen in der Sonne durch die Felder. Einige Tage vorher hatte ich einer Vorlesung über naive Kunst beigewohnt. Der Professor hatte von der Überzeugung einiger Amazonasindianer gesprochen, daß es Schamanen gab, die die Fähigkeit entwickelt hatten, ohne ein Transportmittel große Entfernungen zurückzulegen, mit anderen Worten: durch Teleportation.

Ich konnte es kaum erwarten, die Hetakas darüber zu befragen.

«Überrascht dich das?» fragte Domano.

«Na ja, nicht, daß es derartige Legenden gibt», sagte ich, «aber daß die Möglichkeit tatsächlich bestehen könnte. Ich weiß, daß es eine Menge Dinge gibt, die sich nicht erklären lassen, aber so etwas erscheint mir einfach zu phantastisch. Es ist unmöglich.»

Domano gab ein glucksendes Lachen von sich. «Ein Tor wird durchschritten. Ein Tor im Netz zu einem anderen Ort.»

«Ist das dein Ernst?» Ich war sicher, daß er mich auf den Arm nahm. «Also komm. Du machst Spaß, oder?» Ich sah zwischen beiden hin und her und wartete darauf, daß sie mir die Wahrheit sagen würden. Sie lachten.

«Das ist das Träumen», sagte Chea, als wäre damit alles vollkommen klar.

«Willst du damit sagen, daß auch dies hier Traum ist? Jetzt im Augenblick?»

Sie lachten wieder. «Nein. Nein. Nein», sagte Domano und holte tief Luft. «Das Durchschreiten von Toren, das gehört zum Träumen.»

Ich glaubte ihm kein Wort. «Du willst doch nicht behaupten, daß Leute wirklich an irgendeinem Ort verschwinden und praktisch im selben Moment an einem anderen, weit entfernten Ort wieder auftauchen?»

«Doch», sagten sie beide wie aus einem Munde. Es schien ihnen bitterernst zu sein.

«Es ist wirklich so», sagte Domano. «Ehrlich. Das ist eine der Künste des Träumens. Die schwierigste.»

«Und wohin reist man?» fragte ich.

«Oh!» Domano klatschte in die Hände. «Wohin man will. Aber man muß den Zielort gut kennen. Die Lieder kennen und ein Gespür dafür haben. Nur so findet man ihn im Netz und macht dort ein Tor.»

Ich muß wieder einmal ein dummes Gesicht gemacht haben, mit weit offenem Mund. Sie kicherten beide.

Domano versuchte angestrengt, es mir verständlich zu machen. «Ein Tor ist da, wenn du deine gesammelte Aufmerksamkeit auf eine ganz bestimmte Weise änderst, so daß sie das Netz um dich herum dazu zwingt, einen Durchlaß freizugeben. Du denkst außerordentlich scharf an den gewünschten Ort. Und dann entsteht das Tor im Netz, und du trittst hinaus. Kapiert?»

«Es ist wirklich euer Ernst.» Ich schaute sie wieder beide nacheinander an. «Macht ihr das?»

«Ja», nickten sie beide.

Ich wußte nicht mehr, was ich denken oder glauben sollte. Ich fürchtete mich, sie zu fragen, ob sie mich das lehren wollten. «Wie sieht das denn aus?»

Chea überlegte einen Augenblick und suchte nach Worten. «Es sieht aus wie die Energie eines Ortes, die sich zusammenballt, sich zusammenzieht.»

«Kommt es je in der Natur vor, ganz von selbst? Ohne daß Menschen daran beteiligt sind?»

«Manchmal», antwortete Domano, «aber nicht sehr häufig. Manchmal geschieht es auch, daß ein Mensch es in Erscheinung treten läßt, ohne es zu wissen. Das passiert ab und zu bei Schülern. Sie wandeln sich und sind sich dessen, was sie tun, nicht voll bewußt. Sie haben keine gute Kontrolle. Wenn das geschieht, ist es ratsam, nicht allein hindurchzuschreiten, es sei denn, du bist dir sicher, daß du den gesuchten Ort vollkommen klar vor deinem inneren Auge hast.»

«Was passiert denn, wenn das nicht der Fall ist?»

«Du könntest irgendwo . . . anderswo enden.» Er schien Mühe zu haben, die richtigen Worte zu finden.

«Wie meinst du das, ‹anderswo›?»

«Oh», sagte er und tätschelte mir den Arm, «Tore können überall gemacht werden. In unserer Welt. In anderen Welten.» Er sah mir einen Augenblick lang gerade in die Augen. «Neben dieser Welt bestehen noch viele andere. Wir weben unser Netz und halten unsere Aufmerksamkeit auf eine Weise aufrecht, die uns von jenen Orten fernhält. Aber sie sind trotzdem da. Ebenso wie der Hüter des Windes da ist.»

Wir gingen zu dem kleinen Bach hinüber, wo sich die Kühe unter den Eichen zusammengefunden hatten, und setzten uns auf dicke Steinblöcke. Dutzende von kleinen Blümchen blühten überall im Gras und zwischen den Steinen. Vögel sangen sich über die Wiese hinweg etwas zu, und Schmetterlinge, Libellen und viele seltsame, leuchtendbunte kleine Insekten flogen von Pflanze zu Pflanze.

Eine Libelle landete auf Domanos Hand. «Ha! Sieh nur! Eine Besucherin. Sie will bei unserem Gespräch zuhören. Vielleicht kann sie uns auch etwas über die Tore beibringen. Sie ist sicher ein freundliches Wesen. Sie erinnert mich an meinen Lehrer. Sieh mal, Chea. Erinnert dich dieses Gesicht nicht auch an unseren Lehrer?»

Chea beugte sich vor, um die Libelle von nahem zu betrachten. «Ja, allerdings! Meinst du, er ist es?» Wir mußten alle lachen, aber ich wußte gar nicht recht, warum ich eigentlich lachte. Ich fragte mich, ob sie wohl einen Grund zu der Annahme hatten, ihr Lehrer würde sie in Gestalt eines Insekts besuchen. So genau wollte ich es aber lieber nicht wissen, und deshalb schwieg ich.

Domano, immer noch die Libelle auf der Hand, sagte: «Ich werde nie den Zeitpunkt vergessen, als mich mein Lehrer zum ersten Mal durch ein Tor zog. Er hatte mir nicht viel davon erzählt, bevor das Tor auftauchte und er mich hindurchzerrte. Ich begriff überhaupt nicht, was los war.

Ich hatte selbstverständlich Angst. Mit einem Schlag sah alles so aus, als wäre es in Bewegung. Dann war es nicht mehr unser Urwaldort. Für den Bruchteil eines Augenblicks war es nichts. Und dann gestaltete es sich zu einem Ort hoch oben in den Bergen.

Ich schrie auf und packte meinen Lehrer am Arm. Er sagte, wir seien irgendwohin gereist. Er sagte mir aber nicht, wie. Ich zitterte am ganzen Leibe. Alles war wie elektrisiert. Und er sagte zu mir: ‹*Tla ikt la wano wa ka ta see.*› Gut so, hieß das, du bist dabei, das Gleichgewicht der Welt zu erlernen, und machst deine Sache gut.

Mir war aber nicht sehr wohl in meiner Haut.»

Seine Worte in der fremden Sprache verwirrten mich. «Ist das deine Sprache oder die deines Lehrers?»

«Das ist die Sprache des Sternenvolkes. Eine Sprache, die unsere Lehrer sprachen und von der sie uns einiges beigebracht haben. Du kennst ja schon ein paar Worte.»

«Ja», nickte ich. «Ich habe immer gedacht, das wäre eure Stammessprache.»

«Nein», sagte er, «diese ist anders. Sie ist besser geeignet. Genauer.»

Chea hob einen seltsam geformten Stein auf. «Du brauchst dir fürs erste keine Sorgen um das Tordurchschreiten zu machen. Es erfordert Jahre der Übung, diese Kunst des Träumens zu entwikkeln.

Heute wollen wir dich in der ersten Kunst des Träumens unterrichten, dem Geistreisen. Das ist die Art des Träumens im Wachzustand.» Sie reichte mir den Stein. Er sah aus wie ein Kätzchen. Ich betrachtete ihn eingehend und gab ihn ihr zurück.

«Es ist so, wie du es formuliert hast», sagte Domano. «Man geht irgendwohin und läßt den Körper zurück. Nach Art des Schamanen. Der Schamane hat die Aufgabe, zu Orten zu reisen, die sehr schwer erreichbar sind, und Wissen zu erwerben, das er seinem Volk zurückbringt. Beim Träumen stößt du auf Dinge, die anders gar nicht zu finden sind. Du kannst sogar mehr über das Träumen lernen.

Wenn du auf eine Geistreise gehst, mußt du jeder Kleinigkeit Aufmerksamkeit schenken, die du wahrnimmst. Mußt die Augen offenhalten, lauschen, fühlen, riechen, berühren und deinen eigenen Reaktionen Beachtung schenken. Alles ist von ausschlaggebender Bedeutung.

Erlebe jeden Augenblick voll und nimm dir vor, dich daran zu erinnern. Bade deine Sinne in allem, was da ist. Je intensiver und tiefgreifender die Erfahrung ist, um so fundierter sind auch Wissen und Erinnerung.

Setz dich hier auf die Erde und lehn dich an den Felsen. Mach es dir bequem. Aber nicht so bequem, daß du einschläfst. Atme jetzt tief durch. Füll dich vollkommen mit dem Leben an, das um dich herum ist.

Schließ die Augen und finde deine Mitte.

Bleib auf der Erde sitzen. Dein Geist ist es, der sich in Bewegung setzt. Und das mußt du mit all deinen Sinnen spüren. Als wäre jeder Muskel in Bewegung. Es muß so intensiv wie möglich sein.

Bleibe in deiner Mitte, ganz gleich, was auch geschieht, und laß deinen Geist abheben und mit mir zu den Kühen da drüben gehen.

Gut. Komm. Fühl jeden Schritt. Spür das Gewicht deines Körpers auf deinen Füßen. Komm näher. Streck die Hand aus und berühre diese Kuh. Spür das Fell an deinen Fingern. Rieche es. Bleib in deiner Mitte und erlebe dies alles mit dem Vorsatz, dich daran zu erinnern.

Gut so. Sehr gut. Streck jetzt die Hand aus und hebe einen kleinen Stein auf. Fühl, wie sich dein Körper nach vorn beugt. Riech die Blumen. Ertaste den Stein, während du ihn zwischen den Fingern rollst. Schmecke diesen Stein.»

Es war eine höchst ungewöhnliche Erfahrung. Ich konnte alles fühlen, als würde mein Körper die Anweisungen ausführen. Ich blieb mit Leichtigkeit in meiner Mitte, und jede Erfahrung war ein Erlebnis, als sei sie vollkommen neu für mich. Es war fast so, als würde ich zum ersten Mal diese Dinge tun und diese Erfahrungen machen. Und doch hatten sie etwas seltsam Vertrautes an sich, etwas, das nichts mit dem Körperlichen zu tun hatte.

Ich konnte jede Muskelbewegung spüren, als ich mich vornüber beugte, um einen Stein aufzuheben. Die Kuh roch nach schmutzigem nassem Fell, und die Blumen dufteten süß. Ich rollte den kleinen Stein zwischen meinen Fingern. Er hatte glatte und spitze Flächen. Ich sah ihn mir an, und da war es ein Stückchen Quarz.

Ich fand es merkwürdig, daß ich ihn schmecken sollte, aber ich folgte der Aufforderung. Er schmeckte wie salzige Erde.

Domano fuhr fort: «Geh mit mir dort hoch. Du mußt in dieser

Rinne hochklettern. Komm. Laß uns nachschauen, was hinter der Erhebung dort ist.»

Wieder folgte ich ihm. Er sah aus, als umhülle ein Lichtschein seinen Körper. Alles hatte eine stärkere Intensität in Farbe und Licht. Selbst die Erde leuchtete irgendwie.

Ich spürte, wie die Muskeln meiner Arme und Beine meinen Körper in dem Bachbett hochzogen. Es war wundervoll, dieses Gefühl, sie zu trainieren. Ich schaute mir alles an, und all die tausend kleinen Dinge schmiegten sich aneinander wie in einer Gemeinschaft. Es gab Wechselbeziehungen zwischen ihnen, eine Art von Symbiose.

Als wir oben waren, genoß ich erst die Aussicht, um dann die Pflanzen und Steine zu betrachten. Ich roch an ihnen, berührte sie und lauschte.

Dann nahm mich Domano wieder mit zurück, wobei ich ihn an der Hand hielt, und ich beobachtete alles am Wege und fühlte mich hinein.

«Ich möchte, daß du dich an alles, was du wahrgenommen hast, erinnerst», sagte Domano. «Setz dich wieder in deinen Körper hinein.»

Ich drehte mich um und sah mich selbst auf dem Boden sitzen. Ich konnte fühlen, wie ich zur gleichen Zeit stand und saß. Bei diesem Anblick verlor ich ein wenig die Orientierung. Mein Bewußtsein von der Nähe des Todes steigerte sich. Ich wollte um keinen Preis sterben, aber ich hatte auch keine Angst davor. Ich konnte deutlich sehen, wie mir durch ihn alle Dinge klarer bewußt und wertvoller wurden. Ich trat hinüber und setzte mich hin.

«Laß dich in deinem Körper nieder. Fühle ihn wieder. Paß dich ans Innere an.»

Es war, als würde man einen elektrischen Handschuh über den ganzen Körper ziehen und alle Leitungen wieder anschließen. Es dauerte einen Augenblick, bis ich mich eingepaßt hatte. Mein Körper fühlte sich schwer und unbeholfen an.

Ich war noch immer in meiner Mitte, und ich öffnete die Augen.

Domano setzte sich neben mich. «Erinnere dich an alles. An jede Kleinigkeit.»

Ich ging jede Empfindung und Beobachtung noch einmal durch,

an die ich mich erinnern konnte. Manchmal stimmte die Reihenfolge nicht, oder ich ließ ganze Abschnitte weg, aber mit Hilfe ihrer Fragen war ich schließlich doch in der Lage, mir den größten Teil der Erlebnisse ins Gedächtnis zurückzuholen.

Dann mußte ich den Weg körperlich noch einmal zurücklegen. Ich konnte kaum glauben, wie akkurat meine Beobachtungen gewesen waren. Dort auf der Erde vor mir waren die gleichen Steine und Rillen im Erdboden, die gleichen Pflänzchen, selbst oben am Grat über dem Bachlauf. Ich war fasziniert.

«Wie ist das bloß möglich?» wandte ich mich an Domano.

«Das ist unsere Wesensart. Unser Erbe.» Er lächelte mich mit dem breiten Grinsen an, bei dem er immer die Zähne zu entblößen pflegte.

«Kann man das auch machen, ohne in seiner Mitte zu ruhen?» fragte ich.

Er schüttelte den Kopf. «Eigentlich nicht. Ohne Mitte sind die Beobachtungen nicht klar. Die Gedanken trüben und verzerren das, was da ist. Dann ist das Erinnern schwer, wenn nicht gar unmöglich. Die Mitte ist der Schlüssel. Der Baum wächst aus der Mitte heraus. Die Gaben treffen im Zentrum zusammen. Das ist *ka ta see*. Aufgabe des Schamanen ist es, der Welt zu *ka ta see* zu verhelfen. Sie ins Gleichgewicht zu bringen.»

Ich nickte. «Es hat mich bloß umgehauen. Ich kann es kaum glauben, daß ich das gemacht habe. Erstaunlich. Und ich kann es mir nicht anders erklären als durch Astralprojektion, ich meine, das Geistreisen. Es ist wirklich real. Ich habe das wirklich getan. Kaum zu glauben!»

Sie lachten. Chea pflichtete mir bei. «Ja. Es ist ganz schön erstaunlich. Besonders zu Anfang. Irgendwann wird es ganz natürlich für dich sein.»

Ich kam mir so erfolgreich vor! Zufrieden. «Können wir das noch mal machen?»

«Darauf kannst du wetten.» Domano schlug mit der Faust in die Luft. «Gehen wir doch gleich!»

«Gehen?» sagte ich. «Weg? Jetzt gleich? Aber . . .»

«Auf eine Geistreise», lachte er, «eine wirkliche Reise an einen fernen Ort. Eine Schamanenreise, um Wissen zu erwerben.»

«Wirklich?» Ich war ein wenig verschreckt. Ich wollte diese seltene Gelegenheit zwar beim Schopf packen, aber sie war mir irgendwie eine Nummer zu groß.

«Ja», sagte Chea sanft, «es wird Zeit. Du bist völlig dazu in der Lage. Finde deine Mitte. Vertrau dir. Atme tief. Setz dich wieder aufrecht an den Felsen und entspann dich. Atme. Spüre deinen Körper.»

Chea setzte sich mit dem Rücken an einen großen Felsblock. Sie war nur wenige Schritte links von mir.

Domano saß mir gegenüber, ein wenig weiter rechts. «Schließ die Augen und fühl deinen ganzen Körper. Ich möchte, daß du dich genau wie vorher aus deinem Körper erhebst und aufstehst.»

Als ich mit meinem Geistkörper stand, stand Chea links und Domano rechts von mir.

«Faß uns bei der Hand», fuhr Domano fort. «Wir werden erst ein paar Schritte gehen und dann hochsteigen und uns in die Luft erheben. Bleib in deiner Mitte. Beobachte alles. Beobachte so, daß du dich erinnern kannst. Wir werden auf der ganzen Reise bei dir sein. Befolge die Anweisungen, die wir dir geben. Wir werden dich leiten.»

Wir gingen ein paar Schritte auf die Kühe zu und erhoben uns dann in die Luft. Sie hatten mich an den Händen und gaben mir Halt. Wir flogen verschiedene Male über die Wiesen, und dann ließen sie meine Hände los und ließen mich frei fliegen. Es war völlig surreal. Ich hatte das gleiche Gefühl wie beim Fliegen im Schlaftraum. Die Freiheit, die ich spürte, ging weit über alles hinaus, was ich mir je vorgestellt hatte. Ich konnte sogar den Wind über meinen Körper streichen fühlen und die Kühle der Luft spüren.

Ich befolgte Domanos Anweisungen, und wir wendeten uns nach Süden. Wir gingen sehr hoch und begannen, mit einer unglaublichen Geschwindigkeit zu reisen. Domano gebot mir, meine Aufmerksamkeit nicht auf den Wind und die Temperatur zu richten, während wir in der Luft waren, sondern auf das Gefühl des Fliegens und die Aussicht auf das Land unten.

In Minutenschnelle waren wir über Baja California, überquerten die kleine Bucht nach Mexiko hinüber und wandten uns wieder nach Süden. Wir flogen rasch über Mittelamerika und den Norden Südamerikas hinweg und erreichten bald den mittleren Süden Brasiliens.

Wir sanken beträchtlich und kreisten über einem ungeheuer großen Gebiet, das aussah wie hügeliges Weideland. Wir flogen weiter nach Süden, bis wir zu einer Reihe von steilen, engen Schluchten kamen, die in die Ebene eingeschnitten waren. Eine schien besonders tief und lang zu sein.

Wir folgten ihr ein paar Meilen und hielten uns dicht an ihrem Rand. Dann machte sie erst eine scharfe Links- und gleich darauf eine Rechtskurve. Als wir um die Felsnase herum waren, war dort auf dem Osthang ein Felsvorsprung und der große Eingang einer Höhle.

Wir landeten auf dem Felsvorsprung. Die Sonne stand so tief im Westen, daß sie ein Stück weit in die Höhle hineinschien. Ich konnte Raubvögel hoch über uns krächzen hören und Gras und Wildkräuter in der Luft riechen. Ich war barfuß und konnte den Schotter unter meinen Füßen spüren. Es war heiß, aber nicht feuchtschwül, und der Himmel war wolkenlos. Ich konnte zu jeder Seite hin ein kurzes Stück in die Schlucht hineinschauen. An einer Stelle konnte ich bis zu dem Flüßchen auf ihrem Grund hinabsehen.

Wind kam auf. Er kam mir ganz besonders vor. Ich dachte, es sei vielleicht ein Hüter wie meine Freundin zu Hause. Ich nahm an, daß er freundlich und neugierig war, daß er uns begrüßen und uns seine Hilfe anbieten wollte.

Ich sah Domano und Chea an. Sie leuchteten irgendwie, genauso wie Domano zuvor bei unserem kleinen Spaziergang. Ich blickte auf meine Hände und Beine, und sie leuchteten ebenfalls und waren von einem leichten Lichtschein umgeben.

Domano gebot mir, die Höhle zu betreten. Er und Chea würden dicht hinter mir bleiben. Er sagte, diese Höhle sei etwas ganz Besonderes und würde schon seit Jahrhunderten von Schamanen von überallher benutzt, um Schüler einzuweihen und geheimes Wissen zu erwerben. Ihre Lehrer hätten sie hergebracht, und eines Tages würde auch ich jemanden herbringen.

Das Sonnenlicht erhellte die ersten drei Meter der Höhle. Die

Farben an den Felswänden waren vibrierende Rostrot- und Ocker-
töne. An einer Seite waren Strichmalereien von Menschen, Tieren
und Händen. Ich fragte mich, vor wie langer Zeit sie entstanden
sein mochten und wer sie wohl gemalt hatte.

Dann kam ich zu einer ganz anderen Figur. Es war ein Mann mit
einer Art Geweih auf dem Kopf und einem Anzug oder einer Hülle, die an einen Heiligenschein erinnerte und seinen ganzen
Körper bedeckte. Seine Augen waren klar und deutlich gezeichnet
und sahen den Betrachter direkt mit durchdringendem Blick an.
Die anderen Zeichnungen waren einfach und ziemlich grob, aber
diese letzte Figur war großartig. Ich fragte Domano, was das für
eine Figur sei und was sie bedeute.

«Das ist ein Bild von einem der vielen Geister, die hierherkommen. Dieser Ort ist so besonders aufgrund der Energie, die hier
gebündelt ist, und all der Geister, die sich hier versammeln.»

Ich berührte das Bild und ging weiter. Die Sonne war weiter
gesunken und schien mit langen Strahlen tiefer in die Höhle hinein. Der Schotter unter meinen Füßen wich festem Felsboden, der
fast überall glatt war, als sei er von Wasser geschliffen worden.

Tief im Innern der Höhle war es vollkommen dunkel, aber trotzdem konnte ich ab und zu etwas schimmern sehen. Ich wußte
nicht, was das war. Wir gingen langsam, als wir aus dem Bereich
des Lichts heraus waren. Nach einigen Metern wurde es so finster,
daß ich mich an der Seitenwand des Stollens entlangtasten mußte,
und es wurde erheblich kühler.

Schließlich erreichten wir eine sehr große Höhle. Meine Augen
mußten sich erst auf die Dunkelheit einstellen, und selbst dann
konnte ich nur schwach erkennen, daß sich Wände und Decke
ziemlich weit ausdehnten. Es waren Gegenstände in der Höhle,
die wie Hindernisse oder Sperren wirkten. Als ich mich vorsichtig
durch die Höhle bewegte, leuchteten sie ab und zu auf und gaben
für einen kurzen Augenblick ein schwaches Licht von sich.

Domano riet mir, mich vorsichtig durch den Raum zu tasten
und mir dann eine Stelle auszusuchen, wo ich mich hinsetzen
wollte. Er sagte, ich müsse in diesem Höhlenraum für mich allein
sein, denn diese Reise, dieses Streben nach Wissen, sei allein meine Sache. Es sei nicht zu sagen, welche Art von Wissen mir

offenbart werden würde. Sie würden am Felsvorsprung auf mich warten. Ich sollte derweil in aller Freiheit den Ort erkunden, mich in die Dinge einfühlen und beobachten, so gut ich konnte, und mir soviel Zeit dazu nehmen, wie ich brauchte.

Zu irgendeinem Zeitpunkt würde ich das Bedürfnis haben, mich auf dem Platz hinzusetzen, den ich mir erwählt hatte, und in aller Stille meine Beobachtungen zu machen. Daraufhin umarmten mich die beiden und ließen mich in dem großen Raum allein.

Ich ging umher und tastete mich überall entlang. Ich kam zu dem Schluß, daß es sich bei den Hindernissen um Stalaktiten und Stalagmiten handeln müßte. Es gab Stellen auf dem Boden und an den Wänden, die scharfkantig und hart waren. Ich vermied nach Möglichkeit, darauf zu treten, aber das war schwierig.

Der Ort wirkte stark und machtvoll auf mich. Ich war jetzt allein in der Höhle, fühlte mich jedoch nicht verlassen. Alles schien lebendig zu sein, zu atmen, zu schauen, sich zu bewegen.

Plötzlich meinte ich, mich hinsetzen zu müssen. Ich hatte vergessen, mir einen Platz auszusuchen, deshalb musterte ich den ganzen Raum rasch und entschied mich dann für eine Stelle neben einem großen Stalaktiten, wo ich mich hinsetzte.

Ich konzentrierte meine gesammelte Aufmerksamkeit darauf, den Raum zu betrachten und mich hineinzufühlen. Spannung kam auf und wuchs. Es war, als würden viele lebendige Wesen auf die Höhle zukommen. Lichter blitzten auf. Einen Augenblick lang meinte ich, Gesang zu hören.

Ich saß still, atmete in die zunehmende Spannung und fühlte die Lieder der vielen. Und dann geschah es: Das Licht der untergehenden Sonne fiel genau in die Höhle und erhellte den gesamten Raum. Es war ein Anblick wie in märchenhaften Träumen. Die Stalaktiten und Stalagmiten waren riesige, klare Kristalle.

Das Licht schoß in allen Regenbogenfarben hin und her. Ich glaube, es hat mir den Atem verschlagen. Es war wie in einem Raum voll Tausender großer, funkelnder Diamanten. Mein Nakken und mein Kopf fingen an zu kribbeln.

Ich hörte Schritte hinter mir. Ich drehte mich um, um nachzusehen, was das war, und da glühte die Kristallsäule, an der ich lehnte, als sei sie von innen erleuchtet. Ein kleiner Mann trat hinter dem Kristall hervor. Lichtstrahlen und Farben waren um ihn. Sein Kopf war wie der eines Jaguars, aber er hatte ein menschliches Gesicht. Er lächelte, kam herbei und setzte sich zu mir.

Wir sahen einander einige Augenblicke lang an, und dann sagte er: «Willkommen hier bei uns. Dies ist ein Ort der Macht. Manche Dinge haben die Fähigkeit, deine Energien entweder zu verstärken oder abzuschwächen. Dieser Ort verstärkt sie. Du hast es geschafft, nach Art des Schamanen hierherzukommen, und so bieten wir dir an, dies mit uns zu teilen.»

Ich nickte einmal zustimmend und dankbar und wartete still darauf, daß er weitersprach.

«Wenn ein Mensch hierherkommt, kommt er um der Kinder willen. Um der Kinder und der zukünftigen Generationen aller Lebewesen willen.

In der Vergangenheit hat von jeder Generation einer gelernt, Sprachrohr und Hüter der Natur zu sein und diese Verbindung für sein Volk aufrechtzuerhalten.

Heutzutage bitten wir viele, zu uns zu kommen und zu lernen. Wir möchten alle Völker lehren, mit uns zu sprechen, um der Kinder willen.

Die Menschen haben ihr Vertrauen und ihre Loyalität zum Leben verloren. Eine Beziehung zwischen ihnen und allen Dingen, großartiger als alles, was sie sich nur vorstellen können, erwartet sie am Horizont.

Sag deinen Leuten, daß wir kommen. Wir erwarten eine Begegnung in Frieden und Freude im Namen derer, die noch kommen werden.»

Die Sonne strahlte genau richtig in die Höhle, um Dutzende von Lichtspiegelungen hervorzurufen, sich zu brechen und in den Spektralfarben aufzuleuchten, direkt in meine Augen. Alle Kristalle leuchteten auf. Das Licht war so stark, daß ich sonst nichts sehen konnte. Und dann begannen die Kristalle in einem Chor herrlichster, seltsamer Harmonien zu schwingen. Die ganze Höhle stimmte ein und hallte davon wider. Ich hatte das Gefühl, als würden mich Licht und Klänge durchdringen, bis ich ebenfalls vibrierte.

Dann ging die Sonne unter, und es wurde still und dunkel. Ich sah mich um, und der Geistermann war fort. Ich spürte, daß es Zeit für alle war zu gehen. Ich blieb noch ein paar Minuten dort sitzen und machte mich dann auf den Rückweg.

Meine Füße waren so leicht, als könnte ich davonschweben. Ich war mir meiner Mitte und meines Gleichgewichts bewußt. Als ich zum Höhleneingang kam, saßen Chea und Domano auf dem Felsrand und warteten auf mich.

Ohne ein Wort erhoben wir uns in die Luft und flogen zu dem Bachbett auf der Weide daheim zurück. Als ich die Augen öffnete, war die Sonne noch da und Stunden vom Horizont entfernt.

Wir waren fast den ganzen Tag draußen gewesen. Es mußte bald Abendbrotzeit sein, wahrscheinlich waren meine Kinder schon zu Hause und wunderten sich, wo ich blieb. Ich sah Domano an, um ihn über die Reise zu befragen.

Er lächelte und legte den Finger an den Mund. «Sprich noch nicht darüber, auch nicht mit dir selbst. Erinnere dich nur, so gut du kannst. Fühl dich hinein. Es ist Zeit für den Heimweg. Wir werden uns bald wiedersehen.»

Wir umarmten uns zum Abschied und gingen unserer Wege. Ich ruhte noch stundenlang in meiner Mitte. Und selbst beim Abwaschen und beim Geschrei der Kinder konnte ich noch immer die durchdringenden Augen des Geistermannes sehen und die Klänge der Kristallhöhle deutlich in meinem Geist hören.

Die Suche nach der Maske

Ein paar Wochen waren verstrichen, seit ich die Hetakas zuletzt gesehen und meine erste Geistreise unternommen hatte. Meine Träume wurden immer intensiver und ergaben meistens keinen Sinn für mich. Einer erregte allerdings mein besonderes Interesse.

Ich war auf einem Flußdampfer mit vielen Kabinen. Ich erkundete das ganze Schiff. Jeder Raum hatte eine andere kostbare Ausstattung, und hier und da gingen Leute irgendwelchen Beschäftigungen nach. Manche Kabinen waren so fremdartig, daß man unmöglich glauben konnte, sie seien wirklich.

Eine Freundin war mit an Bord, und ich nahm sie mit, um die Räume noch einmal daraufhin zu untersuchen, ob sie auch tatsächlich da waren. Auf unserem Gang durch die Kabinen erwartete ich, daß einige der ausgefallensten jetzt entweder verändert oder vollkommen verschwunden waren.

Zu meiner Verblüffung war mindestens die Hälfte von ihnen immer noch vorhanden, so sonderbar wie eh und je. Und was mich noch mehr erstaunte, war, daß ein paar von den vernünftigeren Räumen, von deren Normalität und Wirklichkeit ich überzeugt gewesen war, weg waren, vollkommen vom Schiff verschwunden, mit Wänden und allem.

Als meine Freundin und ich uns auf dem Deck darüber unterhielten, sah ich Bruchstücke der fehlenden Kabinen hinter dem Schiff in den Fluten versinken. Ich zeigte ihr die Trümmer, aber sie konnte sie nicht sehen.

Der Traum ging mir tagelang nicht aus dem Kopf. Er schien meine Gedanken und die Empfindung wiederzugeben, daß ich nicht mehr mit absoluter Sicherheit sagen konnte, was wirklich war und was nicht. Ich brauchte eine größere Karte von der Wirklichkeit als die gegenwärtige Ausgabe, die mir die akademische Welt lieferte.

Nicht etwa, daß ich den Verstand verloren hätte, vielmehr reichte mein Bild von dem, was existiert, bei weitem nicht mehr aus, um all meine Erfahrungen mit den Hetakas in sich aufnehmen zu können. Manchmal meinte ich sicher zu sein, welche Weltanschauung die richtige war. Aber seit der Reise zur Höhle hatte ich nichts mehr wegrationalisieren und mit dem Verstand in saubere kleine Schubfächer einordnen können. Je angestrengter ich versuchte, die alten Puzzleteilchen wieder zusammenzubekommen, um so weniger paßten sie zusammen.

Trotz der Tatsache, daß ich nach dem Geistgehen vor der großen Reise denselben Weg nochmals im Körper gegangen war und entdeckt hatte, daß meine Wahrnehmungen erstaunlich genau gewesen waren, fiel es mir immer noch ungeheuer schwer, das Höhlenerlebnis als Wirklichkeit zu betrachten und nicht irgendeinem Tagtraum oder einer Hypnose zuzuschreiben.

Diese Reise hatte eine tiefgreifende Wirkung auf mich. Ich konnte sie nicht ableugnen, ebensowenig wie ich sie für real halten konnte. Die Idee, daß Träume Wirklichkeit sind, wollte mir nicht eingehen, ganz zu schweigen von der Vorstellung, daß Astralprojektion mit dem Träumen gleichzusetzen sei. Ich ging diese Konzepte im Geiste immer wieder durch, um sie begreifen zu können, in dem Bemühen, bei einem Weltbild anzukommen, in das alles hineinpassen würde.

Ich kam endlich zu dem Schluß, daß mir Informationen fehlten und daß ich, so verzweifelt ich mich auch um Verständnis bemühte, die fraglichen Daten erst einmal so stehenlassen und abwarten mußte, bis sich die anderen von selbst ergaben.

Nachdem ich mehrere Wochen damit verbracht hatte, mich selbst zu quälen, erinnerte ich mich daran, daß mir die Hetakas empfohlen hatten, jetzt noch nicht darüber nachzudenken und weder unbesonnen Urteile zu fällen noch zu vorschnellen Schlüssen zu kommen, denn es gebe eine Zeit zum Denken und eine Zeit zum Nichtdenken.

Geistig völlig ausgelaugt, gab ich daraufhin auf. Es war noch Vormittag, und ich setzte mich ein wenig auf meine Terrasse. In der Ferne spazierten zwei Gestalten über eine Anhöhe in der Wiese. Ich dachte, es könnten Domano und Chea sein, und ging gleich los zu der Wiese, um festzustellen, ob es stimmte.

Auf einmal erhob sich ein Wind. Es war meine Freundin aus den Bergen, die ich seit meinem Umzug kaum mehr gesehen hatte. Es war nett, wieder mit ihr zusammenzusein. Sie ging stracks mit mir über die Wiese dorthin, wo ich die beiden Leute über die Anhöhe hatte wandern sehen. Und dort, gar nicht weit, waren Domano und Chea auch. Der Wind fuhr scharf um uns drei herum und verschwand dann.

Domano rief: «Hallo, hallo! Hast du heute nachmittag Zeit?»

«Die Kinder sind den ganzen Tag weg. Ja. Ich habe Zeit. An was habt ihr denn gedacht?» Ich rieb mir die Hände und dachte, o weh, noch mehr Spiel und Spaß und Durcheinander.

«Es wird Zeit, daß du auf die Suche nach der Maske gehst.» Domano lächelte. Und dann lächelte Chea.

Nach einigem Zögern lächelte auch ich. «Etwas Lustiges? Gefahrloses? Denkt dran, daß es gefahrlos sein muß.»

Sie lachten und nickten mit dem Kopf.

Chea sah mir mit leerem Blick in die Augen. «Natürlich.»

Sie bewirkte damit, daß mir ein Schauer über den Rücken lief. «Ebensoviel Spaß wie die Wilde Maus, möchte ich wetten.»

Wir lachten und alberten herum. Sie versuchten, mir das Herz leicht zu machen, aber es war zu spät. Irgendwo in meinem Innern nahm ich es bereits als gegeben hin, daß es zumindest beängstigend, wenn nicht gar gefährlich werden würde.

Domano zeigte auf einen abgeschiedenen kleinen Bachlauf. «Du wirst noch eine Schamanenreise nach Brasilien machen. Diese Stelle hier eignet sich sehr gut dazu. Setzen wir uns. Du mußt in deiner Mitte bleiben, um das zu tun. Angst reißt dich nur heraus, beendet deine Reise. Was auch geschieht, du mußt die Kontrolle behalten. In deiner Mitte bleiben. Laß dich nicht durch Verblüffung, Angst oder alte Gedanken herausreißen. Die kommen manchmal. Einfach so. Aber du kannst sie einfach so lassen, so daß sie vorbeigehen. Klammere dich nicht an sie. Verstehst du?»

«Ja», nickte ich. «Du bist auf einmal so ernst!»

«Das liegt daran, daß du zuviel nachdenkst», sagte er. «Um etwas zu lernen, müssen wir manchmal ermahnt werden.»

«Manche von uns müssen *sehr* oft ermahnt werden!» Ich lachte und stieß Domano mit dem Ellbogen.

Er lachte und nickte. «Ja.» Dann wies er auf ein behagliches Fleckchen Erde an einem Felsblock, wo ich mich hinsetzen sollte.

Chea setzte sich vor mich. «Diese Suche führt in den Westen. Domano wird dich auf die gleiche Reise mitnehmen, die er mit seinen Lehrern in die Berge unternommen hat, um die Maske zu finden. Du erinnerst dich doch, daß wir dir erzählt haben, beim Träumen könne man die Zeit aufheben. Das werden wir tun. Auf der Reise wird es so sein wie vor vielen Jahren einmal. Und es werden viele Tage vergehen.

Denk daran, je klarer die Details und je größer die Intensität, um so mehr lernst du. Bist du bereit?»

«Ja», antwortete ich.

Chea rückte etwas nach links. Domano saß rechts vor mir und sagte: «Mach es dir sehr bequem. Die Reise ist lang. Aber schlaf nicht ein, sonst verpasse ich dir einen Tritt.»

Wir mußten alle lachen. Nachdem ich eine Anzahl Kieselsteine aus dem Weg geräumt hatte, war ich startklar.

Domano holte ein paarmal tief Luft, und ich tat es ihm gleich. «Finde deine Mitte. Erhebe dich aus deinem Körper. Komm. Wir fliegen nach Brasilien. Zu meinem Dorf.»

Ich trat aus meinem Körper heraus und erhob mich mit Domano in die Luft. Ich drehte mich nach Chea um, aber Domano schüttelte den Kopf. «Sie muß dort bleiben.»

Ich verstand und wandte mich wieder nach vorn. Dann flogen wir schnell über die verschiedensten Landschaften und landeten in Westbrasilien im Urwald.

Wir gingen in das Dorf, und niemand schien uns zu sehen. Eine kleine Schar Männer war dabei, auf eine Reise zu gehen. Domano sagte, wir würden uns ihnen anschließen.

«Wir werden diesen Geistern der Vergangenheit folgen», sagte er. «Und ich werde dir erzählen, wie es damals für mich gewesen ist.

Ich war noch sehr jung. Ich hatte knappe zwei Jahre bei meinen Lehrern gelernt. Die Reise war von dem alten Stammesschamanen geplant worden, der über ein Jahr lang mein erster Lehrer war. Diese Reise ist bei unseren Medizinmännern und -frauen seit ungezählten Generationen Tradition.

Der Mann dort ist der alte Schamane. Und dieser hier ist einer der Führer unseres Volkes. Er ist ein starker Krieger und sehr geachtet. Die anderen beiden sind meine Lehrer. Und der Jüngling, der hinterhertrottet, bin ich.

Komm. Die Pfade sind schmal hier. Ich bleibe hinter dir. Aber du mußt schnell gehen, um sie einzuholen. Schieb die Pflanzen einfach beiseite.

Ah, hörst du? Die Vögel rufen. Und dort hoch oben – Affen.»

Das Dickicht war außerordentlich dicht und pulsierte. Alles hatte einen Duft, und alles war feucht. Unter der Decke aus Moos und Blättern bestand der Boden aus schwerem Morast, der sich um meine Füße und zwischen meine Zehen quetschte. Oben in den Bäumen war Gekreisch, Krächzen und Geschnatter zu hören.

Alle paar Schritte änderten sich die Gerüche von süß über würzig nach modrig, dann nach sauer und beißend, und es blieb heiß, feucht und voller Intensität. Überall waren Insekten. Mir schoß der Gedanke durch den Kopf, daß genügend Insekten da waren, um die Menschen davonzutragen.

Ich schaute zu den Baumwipfeln empor. Das war eine Welt für sich dort oben. Der Krieger deutete nach oben. Domano sagte, er zeige der Gruppe einen Bienenstock, der demnächst einmal ausgeräumt werden könnte. Die Männer verschwendeten keine Zeit damit hinaufzuschauen, sondern behielten ihr anstrengendes Tempo bei. Es fiel mir schwer, mit ihnen Schritt zu halten: Sie marschierten einfach immer weiter. Ich mußte mich von neuem darauf besinnen, wie schnell ich eigentlich reisen konnte.

Schließlich blieben wir stehen. Die Männer setzten sich im Kreis und holten etwas, das wie Brot aussah, aus Säcken, die sie auf dem Rücken trugen. Sie aßen schweigend.

Domano nahm seinen Rucksack ab, griff hinein und reichte mir etwas von dem gleichen brotähnlichen Zeug. Es war grober als Weißbrot und schmeckte ziemlich fade, ein bißchen wie Kohlrü-

273

ben. Dann gab er mir noch etwas anderes zu essen. Es war dunkel und zusammengepreßt, wahrscheinlich gekocht. Die Männer holten ebenfalls etwas Dunkles hervor, brachen es in Stücke, ließen es herumgehen und teilten es miteinander. Es war schwer zu kauen und knusprig und schmeckte wie angebrannter Speck. Ich fragte auch diesmal nicht, was es sei, und war froh, daß Domano es mir nicht von selbst erzählte. Ehe ich noch fertig war, waren die Männer schon wieder aufgestanden und losgezogen. Ich aß im Gehen weiter.

Nach einer Zeit, die mir wie eine Stunde vorkam, sah der Wald immer noch gleich aus, und es blieb flach. Ich wunderte mich, wie sie wußten, wo sie waren oder wohin sie gingen. Die feuchtschwüle Hitze begann mir zu schaffen zu machen. Es wehte ein schwacher Wind, der den Waldboden gar nicht erreichte. An Stellen, die über und über mit Blüten bedeckt waren, war die Luft so erfüllt von ihrem schweren Duft, daß ich kaum atmen konnte.

Kurz bevor die Dämmerung einsetzte, hielt die Gruppe wieder an und errichtete ein kleines Lager. Jeder sammelte eine große Handvoll von einer bestimmten Blätterart und breitete diese auf etwas aus, was ich für Palmwedel hielt, um ein Bett zu bereiten. Domano und ich machten es genauso. Als wir uns niederlegten, war ich überrascht, wie bequem das war.

Domano beugte sich zu mir und flüsterte: «Du wirst stark in Versuchung kommen einzuschlafen. Aber du mußt der Versuchung widerstehen.» Dann legte er sich wieder hin und verhielt sich vollkommen still.

Ich lag da, lauschte auf die veränderten Geräusche des Waldes und sah zu, wie das Feuer, das die Männer entfacht hatten, zu glühender Holzkohle herunterbrannte. Irgendwann in der Nacht hörte ich deutlich das leise, grollende Knurren eines Jaguars, der neugierig an das Lager heranschlich. Ich wünschte, ich hätte ihn gesehen.

Der Tag brach an, aber ich konnte die Sonne nicht sehen, so dicht waren die Baumkronen. Wir erhoben uns und streuten unsere Blätter in den Wald. Wieder wurde Brot herumgereicht, und wir aßen alle im Gehen.

Alle Formen, Farben und Strukturen waren in Überfülle da. Es war ein wundersamer Ort, und doch sah jedes Stück Land so ähnlich aus wie das vorige. Das einzige, was sich änderte, waren die Flüsse und Bäche, die uns entweder zu einer Richtungsänderung zwangen oder überquert wurden. Ich sah keine Spur von Alligatoren oder Piranhas. Einer der Männer wurde von etwas befallen, was wie ein Blutegel aussah. Das Tier wurde sogleich entfernt, und weiter ging es mit unverminderter Geschwindigkeit.

Die Männer schafften es, selbst dichtestes Buschwerk fast lautlos zu durchdringen, und sie sprachen nur selten miteinander. Sie schienen zufrieden und unbeschwert zu sein, aber dennoch jede Bewegung und jedes Geräusch um sie herum wahrzunehmen.

Der Tag neigte sich dem Ende zu, als wir an einen Fluß mit tiefen Felsbecken kamen. Zwei der Männer nahmen ihre Speere und fingen vom Ufer aus genug Fisch für das Abendessen, das sie auf einem kleinen Feuer zubereiteten.

Wieder sammelten sie Wedel und Blätter für ein Schlaflager.

Ich war heilfroh, daß wir rasteten. Mein Körper schmerzte und war ermüdet. Es war ein wunderbares Gefühl, sich ausstrecken zu können und die Muskeln zu entspannen. Die Blätter waren diesmal wohlriechend und taten gut.

Ich war gerade kurz vor dem Einnicken, als Domano mich ermahnte, wach zu bleiben und weiter zu beobachten. Alles war so wirklich, so deutlich spürbar, daß ich fast vergessen hatte, daß wir uns auf einer Geistreise und nicht leiblich im Urwald befanden.

Vom Tempo, das wir unentwegt vorgelegt hatten, fühlte ich mich wie ausgelaugt. Domano sagte, das sei die normale Gangart von Jägern oder Kriegern, und ich täte besser daran, mich geistig darauf einzustellen, um durchhalten zu können, denn wir hätten noch viele Marschtage vor uns. Er sagte, er selbst hätte, als er jung und untrainiert war, auch Schwierigkeiten gehabt, Schritt zu halten. Und ich hatte auf diesem ersten Stück unserer Wanderung schon gesehen, wie sein junger Körper ermüdete und offensichtlich Schmerzen litt.

Zwei Tage und zwei Nächte wanderten wir so weiter, bis wir die Vorberge der Anden erreicht hatten. Dann begann der Aufstieg durch tiefe Schluchten und über reißende Gewässer. Der Boden unter den Füßen war jetzt manchmal etwas trockener, und die

Vegetation wurde durchlässiger und ließ von Zeit zu Zeit das Sonnenlicht bis zur Erde durchdringen. Eine besondere Art Schlingpflanze wuchs dort, und manchmal schien es fast so, als läge sie auf der Lauer, um hervorzuschnellen, wenn wir vorübergingen.

Das Laufen war inzwischen eine Strapaze. Wir kamen an Hänge aus lockerem Geröll mit einer Schlammdecke. Wenn ich eben dachte, mit den Füßen sicheren Halt gefunden zu haben, glitt ich entweder im Matsch aus, oder das Geröll gab nach, so daß ich den Hang hinunterrutschte. Da die ungeheure Vielfalt von Pflanzen meinen Sturz abpolsterte und bremste, zog ich mir keine ernsthafte Verletzung zu.

Kurz vor Anbruch der Dunkelheit kamen wir an einen breiten Fluß. Er war tief und reißend, so daß wir ihn nicht überqueren konnten. Die Gruppe war gezwungen, flußaufwärts am Ufer entlangzugehen bis zur nächsten Furt. Das Geräusch der Stromschnellen klang mir sowohl lieblich als auch aufreizend in den Ohren.

Die Spannung in der Gruppe wuchs, aber ich wußte nicht, warum. Dann sagte mir Domano: «Wir kommen jetzt in das Gebiet eines bekanntermaßen gefährlichen Stammes. Bald werden wir auf den verborgenen Pfad treffen. Dann ist es sicherer, aber dafür ist dort das Durchkommen sehr schwer.»

Die Männer gingen langsamer und schwiegen, horchten auf alles und blieben des öfteren stehen, um aufmerksam in den Wald zu spähen. Wir erreichten ein undurchdringliches Dickicht aus Dornenbüschen und Gestrüpp. Drei von der Gruppe verteilten sich und standen Wache, während die anderen beiden sorgfältig Zweige in dem Dickicht beiseite bogen und einen versteckten tunnelartigen Durchgang freilegten, der unten in das Gebüsch hineingeschnitten war.

Mit großer Geschicklichkeit verwischten sie mit Zweigen ihre Fußspuren hinter sich und streuten eine lange Strecke bis zum Tunneleingang Blätter aus, so daß es aussah, als wären Pekari-Wildschweine dort gewesen. Als sie sicher waren, daß die Luft rein war, betraten alle den geheimen Pfad und verbargen den Eingang sorgfältig hinter sich, indem sie die Zweige genauso arrangierten, wie sie vorher gewesen waren. Domano und ich taten es ihnen gleich.

Der Tunnel maß in Höhe und Breite zwischen zwei und vier

Fuß und hatte einen Lehmboden. Es war dunkel darin, und die Luft stand und war verbraucht. Wir mußten auf allen vieren kriechen. Obwohl die Sonne gerade unterging, krochen wir, so schnell und leise wir konnten. Domano sagte, wir müßten uns so weit wie möglich vom vielbegangenen Pfad der Feinde entfernen, um nicht gehört oder, falls sie Hunde hatten, gewittert zu werden.

Der Tunnel schnitt viele Meilen lang parallel zum Fluß durch Feindesland. Er war der kürzeste und direkteste Weg zu den heiligen Stätten in den Bergen. Der einzige Weg, den es außerdem noch gab und der durch die Vorberge hinauf und über den Fluß führte, war dreißig bis vierzig Tagereisen länger. Dort hätten sie immer wieder meilenweite Umwege um reißende, unpassierbare Nebenflüsse machen müssen, die in den großen Strom mündeten. Die Felshänge bestanden oft aus losen Schieferplatten und Geröll und ragten manchmal über die Stromschnellen hinaus. Domano sagte, seine Vorfahren hätten diesen Durchgang vor Generationen gegraben, als sich der gewalttätige Stamm neu in diesem Gebiet niederließ.

Der alte Schamane gab auf einmal ein Zirpen von sich, und alle blieben stehen. Weit draußen außerhalb des Dickichts konnten wir Schritte hören. Er reichte eine Handvoll Blätter herum. Jeder Mann nahm sich ein paar und rieb schweigend den ganzen nackten Körper damit ein. Domano gab mir einige aus seinem Rucksack, und ich zog mich aus und rieb mich ebenfalls mit Blättern ab. Sie hatten einen beißenden, fast antiseptischen Geruch.

Etwa eine Stunde saßen wir still in der zunehmenden Dunkelheit. Dann gab der Schamane ein Zeichen, und die Gruppe kroch weiter. Ich zog rasch meine Kleider wieder an, stopfte mir die Blätter in die Tasche und krabbelte hinterher, so gut ich konnte.

Als wir schließlich Rast machten, gestattete der alte Schamane den Verzehr von jeweils einer kleinen Wurzel und ein paar weichen, süßen Blättern, die alle Männer offenbar in ihren Beuteln bei sich trugen. Domano gab mir auch etwas davon zum Probieren. Die Wurzel war weich und innen milchig und schmeckte wie Sauerampfer. Ich rieb den Dreck ab und zwang mich zum Essen, wobei ich nach jedem Bissen ein wenig von den süßen Blättern aß.

Ich versuchte, die Gruppe zu beobachten, aber es war zu dunkel geworden. Ich konnte nur den jungen Domano erkennen. Er schien auch nicht gerade erfreut zu sein über das Abendessen. Als er sich umdrehte, um sich hinzulegen, sah ich deutlich, daß ihm alles weh tat und er sehr müde war. Er nahm die restlichen beißenden Blätter, die er noch hatte, und rieb sich damit die Knie und danach erneut den ganzen Körper ein.

Der alte Schamane kroch nochmals zu jedem einzelnen Gruppenteilnehmer. Der junge Domano reichte ihm die zerknautschten Blätter und legte sich auf den Rücken, als sei es nun endgültig so, daß er sich nie wieder erheben würde. Der alte Mann verteilte die Blattstückchen von Kopf bis Zeh unter Domanos Körper und flüsterte ihm etwas zu. Den jungen Domano schien irgend etwas sehr zu beunruhigen, aber der Schamane zeigte sich unbesorgt, drückte dem jungen Mann fest auf die Brust und gab ihm Anweisungen.

Wenige Augenblicke später, als der Schamane wieder an seinen Platz zurückgekehrt war, sah ich auf einmal, was dem jungen Domano Sorge machte. Insekten und Krabbeltiere aller Art bahnten sich einen Weg in den Tunnelgang. Ich rang nach Luft und erstarrte. Der alte Domano riet mir, mich nicht aus dem Gleichgewicht werfen zu lassen. «Laß dich nicht von der Angst überwältigen», flüsterte er. «Denk an *ka ta see*. Diese Blätter sind sehr machtvoll. Der alte Mann gebot mir als jungem Domano, mich zu beruhigen. Ich sei dabei, meinen Körper dem Wald und seinen Geschöpfen zu überlassen. Und sie würden mich sicherlich mit Haut und Haar nehmen, wenn ich nicht täte, was er angeordnet habe. Er sagte, diese Blätter besäßen, wenn sie von einem Schamanen gebraucht würden, eine große Zauberkraft. Sie würden alle gefährlichen Geschöpfe und Geister des nächtlichen Waldes fernhalten.

Und jetzt reib auch du noch einmal dich und deine Kleider damit ein. Ich werde sie dann unter dich legen. Du wirst schon sehen. Als ich mich in jener Nach niederlegte, verspürte ich eine unbeschreibliche Linderung meiner Schmerzen. Ich war überall wund und müde. Ich glaube, es war mir ziemlich gleichgültig, ob ich unter Umständen fortgeschleppt wurde oder nicht. Ich hatte keine Kraft mehr, zu klagen oder mich zu wehren. Aber die Blätter besaßen tatsächlich eine seltsame Zauberkraft. Sie wirkten wie eine wunderbar weiche Hängematte, die im Wind schaukelt.»

Ich befolgte Domanos Anweisungen, und er verteilte die Blätter unter meinem Körper, während ich auf dem Rücken im Lehm lag. Er gebot mir, mich nicht zu rühren, denn der Zauber sei launisch und lasse sich nicht gerne stören.

Im Lauf der Nacht wurde es so pechfinster, daß ich nichts mehr sehen konnte. Nichts berührte mich oder krabbelte auf mir herum, und der Boden schien weich und warm zu sein.

Als der Tag anbrach, erblickte ich voller Erstaunen eine Unzahl von Spinnweben und vielerlei Lebewesen, die nur wenige Zentimeter von uns entfernt im Gebüsch herumkrochen. Ich schaute zu den anderen auf dem Pfad, ob sie vielleicht von den Tierchen geplagt worden waren. Anscheinend hatte die Zauberkraft der Blätter gewirkt, so daß alle gut und fest geschlafen hatten.

Das Frühstück bestand wieder aus den Wurzeln und Blättern. Der Tunnel ging mit einer leichten Steigung immer weiter. Nichts schien sich zu verändern. Wir krochen bis zum Anbruch der Dunkelheit voran und machten uns dann wie zuvor zur Nachtruhe fertig, indem wir uns mit den beißenden Blättern einrieben und uns darauf betteten.

Am nächsten Tag im Tunnelgang war jedem die Anstrengung anzusehen, für eine so lange Zeit auf allen vieren zu kriechen. Der junge Domano schien am übelsten betroffen zu sein. Ihm tat offenbar jede Bewegung weh, und ab und zu sah ich, daß seine Knie bluteten.

Endlich änderte sich das Terrain, so daß wir ein wenig Abwechslung hatten. Es ging nun steil auf und ab, und kleine Bächlein murmelten neben uns her oder kreuzten unseren Pfad. Der Lehm wurde tiefer Matsch. Bisweilen mußte die Führung der Gruppe frisches Gestrüpp wegschneiden, das uns den Weg zu versperren drohte. Die Steigung war schwer zu überwinden. Wir mußten uns an dem dornigen Gebüsch festhalten und uns hochziehen. Dafür ging es bergab um so besser. Die Männer glitten fast alle in Rückenlage hinunter, nur der Krieger rutschte bäuchlings, mit dem Kopf voran. Sie lachten und scherzten, als sei es ein Spiel, aber immer noch betont leise.

Den glitschigen Pfad hinunterzugleiten wie Zahncreme aus der Tube machte Spaß. Eine Woge der Begeisterung durchlief meinen ganzen Körper, während ich im Magen das gleiche Gefühl verspürte wie bei einer Fahrstuhlfahrt. Es erinnerte mich daran, daß ich in meiner Mitte bleiben und von meinen Gaben Gebrauch machen mußte. Und als ich mich darauf konzentrierte, ging die dumpfe, bedrohliche Düsterkeit des Tunnelgangs in leuchtende Helle mit einer Fülle von unzähligen atemberaubenden Lebensformen über.

Am Nachmittag hielt der alte Schamane die Gruppe an, um sie an einer brodelnden Schwefelquelle zu instruieren, die mitten auf dem Pfad sprudelte. Sie hatte einen Durchmesser von gut einem halben Meter. Dampf stieg in dichten Säulen daraus empor. Der alte Mann sprach sehr leise und deutete dabei auf seine Brust, den Himmel und die Quelle. Domano sagte, er erkläre den Männern die Quelle und daß ein besonderer Feuergeist sowohl in den Herzen der Menschen als auch in dieser Quelle wohne.

Es war noch nicht ganz dunkel, als wir einen ebenen Platz fanden, wo wir die Nacht über schlafen konnten. Wie vorher dienten uns die Blätter zum Einreiben und als Unterlage, und die Nacht verging ohne Zwischenfall.

Am Spätnachmittag des folgenden Tages, als wir meinten, immer und ewig so weiterkriechen zu müssen, öffnete sich der Tunnel zum Ufer eines breiten Flusses hin. Er war flach und glatt an dieser Stelle und etwa vier- bis fünfmal breiter als flußabwärts. Nachdem der Krieger und der alte Schamane die ganze Gegend überprüft hatten, traten wir alle aus dem Gang und wateten auf die andere Seite. Den Männern war am Gesicht abzulesen, daß das Aufrechtgehen sowohl eine Erleichterung als auch eine Qual war. Die Sonne verlieh dem Wasser einen blendenden Glanz. Wir vermochten kaum etwas zu sehen, aber wir durften keine Zeit verlieren. Die Gruppe mußte so schnell wie möglich durch das Wasser in den Schutz des Waldes.

Der Fluß markierte die Grenze zum Hochgebirge. Auf der anderen Seite stieg der Wald in einem steilen Winkel von guten sechzig Grad an. Domano sagte, auf dem Gipfel dieses hohen bewaldeten Berges sei ein steiniger Pfad, der sich um den Berg schlängele. Sobald wir dort seien, würde uns das Gehen für eine

Weile erheblich leichter fallen. Zu unserem Pech sei dieser Steilhang besonders morastig und schwierig zu besteigen. Er sagte, es sähe übel aus, wenn wir den Gipfel nicht bis Anbruch der Dunkelheit erreicht hätten.

Sobald der Fluß überquert war, kletterte die Gruppe, so schnell sie konnte, aufwärts und hielt sich dabei an allem fest, was Wurzeln hatte, die tief genug zu reichen schienen, um einen Menschen halten zu können. Ich sah durch die Bäume bergauf. Der Gipfel schien eine Million Meilen entfernt zu sein.

Der Krieger verfiel in Laufschritt und schwang sich um Baumstämme und große Büsche herum. Er war allen schon weit voraus, als ein Busch, um den er gerade herumkletterte, nachgab und er fast wieder bis ganz nach unten rutschte, ehe er einen Baum zu fassen bekam, der stark genug war, um ihn zu halten. Er signalisierte, daß alles in Ordnung sei, und alle kletterten weiter.

Es war ein ständiges Gerutsche. Das einzige, was den Fuß vor dem Abgleiten bewahrte, waren gut bewurzelte Pflanzen. Auf halber Strecke nach oben zogen Wolken auf, und es drohte zu regnen. Die Männer wirkten besorgt. So wie der Boden aussah, würde das Wasser bei heftigem Regen in breiten Strömen herunterlaufen. Ob man unter solchen Umständen den Gipfel erreichen konnte, erschien fraglich.

Sie beschlossen, den Weg fortzusetzen. Jedes Hilfsmittel war ihnen recht, sie zogen einander an festen Schlingpflanzen aufwärts und stemmten sich gegenseitig hoch, oder sie klammerten sich an einem Baumstamm fest, so daß der Nachfolgende sich an ihren Füßen heraufhangeln konnte.

Es war dunkel, als wir den Felsgrat oberhalb der Bäume erreichten. Ich war völlig erschöpft und an allen Gliedern wie zerschlagen. Der Pfad war jetzt, soweit ich ihn erkennen konnte, steinig und eben, und auf der anderen Seite stieg eine massive Felswand auf. Wir gingen an dieser Wand entlang bis zu einer kleinen Nische, wo wir lagerten. Sie aßen die letzten Wurzeln und Blätter und legten sich schlafen.

Die nächtlichen Geräusche des Waldes hallten von der Felswand wider. Ich hörte tiefes Knurren, Knacken, Gekreisch und Schritte, konnte jedoch nichts sehen.

Im Morgengrauen folgten wir dem Felsvorsprung aufwärts und um den Berg herum. Pflanzen wuchsen, wo immer es ihnen möglich war, aus Spalten im Fels. Gelegentlich waren dort, wo der Boden eben genug war, um Erde zu halten, trockene Waldflecken von mehreren hundert Metern Breite. Kleine Quellen entsprangen dem Gestein und rannen über die Felswand. An einer Stelle hatte Quellwasser unseren ohnehin schon dürftigen Felspfad weggespült, so daß wir einen reichlichen Meter weit springen mußten. Und manchmal war der Felsgrat so schmal, daß wir uns seitwärts an der Wand entlangschieben mußten.

Es tat wohl, den Wind wieder zu spüren. Manchmal brachte er die Gerüche und Feuchtigkeit des Waldes von unten herauf, und ein andermal wieder war er frisch und trocken und erfüllt vom Duft der Gräser und süßen Gebirgspflanzen. Ich schaute auf das Blätterdach des Waldes hinab. Sein Grün dehnte sich weithin aus und verblaßte am Horizont zu Dunst. In der Ferne kreisten mehrere Vögel über den Bäumen.

Ich merkte an allerlei Anzeichen, daß dieser Pfad häufig von Tieren benutzt wurde, und das deutlichste darunter ließ auf Rotwild schließen. Aber die einzigen vierbeinigen Tiere, die wir hier sahen, waren verschiedene Arten von Eichhörnchen und Mäusen, die überall auf dem Felsen herumhuschten und uns neugierig zu betrachten schienen.

An diesem Abend schlugen wir unser Lager in einer kleinen Schonung auf. Die Männer erlegten ein Wild und bauten ein Feuer, wobei sie sich unterhielten und sangen. Dann rieben sich alle wieder mit den Blättern ein und gingen friedlich schlafen. Es war merkwürdig, aber es gab nur wenige Geräusche in jener Nacht.

Am nächsten Tag endete der Felsgrat, auf dem wir entlanggegangen waren, und wir kletterten ein paar hundert Meter einen weniger steilen Abschnitt der Felswand hinauf. Ich kam mir wie ein Bergsteiger vor, wie ich meine Finger in Felsspalten verankerte und mir flache Trittstellen suchte, die mein Gewicht trugen, während ich mich hochzog. Es war sehr heiß. Glücklicherweise waren wir auf der Ostseite des Berges und bewältigten den größten Teil des Aufstiegs, nachdem die Sonne hinter der Felswand verschwunden war.

Als wir oben waren, breitete sich etwa eine Meile weit eine Hochfläche aus. Sie war steinig und windig, nur mit Gras und kleinen Büschen bewachsen. Die Grenze dieses Gebietes bildete Wald. Er ging in der Ferne in hohe schneegekrönte Berge über, die sich nach Norden und Süden hin erstreckten. Der Himmel war hellblau, und die verschiedensten Vögel flogen schreiend und zwitschernd hin und her. Fremdfarbige Eidechsen ruhten auf Steinen in der Sonne und huschten weg, wenn wir vorbeikamen.

Wir rasteten mitten auf der Hochfläche. Der Krieger fing ein kleines Pekari, und alle setzten sich rund ums Feuer und aßen. Während die Glut langsam erlosch, lagen sie da, starrten in den Nachthimmel und sprachen leise miteinander. Unzählige Sterne standen am Himmel und glitzerten stärker, als ich es je erlebt hatte. Als die Männer eingeschlafen waren, hörte ich nichts mehr, bis auf den honigduftenden Wind.

Beim Morgengrauen waren sie schon wieder auf und bald mitten im Bergwald. Dort oben war es anders. Das Blattwerk war weniger dicht, und der Waldboden schien trocken zu sein. Überall waren Geräusche und starke Gerüche. Obwohl es steil aufwärts ging, war das Laufen verhältnismäßig leicht. Die Männer fanden ein Nest mit großen Larven, die sie mit Genuß verspeisten. Der alte Domano bot mir Gelegenheit, davon zu kosten, aber ich lehnte ab. Ich fand es ziemlich eklig, zuzuschauen, wie sie sich lebendige, zappelnde Tierchen in den Mund steckten, die in meinen Augen wie Maden aussahen. Ich wandte mich ab und betrachtete lieber die Affen in den Baumkronen.

Dieser Teil des Urwalds war recht abwechslungsreich, mit Lichtungen und dichten Stellen. Große Felsformationen ragten aus dem Grün, manchmal mit Höhlen. Es gab Felszeichnungen und gelegentlich Felsblöcke, aus denen rätselhafte Figuren gehauen waren. Stilistisch waren sie so roh, so klobig und abstrakt, daß ich nicht sagen konnte, was sie darstellten. Die Männer beachteten die behauenen Steine kaum. Domano gab auch von selbst keine Erklärungen ab, und ich fragte nicht.

Ich hatte gehofft, daß es dort oben kühler wäre, aber weit gefehlt. Es schien sogar noch heißer zu sein. Kurz vor Sonnenuntergang lagerten wir auf dem ersten ebenen Gelände, das an unserem

Weg lag. Eine ungewöhnlich große Zahl von Affen war hoch oben in den Bäumen. Als wir eine Weile dort waren, verloren die jüngeren ihre Scheu und kamen bis auf wenige Meter an uns heran. Doch die Dunkelheit zwang sie, für ihre Nachtruhe wieder die Baumwipfel aufzusuchen.

Zwei weitere Tage vergingen. Wir überquerten drei in kleinen Wasserfällen hinabstürzende Flüsse und kamen noch an vielen aus den Felsen gehauenen Skulpturen vorbei. Um eine war eine Halskette aus vielfarbigen Perlen gelegt. Der alte Schamane blieb davor stehen und untersuchte die Perlen. Er betrachtete die Statuen in der Nähe eingehend und gebot dann der Gruppe, auf einem offenen Platz ein paar Meter davon entfernt das Lager aufzuschlagen.

Alle sammelten schweigend Blätter und Kräuter. Es wurde kein Feuer entfacht, und sie aßen, was sie gesammelt hatten.

«Wir sind dicht vor den heiligen Stätten», sagte Domano und wies auf die Statue. «Wir bleiben die Nacht über hier. Sie bereiten sich auf die Zeremonie morgen vor. Darum sind sie alle still und bauen kein Feuer.»

Ehe sich die Männer schlafen legten, nahmen alle eine Portion Tabak aus dem Gepäck, kauten ihn und gingen, jeder für sich, in den Urwald.

Am nächsten Tag verstreuten wir die Blätter unserer Lagerstätten wieder und stiegen ein paar hundert Fuß bis zu einem ebenen, baumlosen Plateau auf, das mit flechtenbedeckten Ruinen übersät war. Viele der Gebäude waren noch intakt. Sie waren aus großen Steinblöcken gebaut, die so behauen waren, daß sie genau zusammenpaßten und ohne Mörtel hielten. Einige der besonders großen Blöcke waren mit Reliefs versehen, die in ihrer Art den Skulpturen glichen, an denen wir unterwegs vorbeigekommen waren.

Es sah so aus, als hätten nicht allein Zeit und Erosion hier ihr Zerstörungswerk verrichtet. Ich fragte mich, ob die Stätte wohl einst von fanatischen Missionaren oder den spanischen Eroberern verwüstet worden war.

Das erste Bauwerk, zu dem wir kamen, war eine stufenförmige Plattform. Affen zerstreuten sich, als wir die alten bröckelnden Steinstufen zu der ebenen Fläche oben hinaufstiegen. Von dort aus konnte ich die ganze Stadt überblicken. Sie war von Regenwald umgeben. Ich wunderte mich, daß keine Bäume darin wuchsen, sondern nur niedrige Pflänzchen und Moose, und warum der Wald diesen Flecken ausgespart hatte.

Ich sah auf die großen Steinblöcke hinunter, auf denen ich stand. Sie waren faszinierend. Je genauer ich sie anschaute, um so außergewöhnlicher erschienen sie mir. Es war fast so, als könnte ich in den Stein hineinsehen; das heißt, er schien bei aller Dichte durchsichtig zu sein. Jedes Körnchen strahlte vielfarbig auf. Mir war in jenem Augenblick sogar, als hätten die Steine, auf denen ich stand, kein Gewicht.

Domano schnippte mit den Fingern, um meine Aufmerksamkeit zu gewinnen. Die Männer hatten alle ihr Gepäck abgenommen und gingen auf das Zentrum der Stadt zu. Als ich wieder zum Pfad hinunterstieg, konnte ich die Überreste einer alten gepflasterten Straße erkennen. Ich konnte spüren, was von den jahrhundertelangen Gedanken und Handlungen der Menschen noch da war, die vor mir hier gewesen waren. Dies war heiliger Boden. Die Leute waren früher von weit her gekommen auf der Suche nach dem, was dieser Ort ihnen geben konnte. Aber jetzt war niemand da, nur wir und die Affen.

Wir folgten der schmalen alten Straße bis zu einem kleinen Gebäude, dessen Dach und Räume in brauchbarem Zustand zu sein schienen. Drinnen standen Körbe mit Farben und Federn auf dem Boden. Die Männer schwiegen und begannen, sich zu bemalen und sich verschiedenfarbige Federn ins Haar und an die Arme zu binden. Domano bedeutete mir mit dem Kinn, es ihnen gleichzutun.

Als sie fertig waren, führte der alte Schamane sie nach draußen zu einem Schotterfeld. Er gebot ihnen, so viele Steine einzusammeln, wie sie tragen konnten, und zu dem Platz im Zentrum der Stadt zu bringen. Dort gab er ihnen Anweisung, eine Spirale mit ganz bestimmten Proportionen auszulegen. Sie mußten mehrmals hin- und hergehen, bis sie vollendet war. Dann suchte sich jeder Mann zwei Steine, die gut in der Hand lagen, und schlug sie wie ein Rhythmusinstrument zusammen. Domano gab mir ein Zeichen, mir ebenfalls ein Steinpaar zu suchen.

Wir setzten uns alle um den Außenrand der Spirale, und der alte

Schamane sprach. Domano übersetzte mir seine Ausführungen über die Spirale und den rituellen Tanz, den wir gleich ausführen würden.

«Diese Steinspirale», begann er, «ist ein Tempel. Der Alte sagt, daß sie ein ebenso heiliger Tempel ist wie die großen Steingebäude hier. Und genauso der Boden, wenn er mit allerlei Dingen wie Erde, Blättern, Wasser und Feuer für die Zeremonie bereitet wird. Die Spirale ist nur vorübergehend da, nur für diesen Augenblick gedacht, während die Steinbauten hier noch viele Generationen von Enkelkindern überdauern sollen.

Hier werden wir den Spiraltanz ausführen. Wir werden Fäden spinnen zwischen der Geisterwelt und unserer Welt. Wir werden das, was dort ist, in unser Leben hereinholen. Es zu einem Teil unserer Wahrnehmung machen. Wenn wir fertig sind, werden wir alle Steine wieder zu dem Schotterplatz zurückbringen, wo sie vorher waren.

Einer nach dem anderen», setzte Domano noch hinzu, «werden sie den Spiralweg nach innen und wieder zurück tanzen und dabei die Steine zusammenschlagen, während die anderen singen und den Rhythmus bestimmen. Du bist nach dem jungen Domano an der Reihe, und dann komme ich.»

Der Krieger ging zuerst, wobei er von Zeit zu Zeit etwas rief und mit der Faust schlug. Domano sagte, er erschließe den Weg und warne alle, daß wir nun kämen. Er sagte, der Krieger sei der Starke und müsse den Weg von Kobolden und Gefahren reinigen.

Er ging langsam und kraftvoll von der Öffnung am Außenrand in die Mitte, wo er tanzte und in jede Himmelsrichtung ein langes Gebet sang. Die Sonne stand jetzt hoch am Himmel und brannte herab. Die Affen wurden immer neugieriger und sammelten sich in immer größerer Nähe, um uns zu beobachten. Sie schwätzten miteinander wie plappernde Teenager, stießen sich und drängelten sich um den besten Aussichtsplatz. Und dann rief der Krieger die Geister um uns herum in dieser kleinen Stadt an, und alle Tiere verstummten und verhielten sich ganz ruhig.

Sechsmal hob er die Arme zur Brust hoch, um anschließend majestätisch und voller Würde der Spirale rückwärts zu folgen und herauszutreten.

Der nächste war der junge Domano, und so ging es fort, bis jeder an der Reihe gewesen war. Domano stieß mich an und bedeutete mir schweigend, mich einzufügen, aber ich wußte nicht recht, was ich machen sollte. Er stieß mich erneut an. Ich blieb immer noch sitzen. Schließlich beugte er sich herüber und flüsterte mir zu, ich solle die Spirale entlangtanzen und die Welten für mich zusammenbinden, damit ich frei über das verfügen könne, was beide zu bieten hatten.

«Aber wie?» Ich stand auf.

«Hast du denn die Fäden nicht gesehen, die die Männer hatten?» fragte er.

«Nein.»

«Sie weben Fäden durch die verschiedenen Netze. Wenn du in die Spirale hineingehst, mußt du diese Welt mitziehen. Sobald du im Zentrum bist, schiebst du diese Fäden durch den Mittelpunkt und ergreifst die Fäden von der anderen Seite, von der Geisterwelt. Zieh sie in deine Welt und hake sie an den Himmelsrichtungen ein. Halte sie nun fest und zieh sie den ganzen Weg mit dir zurück. Sie sind dein.

Ich werde nach dir tanzen. Dann setzen wir uns und schauen zu. Als letzte tanzen die Geister.»

Ich konzentrierte mich eine Minute und trat in die Einmündung der Spirale. Ich spürte, wie ich mit dem ganzen Körper etwas hinter mir her in den Spiralentempel zog. Je weiter ich hineinging, um so stärker mußte ich ziehen. Ich konnte die Spiralformation sehen, die die Energie in der Luft bildete. Sie wurde immer dichter, als wir uns dem Zentrum näherten. Dort im Mittelpunkt war etwas wie ein Fenster von der Größe meiner Hand.

Ich begann, die Fäden zu befestigen, indem ich immer eine Handvoll von meinem Körper löste. Ich konnte sie jetzt deutlich sehen. Es waren dünne Fäden aus vibrierendem Licht. Als ich meine Hand durch das Fenster schob, hatte ich ein Empfinden, als würde sich statische Elektrizität um meinen Arm und meine Hand sammeln.

Ich schob die Fäden zur anderen Seite durch und packte eine Handvoll neuer, die ich zu mir herüberzog. Ich hielt sie in jeder Himmelsrichtung hoch, und sie hakten sich wie an unsichtbaren

Ösen ein. Dann fiel mir ein, daß sich der Krieger sechsmal an die Brust geklopft hatte, bevor er rückwärts ging. Ich tat das gleiche, und die Fäden verbanden sich mit meinem Körper. Es war ein Gefühl von etwas, das ich nur ahnen konnte, etwas, das eindeutig von der anderen Seite kam.

Ich schritt rückwärts und versuchte, gleichmäßig im Takt zu gehen, aber ich war unbeholfen und kannte mich mit dem Tanz nicht aus. Dabei wollte ich genauso anmutig und rhythmisch gehen wie die Männer. Durch die Natürlichkeit, mit der sie alles ausgeführt hatten, wirkte es so schön und leicht. Ich kam aus dem Tritt und aus dem Takt und stolperte über meine eigenen Füße.

Je näher ich dem Rand der Spirale kam, um so schwerer war es, die Fäden mitzuziehen, bis ich draußen war und sie überhaupt keinen Zug mehr ausübten. Ich konnte sie aber noch immer sehen. Sie hatten sich weder verändert, noch waren sie abgerissen. Sie zogen einfach nicht mehr.

Ich drehte mich zu Domano um. Er winkte mir, mich hinzusetzen. Jetzt war er an der Reihe, und diesmal sah ich, wie er mit den Fäden umging. Als er sich wieder hingesetzt hatte, füllte sich die Luft auf dem Platz ringsumher mit der Gegenwart vieler Wesen. Sie waren wie farbige Lichtstreifen und leuchteten in der Luft. Sie wirbelten in die Spirale hinein und wieder zurück. Manchmal konnte ich Fäden erkennen, aber meist sah ich nur die Luft schimmern und spürte, wie sie an den Netzfäden hantierten. Einige kehrten nicht zurück, und ich glaube, daß ich neue aus der Mitte in die Spirale hereinkommen sah. Sie waren wohltätig und gütig. Als alles vorbei war, erhoben sich die Männer und bauten die Spirale wieder ab. Wir folgten ihnen zu dem Gebäude zurück, wo die Körbe standen, um die Federn zurückzulegen und die Farben aufzufrischen. Jeder schien in tiefes Nachdenken versunken. Es wurde kein Wort gesprochen.

Als die Sonne genau über dem Horizont stand, folgten wir dem alten Schamanen zu einem Bauwerk, das wie eine Stufenpyramide aussah, deren obere Hälfte fehlte, und stiegen hinauf. Dort setzten sich die Männer im Kreis um ihren jungen Schüler. Ich setzte mich Rücken an Rücken mit ihm. Der alte Domano hockte dicht am Rand vor mir. Ihm gegenüber saß der alte Schamane vor dem jungen Domano. Als der alte Schamane sprach, übersetzte Domano es mir wieder.

«Der Alte sagt, es sei Zeit, auf die Suche nach der Maske zu gehen», sagte er. «Das ist ein Schamanenweg, um herauszufinden, welche Wesenszüge wir an uns haben und an- und ausziehen wie Haut. Das sind unsere Selbstbilder. Manche hassen wir sogar. Sie sind unsere Zuflucht, unser Schild, unsere Krücken – unsere Welt. Es sind unsere Persönlichkeiten, die Art und Weise, wie wir auf alle Dinge reagieren. Der Alte sagt, der Tod sei frisch und neu und lebendig. Die alten Masken der Gewohnheit aber seien wie ‹lebende Tote›. In Verwesung begriffen, unordentlich zusammengehäuft.

Solange wir nicht gelernt haben, von den Gaben der Himmelsrichtungen Gebrauch zu machen, bleiben die Masken unsere Gewohnheit. Sie beherrschen uns und unsere Wahrnehmung.»

«Meinst du, so wie unsere Gedanken?» unterbrach ich ihn.

«Unsere Masken entstehen aus unseren Gedanken.» Er lächelte mich an. «Auf dieser Reise wirst du tief in dein Inneres vordringen bis zu dem Ort, wo die Masken zu finden sind. Sieh sie dir gut an. Sie werden dir alles über sich offenbaren, auch wie du ihrer Herr wirst. Wie du nach deinem eigenen Willen eine herausgreifen und erwählen kannst. Nicht nach ihrem. Wie du sie am Leben erhältst.

Schließ die Augen. Richte deine Aufmerksamkeit von deiner Mitte aus nach innen, auf den Hauptkanal; folge dem Kanal in den Oberbauch. Mit dem Gesicht nach vorn. Dort siehst du drei Höhlen: links, in der Mitte und rechts.

Geh zur rechten Höhle. Zieh dir deine Kleider aus und entferne auch sonst alles von deinem Körper.

Geh jetzt hinein.»

Die Höhlen waren fast drei Meter hoch. Drinnen war es dunkel und dumpf. Ich konnte meinen Atem und meine Schritte auf der Erde und den Steinen hören. An den Wänden waren Malereien, und als ich weiter hineinging, konnte ich den feuchten Moderduft der Höhle riechen. Knochen lagen in Erde und Steine eingebettet. Ich streckte die Hand aus, um Halt zu gewinnen, und berührte fast die Spinnen, die schnell in der Dunkelheit verschwanden.

Ich ging immer weiter. Die Höhle wurde enger, und der Boden

war dick mit Morast bedeckt. Er bewegte sich unter meinen Füßen, und ich konnte eben noch im Dunkel erkennen, daß sich eine Schlange unter meinem Fuß hervorwand und davonringelte. Ich wollte voller Entsetzen aufschreien, aber dadurch, daß ich in meiner Mitte war, verlor sich das Gefühl einfach.

Als ich weiterschritt, war kaum noch Licht da, und die Höhle wurde immer niedriger. Ich war gezwungen, mich zu bücken, um meinen Weg fortsetzen zu können. Etwas, das aus der Höhlenwand herausragte, kratzte mich. Ich sah es mir genau an. Es war ein langer, gebrochener Schenkelknochen. Aus dem Innern der Höhle konnte ich schwache, undeutliche Geräusche hören.

Was immer ich berührte, war feucht, und allmählich roch es in der Höhle faulig. Der Boden neigte sich abwärts. Er war klumpig und naß, und ich war froh, daß ich nicht sehen konnte, woraus er bestand. Das Gehen war eine schlüpfrige Angelegenheit. Mein Unbehagen wuchs mit jedem Schritt. Ich konnte etwas in der Nähe erahnen.

Plötzlich schoß ein Schatten neben mir an der Wand herab. Ich zuckte unwillkürlich zusammen. Während ich mich weiter in die Höhle hineinkämpfte, dröhnten die Geräusche wie das Klopfen meines Herzens. Jetzt mußte ich mich so weit niederbeugen, daß ich mich zum Kriechen entschloß. Was immer unter meinen Händen und Knien sein mochte, ich wollte es nicht wissen. Es fühlte sich ekelhaft an und roch noch schlimmer.

Die Abwärtsneigung wurde immer steiler, und ich kroch immer tiefer. Ein schwacher Lichtstrahl fiel aus einem Schacht über mir in die Höhle und machte die Wandmalereien sichtbar. Ich meinte zu sehen, wie sie sich ganz sachte bewegten, und dann hörte ich ein Wispern in der Nähe. Ich sah mich um. Nichts. Ich hörte es wieder zu meiner Rechten. Es kam von den Wandmalereien.

Meine Unruhe nahm zu. Ich glitt aus meiner Mitte. Irgend etwas fiel mir auf den Rücken. Ich schrie auf und versuchte es wegzuwischen. Es lief mir den Rücken hinunter und über das Bein. Ich merkte, daß die Angst die Oberhand über mich gewann.

Ich blieb stehen, holte tief Luft und zwang mich wieder in meine Mitte zurück, wobei ich mich auf jede Gabe konzentrierte, eine nach der anderen.

Ich kam an eine Stelle, von der Stollen in verschiedene Richtungen wegführten. In einen muß ein winziger Lichtstrahl gefallen sein, denn ich konnte sehen, daß anscheinend versucht worden war, ihn zu vergrößern.

Das, was sich in all diesen Höhlen verbergen mochte, faszinierte mich so, daß ich nicht mehr meine gesammelte Aufmerksamkeit auf die Höhle konzentrierte, in der ich mich befand. Und so glitt ich aus, als der Boden wieder jäh steil abfiel, und rutschte abwärts durch den Matsch. Ich versuchte, mit Händen und Füßen Halt zu gewinnen, aber alles war glitschig.

Auf einmal erweiterte sich der Gang. Es wurde hell. Ich schlitterte in eine riesige Höhle hinunter, die rechts von mir steil nach unten abfiel. Ich war außer mir vor Entsetzen. Ich konnte nicht bremsen. Ich strich an den Felswänden entlang, um Griffmulden für meine Finger zu finden, aber da war ich auch schon durch mein eigenes Gewicht über den Rand hinaus und fiel in die grundlose, gähnende Tiefe.

Mein Magen rebellierte. Ich hatte ein Gefühl, als würde ich für immer und ewig fallen, tiefer und tiefer stürzen. Bisweilen erhellte ein Licht die Wandmalereien am Fels. Sie bewegten sich und gaben Geräusche von sich. Ich erkannte die Bilder: Das waren meine Masken!

Während ich fiel, sah ich mich selbst ohne Illusionen. Das Tugendhafte, das Häßliche, das Unbeherrschte samt allem Wenn und Aber, den verschiedensten Weltbildern um mich. Ich erlebte wie im Fluge jede Empfindung und jedes Extrem. Ich sah Dutzende von Gesichtern, die ich aufsetzte oder, genauer gesagt, die sich mir aufdrängten bei meinen Beziehungen mit der Welt. Ich erkannte sie alle und verstand sie.

Jetzt, so vermutete ich, hatte ich die Wahl, mit welcher Maske ich auf eine Situation reagieren wollte.

Ich fühlte mich frei. Ich fiel immer schneller. Es wurde sehr hell. Und plötzlich war alles zu Ende, als wäre ich auf dem Grund der Höhle aufgeschlagen. Ich hörte die Stimme des alten Schamanen und die von Domano. In der Ferne keckerten die Affen.

Ich öffnete erschrocken die Augen. Ich saß auf der steinernen Plattform, mit dem Rücken zum jungen Domano, dem alten gegenüber. Der alte Domano, den ich inzwischen so gut kannte, lächelte und ich auch. Die Sonne war untergegangen, es war fast dunkel.

«Steh auf», sagte er.

Ich spürte, wie sich der junge Domano hinter mir erhob. Ich stand auf.

Domano wirkte glücklich. «Ihr beiden werdet jetzt tanzen. Das ist der Tanz der Masken. Ihr müßt verschiedene Masken auswählen und aufsetzen. Masken, die ihr benutzt. Und Masken, die ihr bisher gar nicht kanntet.

Haucht ihnen Atem ein und laßt sie lebendig werden. Fühlt euch in die jeweilige Persönlichkeit ein. In die Art und Weise, wie sie sich bewegt. Behaltet im Bewußtsein, daß ihr die Maskenbildner seid. Es heißt, alles sei wie eine Vorstellung. Die Berührung des Tänzers verleiht ihr Leben.»

Die Männer hatten zu singen angefangen. Der junge Domano tanzte voller Hingabe über die Plattform und die Stufen hinunter. Ich setzte zuerst jede meiner normalen Masken zum Tanz auf und probierte es dann mit den mir unbekannten. Ich lachte und schrie. Es machte mir ungeheuren Spaß. Ich sah zu dem alten Domano hinüber, er lachte und sang. Im Lauf der Nacht gewann ich immer mehr von meiner Mitte. Die Dinge fingen an zu leuchten. Ich spürte das Leben um mich herum: Hunderte von lebendigen Dingen überall, und sie tanzten und sangen. Ich war in Hochstimmung.

Kurz vor Anbruch des Tages wurde die Zeremonie abgeschlossen. Wir verließen die Pyramidenplattform und kehrten zum Platz zurück, wo die Männer ihr Gepäck zurückgelassen hatten. Alles war unberührt. Ich wunderte mich, daß die Affen sich nicht darüber hergemacht hatten. Wir rieben uns mit Erde ab, um die Ritualfarben zu entfernen. Dann holten einige der Männer frische Farbe aus ihren Rucksäcken und bemalten sich in gewohnter Weise damit.

Domano legte mir die Hände auf die Schultern. «Hier werden wir Abschied von ihnen nehmen. Es wird Zeit für uns, nach Santa Cruz zurückzukehren.» Er ergriff meine Hand.

Ich schaute umher. Ich wollte nicht gehen. Ich mochte den

Urwald und die Ruinen. Ich hatte das Gefühl, als wäre ich schon seit Wochen hier. Aber dann fiel mir ein, daß es eine Geistreise war, daß die Zeit verändert worden war, um mit einer anderen Geschwindigkeit abzulaufen. Ich dachte, daß ich vielleicht eines Tages hierher zurückkommen würde.

Ich hielt Domanos Hand fest, und wir gingen die bröckelnden Steinstufen hinauf. Die Männer nahmen ihre Rucksäcke und verschwanden im Dunkel des nächtlichen Waldes. Wir taten ein paar kräftige Schritte und erhoben uns in die Luft. Die Ruinen leuchteten hinter uns.

In Minutenschnelle hatten wir die Wiese an meiner Wohnung erreicht. Ich konnte unsere Körper unten sehen, genau wie vorher. Es war ein eigenartiges Gefühl. Ich fragte mich, warum wir so geschaffen waren, in Teilen, die sich voneinander lösen können.

Ich hörte Domanos Stimme, der mir sagte, ich solle mich in meinem Körper niederlassen, mich langsam wieder einpassen und all meine Sinne spüren. Auch diesmal kam mir mein Körper unbeholfen und schwer vor, nur mühsam zu manövrieren. Ich öffnete die Augen und stand auf, um mich ein wenig zu bewegen.

Domano riet mir hastig, noch nicht herumzulaufen. Aber es war zu spät. Ich war schon hoch und wollte eben losschlendern, als meine Beine unter mir zusammenknickten. Es war, als gehörten sie nicht mehr zu mir.

«Geh langsam», sagte er, als ich auf meinem Hinterteil gelandet war. Er und Chea lachten. «Du mußt deinem Körper Zeit geben, sich umzustellen. Laß erst einmal alles wieder in Gang kommen.»

Ich lachte. Ich muß ein komisches Bild abgegeben haben. Dann wurde mir klar, warum meine Beine ihren Dienst versagt hatten. Sie waren eingeschlafen. Da überhaupt kein Gefühl mehr in ihnen war, hatte ich gar nicht gemerkt, daß sie eingeschlafen waren. Jetzt fingen sie furchtbar an zu kribbeln, von den Fußsohlen bis zum Gesäß hoch. Ich stieß einen Fluch aus und bat sie, dem ein Ende zu machen. Es war die reine Folter. Ich saß da und stöhnte und lachte zugleich.

«Reibe und klopfe deine Beine so», sagte Chea lachend und bearbeitete meine Füße.

Dadurch wurde das Gekribbel noch unerträglicher. Wenn ich

gehofft hatte, ihre Maßnahmen würden meine Wiederherstellung beschleunigen, wurde ich enttäuscht.

Domano beugte sich mit funkelnden Augen herüber. «Du kannst jetzt aufstehen und herumlaufen.»

«O nein, nein, nein», erwiderte ich. «Du machst wohl Witze.» Sie packten mich bei den Armen und zogen mich hoch. Das Gefühl war unbeschreiblich. Sie stützten mich unter den Achseln und ließen mich gehen. Ich kam mir lächerlich vor. Meine Beinmuskeln waren kaum zu gebrauchen.

Doch nach wenigen Minuten war ich wieder beieinander. Die Sonne ging unter, und ich mußte nach Hause zu meinen Kindern und das Abendessen richten. Ich war voller Freude, aber müde.

«Du hast deine Sache sehr gut gemacht, Kleine», sagte Chea lächelnd, ehe wir uns trennten. Sie sahen mich stolz an, und das gab mir ein Gefühl, als hätte ich wirklich etwas geschafft.

«Denke diesmal nicht gleich darüber nach», sagte Domano noch und drohte mir mit dem Finger. «Erinnere dich und rufe dir die Gefühle zurück. Aber laß nicht deinen Verstand darübergeraten. Auf Wiedersehen! Wir sehen uns bald wieder. Mach deine Hausaufgaben.»

Wir gingen in verschiedenen Richtungen davon. Ich sah meine Kinder auf der Wiese vorm Haus spielen. Bilder vom Urwald und von den Masken auf dem Fels stiegen in meinem Geist auf. In meinem Kopf konnte ich die Männer singen hören. Mir wurde jäh bewußt, daß ich so erschöpft war, als hätte ich tagelang nicht geschlafen, und ich fragte mich an der Wohnungstür, ob ich wohl lange genug wach bleiben würde, um den Kindern etwas zu essen zu machen und sie ins Bett zu bringen.

Das Geschenk des Widersachers

In der nächsten Zeit schlief ich unglaublich viel, mindestens zwölf Stunden pro Tag. Tief und traumlos. Ich fühlte mich wie in der Schwebe zwischen zwei Welten. Mir fiel ein, daß Chea gesagt hatte, ich müsse entweder in der Lage sein, mir ihre Traditionen mitten in der Stadt anzueignen, inmitten meines Alltagslebens, oder ich brauchte sie überhaupt nicht zu lernen. Es schien mir, als würde ich mich viel mehr abstrampeln, als gut war, und als wäre ich schließlich doch nicht die Richtige dafür, um ihre Schamanentraditionen zu erlernen.

Sie hatten mir oft gesagt, ich müsse mich mit beiden Lebensweisen arrangieren, sie in meinem Innern miteinander vereinen und ins Gleichgewicht bringen. Doch wie immer ich sie in die Praxis umsetzen wollte, es mußte auf eine Weise sein, die auch das Beste meines eigenen Erbes berücksichtigte und nutzbar machte. Ich durfte das eine nicht zugunsten des anderen aufgeben.

Ich sah inzwischen ein, daß es viel leichter war, ein Schamanenschüler zu sein, wenn man mit den entsprechenden Vorstellungen aufgewachsen war oder wenigstens das normale Alltagsleben hinter sich ließ und sich irgendwo in die Abgeschiedenheit zurückzog, um diese Dinge fern der Welt zu studieren. Dann würden sie allmählich das ganze Leben durchdringen, und es gäbe keine kulturellen oder ideologischen Konflikte. Aber die Hetakas hatten auch gesagt, unsere Kulturen würden sich rasch zu einer großen Weltkultur hin entwickeln, die alle umfaßte und miteinander verband. Wie andere religiöse Systeme auch, würden das schamanische Wissen und die schamanische Praxis universell zugänglich sein, und das hieß auch: verständlich und brauchbar für das Alltagsleben der modernen Menschheit. Die Zeiten der Isolation waren vorbei.

Mir war nun Zugang zu diesem Wissen gewährt worden, aber mein Lebensstil als amerikanische Hausfrau und Mutter schien dem entgegenzustehen. Ich hatte keine Ahnung, wie ich beides miteinander aussöhnen sollte. Wie konnte ich an dem wunderbaren Schauspiel der Lebensformen unseres Planeten mein Vergnügen haben und daran teilnehmen oder die Freude meines Liedes finden, wenn ich an einem kochendheißen Tag mit zwei schreienden, hungrigen Kindern, die sich auf dem Rücksitz balgten, mitten im Verkehrschaos festsaß? Wenn Rechnungen überfällig waren, mein Stipendium zu spät auf dem Konto eintraf, ich in knapp einer Stunde bei einer Eltern-Lehrer-Versammlung sein mußte und mit einer Klausurarbeit schon drei Tage im Verzug war? In solchen Augenblicken dachte ich überhaupt nicht daran, von meinen Gaben Gebrauch zu machen und meine Mitte zu finden. Dann war mir vielmehr nach Fluchen und Hupen zumute, danach, meinen Kindern Strafen anzudrohen und ihre Computerspielzeiten zu verkürzen. Kein Gedanke an Gleichmut und Frieden zwischen allen Dingen. Ich wollte um mich beißen und treten und losfauchen. Das war doch der amerikanische Lebensstil, oder? Erst schlagen, dann fragen. Auch wenn es in Gedanken geschah, ich wußte es nur zu gut.

Auf der Suche nach der Maske hatte ich gesehen, daß diese Gewohnheiten mit meinen Reaktionen verwoben waren. Ich erwartete von meinem Leben Enttäuschungen, und so reagierte ich automatisch, ohne vorauszudenken oder eine Wahl zu treffen, mit massiven Frustrationen und blinder Feindseligkeit. Ich war mir der feindseligen Gefühle nicht einmal bewußt gewesen. Das, was mir in die Quere kam, zu verfluchen oder herabzusetzen, auch wenn kein lautes Wort dabei fiel, war so natürlich und normal für mich wie essen. Aber jetzt ging mir auf, daß all dieser Frust und angestaute Ärger meine Gesundheit untergrub und keineswegs sein mußte. Es gab keinen vernünftigen Grund dafür. Es war reine Gewohnheit.

Meine Einsichten bei der Begegnung mit der Maske hatten dieser Gewohnheit allen Wind aus den Segeln genommen. Und da stand ich nun, einige Tage nach dieser Erkenntnis, hatte allen Grund, mich aufzuregen, weil die Kinder mit meinem einzigen Vorrat an Trockenbohnen sich eine Schlacht lieferten, und konnte mich einfach nicht ärgern. Ich versuchte es, aber die Gewohnheit war weg. Statt dessen sah ich mich einer ganzen Palette von möglichen Reaktionen gegenüber und wußte nicht, welche ich wählen sollte. Ich wandte mich einfach ab und verließ die Küche. Die Kinder waren darüber so schockiert, daß sie ihren Streit aufgaben und die Bohnen einzusammeln begannen. Mit besorgten Mienen schlichen sie ins Wohnzimmer und sahen mich verstohlen an. Ich war sicher, daß sie dachten, ich wäre verrückt geworden.

An jenem Abend waren sie beide wütend auf mich, weil ich keinen von beiden bestraft hatte. Ich hatte Angst davor. Gerechtigkeit war nicht mehr das, was sie einmal für mich gewesen war. Ich brauchte Zeit, um die Welt wieder ins Lot zu rücken, um herauszufinden, wie ich im Leben reagieren sollte, wenn ich die Wahl hatte, statt gewohnheitsmäßig zu handeln. Ich kam mir vor wie ein Tier, das im Käfig geboren ist und sein ganzes Leben darin verbracht hat und das auf einmal die Käfigtür offen findet.

Am darauffolgenden Tag merkte ich, daß ich mich manchmal so verhielt, als sei die Tür immer noch zu. Ich lebte ein paar Stunden so, wie ich es immer getan hatte, und ging ganz in automatischen Reaktionen auf. Und dann war es auf einmal, als würde eine Blase platzen, und alle Kraft war aus meiner Reaktion gewichen. Ich war plötzlich nicht mehr gezwungen, auf gewohnte Art und Weise zu reagieren. Es gab mir ein Gefühl, als wäre ich eben vom Schlafwandeln erwacht.

Ich vermied es, mich ohne triftigen Grund mit Leuten zu treffen, besonders mit meinem Mann. Ich wußte nicht, wie ich auf sie reagieren würde. Ich war ziemlich sprunghaft und ein wenig außer Kontrolle. Ich wußte nicht recht, was mit mir los war. Mir war bewußt, daß die meisten meiner Reaktionen auf die Welt automatisch gewesen waren. Sie zehrten all meine Energien auf eine Weise für Dinge auf, die keinen Wert mehr für mich hatten. Ich vergiftete unbewußt die Umgebung meiner Kinder, meines Mannes und meiner Freunde.

Ich fragte mich, warum ich eigentlich zwischen bewußtem und unbewußtem Leben hin und her schwankte. Ich wollte die Hetakas aufsuchen, damit sie mich von diesen Übeln befreiten. Ich ging zu ihrer Wohnung, aber sie waren nicht da. Ich nahm an, sie an diesem Tag wohl nicht mehr zu sehen, und ging über die Straße, um mich auf die Felsen zu setzen und aufs Meer zu schauen.

Ich war völlig mutlos, saß da und starrte auf die Wellen, die heranspülten. Irgend etwas erregte meine Aufmerksamkeit. Ich wandte den Kopf nach links und blickte den Strand entlang. Nicht weit von mir entfernt saßen Domano und Chea auf den Felsen und sahen mich an. Sie lächelten nicht und winkten mir nicht zu. Ich wunderte mich, warum nicht, und überlegte, was sie im Sinn haben mochten. Ich ging zu ihnen, um sie zu begrüßen.

«Bin ich froh, daß ich euch gefunden habe!» sagte ich, als ich bei ihnen war und sie herzlich umarmt hatte. «Ich glaube, ich bin dabei, meinen Verstand zu verlieren.»

«Quatsch!» Cheas Miene war ausdruckslos.

«Was ist denn los mit mir?» Ich blickte Domano an. «Warum seid ihr so ernst?»

«Die Reise des Schamanen ist sehr machtvoll.» Er sah mich mit klaren Augen direkt an. «Sie verändert dein Leben. Du würdest Jahre brauchen, um deine Masken nach Art deiner eigenen Kultur zu verstehen. Vielleicht gelänge es auch nie. Bei einer Geistreise lernst du und veränderst du dich in wenigen Monaten. Oder gar Wochen. Sie zwingt dich, deine Aufmerksamkeit zu sammeln und von all deinen Fähigkeiten Gebrauch zu machen. Die meisten Menschen gehen ihr Leben lang wie im Nebel herum. Wie im Schlaf.»

«Aber ich denke ganz anders als früher», klagte ich.

«Gott sie Dank!» lachte er.

Ich war erleichtert, ihn lachen zu sehen. Es kam nicht oft vor, daß er so ernst war. Jetzt hatte ich das Empfinden, alles sei in Ordnung. «Ich bin also nicht verrückt, he?»

«Nein.» Er lächelte und schüttelte den Kopf.

«Warum kann ich dann nicht richtig denken?» fragte ich. «Ich habe Angst, ich käme mit meinen Kindern nicht mehr zurecht. Sie haben sich gezankt, und ich konnte nichts *Schlechtes* daran finden. Ich habe mich nicht geärgert. Ich konnte nicht normal denken. Mir fiel nichts Rechtes ein, wie ich sie bestrafen sollte. Deshalb habe ich gar nichts gemacht. Du lieber Himmel, waren sie schockiert! Sie haben gedacht, ich sei verrückt.»

Die beiden lachten. Chea bedeutete mir, mich neben sie zu setzen. «Das gleiche ist mir passiert», sagte sie, «als ich eine junge Schülerin war. Es schien, als hätte sich meine Welt plötzlich verändert. Meine Familie sah anders aus. Mein Volk. Ich war anders. Nichts war mehr schwarz oder weiß. Ich konnte überall die zwei Seiten des Lebens zugleich sehen. Sie tanzten in unendlich sich wandelnden Mustern miteinander. Seitdem hatte die Welt viele Grautöne und viele Farben. Es war atemberaubend, aber ich wußte anfangs nicht, wie ich damit leben sollte. Mit der Zeit zeigte es sich mir. Es zeigten sich die zahllosen Möglichkeiten, die wir in jedem Augenblick haben. Wir brauchen uns nicht auf eine beschränkte Existenz zu begrenzen. Wie auf eine Art Blindheit. Alle Welten stehen uns für unsere Erfahrung offen. Zur Erforschung.

Die Türen sind jetzt offen für dich. Du wachst aus dem Nebel des Schlafes auf. Das ist alles.»

Domano stand auf und begann auf den Felsen herumzuklettern. Die Flut hatte eingesetzt, die Wellen klatschten hoch und sprühten Gischt über uns. Domano machte kugelrunde Augen und heulte wie eine Eule. «Huhu! Ist das kalt!» Sein Gesichtsausdruck war zu komisch.

Ich lachte und sagte: «Ja. Hier sind wir nicht in den Tropen!» Er lachte.

Er kletterte weiter herum, mit dem Rücken zum Wasser. Chea und ich sahen eine hohe Woge heranbranden. Wir sahen uns an und hielten still. Sie rollte heran und überflutete Domano vollkommen. Er schrie überrascht auf, fuchtelte mit den Armen in der Luft herum und sah aus, als käme er aus dem Gleichgewicht und würde ins Meer hinausgeschwemmt.

Die Augen quollen ihm fast aus dem Kopf. Chea fing an zu lachen. Ich war erschrocken. Ich stand mit dem Vorsatz auf, ihm irgendwie wieder auf die Felsen zu helfen.

Chea hielt mich zurück. «Sieh doch», sagte sie.

Ich drehte mich zu ihr und dann wieder zu Domano. Er

schwankte hin und her und wedelte dabei wie wild mit den Armen herum. Es wäre komisch gewesen, wenn er nicht in solcher Gefahr geschwebt hätte.

Dann bemerkte ich, daß er perfekt Balance hielt und der Schwerpunkt immer genau in der Mitte seiner Bewegungen lag. Ich hörte unwillkürlich auf zu denken, und mein Lied war da. Ich spürte, wie die Energien automatisch zu fließen begannen. Und als ich im Geiste über mich selbst hinausging, konnte ich die Fäden und Kräfte sehen, die sich von Domanos Körper aus über die ganze Gegend verteilten. Es war wie ein Tanz.

Wieder schlug eine riesige Welle über ihn und uns, und er ließ sich plötzlich rückwärts, mit dem Po zuerst, von den Felsen ins Meer fallen. Sein Schrei, als er mit dem kalten Wasser zusammentraf, war trotz des Wellenrauschens meilenweit zu hören. Er schlug wild mit Armen und Beinen um sich, verdrehte die Augen und versank.

Chea lachte. Ich machte mir Sorgen um ihn, mußte jedoch auch lachen. Einen Augenblick später tauchte er in der gleichen Haltung wieder aus dem Wasser auf und schrie in an- und abschwellenden Tönen. Er war voller Übermut. Ich lachte Tränen. Wieder versank er, um danach in einer anderen Stellung zum Vorschein zu kommen.

Chea bekam kaum noch Luft. «Er ist so komisch. Ich mache beinahe in die Hose vor Lachen!»

Ich traute meinen Ohren nicht! Jetzt war ich nahe dran, vor Lachen zu platzen. Das kam so überraschend und paßte so gar nicht zu ihr. Jedesmal, wenn ich meinte, sie zu durchschauen, sorgte sie dafür, daß mein Bild von ihr wieder in tausend Stücke zerschellte.

Domano kletterte auf die Felsen zurück. Es machte ihm überhaupt keine Schwierigkeiten. Seine Beweglichkeit und körperliche Verfassung setzten mich immer wieder in Erstaunen. Ich hätte ihm beinahe hilfsbereit die Hand hingestreckt, fürchtete aber, von ihm ins Wasser gezogen zu werden.

Die beiden konnten so lustig sein. Machmal fragte ich mich, was ich ohne sie anfangen sollte. Seit ich sie kannte, war nichts mehr stumpfsinnig. Ich glaube, ich lernte tatsächlich, das Unerwartete zu erwarten, etwas, wozu sie mir von Anfang an geraten hatten.

Chea lag auf dem Rücken und hielt sich den Bauch. Sie lachte so sehr, daß sie keinen Laut von sich gab, sondern nur ab und zu nach Luft rang. Bei diesem Anblick hätte ich tagelang lachen können. Es tat so gut.

Sie schaute zu Domano auf, während wir noch lachten, und ihrer beider Augen waren erfüllt von einer lebenslangen Liebe und Freundschaft. Das war mein erster flüchtiger Einblick in ihre persönliche Beziehung. Sie hatten vor mir noch nie offen ihre gegenseitige Zuneigung gezeigt. Und obwohl ich immer noch außer mir war vor Lachen, war ich gerührt, daß sie sich nach all den Jahren offenkundig noch so liebten.

Domano ließ sich genau in dem Augenblick, als wir aufhörten zu lachen, auf die Felsen plumpsen, riß die Augen auf und kreischte wieder schauerlich. Das kam so unerwartet, daß ich aufschrie und fast die Balance verlor. Und dann sah ich etwas, das ich noch nie gesehen hatte. Es war, als wäre ein Film auf Zeitlupe gewechselt, und ich sah, wie seine Aktionen auf seinen Befehl hin von seiner Mitte nach außen drangen. Ich beobachtete, wie er vorsätzlich die Handlungen einer Maske ausübte. Es war, als beobachte man einen Teil seines Bewußtseins, während es sich in seinem Innern bewegte.

Ich starrte ihn an, bis meine Gedanken sich dieser neuen Erfahrung bemächtigten, und weg war sie.

«Gehen wir nach Hause.» Domano klatschte in die Hände und sagte dann, als gäbe es keinen Grund dafür: «Ich friere furchtbar!»

Als wir zurückgingen, sagte Chea: «Du wirst allmählich zu lax und zu sehr von uns abhängig. Du erwartest von uns, daß wir das in Ordnung bringen, was in deinem Leben aus den Fugen ist. Das geht nicht. Selbstsicherheit ist der wichtigste Zug eines Schamanen. Du mußt lernen, Vertrauen in die eigenen Fähigkeiten zu haben, um verstehen und handeln zu können.

Du hast eine Menge gelernt. Aber es dauert seine Zeit, bis du von allem Gebrauch machen kannst. Bis es zu einem Teil von dir geworden ist. Unsere Lehrer waren weise. Sie haben uns Feinde und Herausforderungen gegeben, um uns zum Lernen zu zwingen.

Wir konnten nichts als selbstverständlich oder dem Augenschein nach hinnehmen. Dieses Geschenk müssen wir auch dir machen.»

Ich verstand nicht, was sie meinte. Ich erwartete, daß sie mir erklärte, worin dieses Geschenk und die Herausforderung bestanden, aber als wir bei ihrer Wohnung angelangt waren, sagte sie nur, ich solle lernen, in Erwartung des Unerwarteten zu leben, bereit sein, zu handeln, ohne zu reagieren, und von den unendlichen Möglichkeiten Gebrauch machen, die mir zur Verfügung ständen. Und dann umarmte sie mich zum Abschied und sagte, wir sähen uns bald wieder.

Ich fuhr ab und überlegte immer noch, was sie gemeint haben mochte. Das Wort «Feind» kam mir wieder in den Sinn. Unruhe erfaßte mich. Sollte das heißen, daß ich einen Widersacher in meinem Leben haben würde? Wie würde ein Feind, den sie schufen, wohl sein? Ich wälzte den Gedanken im Kopf hin und her, bis ich Kopfschmerzen hatte. Ich konnte spüren, wie sich Bedrohliches um mich herum zu sammeln begann. Ich fühlte mich schwach, als säße ich in der Falle.

Ich kam zu dem Schluß, daß ich eine Weile irgendwo nachdenken mußte, wo mich niemand finden konnte. Ich parkte mein Auto vor meinem Haus und wanderte in den Wald, in eine Richtung, die ich noch nie eingeschlagen hatte.

Ich hatte nicht gern Angst, mochte auch das Gefühl nicht, mein Leben nicht im Griff zu haben. Es schien jetzt so, als wüßte ich nie, was im nächsten Augenblick passieren würde. In letzter Zeit waren meine Pläne, Ziele und Vorhaben immer durch äußere Einflüsse auf den Kopf gestellt worden.

In diesem Augenblick beschlich mich die Angst vor einer nahenden Gefahr. Ich hatte gehofft, es würde mir helfen, meine irrationalen Ängste abzubauen, wenn ich mich eine Zeitlang im Wald versteckte, aber das funktionierte nicht.

Ich hatte einen Wildpfad eingeschlagen, als ich ein tiefes Knurren zu meiner Linken hörte. Ich blieb stehen, um zu lauschen, und spähte zwischen die Bäume. Das Geräusch schien aus großer Nähe zu kommen, aber ich sah nur Büsche und Bäume. Ich versuchte, Ruhe zu bewahren, aber meine Angst wuchs. Ich konnte mir das Geräusch nicht erklären oder seine Ursache feststellen. Ich merkte, wie mir die Angst die Kehle zuschnürte und auf den Magen schlug. Ich meinte, würgen und mich übergeben zu müssen. Ich wollte sagen: «Wer ist da?», aber wie in einem Alptraum konnte ich keinen Ton hervorbringen. Ich vermochte mich kaum zu rühren, als wäre alles bei mir lahmgelegt.

Wieder erklang ein Knurren und Stöhnen, und dann nochmals. Ich würgte, aber es kam nichts hoch. Ich zitterte am ganzen Leibe. Ich konnte den Tod ganz in der Nähe spüren, und ich fragte mich, ob dies wohl das unwürdige Ende meiner Lehrzeit und meines Lebens sei. Entsetzen erfüllte mich. Ich versuchte meinen Körper davon zu überzeugen, daß er rennen müsse, als das Geräusch rechts von mir erklang. Es erschien mir noch lauter und bedrohlicher.

Ich schaffte es irgendwie, den Pfad zu meinem Haus wieder zurückzugehen. Mein Magen zog sich krampfartig zusammen. Ich war unfähig, einen Gedanken zu fassen oder etwas anderes zu empfinden als Angst. Mir schien es, als sei mein Entsetzen nicht einmal bei der Begegnung mit Tod und Schicksal so groß gewesen. Ich hätte gern etwas unternommen, fühlte mich jedoch vollkommen machtlos.

Dann kamen die Geräusche von überall her. Ich konnte den heißen Atem bei jedem Knurren spüren. Ich geriet in Panik und lief in Richtung auf das Universitätsgelände zu. Die Geräusche hielten mit mir Schritt. Ich konnte ihnen nicht entkommen. Ich verlor vollkommen die Beherrschung, weinte und würgte.

Bei all dem Schluchzen sah ich nichts mehr, ich stolperte und fiel hin. Die Geräusche dröhnten von allen Seiten auf mich ein, und ich rollte mich zitternd in einer kleinen Erdkuhle zusammen, gerade noch zu einem flehenden Murmeln fähig, es möge verschwinden.

Nach einer entsetzlichen Weile hörte es jäh auf, und es war totenstill. Ich wagte mich nicht zu rühren. Ich hielt mir den Bauch und hob meinen Kopf ein wenig, um umherzuschauen. Ich wußte nicht, wo ich war. Ich hatte gedacht, ich wäre den gleichen Pfad wieder zurückgerannt, auf dem ich gekommen war, und müßte irgendwo in der Nähe eines der Colleges sein. Aber Landschaft und Bäume waren anders. Es war großartiger hier, und der Wald war dichter und dunkler. Zu meiner Rechten war sogar ein hoher Berg. Ich konnte mich an nichts dergleichen erinnern. Eine ganze Zeitlang blieb ich dort zusammengerollt und zitternd liegen. Ich traute mich nicht, etwas anderes als meinen Kopf zu bewegen, und den auch nur wenig. Mein Magen tat mir so weh, daß ich meinte, mich nicht mehr gerade aufrichten zu können, selbst wenn ich wollte. Alles an mir schmerzte.

Während ich dort lag, verebbte meine Angst allmählich, so daß ich wieder denken konnte. Ich überlegte, ob die Geräusche von einem Geistwesen stammen konnten oder ob es Domano und Chea gewesen waren. Ich glaubte, daß sie auf irgendeine Weise etwas damit zu tun gehabt hatten. Mein Vertrauen in sie war erschüttert. Ich wußte nicht, was ich tun sollte.

Ich sah mir die Gegend an und erkannte nichts wieder. Ich wußte, daß mein Wohnhaus von hier aus flußabwärts liegen mußte, wenn ich also dem Flußlauf folgte, mußte ich einigermaßen richtig hinkommen.

Es war viel zu still. Ich sah nicht einmal einen Vogel oder ein Eichhörnchen. Ich zitterte noch immer, als ich losging, und fragte mich, wie eine kleine, brave Hausfrau bloß in eine solche Situation geraten konnte.

Der Wind erhob sich so plötzlich wie ein Peitschenschlag. Ich fuhr zusammen und schrie unwillkürlich auf. Ich hoffte verzweifelt, daß es sich um meine Freundin handelte. Wenn ich sie brauchte, dann jetzt, auch wenn ich sie nicht verstand. Als ich mich in die Gegenwart des Windes einzufühlen versuchte, um ihn erkennen zu können, merkte ich, wie weit ich mich von meiner Mitte entfernt hatte und wie zersplittert ich war. Ich hatte mich fast bis an den Punkt des Sterbens davontragen lassen. Das beunruhigte mich zutiefst. Wie konnte ich mir zutrauen, eine Krise zu bewältigen, wenn ich zu mehr nicht fähig war?

Ich blieb stehen und versuchte, meine Mitte zu finden. Mein Lied fand ich nicht, aber die Energien konnte ich aus der Erde durch mich hindurchströmen spüren. In meinem Schockzustand vermochte ich meinen Gedanken keinen Einhalt zu gebieten, und ich machte auch gar nicht erst den Versuch, mir die Weite meines Geistes zu vergegenwärtigen.

Als ich mich darauf konzentrierte, die Energien zu fühlen, bemerkte ich, wie sich meine Angst so weit verlor, daß meine Magenschmerzen nachließen. Der Wind erhob sich von neuem, diesmal bekam ich einen Stoß in den Rücken, so daß ich fast vornüber fiel. Ich verkrampfte mich wieder und verlor meine Konzentration. Wenn das meine alte Freundin war, warum behandelte sie mich dann so sonderbar? Warum konnte ich sie nicht fühlen?

Ich verspürte auf einmal das dringende Bedürfnis, den Ort, an dem ich war, so schnell wie möglich zu verlassen, und begann, mit dem Wind im Rücken das Flußbett hinunterzueilen.

Beim Laufen fragte ich mich, ob die merkwürdigen Geräusche wohl wiederkehren würden und was ich in dem Fall tun würde. Es war schon spät, und es wurde kalt. Ich war noch immer nicht auf die Straße oder den Fluß oder etwas anderes Vertrautes gestoßen. Ich fragte mich, ob ich meine Kinder je wiedersehen würde, und fing an zu weinen. Ich war noch nicht dazu bereit, sie oder mein übriges Leben fahrenzulassen.

Warum wurde mir so übel mitgespielt? Was hatte ich falsch gemacht? Oder war es überhaupt ein Fehler gewesen, Schülerin der Hetakas zu werden? Es dauerte nicht lange, bis ich völlig außer Atem war und kaum weiter konnte. Ich fiel in Trab und dann in normales Gehtempo zurück.

Der Wasserlauf war jetzt voller Felsblöcke und Baumstämme, so daß ich herausklettern und oben am Ufer weitergehen mußte. Ich konnte immer noch nicht erkennen, wo ich war. Der Gedanke schoß mir durch den Kopf, ich würde vielleicht am Strand herauskommen und den Bus nach Hause nehmen müssen.

Ich war immer noch von Angst und Unruhe erfüllt. Jedes Geräusch erschreckte mich. Ich fühlte mich von allen Seiten bedroht. Ich wollte nur noch nach Hause, meinen Kindern etwas zum Abendessen machen und vielleicht ein wenig putzen oder telefonieren. Ich kam mir im Augenblick völlig überdreht vor, und dabei wünschte ich mir nichts sehnlicher, als normal zu sein.

Während ich so daherlief, hörte ich Schritte auf den Blättern knirschen. Zuerst dachte ich, es wären meine eigenen oder ein Echo, aber dann veränderte sich ihr Rhythmus, und sie wurden lauter. Mein Herz fing an, wild und heftig zu klopfen. Meine Angst wuchs wieder und verschlang mich wie eine schnelle, leichte Beute.

Die Geräusche wurden immer lauter, und auch das Knurren war wieder dabei. Von Entsetzen ergriffen, trabte ich weiter, ohne auf Lebendiges auf meinem Weg zu achten. Irgendwann begann ich aus voller Brust zu schreien. Die Geräusche und meine Angst schienen ohne Ende anzuwachsen, bis ich völlig überraschend auf eine breite Schneise zwischen den Bäumen stieß. Ich wollte meinen Augen nicht trauen. Ich war am Highway 17 irgendwo in der Nähe von Scotts Valley. Meine Angst schwand. Ich schaute in den Wald hinter mir zurück. Er war still und leer.

Ich wurde jäh wieder auf eine andere Bewußtseinsebene katapultiert. Obgleich es mir absolut lächerlich vorkam, daß ich wild schreiend durch den Wald gerannt war, konnte ich mir andererseits nicht erklären, wie ich sechs Meilen Luftlinie von dort entfernt sein konnte, wo ich gewesen war.

Ein sanfter Wind umfächelte mich wieder. Diesmal wußte ich, daß es meine Freundin war. Sie schien meinen Magen zu beruhigen, aber ich hörte nicht auf zu zittern. Es kam mir vor, als wollte sie mir etwas sagen. Bilder von Duellen und Herausforderungen schwebten mir vor. Ich wußte, daß ich meinem Widersacher begegnet war und die Schlacht verloren hatte, aber vielleicht noch nicht den ganzen Krieg.

Die Aufhebung der Zeit

Es war wieder Winter geworden. Ich verbrachte einen Großteil meiner freien Zeit damit, auf meiner Terrasse zu sitzen und über die Wiesen und die Bucht zu schauen. Die Hetakas hatte ich über einen Monat seit dem Angriff im Wald nicht gesehen.

Ich war der Herausforderung nicht gewachsen gewesen, hatte jedoch unendlich viel dabei gelernt, und das gab mir das Gefühl, Erfolg gehabt, etwas gewonnen zu haben. Ich befand mich auf einer Gratwanderung, mit einem Fuß in jeder Welt. Ich hatte es fürs erste aufgegeben, das Universum definieren zu wollen, und verlegte mich ganz aufs Beobachten und Fühlen. Ich sah zu, wie es sich von einer Mikrosekunde zur nächsten veränderte.

Domano hatte mir einmal erzählt, um so gut wie möglich zu leben, müsse man sich mit dem Universum verändern können. Er hatte gesagt: «Wenn wir unseren Schwerpunkt, *ka ta see*, finden und erhalten wollen, müssen wir gewandt und wachsam sein. Klar in unserer Konzentration. Lauter in unseren Absichten. Unsere Gleichwertigkeit und Einheit mit allem, was ist, spüren. Und leidenschaftliche Lebenslust empfinden, immer bereit und willens, den nächsten Tanzschritt auszuführen.»

Ich glaubte allmählich zu verstehen, wie das in der praktischen Anwendung aussehen sollte. Ich hatte es gewiß noch nicht erreicht. Es war durchaus denkbar, daß es ein Leben lang dauerte, bis man es gemeistert hatte. Dort auf meiner Terrasse konnte ich mir nicht vorstellen, was ich Besseres in meinem Leben für mich selbst, meine Kinder und meine Umgebung tun sollte. Was war so Besonderes an meinen Überzeugungen und Verhaltensweisen, das nicht durch kleine Veränderungen noch verbessert werden konnte? Eigentlich nichts.

Ich überlegte, ob die Suche nach der Maske schon abgeschlossen war oder ob die Reise des Schamanen erst den Anfang der Suche markiert hatte. Ich nahm stündlich Veränderungen bei mir selbst wahr. Die Welt erschien mir immer gastlicher und anregender. Ich war nicht mehr so sicher, im Recht zu sein, und war in meinem Urteil über andere zurückhaltender.

Ich fragte mich, wie das Leben wohl wäre, wenn die zwei Welten vereint wären. Ich erinnerte mich daran, daß Chea mir einmal gesagt hatte, sogenannte Naturvölker könnten zwar vielleicht nicht lesen und hätten keine Wassertoiletten, aber sie hätten oft ein tiefgreifendes Verständnis für Dinge wie die leidenschaftliche Lebenslust. Sie würden diese in ihrer Welt erkennen und achten. Wenn sie ein Wesen töteten, würden sie dessen Lebenslust und Liebe zur Welt ehren, indem sie seine Freuden, Leiden und Stärken anerkennen und ihm dafür eines Tages die ihren anbieten würden. Sie sähen im Fleisch eines Wesens all seine Reisen auf dem Lebensweg bewahrt und all seine Vorzüge. Sie würden glauben, diese für sich gewinnen und an seiner Lust teilhaben zu können.

Sie hatte weiter gesagt, der moderne Mensch habe keinen rechten Ort, wo er die Lebenslust kennenlernen oder erwerben oder wo er lernen könne, sein eigenes Lied zu fühlen. Er wisse, daß ihm etwas fehle, könne aber nicht herausfinden, was. Darum begeistere er sich so für wilde Tiere, exotische Orte und Leute. Er fühle sich gedrängt, sie zu vereinnahmen und irgendwie ihre Wildheit zu absorbieren und zu verbrauchen. Und wenn ihm das mißlinge, werde er wütend und würde genau die Wildheit und Leidenschaftlichkeit zerstören, nach der er sich sehne.

Daraufhin überlegte ich, ob eine meiner Herausforderungen die sei, eine Möglichkeit zu finden, diese zwei Welten zu verbinden und das, was gut an ihnen war, zu behalten.

Die Sonne kam hervor. Es war kalt, aber ich hatte trotzdem Lust, auf der Strandpromenade spazierenzugehen. Allzu viele Leute waren bestimmt nicht da, und ich konnte mich an der Brandung freuen und über meine Welt und die Geistreisen nachdenken. Ich stieg in den nächsten Bus.

Der Wind vom Meer her war eiskalt, aber er fühlte sich gut an. Der Sand war jetzt, bei Ebbe, naß und fest. Es waren kaum Leute da, und in der Nähe des Piers spielten ein paar Kinder.

Während ich so neben dem Plankenweg herging und die Wasserspuren im Sand betrachtete, hörte ich Gelächter und Wassergeplansche. Im Hintergrund spielte Musik aus den vierziger Jahren. Ich wunderte mich gerade, was in den Videospiel-Arkaden laufen mochte, als ich beim Aufschauen ein junges Paar Hand in Hand auf der Strandpromenade spazierengehen sah, von der Haartracht bis zur Kriegsmarineuniform ganz im Stil der vierziger Jahre. Ich konnte sie miteinander reden hören, und der junge Mann sagte: «Klasse.»

Sie hielten auf die große Arkadenhalle zu. Ich schaute mich um und merkte, daß jede Strandbude zwei verschiedene Fassaden hatte, sah auch noch mehr Männer in Uniformen aus dem Zweiten Weltkrieg. Wieder hörte ich Wasserplanschen und ging hinüber, um in die Arkadenhalle zu blicken.

Ich sah wieder verschiedene Zeitebenen. Die Videogeräte wurden von einem Schwimmbad voller Kinder überlagert. Das junge Pärchen marschierte geradewegs durch einen Jungen an einem Videospiel hindurch.

Ich wußte nicht, warum das jetzt passierte, aber ich war begeistert. Ich beschloß, nach Möglichkeit das Beste daraus zu machen und alles zu beobachten und zu fühlen, ohne Urteile abzugeben.

Ich wandte mich um und schaute ringsumher. Der Pier war anders, und ein Oldtimer war dort geparkt. Merkwürdige alte Lampen waren da, eine Schwangere mit einem gepunkteten Sonnenschirm und einer Ginger-Rogers-Frisur.

Ich fragte mich, was das überhaupt mit dem zu tun haben könnte, worüber ich im letzten Monat nachgedacht hatte. Das einzige, was mir in den Sinn kam, waren die Zyklen und Abfolgen von Handlungen. Ich war mir nicht sicher, ob ich wirklich die Bedeutung der Szene erfaßte, und beschloß deshalb, mir keine Gedanken darüber zu machen, sondern einfach weiter zu beobachten.

Während ich weiterging und mir alles einzuprägen versuchte, geschah etwas Merkwürdiges: Es erschien noch eine Zeitebene. Auf dieser war die Küste vor der Ankunft der Weißen zu sehen.

Die Felsen erstreckten sich weiter ins Wasser hinaus, es gab Hügelketten und kleine tafelartige Felsformationen, auf denen die Indianer lebten und arbeiteten. Etwa fünfzig oder sechzig Eingeborene gingen träge ihren Alltagspflichten nach. Einige fischten, andere sammelten Nahrungsmittel und Feuerholz, und Kinder spielten.

Ich bemühte mich, alles in mich aufzunehmen und zu sehen, wie sich die drei Zeitebenen überschnitten. Ich fand es recht bemerkenswert, daß all die Leute einfach ihren Geschäften nachgingen, ohne einen einzigen Gedanken an die anderen. Wir waren alle zusammen an diesem Ort, nur durch die Zeit getrennt.

Ich weiß nicht, wie lange ich schaute. Die Zeit schien aufgehoben zu sein. Dann bildete sich eine vierte Ebene, und schließlich sah ich die Bruchstücke einer fünften. Die Leute der vierten Schicht waren sonderbar gekleidet. Ich kannte den Modestil nicht. Es gab noch andere kleine Veränderungen. Manche der Bahnen im Vergnügungspark waren anders, sie waren jetzt total stromlinienförmig. Dies schien eine Zukunftsebene zu sein.

Eine Frau um die Sechzig kam mit einem kleinen Jungen die Stufen herunter. Sie kam mir erschreckend bekannt vor. Ich ging näher, um sie mir genauer anzusehen.

Der kleine Junge sagte zu ihr: «Oma Kay? Was machst du jetzt?»

Da wußte ich Bescheid. Es war meine Zukunft mit einem Enkel. Ich sah ganz gut aus, aber mein Haar war völlig ergraut. Ich wandte mich dem Jungen zu. Er hatte große Ähnlichkeit mit meinem Sohn, als dieser sieben oder acht war. Ich war entzückt über die Aussicht, einen Enkel zu haben, jemanden, den ich abgöttisch lieben und mit dem ich Abenteuer bestehen konnte. Ich verliebte mich auf der Stelle in ihn.

Während ich mich an ihre Fersen heftete und das Kind beobachtete, wurde ich unliebsam an das erinnert, was Domano viele Male über die Zukunft gesagt hatte: daß sie im Fluß sei, sich mit der Bewegung der Welt ändere. Was wir in einer Vision oder Vorausschau sähen, sei nur ein Produkt all unserer mit der Zeit angesammelten Gedanken und Handlungen und würde dementsprechend auf Geschehnisse projiziert werden, die dann auch mit größter Wahrscheinlichkeit an einem Punkt in der Zukunft erschienen. Diese Sammlung von Zukunftsereignissen würde sich ebenso verändern, wie wir uns verändern und zur nächsten Tat schreiten. Was letztlich nur hieß, daß es ungewiß blieb, ob ich einen Enkel haben würde oder nicht, wobei die Wahrscheinlichkeit für einen Enkel sprach.

Ich wollte ihn näher kennenlernen. Er setzte sich in den Sand, und ich setzte mich neben ihn. Es kam wie eine tiefe Wahrheit über mich, daß ich eines Tages alle Überlieferungen, die ich erlernt hatte, an meine Enkel und vielleicht sogar Urenkel weitergeben würde. Ich fragte mich, wie mein zukünftiges Ich wohl damit zurechtkommen würde.

Ich hatte eine solche Freude an ihm, wie er dasaß und im Sand spielte. Dann schob sich von der Peripherie meines Gesichtsfeldes die fünfte Zeitebene darüber. Ich drehte mich zur Strandpromenade, um den besten Überblick zu haben. Ich glaube, es hat mir den Atem verschlagen.

Die Promenade und der Vergnügungspark samt allem, was dazugehörte, die Zufahrtsstraßen und die Brücke, alles war im Verfall begriffen, halb unter Sandmassen begraben und zum Teil unter Wasser. Die Küstenlandschaft hatte sich geändert. Ich konnte weder Menschen noch Tiere entdecken, nicht einmal einen einzigen Vogel. Wildpflanzen überwucherten alles. Außer der Brandung herrschte Totenstille.

Ich erstarrte auf der Stelle und schrie unwillkürlich: «Aber was ist mit meinem Enkel? Meinem Enkelchen?»

Jemand klopfte mir auf die Schulter. Und noch einmal.

«Kay! Kay!» sagte eine Stimme.

Ich drehte mich um, und die Zeitebenen begannen sich aufzulösen. Es waren Domano und Chea.

«He», sagte Domano lächelnd und gab mir einen Schlag auf die Schulter. «Wie wär's, wenn wir diesen Strand noch ein Weilchen länger gemeinsam unsicher machten?»

Ich lächelte und nickte. Wir gingen los. Chea links von mir und Domano rechts. Ich schaute zurück, und all meine Zeitebenen waren verschwunden, bis auf das Bild von dem kleinen Jungen, der im Sand spielte.

«Und wenn der große Phönix frei fliegt, sieh genau hin, was er behutsam zwischen seinen Krallen trägt.» *No-Eyes*

Mary Summer Rain
Der Phönix erwacht *Weisheit und Visionen*
(rororo transformation 8558)

Spirit Song *Der Weg einer Medizinfrau*
(rororo transformation 8537)

Weltenwanderer *Der Pfad der heiligen Kraft*
(rororo transformation 8722)

Chögyam Trungpa
Das Buch vom meditativen Leben
(rororo transformation 8723)
Die Shambhala Lehren vom Pfad des Kriegers zur Selbstverwirklichung im täglichen Leben.

Peter Orban/Ingrid Zinnel
Drehbuch des Lebens *Eine Einführung in die esoterische Astrologie*
(rororo transformation 8594)

Stephen Arroyo
Astrologie, Psychologie und die vier Elemente
(rororo transformation 8579)
Einer der führenden Astrologen Amerikas skizziert die Bedeutung der vier Elemente als archaische Kräfte für die Seele und weist auf die bislang ungenutzten Möglichkeiten hin, astrologisches Wissen in der Psychotherapie einzusetzen.

Lynn Andrews
Die Medizinfrau *Der Einweihungsweg einer weißen Schamanin*
(rororo transformation 8094)

Paul Hawken
Der Zauber von Findhorn *Ein Bericht*
(rororo transformation 7953)
Ein Erlebnisbericht aus der berühmten New Age-Community.

Janwillem van de Wetering
Ein Blick ins Nichts *Erfahrungen in einer amerikanischen Zen-Gemeinde*
(rororo transformation 7936)

Margaret Frings Keyes
Transformiere deinen Schatten
Die Psychologie des Enneagramms
(rororo transformation 9165)
Ein praktisches Buch, das die tiefe Weisheit des Enneagramms für jeden zugänglich macht.

Das gesamte Programm der Taschenbuchreihe «transformation» finden Sie in der Rowohlt Revue. Jedes Vierteljahr neu. Kostenlos in Ihrer Buchhandlung.

«Ein spirituelles Leben zu führen heißt, dem Ewigen zu gestatten, sich durch uns in den gegenwärtigen Augenblick hinein auszudrücken.»
Reshad Feild

Stanislav Grof
Geburt, Tod und Transzendenz
Neue Dimensionen in der Psychologie
(rororo transformation 8764)
Eine Bestandsaufnahme aus drei Jahrzehnten Forschung über außergewöhnliche Bewußtseinszustände.

Ken Wilber
Das Spektrum des Bewußtsein
Eine Synthese östlicher und westlicher Psychologie
(rororo transformation 8593)
«Ken Wilber ist einer der differenziertesten Vordenker und Wegbereiter des Wertewandels in Wissenschaft und Gesellschaft.»
Psychologie heute

Gary Zukav
Die tanzenden Wu Li Meister
(rororo transformation 7910)
Der östliche Pfad zum Verständnis der modernen Physik: vom Quantensprung zum Schwarzen Loch

Reshad Feild
Schritte in die Freiheit *Die Alchemie des Herzens*
(rororo transformation 8503)
Das atmende Leben *Wege zum Bewußtsein*
(rororo transformation 8769)
Leben um zu heilen
(rororo transformation 8509)
Ein esoterisches 24-Tage-Übungsprogramm, das jedem die Möglichkeit gibt, Heilung und Selbstentfaltung zu erfahren.

Robert Anton Wilson
Der neue Prometheus *Die Evolution unserer Intelligenz*
(rororo transformation 8350)
«Robert A. Wilson ist einer der scharfsinnigsten und bedeutendsten Wissenschaftsphilosophen dieses Jahrhunderts.»
Timothy Leary

Joachim-Ernst Berendt
Nada Brahma *Die Welt ist Klang*
(rororo transformation 7949)
Das Dritte Ohr *Vom Hören der Welt*
(rororo transformation 8414)
«Wenn wir nicht wieder lernen zu hören, haben wir dem alles zerstörenden mechanistischen und rationalistischen Denken gegenüber keine Chance mehr.»
Westdeutscher Rundfunk

Das gesamte Programm der Taschenbuchreihe «transformation» finden Sie in der Rowohlt Revue. Jedes Vierteljahr neu. Kostenlos in Ihrer Buchhandlung.

Weitere Bücher und Taschenbücher zum Thema finden Sie
in der *Rowohlt Revue*. Jedes
Vierteljahr neu. Kostenlos in
Ihrer Buchhandlung.

rororo sachbuch

Frederic F. Flach
Depression als Lebenschance
*Seelische Krisen und wie man
sie nutzt*
(rororo sachbuch 7168)

Jennifer James
Trübe Tage *Wege aus dem
weiblichen Stimmungstief*
(rororo sachbuch 8840)
Dieses leicht zugängliche,
praktische Buch wendet sich
an alle Frauen, die sporadisch
in leichte Depressionen verfallen und immer wieder von
Melancholie und Mutlosigkeit
eingeholt werden und be-
schreibt mit Humor und
Selbstironie wie "frau"dagegen angehen kann.

Was wir alles schlucken *Zu-
satzstoffe in Lebensmitteln*
Herausgegeben von der
KATALYSE Institut für an-
gewandte Umweltforschung
(rororo sachbuch 8465)

Gunter Schmidt
Das große Der Die Das *Über das
Sexuelle*
(rororo sachbuch 8459)

Dagobert Tausch
Taschenlexikon der Medizin *Über
17.000 Namen, Begriffe und
Methoden aus allen Be-
reichen der Medizin -
präzise und
allgemeinverständlich
erklärt*
(rororo sachbuch 6285)

H. Hemminger / V. Becker
Wenn Therapien Schaden
*Kritische Analyse einer
psychotherapeutischen
Fallgeschichte*
(rororo sachbuch 9137)

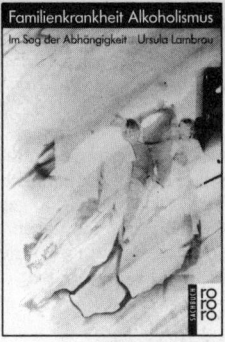

Familienkrankheit Alkoholismus
Im Sog der Abhängigkeit   Ursula Lambrou

Ursula Lambrou
Familienkrankheit Alkoholismus
Im Sog der Abhängigkeit
(rororo sachbuch 8771)
Alkoholismus ist eine
Familienkrankheit: Erst langsam wird die volle Bedeutung
dieses Satzes auch hierzulande
einer breiteren Öffentlichkeit
bewußt. Die Autorin, Päda-
gogin mit psychologischer
Ausbildung in den USA, hat
das erste deutsche Buch zu
diesem wichtigen Thema geschrieben.

Inge Nordhoff / "pro familia"
Wenn Mädchen die Pille wollen ...
*Alles über Liebe, Sexualität,
Verhütung*
(rororo sachbuch 7930)

Sämtliche Bücher und
Taschenbücher zum Thema
finden Sie in der *Rowohlt
Revue*. Jedes Vierteljahr neu.
Kostenlos in Ihrer Buchhand-
lung.

Ulrike Arens-Azevedo /
Michael Hamm
Fast Food – Slow Food *Plädoyer
für eine neue Eßkultur*
(rororo sachbuch 9102)
Die beiden Ernährungs-
wissenschaftler sind mißtrauisch gegen jede lautstarke
Propaganda im «Mac-gegen-
Müsli-Krieg». Sie zeigen den
gangbaren Pfad im Dschungel
der Eßstile unserer Zeit.

ÖKO-TEST
Ratgeber Ernährung
(rororo sachbuch 9171)
Tips und Informationen gegen
Gesundheitsrisiken bei der
täglichen Ernährung.

Bettina Muermann
Lexikon Ernährung
(rororo handbuch 6328)
Das Lexikon enthält rund
1000 Begriffe aus den Be-
reichen Gesundheit und Ernährung. Ein in dieser Form
einmaliges Nachschlagewerk,
das präzise und verständlich
Auskunft gibt für alle, die sich
schnell informieren möchten,
ohne gleich wissenschaftliche
Literatur zu wälzen.

Beate Seeßlen-Hurler
Das schmeckt Kindern in Europa
*Eine kulinarische Reise von
Oslo bis Valencia*
(mit kindern leben 9146)
Gerichte und Geschichten:
Wie gemeinsames Essen mit
Kindern zum großen Spaß
wird.

Michael Hamm / Sylvia
Strobel / Luigi Falavigna
Das Fitneß-Kochbuch *Leckere
Rezepte für jeden Sport*
(rororo sportbuch 8694)
Wie man mit leckeren Rezep-
ten seine Leistung steigert.

Michael Hamm
Fitnessernährung *Ratgeber
für die Sportpraxis*
(rororo sportbuch 8648)
Was und wann soll man
trinken und welchen Sinn
haben spezielle Fitness-
getränke? Wie kombiniert
man Ernährung und Bewe-
gung zur Gewichtsreduktion
Welches sind die typischen
Ernährungsfehler bei Freizeit-
wie Leistungssportlern? –
Diese und weitere Fragen
beantwortet Michael Hamm,
Professor für Ernährungs-
wissenschaft.

Volker E. Pilgrim
**Zehn Gründe, kein Fleisch mehr zu
essen**
(rororo sachbuch 8273)

Sämtliche Bücher und
Taschenbücher zum Thema
finden Sie in der *Rowohlt
Revue.* Jedes Vierteljahr neu.
Kostenlos in Ihrer Buchhand-
lung.

Unser Körper – Unser Leben
*Ein Handbuch von Frauen
für Frauen. Überarbeitete
und erweiterte Neuausgabe*
(2 Bände: rororo sachbuch
8408 und 8409)
Ein Standardwerk der weib-
lichen Gesundheit, das in dem
Bücherschrank keiner Frau
fehlen sollte. Entsprechend
der neuen amerikanischen
Ausgabe von "Our bodies,
Ourselves" wurde auch die
deutsche Ausgabe vollständig
aktualisiert.
Aus dem Inhalt: Körperbild ·
Ernährung · Frauen in Be-
wegung · Gesundheit und
Umwelt · Liebesbeziehungen ·
Frauenliebe · Sexualität ·
Neue Fortpflanzungstech-
niken · Schwangerschaft ·
Geburt und Geburtsvorbe-
reitung · Die Zeit nach der
Geburt · Frauen werden älter ·
Frauenspezifische Krankhei-
ten und Beschwerden · Frauen
im Gesundheitswesen

Ruth Bell (Hg.)
Wie wir werden - Was wir fühlen
*Ein Handbuch für Jugendli-
che über Körper, Sexualität,
Beziehungen. Überarbeitete
und erweiterte Neuausgabe*
(rororo sachbuch 8823)
Fakten, Berichte, Bekenntnis-
se und Informationen zu allen
Themen, die das Leben
zwischen 12 und 20 so aufregend, irritierend, schwierig
und schön machen.
Aus dem Inhalt: Mein Körper
verändert sich · Meine Beziehung zu meinen Eltern
und Freunden verändern sich ·
Ich fühle mich gut, ich fühle
mich schlecht · Alkohol und
andere Drogen · Ich gehe zum
Arzt · Abtreibung · Sexuell
übertragbare Krankheiten

Unser Körper – Unser Leben
Über das Älterwerden *Ein
Handbuch für Frauen*
(rororo sachbuch 8841)
Wie *Unser Körper – Unser
Leben* ist dieses Buch ein
Gemeinschaftsprojekt und
beruht auf den Erfahrungen
vieler Frauen. Es richtet sich
an alle, die ihr Leben und ihr
Älterwerden selbst in die
Hand nehmen wollen. Denn:
Niemand wacht auf und ist
plötzlich siebzig, und unser
Wohlbefinden hängt weniger
von den Jahren ab, die wir
schon gelebt haben, als davon, wie wir mit uns selbst
umgegangen sind.

Sämtliche Bücher und
Taschenbücher zum Thema
finden Sie in der *Rowohlt
Revue.* Jedes Vierteljahr neu.
Kostenlos in Ihrer Buchhand-
lung.

Öko-Ratgeber

Rainer Grießhammer
Der Öko-Knigge
(rororo sachbuch 8351)
Der Öko-Knigge macht Spaß
und kein schlechtes Gewissen.
Umweltfreundliches Verhalten läßt sich lernen – und
zwar mit Vergnügen!

Bernhard Rosenkranz
Mein Garten ohne Gift
*Praktische Tips durchs
ganze Jahr*
(rororo sachbuch 7982)
Der Umwelt-Tester *Schad-
stoffe im Alltag auspüren -
messen - vermindern*
(rororo sachbuch 7976)

Silke Schwartau / Bernhard
Rosenkranz
Der Kosmetik-Tester
*Inhaltsstoffe Rezepte
Naturkosmetik*
(rororo sachbuch 8779)
Was enthalten Kosmetika
wirklich? Welche Inhaltsstoffe
lösen Allergien aus? Wie
mache ich Kosmetika selber?
Woran erkenne ich, daß
Naturkosmetik wirklich
natürlich ist?

Brunhilde Marquardt-Mau /
Jürgen Mayer / Helmut
Mikelskis
Umwelt
Lexikon ökologisches Grundwissen
(rororo sachbuch 6337)

ÖKO-TEST
Ratgeber Büro
(rororo sachbuch 8734)

ÖKO-Test
Ratgeber Heimwerken
(rororo sachbuch 8580)

ÖKO-TEST
Ratgeber Kleinkinder
(rororo sachbuch 8518)

ÖKO-TEST
Ratgeber Waschen und Putzen
(rororo sachbuch 8521)

ÖKO-TEST
Ratgeber Haushaltsgeräte
(rororo sachbuch 9170)
ÖKO-TEST
Lexikon Haushalt
(rororo sachbuch 8733)

ÖKO-TEST
Ratgeber Diät
(rororo sachbuch 8541))

ÖKO-TEST
Ratgeber Kosmetik *Drei Bände*
(Band 1: rororo sachbuch
8520. Band 2: rororo
sachbuch 8787. Band 3:
rororo sachbuch 9101)

ÖKO-TEST
Ratgeber Bauen und Renovieren
(rororo sachbuch 9331)

Sämtliche Bücher und
Taschenbücher zum Thema
Ökologie finden Sie in der
Rowohlt Revue. Jedes
Vierteljahr neu. Kostenlos in
Ihrer Buchhandlung.

rororo sachbuch